D0869372

ON A TUÉ MES ENFANTS

Ann RULE

ON A TUÉ
MES ENFANTS

Traduit de l'anglais (États-Unis)
par Fabienne Poloni

DU MÊME AUTEUR,
CHEZ LE MÊME ÉDITEUR

Si tu m'aimais vraiment
Et ne jamais la laisser partir
Sans nouvelles de toi
Un tueur si proche

© J'ai lu, 1993, pour la traduction française.
© Éditions Michel Lafon, pour la présente édition, 2003.
7-13, boulevard Paul-Émile-Victor - Île de la Jatte
92521 Neuilly-sur-Seine Cedex

Pour Christie, Danny...
et Cheryl Downs

PROLOGUE

Mai 1984

L'ironie du sort voulut que ce fût en mai. Quatre saisons s'étaient écoulées, d'un mois de mai à l'autre. Un semblant d'ordre s'installait après des semaines de chaos et d'incertitude.

Le vent qui soufflait en rafales autour de l'hôtel Hilton et du palais de justice du comté de Lane était aussi humide qu'un mouchoir trempé de larmes. Le premier jour du procès tant attendu était un jour à rester chez soi assis au coin du feu avec un bon livre. Pourtant, le parking en face du tribunal était bondé et des dizaines de chambres avaient été réservées au Hilton pour les journalistes.

Le carnaval commença au moment où les portes de l'ascenseur s'ouvrirent sur le couloir du troisième étage du palais de justice. Appareils photo, caméras, flashes, micros et reporters, techniciens installant des câbles le long des murs et les recouvrant soigneusement d'adhésif métallisé, le hall vibrait dans l'attente et l'excitation.

Cent ou deux cents personnes, principalement des femmes, tremblantes et frissonnantes sous la pluie battante, espéraient être admises dans le saint des saints de la salle d'audience. Des policiers en uniforme et une épaisse corde retenaient cette foule qui patientait depuis plusieurs heures.

Les habitants de l'Oregon sont disciplinés de nature, mais lorsque les portes s'ouvrirent enfin, ce fut la ruée.

Des spectateurs tendaient le cou ou se levaient à demi pour

jeter un coup d'œil sur les protagonistes, mais surtout sur l'accusée.

Quelques regards s'attardaient sur Fred Hugi, le substitut du procureur, qui représentait l'État. Trente-neuf ans, très mince, les cheveux poivre et sel et une moustache un peu vieillotte, Hugi avait endossé la responsabilité de présenter l'accusée devant le juge.

Ses yeux marron parcouraient la salle de temps à autre, pour revenir se poser sur ses notes. Derrière son apparence impassible, il rongeait son frein. Ni pessimiste ni enthousiaste, il était soulagé d'être enfin devant la cour. Coureur de fond dans l'âme, Hugi voyait les semaines à venir comme un marathon soutenu après un long entraînement. Intelligent et obstiné, il n'abandonnait jamais une tâche qu'il s'était assignée, même si son entêtement légendaire le rendait parfois insupportable.

Les mots qu'il avait sous les yeux se brouillaient. Aucune importance. Il était prêt. Il connaissait son texte par cœur et aurait pu le réciter en dormant. Il avait veillé de nombreuses nuits, retournant t'affaire dans tous les sens, et avait parfois l'impression qu'il en savait davantage sur l'accusée que sur sa propre femme.

L'accusée était assise tout près de lui et il sentit l'odeur du savon de la prison mêlée à celle de la transpiration. Fred Hugi était à l'extrême gauche, l'accusée au centre et Jim Jagger, l'avocat de la défense, à l'extrême droite. Ils composaient le triangle dont tout le reste allait dépendre.

Hugi remarqua que l'accusée semblait très sûre d'elle, se penchait fréquemment pour murmurer à l'oreille de Jagger, faisant mine d'ignorer l'avocat de la partie civile. Cela ne le gênait pas. Il s'était donné beaucoup de mal pour être perçu comme un nigaud. L'accusée le considérait visiblement comme inoffensif. Rassurant, même. Exactement ce qu'il voulait.

Lui, en revanche, avait un grand respect pour cette femme. Terriblement intelligente, perspicace et maîtrisant son dossier. La pire des adversaires, armée d'un brillant avocat et soutenue, semblait-il, par un important fan-club.

Les crimes dont elle était accusée défiaient l'imagination. Leur nature même menaçait de déchaîner une tempête. Trop cruels pour être crédibles.

Cette affaire avait tout d'abord semblé très simple – ordinaire même, avec son caractère macabre. Il avait espéré se voir confier une affaire de meurtre qui aurait demandé davantage de lui, qui aurait aiguisé ses compétences. Quand l'affaire Downs se présenta, il supposa – à tort – que cela ne prendrait qu'un jour ou deux, juste assez pour lui faire perdre sa place sur la longue liste des substituts du procureur en attente d'un « bon » homicide.

Cela avait été l'enfer. Et tout semblait indiquer que ce n'était pas fini.

Il leva les yeux sur les bancs du public pleins à craquer et se dit que tout ce monde n'était sûrement pas venu pour lui. Des supporters de l'accusée. Il ne lui vint pas à l'esprit qu'une catégorie de spectateurs étaient simplement venus pour entendre quelques détails juteux sur la vie sexuelle agitée de l'accusée.

Il se sentait isolé, et en avait l'habitude.

Fred Hugi était profondément convaincu de la justesse de sa démarche, il n'avait pas le choix. Il avait des comptes à rendre et s'il perdait, il perdrait gros.

Et les autres aussi.

Il regarda le jury. Douze jurés, trois suppléants. Il considérait la cérémonie au cours de laquelle on les sélectionnait comme une vaste fumisterie et un moyen de les influencer avant qu'ils n'aient entendu le moindre argument. Il n'était pas bon à ce jeu-là ; il se savait dépourvu de charme et de charisme.

Jagger y excellait, lui, bavardant et plaisantant avec les jurés potentiels. Tant que son adversaire ne tentait pas de glisser dans la conversation des faits relatifs au procès, Hugi ne disait rien. Mais il devint nerveux lorsqu'il entendit l'avocat de la défense glisser des références à son propre travail au sein de l'Église. Pourtant, Hugi était soulagé que ce soit Jim Jagger qui soit là, et non Melvin Belli qui avait d'abord été désigné pour assurer la défense. Belli ne se serait pas privé d'organiser des conférences de presse tous les soirs au Hilton, transformant cette sinistre tragédie en cavalcade médiatique.

Hugi jeta un coup d'œil dans la direction des journalistes, tous au premier rang. Ils étaient aussi mauvais que le public, pires même, car bon nombre d'entre eux avaient bassement flatté la suspecte pour obtenir un article. Aujourd'hui, ils les avaient, leurs gros titres, mais ils auraient peut-être une surprise en prime.

Il était fin prêt à démontrer ce qu'il croyait sincèrement être là vérité. C'était ça, la justice. *La vérité*. Pas de fioritures. Pas de dérapages.

La séance de sélection des jurés s'était mieux passée qu'il ne l'avait prévu. Il en avait récusé plusieurs et avait encore quelques réserves sur les douze qui restaient, mais il aurait aussi bien pu prendre les premiers venus. Il voulait juste une douzaine d'êtres humains dotés de bon sens, des gens simples qui ne se laisseraient pas avoir au baratin.

Il regardait les jurés s'habituer à leur nouveau rôle. Combien avaient assez de tripes pour regarder quelqu'un dans les yeux en disant : « Vous êtes un meurtrier ! » Il suffisait qu'un seul ait déjà pris sa décision, et quatre à six semaines de procès seraient réduites à néant. Fred Hugi demandait une condamnation pour meurtre. Il avait besoin de l'unanimité des douze jurés. Il ne pouvait se permettre d'en perdre un seul.

Tout le monde sur la côte Ouest connaissait l'histoire à présent, et la moitié des gens semblaient suspecter une « erreur judiciaire ». Hugi pensa aux lettres d'insultes empilées dans son casier. Est-ce qu'un de leurs auteurs était assis sur le banc des jurés et le regardait en souriant ?

Il se leva pour exposer la constitution de la partie civile. L'expression d'ennui sur le visage de l'accusée fit bientôt place à l'incrédulité. Pour la première fois, Fred Hugi apparaissait à ses yeux comme un ennemi. Un ennemi dangereux. Elle se pencha sur le bloc de papier devant elle et y traça furieusement de grandes lettres avant de le tendre à Hugi. Il lut sans s'interrompre dans sa présentation au jury.

« MENSONGE ! »

Jim Jagger tendit le bras pour saisir le bloc et secoua la tête. Le calepin tomba sur la table avec un claquement sec. L'accusée bouillait de colère.

Peut-être que lorsqu'ils émergeraient de cette cour, dans un mois ou deux, la question de savoir qui mentait serait enfin élucidée...

1

19 mai 1983

C'était une nuit ordinaire pour le poste de police de Springfield. Les flics savent que la chaleur encourage le tapage nocturne et déclenche les disputes familiales.

Dans la ville d'Eugene, les policiers du shérif Dave Burks passaient une nuit relativement tranquille.

Le substitut du procureur Fred Hugi savourait la tranquille perfection de cette soirée de printemps dans son pavillon enfoui dans la forêt, au bord de la rivière McKenzie. La vie était différente au milieu des bois, et il était un homme différent. Vêtu d'un jean effrangé et de vieilles bottes, il plantait de jeunes arbres pour épaissir la forêt devant ses fenêtres.

Joanne Hugi, codirectrice du centre informatique de l'université de l'Oregon, était perdue dans ses pensées. Cela faisait sourire son mari ; lui qui avait des diplômes de garde forestier, de comptabilité et de droit, avait été dépassé par l'unique cours d'informatique qu'il avait suivi et avait défié Joanne d'essayer. Hugi laissa tomber les ordinateurs, mais sa femme s'y jeta à corps perdu. Il était très fier d'elle. Elle avait gravi les échelons de l'université jusqu'au sommet.

Les Hugi étaient venus s'installer dans ce petit coin de paradis après de nombreuses années passées dans un appartement en ville. Cela valait largement la demi-heure de trajet pour se rendre à Eugene. Ils entendaient parfois les camions passer sur la route, mais, la plupart du temps, ce n'étaient que le vent dans les arbres, la pluie ou le cri d'une chouette.

Le coup de fil arriva au poste de Springfield à 22 h 40 : « Employée de l'hôpital McKenzie-Willamette signale admission de blessés par balles. Policiers envoyés sur les lieux. Arrivés à 22 h 48. »

Rosie Martin, infirmière, Shelby Day, infirmière, Judy Patterson, réceptionniste, et le Dr John Mackey, médecin-chef, formaient l'équipe de nuit des urgences à l'hôpital McKenzie-Willamette de Springfield. La salle des urgences, telle qu'elle existait au printemps 1983, était petite, et la peinture s'écaillait sur les murs.

Les pièces sentaient le vieux. Vieille cire, vieille poussière, vieux désinfectant, vieilles douleurs. La vieille salle des urgences avait connu plusieurs décennies de souffrance.

Quand Shelby Day, la quarantaine, mince, la voix douce, se remémore la nuit du 19 mai 1983, elle ne peut retenir ses larmes.

– On travaillait dans l'équipe de 16 heures-24 heures. On avait les blessures habituelles des beaux jours – déchirures, traumatismes crâniens, entorses et fractures. Le boulot ne manquait pas mais il n'y avait pas de véritable urgence. À 22 h 15, le Dr Mackey terminait avec un patient et j'étais avec Rosie dans la petite salle, à l'arrière, en train de remplir de la paperasse en retard. Judy était à son bureau dans le couloir...

Judy Patterson, une blonde souriante au teint rose, a deux emplois pour pouvoir élever son fils. Réceptionniste au service pédiatrie de l'hôpital du Sacré-Cœur d'Eugene pendant la journée, elle fait cinq ou six heures à l'accueil des urgences de McKenzie-Willamette, et cela à partir de 17 heures.

Rosie Martin était enceinte au printemps 1983. Elle était fatiguée mais ne se plaignait pas à ses collègues. Elle travaillait avec Shelby, dans l'arrière-salle.

Comme tout était calme, les autres avaient dit à Judy qu'elle pouvait partir un peu plus tôt. Elle leur sourit avec gratitude en prenant son sac et son pull. Elle marchait vers l'entrée des ambulances, lorsque la parente d'un malade l'interpella :

– Il y a une femme dehors, qui klaxonne et qui appelle au secours. Vous devriez aller voir.

Judy pivota sur ses talons et se dirigea vers la pièce où Shelby Day et Rosie Martin travaillaient.

– Quelqu'un a besoin d'aide, là dehors, dit-elle.

Puis elle retourna vers l'entrée des ambulances en courant et ouvrit prestement la porte à double battant.

Rosie Martin s'empara d'un masque à oxygène au passage. Les malaises les plus fréquents étaient les arrêts cardiaques, c'est ce qu'elle s'attendait à trouver. Bizarre pourtant que personne n'ait été prévenu. Immanquablement, les ambulanciers ou la police leur téléphonaient pour les avertir du cas qu'ils amenaient.

Les deux infirmières se précipitèrent dans l'allée des urgences. Une voiture rouge vif était garée sous l'auvent. Il leur était pratiquement impossible de voir à l'intérieur du véhicule.

– Que se passe-t-il ? demanda Rosie Martin.

– Quelqu'un a tiré sur mes gosses !

Une jeune femme blonde et mince se tenait à côté de la voiture. Elle était pâle, mais gardait son sang-froid. Elle ne pleurait pas et ne semblait pas au bord de la crise de nerfs. Elle les implora de faire quelque chose. Les deux infirmières et la jeune femme échangèrent un regard durant une fraction de seconde, puis le personnel des urgences entra en action.

Rosie Martin avait atteint la voiture juste avant Shelby Day. Elle se pencha par la portière côté passager et aperçut un enfant allongé sur le siège arrière, à droite. Rosie émergea avec, dans ses bras, une fillette aux longs cheveux bruns. L'enfant devait être lourde. Un poids mort, pensa Shelby en se mordant les lèvres. Mais Rosie emmena la fillette, vêtue d'un pantalon en velours côtelé marron et d'un T-shirt multicolore tout taché de sang, comme si elle était une plume.

En passant devant le bureau de Judy Patterson, Rosie tourna la tête vers elle :

– Judy ! Code 4 ! C'est grave !

Un code 4 était un appel par haut-parleurs pour réquisitionner tout le personnel disponible dans la salle des urgences.

Près de la voiture, Shelby Day s'aperçut qu'il y avait un autre enfant sur le siège arrière – un petit garçon aux cheveux blonds. Elle courut vers l'avant de la voiture et se pencha pour faire basculer le siège du conducteur. Tétanisée par le choc, elle n'arrivait pas à trouver la manette. Elle entendit la voix du Dr Mackey dans son dos.

– Que se passe-t-il, Shelby ?

– On a tiré sur ces enfants, murmura-t-elle

– Bon Dieu !

Ce n'était pas un juron, c'était une prière. Deux mots avaient été enregistrés par l'esprit de Mackey : « tiré » et « enfants ».

Par-dessus l'épaule de Shelby, il vit que le petit avait du mal à respirer ; il gémissait faiblement.

La jeune femme blonde bredouilla que la manette se trouvait sur le côté. Les doigts de Shelby la trouvèrent et le siège bascula. Mais avant qu'elle ne puisse se redresser, le Dr Mackey prenait le blessé dans ses bras puissants et disparaissait dans l'hôpital. Il avait vu ce que l'infirmière n'avait pas encore remarqué. Lorsqu'il s'était penché pour empoigner le petit garçon, il avait entraperçu un autre enfant recroquevillé sur le plancher à l'avant et avait pensé : « Mon Dieu ! Il y en a un troisième ! Qu'allons-nous faire ? »

Mackey était persuadé que Shelby Day allait s'occuper du troisième enfant. Mais dans le noir, sous le choc, elle n'avait rien vu du tout.

Un rapide coup d'œil sur les deux enfants lui avait indiqué des blessures à la poitrine. Des coups de feu tirés presque à bout portant. Mackey cria en direction de Judy :

– Trouvez Wilhite !

Le Dr Steven Wilhite est spécialiste de chirurgie du thorax, l'un des rares dans la région d'Eugene-Springfield. Sa présence aux urgences était plus que nécessaire.

Il était juste en train de s'engager dans l'allée de sa maison lorsque son bipeur capta le code 4. Il fit marche arrière et fonça vers l'hôpital.

Shelby Day se tourna pour suivre Mackey.

– Non... lança la femme blonde. Cher... Chéri !

Shelby s'arrêta sans comprendre.

– Pardon ?

La femme indiqua le plancher de la voiture.

– Cheryl est là. Elle ne bouge plus.

Shelby se pencha dans le noir. *Il y avait un autre enfant !* La petite fille était recouverte d'un pull-over sombre et avait le visage contre le tapis de sol. L'infirmière dut l'asseoir pour la soulever puis, d'un mouvement fluide, elle la sortit de la voiture et courut jusqu'à la salle de soins. En réalisant qu'il n'y avait pas la moindre réaction musculaire, elle craignit que la petite victime ne fût perdue. Elle courut tout de même. Elle sentait un cœur battre à un rythme endiablé, mais c'était le sien.

Elle déposa délicatement son fardeau sur un lit au fond de la salle de traumatologie. Les médecins et infirmières s'affairaient sur les deux autres enfants. Le code 4 retentissait toujours et la salle des urgences se remplissait de personnel ; tous travaillaient efficacement, avec un calme au moins apparent.

Jan Goldberg Temple, infirmière affectée aux soins intensifs, rejoignit Shelby au chevet du troisième enfant. Carleen Elbridge, technicienne de radiographie, était venue avec Ruth Freeman, l'infirmière en chef, ainsi que Sue Sogn du troisième étage. Deux réanimateurs – Bob Gulley et Demetria « D. J. » Forester – entrèrent à leur tour. Joe « Tony » Curtis, l'homme chargé de l'entretien, aidait l'équipe médicale, allant chercher des sachets de plasma, ouvrant les portes, se rendant utile.

Ce fut un coup de chance que tant de personnel soit disponible à une heure aussi tardive.

Le Dr David Scott Miller est pédiatre, un homme doux, fait pour être un spécialiste des enfants. Sa ronde à l'hôpital aurait dû se terminer plusieurs heures plus tôt, mais il avait été retardé. Il se dirigeait vers le parking lorsqu'il entendit de l'agitation et distingua « tiré » et « enfants » dans la voix grésillante diffusée par les haut-parleurs. Il fit demi-tour et piqua un sprint vers la salle des urgences, toute fatigue oubliée.

Judy Patterson réussit à joindre le Dr George Foster, chirurgien-pédiatre de l'hôpital du Sacré-Cœur à Eugene, et lui aussi se hâtait vers McKenzie-Willamette.

Shelby vit que la jeune femme l'avait suivie dans la salle de traumatologie. Blême mais sans larmes. Son regard passait d'un lit à l'autre sans qu'elle prononçât un mot.

« Elle ne devrait pas être ici », pensa Shelby. Aucune mère ne pouvait supporter de voir de telles scènes. Ses trois enfants étaient probablement en train de mourir. Shelby aperçut Judy Patterson qui se tenait dans l'encadrement de la porte et elle l'appela.

– Judy ! Fais-la sortir d'ici !

La femme suivit docilement la réceptionniste.

– OK ! Je vais m'asseoir ici, dit-elle en se perchant sur le chariot, en face du bureau de Judy.

Shelby Day oublia la jeune femme blonde, tandis qu'elle se battait pour sauver la vie de la petite fille qu'elle avait trouvée sur le sol, à l'avant de la voiture. Elle pompa les caillots dans la gorge de la fillette, qui ne pouvait plus respirer.

Jan Temple ôta les vêtements de la petite, ne lui laissant que le boxer vert qu'elle portait en guise de slip. Jan fixa les fils de l'appareil de réanimation sur la petite poitrine. Le moniteur cardiaque avait besoin d'impulsions électriques humaines pour réagir. Or il n'y avait rien. Une ligne plate.

Le Dr Mackey s'interrompit un instant dans ses soins aux deux enfants qui respiraient encore, quoique faiblement. Il essaya à son tour d'intuber la troisième victime, mais ne put extraire que du sang. Perplexe, il souleva délicatement l'enfant et découvrit deux impacts de balles dans son dos – un au-dessus de l'omoplate droite et l'autre juste au-dessous de l'omoplate gauche. Il regarda l'écran du moniteur et secoua lentement la tête.

– On ne peut plus rien pour elle, dit-il d'une voix neutre.

Shelby se mit en colère, refusant d'accepter la mort de cette enfant dont les cheveux blonds semblaient si vivants sur la petite poitrine blanche.

– Comment ça ? Vous n'allez rien faire pour elle ?

– Shelby, répondit Mackey d'une voix douce, elle est morte. On ne peut plus rien faire. Elle était déjà morte quand vous l'avez amenée ici. Je suis désolé.

Elle savait qu'il avait raison. Elle rangea la pompe et regarda la petite fille : sa peau était de cire et son teint avait la transparence d'un gardénia écrasé. Si jeune... à peine six ou sept ans ! Le pull-over qui l'avait dissimulée à la vue de l'équipe de secours était bien trop grand pour elle. C'était un pull bleu-gris, de ceux que le gouvernement des États-Unis fabrique pour les employés des postes. Un écusson U.S. Mail était cousu sur la manche gauche. Shelby le plia et le rangea avec les autres vêtements dans le panier prévu à cet effet, au pied du lit.

Les deux autres enfants n'avaient plus qu'un souffle de vie. Le garçon blond gémissait faiblement et se débattait pour faire entrer l'air dans ses poumons. Jan Temple s'éloigna de la petite morte et rejoignit l'équipe qui s'occupait du garçon.

L'autre fillette ne bougeait pas. Elle semblait avoir à peine un an ou deux de plus que sa sœur. Elle avait deux blessures, causées par des balles de petit calibre, dans la partie gauche de la poitrine. Une balle avait pénétré juste sous le mamelon gauche et avait traversé le torse de part en part, pour ressortir au niveau de l'omoplate. La deuxième, entrée à deux ou trois centimètres de la première, avait laissé une plaie plus importante et était encore dans le corps. Une autre balle avait traversé sa main à la base du pouce gauche.

Elle était aussi près de la mort qu'un être humain peut l'être. Sa pression artérielle était à zéro et elle ne respirait plus que par quelques râles. Ses pupilles avaient réagi à la lumière quand elle était arrivée mais, pendant qu'il l'examinait, le Dr Miller put voir que la vie s'éteignait dans ses yeux. Bon sang ! Ils ne perdraient pas celle-là aussi !

Sur les ordres de Miller, le réanimateur Gulley lui inséra un tube endotrachéal dans la gorge et tenta de forcer l'air à entrer dans ses poumons. Un blocage empêchait l'oxygène de se répandre dans la poitrine. Un appareil radiographique portable permit de découvrir la nature du problème : une importante hémorragie dans le poumon gauche.

De plus, le poumon droit s'affaissait. La fillette perdait beaucoup de sang et risquait de mourir d'un moment à l'autre. Ses examens sanguins indiquaient qu'il y avait juste assez d'hémoglobine pour la maintenir en vie

Elle s'en allait doucement, sous leurs yeux. Sa peau était froide et prenait la terrible teinte bleue de la cyanose ; l'écran indiquait un pouls très faible qui ne faisait plus que quelques bonds sporadiques. Autant de signes macabres. Elle n'avait plus aucune chance, hormis le refus obstiné des médecins de la laisser mourir.

Son cœur cessa de battre.

Miller injecta en catastrophe trente milligrammes de bicarbonate de sodium pour forcer son cœur à reprendre sa course, puis il leva les yeux vers Steve Wilhite qui se précipitait dans la pièce.

Le chirurgien thoracique regarda la patiente. Elle avait l'air morte et il pesta contre lui-même. Il arrivait trop tard. Plus de pression artérielle. Plus de pouls. Pupilles fixes et dilatées.

Wilhite et Miller refusèrent d'abandonner.

Steve Wilhite saisit une sonde et la plongea dans le poumon gauche. L'anesthésie était inutile Il pompa trois cents centimètres cubes de sang rouge vif. Il plaça aussitôt une autre sonde dans le poumon droit. Pas de sang, mais pratiquement pas d'air non plus. Le poumon s'était affaissé sur lui-même, comme un soufflet vide. Le gauche se noyait dans son propre sang.

Wilhite tenta une transfusion. Il atteignit une artère du premier coup – c'était la première chose positive : les veines et les artères ne s'étaient pas bouchées. Du sang O négatif fut immédiatement injecté.

Et... miraculeusement, le pouls, hésitant comme le battement fébrile des ailes d'un papillon, repartit. Quelque part dans le long tunnel qui menait à la mort, la petite fille avait fait demi-tour.

Les radiographies suivantes montrèrent que le poumon droit s'était dilaté, mais que le gauche continuait à se remplir de sang. Ses chances de survie restaient aussi ténues qu'un fil d'araignée.

Ce n'est qu'à 23 h 45 que son état fut stabilisé et qu'on put la transporter en chirurgie. Et même alors, Bob Gulley devait la ballonner pendant que la civière était conduite en salle d'opération, avec les Drs Wilhite et Miller qui trottaient à ses côtés.

Le Dr Mackey et le Dr Foster restèrent avec le petit garçon. Jan Temple les aidait et essayait de rassurer le gamin. Elle le déshabilla et mit sa chemise de hockey vert et blanc portant le numéro quarante, son jean délavé et son short dans le panier suspendu à la civière.

Il devait avoir trois ans. John Mackey avait tout de suite commencé la réanimation et lui avait inséré un goutte-à-goutte dans la jugulaire droite, prêt à recevoir des médicaments ou une transfusion.

L'entrée de la balle se situait à un centimètre à droite de la colonne vertébrale. Elle avait été tirée à bout portant, de la poudre noire cernait encore la plaie.

Le gamin, très pâle et terrifié, respirait difficilement, son cœur s'emballait à cent cinquante battements à la minute. En l'auscultant, Mackey remarqua une baisse sensible du bruit de la respiration dans le poumon gauche. Il y inséra une sonde ; du sang et des bulles d'air en jaillirent. Le garçon respira plus facilement, mais sans cesser son gémissement aigu et continu.

Il était hors de danger immédiat, mais la balle était passée si près de la colonne vertébrale que des atteintes des centres nerveux étaient prévisibles. Si tout se passait bien, il pouvait guérir complètement. Mais si la moelle épinière était touchée...

Il y avait un risque qu'il ne marchât plus jamais.

En chirurgie, Steve Wilhite pratiqua une ouverture dans le thorax de la fillette. Il trouva une déchirure dans le lobe supérieur du poumon gauche, coupa les tissus endommagés d'où s'échappait le sang et sutura les bords. C'était le seul endroit d'où le sang s'échappait, et elle en avait perdu beaucoup.

Mais l'enfant vivait.

Une petite fille était morte. Une autre avait défié le destin et vivait, malgré d'importantes pertes de sang, un arrêt cardiaque et une opération chirurgicale délicate. Un petit garçon semblait dans un état stable, mais risquait la paralysie. Qui, grands dieux, avait pu braquer un pistolet sur trois enfants et appuyer sur la détente à cinq reprises ?

2

Appelez la police ! Il a tiré sur mes enfants !

Diane DOWNS, 19 mai 1983

Il incomba à Judy Patterson de réconforter la jeune femme et de tenter de savoir ce qui était arrivé.

Judy apprit qu'elle se nommait Elizabeth Downs, mais qu'on l'appelait Diane, son deuxième prénom. Les enfants blessés étaient les siens : Christie Ann, huit ans ; Cheryl Lynn, sept ans ; et Stephen « Danny » Downs, trois ans.

Diane Downs resta en état de choc, elle parlait d'un ton morne, retenant ses émotions.

Elle portait un T-shirt bleu pâle et une chemise bleue à carreaux. Il y avait de petites taches rouges sur une manche. Son jean était défraîchi mais sa silhouette était quasi parfaite. Elle était jeune, probablement dans les vingt-cinq ans, et bronzée.

Diane n'était pas jolie, pensa Judy, mais selon l'angle d'où on la regardait, elle était soit très ordinaire, soit très belle. Pommettes hautes et front délicatement arrondi, les courbes de son visage rappelaient celles des poupées de porcelaine, malgré une mâchoire un peu trop proéminente, des lèvres un peu trop minces sur des dents un peu trop grandes. Quand Diane tournait la tête, son profil était parfait.

Il restait encore beaucoup à faire. Judy téléphona au poste de police de Springfield. Le tireur était peut-être en route pour l'hôpital.

— Je voudrais appeler mes parents, murmura Diane.

Judy hocha la tête en posant la main sur le combiné.

– J'ai la police au bout du fil. Un instant. Pourriez-vous me répéter ce qui s'est passé pour que je le leur dise ?

– On a tiré sur mes enfants...

Judy Patterson répéta les informations telles que la jeune mère les lui avait données. Diane ne savait pas exactement où la fusillade avait eu lieu, mais elle pensait être capable de retrouver l'endroit. Elle mentionna Mohawk et Marcola. Il était difficile de savoir exactement de quel endroit elle parlait.

Pendant que Judy était au téléphone, Diane alla dans le cabinet de toilette, juste derrière le bureau. La porte resta ouverte et Judy entendit l'eau couler.

Lorsqu'elle raccrocha, elle s'aperçut que Diane avait également été blessée. Sous la chemise à carreaux, son bras gauche était enroulé dans une serviette de plage aux couleurs vives. Judy découvrit une vilaine plaie de forme ovoïdale sur la face externe du bras, à mi-distance entre le coude et le poignet. Il y avait également deux plaies plus petites.

Judy n'était pas infirmière, mais il n'y avait personne d'autre. Elle désinfecta les plaies, nettoya les particules noires autour de la plus importante et fit un pansement. Les blessures n'étaient pas mortelles mais semblaient douloureuses.

– Que s'est-il passé ? redemanda Judy. Où étiez-vous lorsqu'on a tiré sur les enfants ?

– Nous sommes allés à Marcola visiter une amie. Nous étions sur le chemin du retour, on roulait sur Old Mohawk Road. Mes enfants discutaient et riaient. Danny a dit quelque chose qui m'a fait rire, j'ai parlé à Christie... Il y avait un homme debout au milieu de la route. Il semblait avoir besoin d'aide. J'ai arrêté la voiture et je suis descendue. Il voulait mes clés. Et puis il s'est penché par la vitre et a tiré sur les gosses. C'est terrible quand vous êtes en train de rire et que l'instant d'après, il vous arrive quelque chose comme ça.

Judy toucha le bras valide de Diane.

– Vous pouvez appeler vos parents maintenant. Retournons au bureau.

Sans un mot, Diane la suivit. Son visage était un masque. Elle composa le numéro, attendit qu'on réponde et lâcha :

– Il a tiré sur les gosses. Et sur moi aussi. Ils arrivent, ajouta-t-elle en se tournant vers Judy.

Wes et Willadene Frederickson, les parents de Diane, vivaient à moins de cinq kilomètres de l'hôpital McKenzie-Willamette. Elizabeth Diane était l'aînée de leurs cinq enfants. Elle était venue d'Arizona quelques semaines plus tôt pour être plus près d'eux.

Willadene avait une peur bleue des hôpitaux et des coups de fil nocturnes. Wes avait perdu ses parents dans un terrible accident de voiture dix ans plus tôt ; depuis, sa femme ne pouvait entendre un téléphone sonner en pleine nuit sans en avoir le cœur serré.

Les Frederickson roulèrent à toute allure pour arriver à l'hôpital. Ce n'est qu'en s'engageant sur la rampe des urgences que Wes se rendit compte qu'il avait oublié ses prothèses dentaires.

Wes Frederickson, séduisant, la cinquantaine, est un homme important à Springfield : il est receveur principal des postes. Il était inconcevable qu'il parût en public sans son dentier. Il freina, laissa descendre sa femme et retourna le chercher.

Willadene Frederickson avait quarante-six ans, mais en paraissait dix de plus. Les coups du sort l'avaient meurtrie : ses beaux cheveux châtains – épais et toujours coiffés à la mode des années cinquante, époque à laquelle elle avait épousé Wes – étaient striés de blanc. Willadene ressemblait néanmoins à ce qu'elle avait été naguère : une bonne et solide fermière de l'Arizona.

Elle hésitait sur le parking désert, devant les urgences. Cherchant un moyen d'entrer dans la salle d'attente, elle envisagea d'utiliser la porte à double battant, mais craignit qu'elle ne soit réservée aux ambulanciers. Elle trouva une autre porte et s'engagea dans le couloir. Diane se tenait devant une fenêtre du bureau des infirmières.

– Que s'est-il passé ? souffla Willadene.

Diane regarda sa mère, incapable de répondre.

Judy Patterson prit la parole :

– On a tiré sur les enfants.

– Tiré ? répéta Willadene, incrédule. Des coups de feu ?

– Oui, répondit Judy. Sur la route.

– Où ça ?

– Marcola.

– Marcola ?

Willadene Frederickson n'arrivait pas à comprendre ce qui

s'était passé. Elle avait vu Diane et les enfants l'après-midi même. Elle avait gardé Danny toute la journée, comme d'habitude, et les filles aussi, après l'école. Généralement, ils dînaient tous ensemble mais, ce soir-là, Wes et elle avaient une réunion. Diane était venue chercher les enfants en sortant de son travail. Tout allait très bien alors. Pourquoi diable étaient-ils allés à Marcola ?

Diane prit la parole :

– Nous sommes allés voir Mark et Heather...

Willadene ne se rappelait plus qui étaient Mark et Heather, ni si elle les connaissait. Cela importait peu. Elle tendit la main vers sa fille et elles allèrent dans la salle d'attente.

– Maman, je peux pas vivre sans mes enfants.

Willadene Frederickson fit ce qu'elle avait toujours fait : elle essaya d'aplanir les choses.

– Ne t'inquiète pas. Ils vont s'en sortir. Ils ont de très bons médecins ici, chuchota-t-elle en lui tapotant l'épaule.

Cela parut calmer un peu Diane. Les deux femmes remplirent les formulaires d'admission que leur avait tendus Judy. Pourquoi y avait-il toujours des papiers à remplir ? Qu'est-ce que ça pouvait faire dans un moment pareil ?

Personne ne dit à Diane ni à Willadene que Cheryl était morte. On ne permit pas non plus à Diane de voir ses enfants. Les deux femmes ne pouvaient bien sûr pas savoir quel combat désespéré se déroulait au bloc opératoire, mais elles n'appréciaient guère d'être tenues à l'écart. Diane avait apparemment effacé de sa mémoire l'image de sa fille allongée, aussi immobile qu'une poupée cassée, car elle n'en parla pas à sa mère. Elle le *sait* sûrement, pensaient les infirmières. Comment pourrait-elle l'ignorer ? Plus tard, Diane dirait qu'elle ne se souvenait pas d'avoir vu Cheryl dans l'hôpital. « Je n'ai jamais revu Cheryl avant de lui dire adieu dans son cercueil. »

Lorsque les infirmières passaient en courant dans le couloir pour aller chercher du plasma, elles annonçaient à Diane et à Willadene que les enfants étaient dans un état grave, mais qu'ils étaient vivants. Elles parlaient de Christie et de Danny.

Wes Frederickson s'engouffra dans la salle d'attente. C'est à lui que Diane ressemblait le plus, physiquement. Son visage tendu ne montrait aucune émotion lorsqu'il rejoignit les deux

25

femmes. Moins d'une demi-heure s'était écoulée depuis le premier appel à l'aide dans le parking.

Le policier Rich Charboneau se présenta à l'hôpital.

Lorsque Charboneau arriva ; Diane leva les yeux vers lui et lança avec colère :

– C'est pas trop tôt ! Y a un cinglé dehors qui tire sur les gens !

Il était 22 h 48. Huit minutes après l'appel de Judy.

Diane raconta à Charboneau à peu près la même histoire qu'à Judy Patterson. Un étranger lui avait demandé sa voiture et avait tiré sur ses enfants quand elle avait refusé de la lui donner. Non, les enfants n'étaient pas éveillés ; elle se rappelait maintenant qu'ils dormaient tous.

– J'allais tout de même pas lui filer ma voiture neuve ! marmonna-t-elle, en colère. Je viens juste de l'acheter.

Lorsque Diane donna quelques points de repère, Charboneau se rendit compte que la fusillade avait eu lieu en dehors des limites de la juridiction de Springfield. Il appela le bureau du shérif du comté de Lane ; le sergent Robin Rutherford les rejoignit. Mais les problèmes n'étaient peut-être pas terminés. Longue de quelques kilomètres seulement, Old Mohawk Road est une route sinueuse à deux voies, parallèle à l'axe principal qui relie Marcola à Springfield. Elle longe la rivière sur presque toute sa longueur mais en approchant de Springfield, elle traverse une zone pavillonnaire. Si un cinglé rôdait là-bas avec une arme, ils devaient le trouver. Les habitants de Springfield devaient être prévenus.

Il fallait vérifier qu'Old Mohawk Road était bien l'endroit où cet homme avait été vu pour la dernière fois. Personne d'autre que Diane ne pouvait le faire. Rutherford lui demanda si elle acceptait de retourner avec lui sur les lieux de la fusillade.

C'était beaucoup demander. Diane expliqua qu'elle était blessée au bras et qu'elle avait besoin de soins. Rutherford pria une infirmière d'examiner la blessure.

– Je suis désolée, fit-elle en passant devant eux en courant, je n'ai pas le temps. Emmenez-la au Sacré-Cœur.

Finalement, Judy Patterson refit le pansement. Rosie Martin s'arrêta, regarda le bras d'un œil désapprobateur, défit la bande de gaze et enveloppa la blessure d'un bandage plus rigide.

– Comment vont mes enfants ? demanda Diane.

Rosie répondit que tout le monde s'occupait d'eux, qu'ils étaient toujours dans un état grave.

Diane et ses parents s'entretinrent avec les policiers. Ils décidèrent que Wes et Diane accompagneraient Rutherford pour lui montrer le lieu de la fusillade.

Shelby Day se pencha vers Diane et lui dit d'une voix douce :

– Une de vos filles est dans un état très grave. Elle ne sera peut-être plus en vie quand vous reviendrez.

Diane hocha la tête, prit une grande inspiration et se tourna vers Rob Rutherford. Elle irait avec lui. Elle ne pouvait pas sauver ses enfants en restant assise dans la salle d'attente, de toute façon. Judy entendit Diane murmurer autre chose qu'elle ne comprit pas, des mots qui n'avaient pas de sens ; elle retourna à son bureau.

Lorsque Diane et son père sortirent de l'hôpital avec Rob Rutherford, le sergent remarqua que, malgré sa douleur, la jeune mère semblait avoir une volonté de fer. Elle paraissait plus calme maintenant qu'elle avait quelque chose à faire, quelque chose qui pourrait aider à retrouver l'homme armé.

Ils passèrent devant la Nissan rouge de Diane, que Rich Charboneau surveillait.

– J'espère que ma voiture n'a rien. Est-ce qu'il y a des impacts de balles ?

– Je ne sais pas, répondit Charboneau. Personne ne l'a encore examinée.

Le sergent Rutherford sortit de Springfield en empruntant Mohawk Boulevard, suivant les instructions de Diane. À l'intersection de la 19e et de Marcola Road, il tourna à droite. Ils s'éloignèrent des lumières de la ville, passèrent devant des maisons à l'abandon transformées depuis longtemps en dépotoirs. Au-delà de la crasseuse banlieue nord-est de Springfield, la beauté naturelle du paysage prenait la relève.

La voiture de patrouille traversa le pont Hayden en cahotant. Sous leurs roues, la rivière McKenzie se rétrécissait en une chute d'écume bouillonnante qui dévalait vers la centrale électrique.

– C'est ici que Christie a arrêté de tousser, se souvint Diane. Juste ici, sur le pont...

Rutherford ne put réprimer un frisson.

À la sortie du pont, ils arrivèrent à une sorte de croisement. À droite, Camp Creek Road, fermée à la circulation pour réfection, serpentait en formant des fourches successives qui se terminaient en cul-de-sac. À gauche, Old Mohawk Road se séparait de la route principale pour rejoindre Marcola Road quelques kilomètres plus loin.

Rutherford lança un regard interrogateur en direction de Diane et elle hocha la tête. Old Mohawk était bien la route sur laquelle cela s'était passé. Elle avait traversé le pont Hayden et avait foncé vers l'hôpital avec ses enfants.

– J'aurais jamais dû acheter la licorne, murmura-t-elle, presque pour elle-même.

– Pardon ? demanda Rutherford.

– La licorne. J'ai acheté aux enfants une superbe licorne de bronze et j'y ai fait graver leurs noms – il y a quelques jours à peine... Vous comprenez... Cela voulait dire que nous commencions une nouvelle vie. Je n'aurais pas dû l'acheter.

Ils dépassèrent les voitures de patrouille qui arrêtaient tous les véhicules circulant ou s'engageant sur Old Mohawk, mais cette route était très peu fréquentée de nuit. Rutherford passa au ralenti devant les maisons sans lumière. Tout était très calme. L'aboiement d'un chien perçait parfois la nuit, ou le doux hennissement des chevaux derrière les fils barbelés qui longeaient la route. Une senteur sucrée flottait dans l'air – les bourgeons des cotonniers venaient tout juste d'éclore. Difficile de croire qu'on avait tiré sur quatre personnes moins de deux heures plus tôt.

L'extrémité de Old Mohawk, juste avant qu'elle ne se rattache à Marcola Road, se rétrécit, sans accotements ni endroits où faire demi-tour.

– Ici, dit Diane. On approche. C'est arrivé par ici.

Ils étaient dangereusement proches de la rivière. Le courant avait grignoté les berges avec une telle avidité qu'elles formaient un à-pic à un mètre à peine du bord de la chaussée. Des sapins noirs et des érables touffus surplombaient la route.

C'était le secteur le plus isolé de Old Mohawk. La rivière dévalait dans le noir, un champ de phlox sauvages tremblait au vent comme des boutons incrustés dans un drap blanc.

Diane et Wes Frederickson fixaient un point au-delà du pare-brise et Rutherford suivit leur regard. Il ne vit rien.

Normal. Le tireur avait eu amplement le temps de s'enfuir. Le trio n'en scruta pas moins la nuit, guettant un mouvement furtif ou une silhouette dans les champs.

Personne.

La rivière gargouillait, indifférente aux observateurs de ses berges. Rutherford ressentit une tension familière aux policiers, à la base de la nuque. Le tireur attendait-il quelque part dans l'ombre ? Il éteignit les lumières de son véhicule. Ses confrères de Springfield étaient déjà dans les champs avec un chien. Des renforts devaient arriver du comté de Lane, de Springfield et de la police d'État de l'Oregon.

Diane demanda pourquoi il n'y avait qu'un seul chien.

— C'est le seul disponible pour le moment, lui expliqua Rutherford. Mais ces champs sont pleins de chevaux. S'il y avait un étranger dans les parages, les bêtes le signaleraient.

— Oh ! dit-elle, je ne savais pas.

— Ils sont presque aussi bons que les chiens pour détecter les présences étrangères.

Diane se remémora soudain un fait qu'elle avait oublié dans la panique de l'hôpital. La voiture jaune. Elle la voyait dans son esprit, dit-elle à Rutherford. « Une voiture d'un jaune atroce » garée quelque part, le long de cette route. Ils la cherchèrent, mais la voiture jaune avait disparu.

Alors que le véhicule de patrouille retournait lentement vers l'extrémité sud d'Old Mohawk, ils passèrent devant une vieille ferme. Diane vit une lumière à l'étage et donna un coup de coude à son père. Wes aperçut la lumière qui s'éteignit soudain. Rutherford également, mais il doutait qu'une personne fût tapie dans l'ombre derrière la fenêtre, en train de les viser avec soin. Cela ne tenait pas debout. Pourquoi un tireur choisirait-il d'attirer l'attention sur lui alors que toute la région grouillait de flics ?

Diane ressentait des élancements dans son bras blessé et s'en plaignit à Rutherford. Elle avait peur, ajouta-t-elle.

Le sergent prit sa radio et demanda qu'une personne vienne le rejoindre pour reconduire Diane et Wes à l'hôpital. Il resterait sur les lieux pour aider les hommes des barrages routiers.

Une des plus importantes enquêtes criminelles de l'État d'Oregon venait de commencer.

Il était 23 h 15 ce jeudi soir lorsque les inspecteurs du comté de Lane, Dick Tracy, Doug Welch et Roy Pond, furent appelés chez eux et priés de se présenter à l'hôpital McKenzie-Willamette. C'était la procédure : on appelait d'abord les policiers, puis le bureau du procureur s'il fallait un mandat de perquisition.

Fred Hugi dormait ; c'était sa dernière nuit de sommeil paisible. À vol d'oiseau, le lieu de la fusillade était à moins de dix kilomètres de chez lui, derrière la forêt, bien trop loin pour qu'il ait pu entendre les coups de feu.

À partir des brèves informations que les enquêteurs reçurent du lieutenant Louis Hince, ils s'attendaient à trouver des blessés légers, des enfants pris dans les feux croisés d'une dispute familiale qui aurait dégénéré. Des photographies seraient nécessaires, des gros plans des plaies des petits, quelque chose à rapporter au bureau du procureur. C'était une tâche que Pond et Welch appréhendaient – obliger des enfants blessés à rester assis sans bouger sous des projecteurs afin qu'une preuve légale des dommages causés subsiste pour la postérité.

Welch alla vérifier si ses deux fils dormaient avant de partir. Les violences envers les enfants le touchaient beaucoup. Certains gosses tiraient la paille la plus courte dans la vie, et ce n'était pas juste.

Cet homme sensible et intuitif était devenu policier, moins de trois mois avant que Diane et ses enfants ne fussent victimes de coups de feu. Il atteignit le parking des urgences en cinq minutes. Il salua d'un signe de tête Rich Charboneau, qui montait la garde près de la Nissan Pulsar rouge, avant d'entrer dans la salle de traumatologie. Une des filles était morte depuis plus d'une heure. Welch remarqua un impact de balle dans son épaule gauche. Quelqu'un murmura qu'il y avait une blessure similaire à l'autre épaule. Il hocha la tête. Un hurlement emplissait son crâne.

Le sergent Jon Peckels photographia le corps. Welch fixa son regard à l'autre bout de la pièce. Les médecins s'affairaient sur l'autre petite fille. Au bout d'une minute, son chariot fut énergiquement poussé hors de la pièce. Il n'avait pas la moindre idée de l'endroit où ils l'emmenaient.

Le petit garçon pleurait. Les trois enquêteurs regardèrent les médecins l'installer sur le côté pour soigner son dos. Welch reconnut l'impact d'une balle localisé quasiment en plein milieu, près de la colonne vertébrale. Il vit le scintillement noir des traces de poudre et des débris du canon de l'arme.

On avait tiré à bout portant. Ou presque.

Le cercle des médecins se referma autour du gosse.

Jon Peckels était chargé de recueillir les preuves matérielles. Il contourna le chariot sur lequel la petite fille morte était allongée et prit d'autres photos. Elle semblait si vulnérable qu'impulsivement, Welch voulut remonter la couverture pour qu'elle n'ait pas froid. Il détourna le regard.

Roy Pond ramassa les vêtements tachés de sang dans les paniers attachés au bout des chariots et les mit dans des sacs en plastique avec des étiquettes sur lesquelles il inscrivit les noms, date et lieu. Une douille de calibre 22 était restée coincée dans les plis d'une chemise. Pond la fit glisser dans un petit sachet séparé.

Séduisant, cheveux blancs et yeux bleus de glace, Dick Tracy pouvait se montrer élégant et perspicace ou jouer les péquenots à la perfection. Comme ses collègues, il n'avait jamais envisagé de devenir flic. Il n'aimait d'ailleurs pas les flics. Mais il était là, avec un quart de siècle de service derrière lui.

Dick Tracy avait résolu tous les cas d'homicides sur lesquels il avait travaillé ; Welch se penchait sur sa première affaire en tant qu'inspecteur. Ils ne seraient que les premiers d'une longue série de partenaires affectés à ce dossier. Dick Tracy s'engagea dans l'allée qui menait aux urgences mais le lieutenant Hince lui fit signe de s'arrêter.

— La famille attend que tu ailles les chercher. La mère a aussi été blessée et a besoin d'être soignée. Ramène-les ici.

— Et les enfants ? demanda Tracy.

Hince secoua la tête.

— Une petite fille est morte. Les deux autres sont dans un état critique.

Tracy soupira et fit demi-tour. Il s'attendait à trouver une mère hystérique. Au lieu de cela, il rencontra une jeune femme maîtresse d'elle-même : « Très raisonnable, si l'on considère ce qu'elle avait subi. » Tracy avait vu toutes sortes de réactions émotionnelles après un drame. Il ne connaissait ni la femme ni son père, qui semblait aussi stoïque qu'elle, et ne voulait pas se risquer à prédire la manière dont ils réagiraient lorsque l'hébétude serait passée. Impatient de ramener ses passagers à l'hôpital, il enfonça l'accélérateur.

À McKenzie-Willamette, Louis Hince fit signe à Doug Welch.

— Dick arrive avec la mère. Je veux que tu restes avec lui pour la questionner.

Il était minuit moins deux minutes lorsque Diane et son père entrèrent à nouveau dans la salle des urgences. Le Dr Mackey se pencha vers Diane avec sollicitude et lui annonça d'une voix douce que Cheryl était morte, qu'elle était déjà morte lorsqu'elle était arrivée. Welch observa le visage de la mère pendant qu'elle recevait la nouvelle. Son expression était indéchiffrable, une faible lueur d'émotion, puis la fermeture. Stoïque.

Diane suivit Tracy dans la petite salle de soins. Welch les rejoignit. Le jeune inspecteur trouva l'attitude de Diane neutre, presque sèche. Elle riait sans raison ; son esprit semblait avoir du mal à suivre. Il eut l'impression qu'elle refusait d'accepter la mort de sa petite fille.

Tracy et Welch l'accompagnèrent dans la salle de radiographie. Le Dr Mackey expliqua à Diane que Christie était dans un état critique et qu'on l'avait emmenée en salle d'opération. Elle le remercia de l'avoir prévenue.

Le Dr Miller entra dans la salle de soins numéro 8 et lui annonça qu'ils avaient bon espoir pour Danny. Il décrivit la trajectoire de la balle dans le corps du garçonnet.

– Vous voulez dire qu'elle a raté le cœur ? demanda Diane.

– Oui.

Ce fut Wes qui identifia le corps. Shelby Day se souvient de l'impassibilité dont il fit preuve tandis qu'il se tenait au centre de la pièce, bien droit, regardant le corps de la plus jeune de ses petites-filles, hochant la tête et disant : « C'est bien elle, c'est Cheryl. »

Pendant que les médecins s'occupaient de Christie et de Danny, Diane s'entretenait avec Dick Tracy et Doug Welch. Elle parlait vite, d'une voix d'adolescente, les phrases défilant l'une après l'autre. Les deux policiers griffonnaient fiévreusement sous le rythme du flot incessant de paroles.

Elle précisa qu'elle n'avait pas bu ce soir-là, qu'elle n'avait pris ni drogue ni médicaments (ce serait confirmé par les analyses de sang). Elle était cohérente dans ses propos. C'était comme si elle se sentait obligée de continuer à parler ; si elle s'arrêtait, elle risquait de se souvenir de son malheur atroce.

Doug Welch l'a observée avec attention. « Ses paroles étaient... comment dire... comme une diarrhée verbale. Elles ne cessaient de se déverser. »

Peu après 1 heure du matin, les inspecteurs Jerry Smith et Robert Antoine de Springfield entrèrent dans la pièce. Diane tendit les mains pendant qu'Antoine les tamponnait d'une solution à cinq pour cent d'acide nitrique – un test de routine pour déceler la présence de traces de métal qui auraient pu rester sur la peau si elle s'était servie d'une arme à feu. Les proches parents doivent toujours être les premiers éliminés de la liste des suspects. Cependant, ce test n'est pas très fiable. Surtout avec les calibres 22, qui ont un taux de débris d'antimoine très faible. Fumer une cigarette, uriner ou utiliser du papier hygiénique peut laisser des résidus similaires.

Les tests concernant la présence d'antimoine ou de baryum étaient négatifs. Antoine vaporisa un autre produit sur ses mains pour trouver des traces d'autres métaux. Le fer provoquerait une coloration rouge, la poudre de cuivre une teinte verdâtre.

Négatif.

Tracy et Welch attaquèrent avec les questions les plus simples. Combien de policiers, de médecins et d'infirmières commencent par demander les nom et date de naissance du mort – comme si le fait de l'entourer d'un semblant d'ordre pouvait apaiser la douleur... Et combien de personnes interrogées de la sorte répondent avec une efficacité pleine d'empressement ! Ceux qui ont encore un nom, un prénom et une date de naissance ne peuvent être morts.

Diane donna son nom au complet : Elizabeth Diane Frederickson Downs, née le 7 août 1955 ; elle aurait vingt-huit ans dans deux mois. Christie était née le 7 octobre 1974 ; elle était assise sur le siège arrière droit, dans la voiture rouge. Stephen Daniel était né le 29 décembre 1979 ; il était sur le siège arrière avec Christie, à gauche. Cheryl était née le 10 janvier 1976, elle était sur le sol à l'avant, endormie sous un pull-over.

– La voiture vous appartient ? demanda Tracy.

– Oui. Je l'ai achetée au mois de février – une Nissan Pulsar MX rouge, avec des bandes métallisées sur les côtés.

Il était temps d'aborder les questions plus ardues. Diane expliqua rapidement l'horreur de la route sombre, l'étranger armé, sa fuite pour sauver ses enfants. Ils étaient allés voir une amie, Heather Plourd, qui habitait au nord-est de Springfield, dans Sunderman Road. Diane savait que Heather voulait un cheval et elle avait trouvé un article sur des chevaux que l'on pouvait adopter gratuitement. Heather n'avait pas le téléphone, c'est pourquoi Diane lui avait amené la coupure de presse. Ils n'étaient restés que quinze ou vingt minutes. Sur le chemin du retour, Diane avait fait un petit détour pour profiter du paysage, mais en s'apercevant que les enfants dormaient, elle avait rebroussé chemin et repris la route de Springfield.

Sans idée préconçue, elle avait quitté Marcola Road et n'avait parcouru qu'une courte distance avant de voir un homme au milieu de la route qui lui faisait des signes. Craignant un accident, elle s'était arrêtée.

— Pouvez-vous le décrire ? demanda Welch.

— Il était blanc... entre vingt-cinq et trente ans... environ un mètre soixante-quinze, soixante-dix à quatre-vingts kilos. Brun, cheveux longs bouclés en bataille et une barbe de deux jours. Un jean, une veste en jean, un T-shirt sale...

« J'ai arrêté la voiture et je suis sortie. J'ai demandé : Qu'est-ce qui se passe ? Il a couru vers moi et m'a dit : "Je veux votre voiture." Vous plaisantez ! j'ai répondu, et il m'a poussée vers l'arrière de la voiture.

Puis, inexplicablement, l'homme s'était planté à côté de la portière du conducteur et avait mis sa main à l'intérieur. Diane avait entendu des détonations et avait compris avec horreur qu'il tirait sur ses enfants ! D'abord Christie, puis Danny et finalement Cheryl.

— Qu'avez-vous fait ? demanda Welch, ému à l'évocation des trois enfants piégés dans la voiture.

— J'ai fait semblant de jeter mes clés. Je voulais qu'il croie que je les avais lancées dans les buissons. Il était à un mètre ou deux de moi. Il s'est tourné dans ma direction, a tiré à deux reprises et m'a touchée. Je l'ai poussé ou je lui ai donné un coup de pied dans la jambe, je ne sais plus, peut-être les deux. J'ai sauté dans ma voiture et j'ai foncé vers l'hôpital aussi vite que j'ai pu.

— Avez-vous vu son arme ?

— Non... Attendez... Si...

— Pouvez-vous la décrire ?

— Ça, c'est difficile.

— Avez-vous des armes en votre possession ?

— Une 22 long rifle dans un placard, à la maison. Vous pouvez aller vérifier si vous voulez.

— Nous aurons besoin de vous faire signer un formulaire disant que vous acceptez qu'on perquisitionne chez vous, expliqua Tracy.

— D'accord, je vais le signer.

Tracy lui tendit le papier. Diane le lut attentivement, puis le relut à voix haute. Elle arriva au paragraphe précisant : « Je comprends que les objets ou preuves pourront être utilisés contre moi au tribunal. » Elle s'arrêta et regarda les deux inspecteurs.

– Est-ce que ça concerne les suspects ?

Tracy approuva d'un signe de tête.

Diane confirma qu'elle n'avait pas d'objection à ce qu'ils fouillent sa voiture et sa maison, au 1352 Q Street, à Springfield, où elle vivait avec ses enfants, si cela pouvait aider à retrouver rapidement l'agresseur. Elle signa.

Mais il y avait quelque chose d'emprunté dans sa manière de parler, qui cachait une peur que les policiers ne comprenaient pas.

Les enquêteurs ne savaient pas vraiment si la fusillade avait eu lieu à Springfield ou en pleine campagne, même après que Diane leur eut montré l'endroit près de la rivière. Ils se demandaient si elle avait reconnu son agresseur, et si elle avait été contrainte, d'une manière ou d'une autre, à ne rien révéler. Le tueur avait-il un moyen de pression sur elle ? L'avait-il laissée partir pour conduire ses enfants à l'hôpital à condition qu'elle revienne sans avoir rien dit aux flics ? La probabilité quasi nulle de cette rencontre sur une route déserte les porta à croire que le tueur *devait* la connaître, ou avait une relation quelconque avec Diane Downs.

C'était une situation d'urgence. Ils devaient fouiller son domicile et rendre visite à Heather Plourd pour voir si quelqu'un attendait là-bas, avec une arme chargée, que Diane revienne. Des policiers furent envoyés aux deux adresses.

Dick Tracy sortit de la salle des urgences et rejoignit Jon Peckels qui photographiait la voiture rouge, illuminant l'intérieur de son flash. Quelque chose renvoyait des éclats dans l'intermittence des flashes. Des douilles. Elles ressemblaient à des douilles de 22. La voiture était sous scellés, prête à être remorquée vers le dépôt du comté de Lane pour être examinée par le laboratoire de la police criminelle de l'Oregon.

Tracy retourna vers la salle des urgences et vit les parents de Diane dans la salle d'attente. Le père avait un visage sévère, celui de la mère était gonflé d'avoir trop pleuré. Wes Frederickson confirma que Diane possédait un fusil ainsi que – croyait-il – un revolver.

– Elle a acheté ces armes parce que son ex-mari la battait.

Lorsque Tracy demanda à Diane si elle possédait d'autres armes, elle se souvint qu'elle avait un vieux calibre 38, un Saturday Night Special. C'était une arme bon marché et peu fiable, elle la gardait enfermée dans le coffre de sa voiture, hors de la portée des enfants.

Tracy et Welch étaient entrés dans la vie de Diane à un moment de crise.

Elle raconta qu'elle était arrivée dans la région sept ou huit semaines plus tôt. Elle avait vécu en Arizona auparavant, travaillant comme factrice à Chandler au cours des deux années précédentes. Ses parents avaient insisté pour qu'elle vienne s'installer en Oregon et elle avait fini par se décider, pour qu'ils puissent profiter de leurs petits-enfants. Comme son père était le directeur de la poste de Springfield, il avait pu l'aider à obtenir son transfert et elle travaillait à présent au bureau de poste de Cottage Grove. Elle était divorcée de son mari, Stephen Duane Downs, vingt-huit ans, qui vivait toujours en Arizona. Elle leur donna son numéro de téléphone.

Il était plus de 3 heures du matin lorsque les deux policiers quittèrent Diane et partirent rejoindre les hommes qui étaient à son domicile de Q Street.

Le Dr Terrance Carter, chirurgien orthopédiste, soigna les blessures de Diane. Son bras gauche était cassé, mais les nerfs et les tendons n'étaient pas touchés. Par chance, elle avait pu conduire en dépit de la douleur.

Carter prit le pouls et la tension de Diane. Tout était normal de ce côté-là. Mais il la trouva émotionnellement anesthésiée ; ses paroles étaient vivantes mais ses yeux semblaient morts. Elle ne voulait pas rester à l'hôpital, bien qu'il lui dît qu'elle le devait – au moins pour quelques jours. Elle lui fit promettre de ne pas révéler à son père qu'elle avait un tatouage dans le dos. Ce n'était pas un tatouage ordinaire : une énorme rose écarlate sur son épaule gauche.

Dessous, un seul mot : « Lew. »

3

AVIS DE RECHERCHE : INDIVIDU ARMÉ MÂLE ADULTE BLANC PEUT-ÊTRE ARMÉ D'UN 22 SEMI-AUTOMATIQUE, ENVIRON 1,75 M, CHEVEUX BRUNS EN BATAILLE, BARBE DE DEUX JOURS, PORTANT T-SHIRT SALE, VESTE JEAN, PANTALON JEAN. VÉHICULE POSSIBLE-MENT IMPLIQUÉ : CHEVROLET JAUNE, IMMATRICULATION INCONNUE, RECHERCHÉ POUR FUSILLADE DANS RÉGION DE MAR-COLA.

Premier fax expédié le 19 mai 1983 par le comté de Lane.

À Mesa, Steve Downs avait passé une agréable soirée en compagnie de sa nouvelle amie. Ils étaient allés se promener pour profiter de la fraîcheur de ce jeudi soir, ensuite elle était rentrée chez elle. Diane et lui avaient divorcé deux ans plus tôt, mais leurs vies étaient restées étroitement liées – de manière souvent explosive – jusqu'à ce qu'elle emménage en Oregon. Sa femme et ses enfants partis depuis près de huit semaines, Downs commençait enfin à se sentir célibataire, mais les petits lui manquaient. Diane aussi, d'une certaine manière. Leur relation avait été un cocktail de passion, de jalousie, de séparations et de réconciliations.

Le ciel au-dessus de Superstition Mountains était passé de l'orangé au noir profond, le temps que le colocataire de Steve – prévenu de la tragédie par un coup de fil de Wes – puisse le localiser. La petite amie de Steve le conduisit à l'aéroport pour qu'il prenne le premier avion en partance pour l'Oregon.

Roy Pond et l'inspecteur Al Hartman de Springfield avaient été envoyés chez Heather Plourd. Au bout de Sunderman Road, ils débouchèrent sur des champs où étaient plantés un petit

37

groupe de bungalows et de caravanes. Pond examina les boîtes aux lettres avec sa lampe-torche et trouva le nom qu'il cherchait : Plourd.

Les inspecteurs frappèrent à la porte de la caravane, attendirent, et frappèrent une deuxième fois.

Un jeune couple à moitié endormi leur ouvrit. Heather Plourd confirma que Diane était venue lui rendre visite, plus tôt dans la soirée.

– Elle est arrivée vers 20 h 30-21 heures. J'étais étonnée de la voir parce qu'elle n'était venue ici qu'une seule fois avant, il y a environ trois semaines, pour me demander de la remplacer dans sa tournée car elle voulait prendre l'avion pour l'Arizona. Je suis sortie pour parler avec elle. Elle m'a dit avoir trouvé un article de journal sur l'adoption de chevaux. Je lui ai répondu que nous venions juste d'en acheter un et que nous n'avions pas les moyens d'en entretenir un autre. Ses gosses ont joué quelques minutes avec notre nouveau cheval pendant que je bavardais avec elle.

Diane n'avait semblé ni tendue ni pressée quand elle était repartie, mais Heather avait eu l'impression qu'elle devait se rendre ailleurs. Elle était certaine qu'elle n'avait pas bu d'alcool, ni absorbé de drogue d'aucune sorte.

– Pourquoi toutes ces questions ? demanda-t-elle à Pond. Il y a eu un accident ?

Pond hésita ; l'histoire de cette femme semblait tenir debout.

– C'est très grave, répondit-il de manière énigmatique. Vous le découvrirez probablement demain. Avez-vous des armes en votre possession ?

– Non.

Les Plourd avaient deux enfants, qui dormaient. Pond demanda à les voir. Étonnée, Heather fit entrer les inspecteurs et leur montra un petit garçon et une petite fille. Les enquêteurs furent soulagés. De toute évidence, il ne s'était rien passé de violent ici. L'homme que les Downs avaient rencontré leur était tombé dessus après qu'ils avaient quitté la caravane des Plourd.

Pond fonça pour rejoindre Welch et Tracy chez les Downs, dans Q Street. Diane leur avait donné les clés qu'elle avait extraites de la poche de son jean.

Les appartements, construits à l'économie, ressemblaient à des boîtes à chaussures. Le duplex de Diane se trouvait dans une impasse, en face de l'autoroute I-105.

Les enquêteurs n'avaient trouvé personne à l'intérieur – aucun signe indiquant qu'on avait attendu le retour de Diane, pas de mégots de cigarettes, ni de bouteilles vides. Les téléviseurs étaient froids.

Tracy et Welch avaient commencé par fouiller le rez-de-chaussée – un salon-salle à manger et une cuisine. L'endroit était vide, ou presque ; on aurait dit qu'on avait emménagé la veille, laissant les cartons pour les déballer après une bonne nuit de sommeil.

Tracy secoua la tête, perplexe.

– Elle n'a pas dit qu'elle avait emménagé ici à Pâques ?

– Ouais, confirma Welch. Plutôt spartiate, hein ?

Aucun meuble, à part une chaise et une table de télévision. Ils examinèrent le dessus de la télé. Quatre photos encadrées. Deux de Diane dans un double cadre de 28 × 35, où elle souriait. L'un était un portrait, l'autre la montrait de trois quarts, en chemisier et jean moulant, appuyée contre un mur. Deux autres photos plus petites représentaient un homme brun et barbu au front haut qui souriait à l'objectif.

– Peut-être Lew ? demanda Tracy, se souvenant du tatouage.

– Ça se pourrait.

Pas de photos des enfants. Mais une boîte de Kleenex et un bouquet de fleurs en papier crépon fixées sur des cure-pipes – réalisé en classe de travaux manuels, de toute évidence – portant une étiquette avec « Christie ». S'y trouvaient également une télécommande et un petit personnage en plastique orange : Garfield le chat, affichant un sourire.

Mais l'objet qui attirait l'attention était la statuette de bronze rutilante – une licorne de vingt-deux centimètres de haut, crinière au vent, sa corne unique agressivement pointée. Welch et Tracy se penchèrent pour déchiffrer ce qui était gravé sur le socle :

Christie, Cheryl et Danny
Je vous aime !
maman
13 mai 1983

– C'était il y a six jours, marmonna Traçy comme pour lui-même. D'après Rutherford, elle n'arrêtait pas de répéter qu'elle n'aurait pas dû acheter la licorne. Je me demande ce qu'elle voulait dire...

– Il y a des histoires sur les licornes, répondit Welch en haussant les épaules, mais je ne les connais pas.

Ils étaient à la recherche de preuves tangibles, pas de légendes, et ils abandonnèrent momentanément la licorne.

L'atmosphère était étrange, comme si personne n'habitait la maison – pas de canapé, pas de table, pas de coin pour manger, pas de chaises de cuisine. La plupart des ustensiles et des produits de base étaient encore emballés.

Welch ouvrit le réfrigérateur et n'y vit que quelques boîtes de conserve ouvertes. Il en prit une et fit une grimace de dégoût : le contenu était moisi.

– Pas de quoi faire un repas là-dedans.

– Peut-être qu'ils mangent à l'extérieur.

– Ouais !

Ils gravirent les marches recouvertes de moquette beige. En haut aussi, des cartons s'empilaient. La chambre principale, celle de Diane, comportait pour tout meuble un grand lit avec un couvre-lit à motifs floraux vert, rose et marron. Les taies d'oreillers étaient assorties et le lit était fait.

Tracy tendit le bras vers l'étagère du placard et trouva ce qu'il cherchait. Il sortit précautionneusement un objet oblong dans un étui. C'était un fusil Glenfield de calibre 22, entreposé exactement là où Diane l'avait dit. Il était chargé mais n'avait pas servi récemment ; le canon était tout poussiéreux.

Tracy fit jouer le mécanisme et une cartouche unique jaillit. Il le relâcha très lentement et ôta le bouchon du magasin. Sept cartouches glissèrent sur le lit. Avec soin, pour que ses empreintes ne marquent pas les cartouches, il les fit passer dans un petit sachet en plastique. Il fit jouer le mécanisme une fois de plus et une dernière balle s'éjecta. Neuf balles de 22 – certaines gris-argent, d'autres cuivrées. Mais une cartouche cuivrée échappa aux yeux fatigués de Tracy ; elle avait roulé sur le couvre-lit fleuri et se confondait avec les couleurs. Des huit balles qu'il ramassa, six étaient cuivrées et estampillées d'un « C », les deux autres étaient en plomb et portaient un « U » gravé à leur base.

Ils fouillèrent les deux autres chambres en silence, évitant de regarder les lits vides où les enfants auraient dû être en train de dormir et de rêver.

Diane leur avait donné carte blanche pour emporter tout ce qui pourrait les aider à retrouver le tueur.

Le sergent Jerry Smith cherchait un objet particulier. Diane avait demandé qu'il lui ramène son journal ; un cahier à spirale ordinaire. Il l'avait trouvé, l'avait feuilleté et avait remarqué qu'il était composé d'une série de lettres, apparemment jamais expédiées. La première datait de plusieurs semaines et, à une exception près, elles se terminaient toutes par des salutations à un certain Lew.

Smith en fit une photocopie avant de l'apporter à Diane.

À l'aube – les recherches étaient loin d'être achevées –, les enquêteurs quittèrent la résidence de Q Street qui avait été mise sous scellés et sous bonne garde. Ils reviendraient.

Les hommes épuisés qui avaient travaillé au cours de cette première longue nuit ne savaient rien de Diane, à part son âge, son état civil, sa profession de factrice et sa récente installation dans l'Oregon. Ils avaient rencontré ses parents, vu ses enfants gravement blessés. Ils ne savaient pas ce qui la faisait pleurer ou rire, ni quels espoirs ou quels rêves elle avait nourris en se réveillant l'avant-veille. Si la fusillade n'était pas le fruit du hasard, si Diane avait servi de cible définie, qu'avait-elle bien pu faire pour que quelqu'un la haïsse au point de vouloir la tuer avec ses enfants ?

Ils décidèrent de le découvrir, et le plus tôt serait le mieux. Tout détective sait qu'un meurtre qui ne se solde pas par une arrestation dans les premières vingt-quatre ou quarante-huit heures reste souvent non résolu, les chances diminuant au fil des jours. Moins de douze heures après le début de l'enquête, ils étaient encore guidés par l'enthousiasme.

Diane n'avait pas fermé l'œil. Elle attendait que les lueurs de l'aube éclairent la chambre d'hôpital. Un policier montait la garde devant sa porte – et d'autres devant la chambre de ses deux enfants survivants – au cas où le tireur reviendrait.

À 7 heures, elle tendit le bras vers le téléphone posé à côté de son lit et composa un numéro qu'elle connaissait par cœur. Il était 8 heures en Arizona. Elle attendit que la sonnerie retentisse au loin.

– Bureau de poste de Chandler, Karen à l'appareil.

– Karen ? C'est Diane.

Elles étaient amies, et Diane avait souvent appelé de l'Oregon. Karen Batten, vingt-cinq ans, avait hébergé Diane lorsque sa caravane avait brûlé. Karen nota une différence dans la voix de Diane. Elle ne semblait pas fâchée, elle ne pleurait pas non plus, mais elle avait l'air... *détachée.* Leur conversation n'en fut pas moins prosaïque, comme toujours, jusqu'à ce que Diane lâche :

– On a tiré sur mes enfants ! Cheryl est morte... On m'a tiré dessus aussi.

Karen étouffa un cri et se mit à pleurer. Elle se tourna, le combiné à la main, et regarda l'homme grand et barbu qui se tenait près d'elle. Il pouvait entendre la conversation mais il continuait à trier le courrier pour sa tournée. Il avait donné le mot à tout le personnel de la poste de Chandler, précisant qu'il ne voulait pas parler à Diane. Elle lui avait téléphoné tous les jours à 7 heures du matin pendant des semaines. Mais Lew avait brusquement cessé de prendre ses appels. Et il avait apposé le tampon « Retour à l'envoyeur » sur toutes ses lettres et tous ses paquets.

Karen couvrit le combiné de sa main et chuchota :

– Lew, je crois que cet appel-là, tu devrais le prendre. Parle-lui, s'il te plaît.

Il prit le téléphone en grimaçant. Il reconnut sa voix malgré la distance, cette voix qu'il avait entendue des centaines, des milliers de fois. Elle avait le même ton.

– Bonjour, Lew, fit-elle d'une voix douce. Comment ça se passe à Chandler ? Tu vas bien ? Tu es heureux, mon chéri ?

Il marmonna une réponse, pressé de raccrocher. Sa voix l'avait hypnotisé autrefois, lui faisant perdre la tête au point qu'il ne savait plus si ses désirs lui appartenaient ou si c'était ce qu'elle voulait, elle. Il n'avait pas eu de ses nouvelles depuis des semaines et espérait que c'était bien fini à présent, que sa vie avait repris un cours normal.

– Qu'est-ce qui se passe, Diane ? Qu'est-ce qui ne va pas ? Karen est en larmes.

Elle hésita. Il l'entendit prendre une profonde inspiration.

– Qu'est-ce qui ne va pas, Diane ? insista-t-il.

Elle le lui dit.

– Mais comment ça s'est passé ?

– Je ne sais pas.

– Comment ça, tu ne sais pas ? On a tiré sur les enfants et sur toi. Comment ça s'est passé ? Qui a fait ça ?

– Je ne sais pas, Lew. On était sur une petite route vers 11 heures du soir... en rase campagne, on venait de chez une amie... et un homme faisait de grands signes au milieu de la route... Il voulait prendre ma voiture et il s'est mis à tirer...

Lew s'adossa au mur. Qu'attendait-elle de lui ? Que pouvait-il faire pour elle ? Il se mit à trembler. Elle tentait de lui remettre le grappin dessus avec ces histoires de meurtre délirantes.

– Donne-moi le numéro de téléphone de ta chambre à l'hôpital. Je le passerai à Karen. Mais écoute, Diane, si jamais tu reviens à Chandler, ne viens pas me voir.

– Je t'aime, Lew, dit-elle d'une voix tendre.

– Je dois retourner bosser, Diane.

– Tu veux bien me repasser Karen ?

– Karen est déjà partie pour sa tournée.

Il raccrocha et se mit face à la lumière vive du soleil.

Il glissa la bandoulière de son sac de courrier sur son épaule et sortit à pas lents dans la chaleur matinale.

Elle s'était attendue à cette froideur de la part de Lew. Il avait peur. Elle le connaissait aussi bien – non, mieux – que n'importe qui. Lew avait horreur des histoires, des complications. C'était peut-être ce qui lui avait tant plu chez lui ; il voulait juste vivre sans problèmes, il voulait juste être heureux. Naturellement, il s'éloignerait d'elle cette fois encore, mais il reviendrait et l'aiderait à s'en sortir. Pourvu que la police ne lui cherche pas d'ennuis. Ce serait le coup de grâce pour lui.

4

Avant même que Diane ne téléphone à Lew, Fred Hugi se levait ce vendredi 20 mai 1983. Il avala une tasse de café et longea la longue allée privée qui reliait sa maison à la route. Il n'alluma pas la radio de sa voiture. L'autoroute était encombrée et nécessitait toute son attention.

Bien avant 8 heures, Hugi était à son bureau. La pièce reflétait un mélange d'humour noir et de labeur. Une corde avec un nœud coulant se balançait au bout d'une applique en bois, mais l'effet macabre était contrebalancé par un ours en peluche blanc installé sur la visière d'un drôle de chapeau. Quelques diplômes encadrés, un cliché montrant Hugi brandissant un énorme saumon, une très vieille photo, scène champêtre au bord de la McKenzie cent ans plus tôt, et une grande carte de l'Oregon. Une plante s'étiolait, jaune et molle, dans son pot.

Les autres bureaux étaient vides mais les membres de l'équipe du procureur Pat Horton discutaient dans le couloir. Une fusillade avait eu lieu dans la nuit. Hugi s'arrêta pour écouter, saisissant des bribes de conversation. Peu d'informations étaient encore disponibles, mais les spéculations allaient bon train. Il entendit Howard Williams, un des inspecteurs, lancer :

— Et devinez où se trouve la blessure par balle de la maman ?

— Où ? demanda Hugi, intrigué.

Williams leva son bras et pointa un doigt précis sur la partie inférieure.

— Juste là, là où ça ne vous tue pas, et où ça ne fait pas trop mal non plus.

— C'est *vraiment* là qu'elle a été blessée ?

— On n'a pas encore les rapports, mais j'ouvre les paris.

La remarque de Williams ne fit pas grande impression sur

Hugi. Ce genre de plaisanterie fleurissait chez les juristes et les flics. Il passa devant un autre bureau et écouta cette première version sommaire de la fusillade : une mère et trois gosses.

Il savait qu'il était le prochain sur la liste du procureur Horton, qui attribuait les affaires d'homicide par rotation. Cette histoire de fusillade était donc pour lui et le peu qu'il en avait entendu ne le rendait pas particulièrement enthousiaste. Chaque avocat a ses propres critères pour qualifier de « bon » un homicide. Les affaires les moins prisées sont les querelles de bar et les échanges de coups de couteaux entre minables. Pour Hugi, les critères positifs étaient des victimes innocentes et respectées, des enquêtes longues et difficiles, des suspects tentant d'échapper à la condamnation et refusant d'avouer.

Pat Horton lui téléphona et le convoqua.

– Vous vous souvenez que je vous avais promis la prochaine affaire d'homicide ?

– Ouais, répondit Hugi avec un enthousiasme modéré.

– Eh bien, vous l'avez.

Hugi hocha la tête. Il ne connaissait même pas les noms des victimes. Si Williams n'avait pas parlé en l'air – si la mère s'était tiré dessus – ce serait rapidement expédié. Cas pathologique. Mère devient folle. Tue ses enfants. La décision la plus importante que Hugi aurait à prendre serait de trouver une institution où l'envoyer. Dans ce cas, il n'aurait plus qu'à attendre une meilleure affaire à la prochaine distribution.

Fred Hugi retourna dans son bureau, sortit un bloc neuf de son tiroir et dressa une liste : 20 mai 1983 – CHOSES À FAIRE, et QUESTIONS. Bonne ou mauvaise, cette affaire était la sienne et il allait s'en occuper correctement. En espérant que la presse ne la transforme pas en mélo et ne lui mette pas des bâtons dans les roues.

Né dans le Bronx, Fred Hugi est un Américain de la troisième génération : germano-hongrois (suisse en réalité), fils et petit-fils de chevillards. Son grand-père contribua à la première organisation syndicale de bouchers. Son père arracha sa famille au Bronx, pour l'installer à Woodbridge, New Jersey, afin que Fred et sa sœur, de trois ans plus jeune que lui, n'aient pas à grandir en ville. Sa femme tenait un petit magasin dans Woodbridge.

Hugi commença des études de médecine à l'université de Rutgers. Il détestait cela, mais aimait les cours de botanique et finit par décrocher un diplôme de garde forestier. Le 1ᵉʳ juin 1966, nommé sous-lieutenant dans l'armée des États-Unis, il obtint son diplôme, épousa Joanne le 4 juin et partit immédiatement pour Fort Belvoir, en Virginie, pour suivre un entraînement dans le génie. Il fut mobilisé en mai 1967 et revint exactement un an après. Hugi se refusait à parler du Vietnam, sauf pour dire qu'il se demandait pourquoi un homme ne pouvait être heureux dès lors qu'il avait suffisamment à manger, un toit au-dessus de sa tête et personne qui ne lui tirait dessus.

Après avoir passé sa licence de pilote, Hugi trouva un emploi dans la compagnie de bois Simpson, à Shelton, dans l'État de Washington. Il fut chargé de localiser les secteurs destinés à l'abattage, mesurant les troncs d'arbres et spéculant sur les repousses. Il aimait travailler en extérieur, il aimait les arbres – mais le boulot lui sembla sans avenir. Il se rendit rapidement compte que ce n'étaient pas les forestiers mais les financiers qui prenaient toutes les décisions dans l'industrie du bois.

Il retourna sur les bancs de l'université et décrocha une maîtrise de marketing et un doctorat de droit. Son intérêt pour le droit avait toujours tourné autour de la défense des innocents. Il croyait alors que l'avocat de la défense protégeait réellement l'innocent qui avait été accusé à tort.

En 1973, Hugi vivait confortablement de sa pratique privée. Il déjeunait fréquemment avec les assistants du procureur au palais de justice, juste en face de son cabinet, et les écoutait, fasciné, discuter de leurs affaires.

– Après avoir compris comment fonctionnait le système, je me suis rendu compte que c'étaient les victimes des crimes qui avaient besoin de protection.

Le 12 novembre 1975, Fred Hugi fut engagé au bureau du procureur du comté de Lane. Néophyte, il fut assigné aux infractions et aux contraventions. Puis il fut chargé d'affaires allant de la délinquance juvénile à l'homicide involontaire dans les accidents de la route. Il travailla enfin sur les crimes.

Fred Hugi était par nature un forcené de travail. De même que Joanne. Ils n'avaient pas d'enfants, avaient sérieusement pesé le pour et le contre, et chacun se consacrait entièrement à sa carrière. Lorsque Fred était en procès et que Joanne avait un problème particulièrement difficile à l'université, ils prenaient à peine le temps de se parler. Des enfants méritaient mieux. Les années passaient et, de temps à autre, ils parlaient d'avoir un bébé, mais ils n'avaient jamais changé d'avis. Tandis qu'ils accumulaient l'un et l'autre de plus en plus de responsabilités dans leur travail, ils se convainquirent qu'ils avaient pris la bonne décision.

Le matin du 20 mai 1983, Hugi commença à dresser la liste des CHOSES À FAIRE sur son bloc, mais un étrange sentiment d'urgence s'imposa. Il devait se rendre à l'hôpital.

Hugi et Paul Alton, un des enquêteurs, arrivèrent à l'hôpital McKenzie-Willamette à 10 heures. Ils trouvèrent Christie et Danny en salle de réanimation.

Les deux hommes se tenaient silencieusement au pied du lit de Christie Downs. Il était impossible de la distinguer à travers les tubes et les fils la reliant à divers appareils, sans parler des pansements. Un masque à oxygène transparent lui couvrait la moitié inférieure du visage ; seuls ses épais cheveux châtain clair, ses yeux et ses sourcils étaient visibles. Un gros bandage recouvrait sa main gauche ainsi que sa poitrine. Par-dessus son masque transparent, elle les regardait. Elle était éveillée et consciente.

Elle semblait perdue. Tout à coup, les yeux de Christie rencontrèrent ceux de Fred Hugi et s'y accrochèrent.

Paul Alton jeta un coup d'œil au procureur, commença à parler et s'arrêta, sidéré. Jamais il n'avait vu Fred Hugi montrer la moindre émotion au-delà de l'irritation ou de l'impatience. Et là, il vit des larmes couler le long de ses joues.

Alton y regarda à deux fois. Pas d'erreur.

– Ce fut très simple, se souvient Alton. À ce moment-là, Fred « adopta » Christie. Personne n'allait plus lui faire de mal – il faudrait d'abord lui passer sur le corps.

Le lien fut aussi soudain que surprenant. Fred Hugi, l'homme qui donnait trop de lui-même à sa carrière pour avoir le temps de faire des enfants, fut pris au dépourvu. Christie et Danny Downs devinrent, au plus profond de son cœur, ceux qu'il devait protéger. Ceux qu'il devait venger.

Il savait qu'il ne pouvait rien faire de concret pour les empêcher de souffrir ou de mourir. Et pourtant il ne pouvait quitter leur chevet. Alton le vit prendre une chaise et s'installer juste à l'extérieur du périmètre des soins intensifs, d'où il pouvait les voir tous les deux.

Il resta longtemps assis, écoutant les chuintements, les cliquetis et les ronronnements des machines qui les maintenaient en vie.

Au dos d'un formulaire de l'hôpital il griffonna quelques notes :

Vendredi 20 mai 1983

10 h 5 McKenzie-Willamette.
Avec fillette, huit ans et Stephen Daniel.
Mère devrait bientôt descendre.
À faire : vérifier vêtements pour indices.
Aller sur les lieux de la fusillade :
    Détecteurs de métaux.
    Boîtes de bière ?
    Identification de l'arme.
Quand quittera-t-elle l'hôpital ? Besoin d'une autre personne pour parler avec elle – P. K. ?
Prendre magnétophone.
Lew – 33 ? Cheryl : l'enfant qui est morte.
Vérifier indices sur Diane.
Journal intime.

Il partait de zéro. Les flics partaient de zéro. Aucun d'eux ne savait encore quel type d'arme avait été utilisée contre les gosses. Fred Hugi venait juste d'apprendre leurs noms. Ce n'étaient plus « les gosses », c'étaient Christie et Danny qui étaient allongés là...

Cette affaire ne serait pas si facile, après tout.

Si cela n'avait dépendu que de lui, Hugi serait resté avec les enfants, mais il avait tant à faire.

Leur père devait arriver d'Arizona. Leur mère ne se sentait apparemment pas encore assez bien pour quitter sa chambre dans ce même hôpital.

Hugi parla au Dr Mackey et aux infirmières de service la veille au soir, recueillant leurs impressions. Mackey pensait que le tireur se tenait probablement près de la portière du conducteur – ainsi que l'avait décrit Diane – à cause de l'angle des blessures des enfants.

Les notes de Hugi étaient des pattes de mouches quasi illisibles. Drainer la rivière, passer au peigne fin les lieux de la fusillade, fouiller la maison de Q Street. Discuter avec Doug Welch et Dick Tracy, avec le sergent Jerry Smith et Bob Antoine de la police de Springfield.

Jim Pex, criminologue expert en médecine légale, était debout depuis 2 heures du matin.

La médecine légale est le nerf de la guerre dans une affaire d'homicide et Fred Hugi espérait que Pex pourrait trouver les réponses aux questions qui commençaient à peine à se former dans son esprit.

Une goutte de sang ressemble à une autre goutte de sang, un cheveu paraît identique à un autre. Une tache peut être aussi bien de la salive, du sperme que du blanc d'œuf. Les fils, les stries des balles, les feuilles mortes, le gravier et les boutons cassés n'ont rien d'original. Sauf pour Jim Pex. Il est particulièrement doué pour l'analyse balistique, ainsi que pour la sérologie. Il peut découvrir bon nombre d'informations à partir du sang – à la fois à partir des composants sérologiques et de la manière dont il a été répandu.

Pex passa en revue pour Fred Hugi ce qu'il avait trouvé au cours des dernières heures. Avec Jon Peckels, il avait examiné la voiture de Diane Downs, cherchant des preuves tangibles laissées par le tueur.

Le compteur n'affichait que 5 948 kilomètres. Peckels montra les douilles que Tracy et lui avaient remarquées plus tôt. Ils ne trouvèrent pas de particules de poudre visibles sur ou autour des portières et des fenêtres. La voiture n'était pas endommagée. Les sièges étaient recouverts d'un tissu pelucheux rouge ; il était difficile d'y distinguer les taches de sang. La cavité près du levier de vitesse était pleine de menue monnaie. Le dessus du tableau de bord et le tapis étaient parsemés de sable et de petits coquillages.

Une flaque de sang encore presque liquide s'étalait sur le plancher, au pied du siège du passager : Cheryl était couchée à cet endroit.

Pex avait délicatement détaché la moquette sous la boîte à gants. En passant sa main dans l'interstice, il avait trouvé une balle de plomb de calibre 22, qui pesait deux grammes cinquante-deux.

De larges traînées de sang étaient visibles sur la portière côté passager, probablement faites – supposa Pex – par le personnel hospitalier lorsqu'on avait sorti l'enfant de la voiture.

– Et du côté conducteur ? demanda Hugi.

– Pas de sang du tout, répondit Pex en secouant la tête, aucune traînée sur le volant non plus.

Lorsqu'un coup de feu est tiré, toute la poudre ne prend pas feu, une partie est soufflée hors du canon. Les criminologues trouvèrent des particules de poudre sur tous les sièges de la voiture sauf sur celui du conducteur.

Les photos du siège arrière montraient une veste des postes en nylon bleu avec quelques taches de sang ; par-dessus, une paire de tongs et une seule douille de calibre 22 estampillée d'un « U ».

Chaque article fut mis dans un sac séparé et étiqueté par Jon Peckels.

Une photo montrait une paire de tennis d'enfant à pois roses et un masque à oxygène abandonnés, juxtaposés de manière incongrue sur le sol à l'arrière de la voiture.

Le siège arrière présentait de grandes taches de sang frais et des vomissures à la place de Christie. Deux douilles de 22 estampillées d'un « U » baignaient dans le sang.

Du sang avait également giclé sur le dossier de la banquette arrière, le panneau latéral et le pare-brise arrière. Une première analyse suggérait que le tireur s'était penché dans la voiture au niveau du siège du conducteur, comme Diane l'avait précisé.

Pex et Peckels avaient également examiné le coffre. Pas de traces de sang. Une casquette des postes, un annuaire d'Eugene-Springfield, une raquette de tennis, un magnétophone et une boîte enveloppée d'un papier aux couleurs gaies remplie – bizarrement – de fleurs séchées.

– Nous avons trouvé une arme...

Hugi leva vivement les yeux. Mais Pex secoua la tête.

– Ce n'était pas un 22 mais un revolver Rohm, modèle 63, un 38 Smith & Wesson Spécial, la production de série. En piteux état et rouillé, avec une boîte de munitions de 38, mais cette arme n'a pas servi depuis très longtemps.

Pex et Peckels avaient tout photographié au fur et à mesure qu'ils travaillaient. Ils avaient passé l'aspirateur dans la voiture et récolté tous les débris dans des sacs spéciaux. Ils n'avaient aucun moyen de savoir laquelle de toutes les preuves ramassées pouvait être importante pour l'enquête. La règle d'or était de tout prendre.

Les objets de la boîte à gants étaient plus ordinaires. Un demi-dollar de 1949, une note sur une feuille de bloc rose portant les instructions pour une gravure sur une licorne de bronze. Une autre disant : « Bienvenue à la maison Cheryl, Daniel, Christie... Tante Kathy et Israel. » Une liste de commissions : « Programme télé, purée en flocons, ketchup. » Des manuels sur la voiture et le système d'air conditionné. Ils retirèrent une cassette – *Rio* de Duran Duran – de l'autoradio.

Pex assista à l'autopsie pratiquée par le Dr Ed Wilson sur le corps de Cheryl Lynn Downs.

Vêtue de son petit short vert, Cheryl semblait s'être endormie après une journée passée à jouer. Sauf qu'il y avait du sang. Cheryl avait été une très jolie petite fille.

Elle avait reçu deux coups de feu, tous deux mortels. Le premier, tiré à bout portant, était entré juste sous l'omoplate gauche, touchant une côte, le poumon gauche, l'aorte et la trachée. La deuxième balle, également tirée à bout portant, était entrée juste au-dessus de l'omoplate droite, avait traversé une côte, le poumon droit, l'aorte, la trachée et était encore dans les chairs de l'épaule gauche.

Après le premier coup de feu, Cheryl n'avait pas vécu assez longtemps pour réagir autrement que par réflexe. Elle avait peut-être eu le temps de lever son bras et même de heurter la porte, dans une vaine tentative de fuite.

Le corps de Cheryl fut déposé au funérarium local. Jim Pex et l'inspecteur Kurt Wuest emportèrent la balle (plomb de calibre 22 : pesant deux grammes quarante-six) ; deux sachets en papier scellés contenant des débris de poudre ; trois sachets contenant des prélèvements destinés à détecter la présence de sperme, et effectués dans la bouche, le vagin et le rectum (tous les tests seraient négatifs) ; une enveloppe contenant une chaîne en or avec un cœur plein enchâssé dans un cœur évidé, qu'ils avaient délicatement détachés, emmêlés qu'ils étaient dans les longs cheveux de Cheryl.

5

Fred Hugi était resté avec Christie et Danny une bonne partie de la journée ; Doug Welch avait surveillé la porte de la chambre de Diane Downs pendant ce temps. Il avait travaillé toute la nuit et ne pourrait aller se coucher avant encore une douzaine d'heures. Il appuya sa chaise contre le mur du couloir et employa toute sa volonté à garder les yeux ouverts.

Heather Plourd fut une des premières visites de Diane. Le visage de la jolie brune était exsangue et elle avait visiblement pleuré. Welch la laissa entrer dans la chambre.

Au bout de quelques minutes, Diane appela le policier pour lui poser une question.

— On se demandait comment ça avait bien pu arriver, dit-elle, et où pouvait se trouver l'arme.

— Mettez-vous à la place du suspect, Diane, lui suggéra Welch. Qu'auriez-*vous* fait de l'arme ?

Elle réfléchit un moment en silence.

— Je l'aurais enterrée en haut d'une colline. Ou jetée dans la rivière.

Ses suppositions valaient les leurs. Des plongeurs étaient déjà au travail dans la rivière Little Mohawk.

Doug Welch rencontra le père des enfants l'après-midi qui suivit la fusillade. Steve Downs, épuisé et complètement bouleversé, avait le teint crayeux.

Il expliqua qu'il vivait à Chandler et y possédait sa propre entreprise, la Dowco.

— Avez-vous parlé à votre ex-femme récemment ?

— Depuis que Diane a déménagé dans l'Oregon, il y a environ deux mois, on s'est téléphoné sept ou huit fois. Elle m'a appelé deux fois chez moi et je l'ai appelée chez ses parents cinq ou six fois.

— De quoi parliez-vous ?

— De rien de spécial, répondit-il en haussant les épaules. Des enfants. De tout et de rien.

Downs décrivit sa relation avec Diane comme « stable ». Il était au courant pour Lew – Lewiston. Son ex-femme en était tombée follement amoureuse. Downs ajouta que Lewiston était un homme marié et qu'à son avis il avait fait marcher Diane.

— Leur relation faisait alterner les séparations et les retrouvailles ces six derniers mois. Elle a pris l'avion pour venir le voir il y a quelque temps, et m'a dit qu'ils avaient résolu tous leurs problèmes.

— Vous l'avez vue à ce moment-là ? demanda Welch.

— Bien sûr. Elle a dormi chez moi cette nuit-là.

Downs parla des amants de son ex-femme avec beaucoup de calme.

— Elle a couché avec six ou sept hommes différents, mais ce n'est pas une femme légère ; elle ne coucherait jamais avec un type si elle n'y tenait pas énormément – ou du moins si elle ne le croyait pas.

— Est-ce que vous ou Diane possédez des armes à feu ? Savez-vous si elle en possède actuellement ?

— Diane a trois armes à feu : une 22 long rifle, un 38 et un pistolet semi-automatique à neuf coups Ruger Mark IV de calibre 22.

Welch s'appliquait à garder un visage impassible, mais sentit ses muscles se raidir. Diane avait mentionné les deux premières armes lors de sa conversation avec lui et Tracy la veille, mais s'était abstenue de préciser qu'elle possédait un pistolet de calibre 22.

Welch attendit un instant, craignant que la fatigue ne le trahisse et ne lui fasse commettre un impair.

— OK ! Si on commençait par le début ? Où a-t-elle eu ces armes ?

— Voyons voir... Diane m'a offert le fusil et le 38 pour Noël. J'ai reçu le Ruger il y a environ un an et demi en échange d'un travail pour un client.

— Quand avez-vous vu le Ruger pour la dernière fois ?

— Il doit y avoir six mois, dans ma chambre. Diane me l'avait déjà emprunté avant et je suppose qu'elle doit l'avoir maintenant, parce qu'il n'est plus à sa place. Elle ne s'y connaît pas beaucoup en armes à feu, mais je lui avais montré comment utiliser ces trois-là.

– Elle sait se servir d'un pistolet de 22 ?

– Oh, oui ! Je lui ai montré comment faire monter une balle dans la chambre et s'assurer que le clip restait coincé à mi-chemin pour empêcher qu'une balle demeure accidentellement dans la chambre.

Welch prit une profonde inspiration. Il devait poser la question suivante avec toute la diplomatie dont il était capable. La supposition paraissait excessive.

– Votre femme – ex-femme – Diane... Est-ce qu'elle... pourrait faire passer Lew Lewiston avant les enfants ?

Downs fut sidéré par la suggestion.

– Jamais de la vie ! Elle adore les mômes. Elle ne ferait jamais passer Lew avant eux !

Danny était dans un état critique, mais stable. Il était allongé et avait des perfusions dans les bras, un casque à oxygène sur le nez et une sonde urinaire. Il refusait de parler – ou ne le pouvait peut-être pas – aux infirmières qui s'occupaient de lui. Ses orteils bougeaient lorsqu'elles lui chatouillaient la plante des pieds. C'était bon signe.

Christie était littéralement revenue d'entre les morts. Le pédiatre David Miller eut le plaisir de le constater lorsqu'il passa au département des soins intensifs vendredi. Christie avait encore un tube dans la gorge, qui l'aidait à respirer, mais ses yeux le suivaient avec attention et il était certain qu'elle comprenait ce qu'il lui disait.

Après avoir vérifié un certain nombre d'éléments sur sa liste À FAIRE, Fred Hugi retourna en hâte à l'hôpital ce même vendredi après-midi. Il était difficile de croire que l'affaire avait commencé depuis moins de vingt-quatre heures. La tension de Hugi se relâcha lorsqu'il vit que Christie et Danny étaient tous les deux dans leurs lits, toujours entourés de divers appareils de contrôle. Mais une infirmière lui fit signe de s'écarter. Christie avait eu une complication.

Le Dr Bruce Becker était de service et surveillait Christie avec beaucoup d'attention. Il expliqua au substitut du procureur qu'il avait remarqué un changement alarmant dans l'état de la fillette. Des mouvements cloniques agitaient le côté droit de son corps et de son visage. Une sorte d'attaque, des convulsions saccadées qui signalaient des troubles du cerveau. À leur connaissance, Christie n'avait pas été blessée à la tête, mais elle avait perdu presque tout son sang, ce qui provoque de terribles ravages dans le métabolisme. De plus, elle avait totalement cessé de respirer pendant un bon moment. À 13 h 30, Christie avait cessé de réagir quand on lui parlait. Quelque chose n'allait pas du tout, quelque chose d'autre que sa blessure par balle à la poitrine. Becker expliqua à Hugi que Christie avait été frappée d'apoplexie ; la partie gauche de son cerveau était lésée. Personne ne pouvait encore dire ce que cela impliquerait.

À regret, Hugi quitta la salle des soins intensifs pour continuer les recherches dans le duplex de Q Street.

Dick Tracy et Doug Welch étaient toujours de service, répertoriant les articles dans des sacs.

Y avait-il eu quelque chose dans la vie de Diane Downs avant ce soir du 19 mai, qui en fît une cible pour un tueur ? En découvriraient-ils un indice ici ?

Ils trouvèrent des piles de lettres, des cartes postales (presque toutes adressées à Lew), des coupures de journaux, des instructions sur la manière de déposer un bilan et, bizarrement, un certain nombre d'articles sur les mères porteuses. Hugi tomba sur plusieurs documents portant l'en-tête d'un psychologue de l'Arizona. Cela les aiderait peut-être à comprendre dans quel monde Diane avait vécu jusque-là. Peut-être.

Alton trouva une facture de Montgomery Ward d'un montant de vingt et un dollars datée de la semaine précédente – paiement comptant pour une licorne de bronze.

Intrigué par le rapport de Welch précisant qu'il n'y avait aucune nourriture mangeable dans le réfrigérateur, Hugi fouilla dans la poubelle du cagibi et dénicha une grande boîte de raviolis. La sauce tomate n'était pas encore sèche ; cela avait dû être le dîner de Diane et des enfants avant leur départ pour aller voir Heather Plourd.

En inspectant la penderie du rez-de-chaussée, il sortit une nuisette en voile style « baby doll » avec des ajours en losange aux endroits stratégiques : le bout des seins et le nombril. Hugi se demanda pourquoi cette nuisette n'était pas dans le tiroir à lingerie de la chambre.

Alton l'appela de l'étage. Il avait trouvé la balle de 22 que

Tracy avait sortie du fusil de Diane et laissée par mégarde aux petites heures du jour précédent – la cartouche cuivrée abandonnée sur le couvre-lit. Elle était estampillée d'un « U », tout comme les douilles trouvées sur les lieux de la fusillade.

Ce n'est qu'une fois la fouille terminée que Fred jeta un coup d'œil à sa liste.

Appeler Joanne.

Heureusement qu'il l'avait noté. Heureusement qu'elle comprit, dès qu'elle entendit sa voix, qu'il était déjà obnubilé par cette affaire. Il alla la chercher en voiture et lui expliqua qu'ils allaient voir Paula Krogdahl et qu'ensuite il devait retourner à l'hôpital.

Étudiante en droit, jolie, brune, Paula avait travaillé pour les services de protection de l'enfance de l'État d'Oregon. Souriante, la voix douce, elle trouvait instinctivement la manière de rassurer les enfants apeurés. Danny et Christie avaient toutes les raisons du monde de ne pas se sentir en sécurité, et Hugi voulait une personne qui pût éventuellement changer cela.

Sachant qu'il ne disposait pas de fonds pour la payer, et que Paula avait besoin de son temps libre pour gagner de quoi subsister, Hugi se jeta tout de même à l'eau :

– Paula, je suis sur une affaire où j'ai vraiment besoin de ton aide : on a tiré sur trois enfants. Une petite fille est morte, un petit garçon va survivre, mais est trop jeune pour nous aider, et la troisième sait peut-être qui leur a tiré dessus. Mais elle a besoin d'une personne en qui elle puisse avoir confiance. L'idéal serait que tu passes une heure le matin et une heure le soir avec eux. Il n'y a pas d'argent dans le budget pour te payer. Ce serait un travail bénévole...

Elle acquiesça d'un signe de tête. Ils retournèrent tous les trois – Joanne, Hugi et Paula – à l'hôpital.

Steve Downs était là, endormi sur une chaise entre ses deux enfants survivants.

Mais pas Diane, ses parents non plus.

Hugi ne dormit pas cette nuit-là. Il se retournait sans cesse dans son lit, réfléchissait, s'inquiétait.

Paul Alton ne dormit pas davantage. Il était obsédé par un fait observé au cours de l'après-midi, quand Diane vint rendre sa première visite à sa fille. Il s'attendait à des retrouvailles pleines de larmes.

Diane était entrée sans bruit dans la salle de soins intensifs et avait regardé Christie fixement. Puis, de sa main non blessée, elle avait pris celle de Christie – la droite, la bonne – et l'avait serrée très fort. Ses yeux étaient rivés à ceux de sa fille. Elle ne souriait pas. Elle parla à travers ses dents serrées et répéta la même phrase à plusieurs reprises : « Christie, je *t'aime*... je *t'aime*. »

– Je regardais l'écran de l'électrocardiogramme au moment où Diane est entrée, se souvient Alton. Il indiquait cent quatre battements à la minute (quatre-vingts est le chiffre normal). Lorsque sa mère lui a pris la main et a répété plusieurs fois cette phrase, le pouls est grimpé à cent quarante-sept ! Il n'est redescendu qu'un long moment après que Diane a regagné sa propre chambre.

Christie et sa mère avaient traversé ensemble une horrible expérience, mais Alton n'arrivait pas à mettre un nom sur l'émotion qu'il avait vue dans les yeux de la petite fille.

De la *peur*, finit-il par décider.

6

Elizabeth Downs, accompagnée de ses trois enfants, avait rendu visite à des amis dans la région de Marcola et revenait vers Springfield lorsqu'elle fut arrêtée par un étranger qui lui demanda son véhicule. Le suspect se mit alors à tirer dans la voiture, tuant un enfant et blessant grièvement les deux autres. Il tira ensuite sur Elizabeth Downs, la touchant au bras. Le suspect s'éloigna et elle conduisit les enfants à l'hôpital de McKenzie-Willamette... L'affaire est suivie par le bureau du shérif du comté de Lane, avec l'assistance de la police de Springfield.

Lieutenant Louis HINCE,
première communication à la presse, 20 mai 1983

Hince avait donné aux médias l'autorisation de publier ce communiqué succinct vendredi matin. Même avec le peu de détails dont ils disposaient, les journalistes réussirent à remplir une bonne partie de la une du journal d'Eugene, le *Register Guard*. Une photo couleur de Rob Rutherford et du policier George Poling indiquant l'endroit où ils avaient retrouvé les douilles de calibre 22 sur le macadam de Old Mohawk figurait à côté d'une carte jaune vif où des flèches mauves indiquaient le lieu supposé de la fusillade et la route conduisant à l'hôpital McKenzie-Willamette. Plus les habituels commentaires de protestation de la part des gens du coin, choqués.

Les mêmes personnes apparurent sur les trois chaînes de télévision d'Eugene, regardant nerveusement l'objectif de la caméra et déclarant à plusieurs reprises que de telles choses « n'arrivent jamais par ici ».

Toute la région entre le pont Hayden et Marcola grouillait de policiers accompagnés de chiens et d'équipes de volontaires et de boy-scouts. Les hélicoptères survolaient la rivière et la route étroite qui la longeait. Si le tueur était encore dans le secteur, à plat ventre dans la poussière rouge de l'Oregon, les équipes de recherche le trouveraient. Si l'homme aux cheveux longs avait jeté son arme dans la rivière ou l'avait dissimulée dans le creux d'un tronc d'arbre, ils la trouveraient aussi.

Jim Pex avait rejoint l'équipe sur les lieux à 8 h 30. À part les deux douilles, il n'y avait pas grand-chose pouvant servir de preuve. Quelques empreintes de pas furent photographiées le long de la route, loin de la berge. Quelques boîtes de bière Blitz-Weinhard – vides – et quelques vieux chewing-gums furent mis dans de petits sacs en plastique au cas où ils auraient été consommés par le tueur. Pas de traces de pneus, à part celles d'un tracteur.

Pex était pratiquement certain qu'ils devaient chercher un pistolet semi-automatique de calibre 22. Si seulement ils avaient l'arme et son numéro de série, ils pourraient remonter jusqu'à son propriétaire.

Le lieutenant Howard Kershner, vingt-quatre ans de service au bureau du shérif du comté de Lane – grand et droit comme un *i* –, dirigeait les recherches. Ses hommes et les scouts travaillaient depuis l'aube à la machette et avec des crochets, fouillant les ronciers et coupant les feuillages denses à quinze centimètres du sol.

Ils retournèrent des branches mortes et des souches à coups de botte, ne dénichant que des insectes et des serpents. Ils marchèrent de front dans les champs de fleurs pâles, les yeux rivés au sol, jusqu'à une distance où aucun homme n'aurait pu lancer une arme. Quand ils avaient terminé de fouiller un secteur, ils attachaient de petits rubans de plastique coloré pour marquer l'emplacement où ils étaient passés.

La terre ne leur ayant rien donné, Kershner et ses deux plongeurs – Ned Heasty et Earl McMullen – piquèrent dans la rivière, le froid pénétrant rapidement à travers leurs combinaisons de caoutchouc. L'eau était claire près des berges, mais en plein milieu, le courant troublait le fond. La lumière et l'ombre se mélangeaient, tandis que les alluvions bousculées explosaient comme de la poussière. C'était une quête presque surnaturelle. Les racines sous l'eau étaient aussi noueuses que les doigts avides d'une sorcière, prêts à happer un plongeur jusqu'à ce que ses poumons se vident.

Ils ne trouvèrent pas d'arme. C'était le lieu le plus probable pour s'en débarrasser ; les douilles étaient à l'endroit où la route se rapprochait le plus de la rivière. Bredouilles, ils savaient qu'ils devraient ensuite plonger au niveau du pont Hayden.

Même pour des plongeurs expérimentés, il existe peu d'endroits aussi traîtres que la chute sous le pont.

Le courant est si rapide à cet endroit – sous ce pont où Christie Downs avait « arrêté de tousser » – qu'il arrache les masques de plongée, emporte des hommes comme des feuilles arrachées par le vent d'automne. La profondeur atteint quinze mètres et il y a des rochers de six mètres sous la surface.

Kershner et ses plongeurs trouvèrent un certain nombre d'objets – y compris une motocyclette – mais pas d'arme. Au total, ils effectuèrent mille cent quarante-neuf heures de recherches.

Pour rien.

Les reporters sillonnaient le comté de Lane pour récolter des commentaires de la part de personnes ayant connu Diane *avant*.

– On voyait bien qu'elle les adorait, ses enfants, rien qu'à la manière dont elle parlait d'eux, leur raconta Floyd Gohn, le receveur des postes de Cottage Grove. Je crois qu'elle est aussi bonne mère qu'elle est bonne employée, et c'est une excellente travailleuse, à mon avis !

Le directeur du bureau de poste de Cottage Grove, Ron Sartin, était furieux.

– Quand diable les forces de police se décideront-elles à faire quelque chose pour tous ces drogués qui traînent dans le pays ? lança-t-il, plein de colère, aux journalistes. Voilà une fille avec trois gosses et un truc comme ça arrive ! On ne peut même plus rouler tranquille la nuit !

Sartin exprimait l'avis de toute la population du comté de Lane, scandalisée qu'une telle tragédie puisse frapper une jeune mère et ses trois enfants.

La chambre de Diane à l'hôpital McKenzie-Willamette fut envahie par les fleurs et les cartes de sympathie.

Selon les employés de la poste. Diane s'était fait muter à Cottage Grove parce qu'elle voulait un bureau plus petit où elle pourrait apprendre toutes les tâches du système postal. Elle avait de l'ambition.

Cottage Grove est situé à une trentaine de kilomètres au sud d'Eugene et de Springfield, avec une population ne dépassant pas cinq mille habitants. Tout le monde semblait avoir entendu parler de la fusillade là-bas. Les collègues de Diane étaient particulièrement émus.

Diane n'aimait guère cuisiner. Elle dînait avec les enfants à la table de Willadene presque tous les soirs, ou achetait leur repas dans un fast-food. Mais elle apportait souvent des gâteaux, confectionnés à partir de préparations en sachets, pour les partager avec ses collègues de la poste. Il lui était même arrivé de leur apporter un gâteau pendant son jour de congé ; elle avait amené ses enfants, qui avaient séduit tout le personnel.

L'institutrice de Cheryl, Sharon Walker, demanda à la directrice de venir passer une heure dans sa classe pour parler aux enfants.

Dans la classe de Christie, Beverly Lindley occupa ses élèves à confectionner des cartes souhaitant un bon rétablissement à leur camarade.

Le public soutenait Diane Downs, conscient qu'elle allait avoir besoin de toute l'aide qu'elle pourrait trouver au cours des semaines à venir.

Doug Welch rentra très tard ce vendredi soir. Il était préoccupé par une pensée dont il ne pouvait se débarrasser.

– Je me suis assis dans mon fauteuil et j'ai dû boire une bière. Pour tout vous dire, j'étais tellement fatigué que je ne m'en souviens plus. Ma femme, Tamara, est venue s'asseoir à côté de moi et m'a dit : « Alors ? » Je lui ai répondu : « Alors quoi ? » On ne s'était pas parlé depuis plus de vingt-quatre heures et elle me répétait : « Alors ? » « Tu ne le croiras pas. » « Dis toujours. » « Je crois que c'est elle qui l'a fait. » « Qui ? » « Diane. » « No-o-on ! C'est leur *mère*... » « Je sais. » « Aucune mère ne pourrait faire ça à ses enfants. Je suis une mère et je connais les femmes mieux que toi. »

« Il faudrait nous droguer à mort pour nous faire tenir tranquilles si ça arrivait à nos enfants. Diane... Elle n'a pas versé une seule larme », ajouta-t-il après un silence songeur. « Je n'arrive toujours pas à le croire. » « Moi non plus. On va lui reparler demain matin avec Tracy. Peut-être que je changerai d'avis après ça. »

Fred Hugi avait repris son poste entre Christie et Danny ce samedi matin. Tard dans la matinée, il vit un couple souriant, d'une cinquantaine d'années, entrer précipitamment et se diriger vers les enfants.

Wes et Willadene Frederickson déclinèrent leur identité :

– Nous sommes les grands-parents.

Les Frederickson restèrent peu de temps au chevet des deux petits. Quand ils sortirent, Hugi fut intrigué par leur attitude, ils semblaient si heureux, si gais. Quand ils remarquèrent que le substitut du procureur regardait l'insigne portant leur nom au revers de leurs vêtements, ils expliquèrent joyeusement qu'ils venaient d'un rallye organisé par leur club.

À la stupéfaction de Hugi, Wes se mit à rire.

– Nous devions tout superviser, expliqua Wes. Vous savez comment sont ces mondanités, on ne peut s'y soustraire.

Fred Hugi les dévisagea, ébahi.

Le samedi à 14 heures, Doug Welch et Dick Tracy parlèrent à Diane dans sa chambre d'hôpital. Welch essaya de garder un esprit ouvert, se demandant si ses soupçons de la veille n'étaient pas dus à la fatigue.

Diane était très pâle ; son bras abondamment bandé reposait sur un oreiller. Elle accepta de leur répondre, mais montra quelque réticence en voyant le magnétophone de Tracy. Elle soupira en disant que finalement, ça ne pouvait pas faire de mal si leur conversation était enregistrée.

Tracy prit la parole d'une voix traînante. Il sentit que Diane le considérait comme un péquenot inoffensif, un pauvre couillon de flic.

– Pourquoi ne pas commencer par le début, à partir du 19, suggéra-t-il, c'est-à-dire jeudi ?

Leur conversation était parfois interrompue par une infirmière qui apportait des fleurs avec une carte, par des coups de téléphone d'amis. Pour être exact, ce n'était pas une conversation, mais plutôt un monologue. Une fois que Diane ouvrit la bouche, elle ne s'arrêta plus de parler, prenant à peine le temps de respirer, soulagée, semblait-il, comme par une catharsis.

Jeudi. Diane s'était levée à 5 h 15, avait réveillé les enfants une demi-heure plus tard et les avait déposés chez Willadene à 6 h 15. Les filles y prendraient leur petit déjeuner avant d'aller à l'école, alors que Danny resterait avec sa grand-mère. Diane avait emporté un gâteau qu'elle avait confectionné pour ses collègues.

– Nous avons mangé le gâteau pendant la pause. J'ai terminé mon travail à 15 h 30, mais j'ai traîné un peu, et j'ai discuté avec les gars.

Plus tard, elle avait été chercher les enfants et était restée chez sa mère un moment.

– Cheryl est sortie et m'a cueilli deux roses, et elle en a cueilli une pour Christie également.

D'ordinaire, ils dînaient chez ses parents, mais Wes et Willadene sortaient ce soir-là. Diane avait mangé chez elle avec les enfants.

Elle se souvint que Cheryl l'avait suppliée pour avoir un chaton. Diane avait fini par accepter et la fillette avait couru, toute joyeuse, chez les voisins pour y chercher le chaton et sa litière.

Elle téléphona à une amie en Arizona après le dîner. Puis elle se souvint de l'article qu'elle avait trouvé, celui sur l'adoption des chevaux. Heather n'avait pas le téléphone lorsque Diane avait suivi sa formation avec elle, à Eugene, donc après la vaisselle, elle partit en voiture avec les enfants pour aller lui rendre visite. Il devait être 21 h 15. Il ne faisait pas complètement nuit lorsqu'ils quittèrent Q Street.

En fait, Heather avait déjà un cheval. Les enfants avaient crié de joie et allaient de la voiture au cheval, le caressant et lui donnant de l'herbe à manger.

– Et puis nous sommes partis, nous avons repris Sunderman Road ; comme je l'ai dit, nous aimons nous promener en voiture. Les enfants adorent la nature, les arbres et ils aiment regarder les rapides, les choses comme ça...

Lorsqu'elle se rendit compte que les enfants s'étaient endormis, Diane reprit la direction de la maison, s'engageant dans Old Mohawk Road sur un coup de tête.

– Un type sur la route me faisait de grands signes. Il se tenait juste devant moi. Je me suis donc arrêtée et je lui ai demandé ce qui se passait. Parce qu'il avait l'air, vous savez... comme s'il avait besoin d'aide. Il était dans tous ses états ! Il s'est approché de moi et il m'a dit : « Je veux votre voiture », et j'ai répondu : « Ça va pas, non ? » Je veux dire, vous trouvez ça normal de faire une chose pareille ?

63

Welch ouvrit la bouche pour parler, mais elle avait déjà repris son histoire.

– Non. Il m'a poussée en arrière et a tiré plusieurs fois dans la voiture. Mon Dieu ! C'était horrible, et ma petite fille s'est redressée sur le siège arrière...

– Laquelle était-ce ? intervint Tracy.

– Christie... Elle s'est redressée et il y avait une telle expression de terreur dans ses yeux... ou de confusion, je ne sais pas. C'est un regard que je n'oublierai jamais, mais je n'arrive pas à le décrire. Et puis elle est retombée sur la banquette en se tenant la poitrine. Seigneur ! C'était vraiment terrible... et puis il m'a répété : « Je veux votre voiture », et moi j'étais abasourdie. Il fallait que je fasse quelque chose. Alors j'ai fait semblant de jeter mes clés pour détourner son attention... Il était trop fort. pour que je me batte avec lui et, de toute façon, il était armé... Alors je lui ai donné un coup de genou et je l'ai poussé pendant qu'il se retournait pour voir où j'avais jeté les clés. Il a tiré deux coups de feu et une des balles m'a touchée au bras, je n'ai même pas eu mal.

Diane raconta qu'elle avait réussi à repousser l'homme, à sauter dans sa voiture, à mettre le contact et à s'enfuir. Elle ne savait pas s'il avait tiré pendant qu'elle démarrait.

– Christie était allongée sur la banquette arrière et s'étouffait avec son propre sang et je lui répétais de se plier en deux... elle se noyait dans son sang. Seigneur ! Cheryl était par terre et ne bougeait pas, n'émettait aucun son et Danny à l'arrière gémissait doucement en disant « maman », si doucement... Je continuais à rouler... Je ne pouvais pas m'arrêter. Si je m'étais arrêtée pour aider Christie à se plier en deux... elle se serait redressée dans sa panique et j'aurais perdu cinq secondes, et cinq secondes c'était précieux...

Désespérée, Diane adressa une supplique à Dieu.

– Mon Dieu, faites pour le mieux. S'ils doivent mourir, laissez-les mourir, mais je vous en prie, qu'ils ne souffrent pas. Je continuais à rouler... à rouler... à rouler.

Elle se souvint que son bras commença à lui faire mal, qu'elle avait attrapé une serviette, quelque part dans la voiture, et l'avait enroulée autour de sa blessure. C'était probablement une serviette de plage restée là depuis leur balade au bord de la mer, la semaine précédente. Elle n'avait aucune idée du moment où elle l'avait fait. Elle était arrivée à l'hôpital et avait klaxonné.

– Je voulais prendre mes enfants et courir à l'intérieur, mais je ne pouvais pas, mon bras me faisait trop mal... J'ai dit à une femme d'appeler les flics immédiatement et elle... elle a appelé deux autres personnes d'abord... Je suis restée assise et je lui criais : « Appelez-les ! Appelez-les ! »

Les inspecteurs n'avaient pas besoin de poser de questions ; Diane les anticipait, expliquant, explicitant, décrivant tout dans un flot ininterrompu de paroles. Elle était si tendue que les mots sortaient comme s'ils avaient été sous pression, profondément enfouis en elle.

Diane évoqua Cheryl et, pour la première fois, sa voix se brisa. Elle n'avait pas su au début laquelle de ses filles était morte.

– J'ai fini par accepter que ce soit Cheryl qui soit morte. Je sais qu'elle n'a pas souffert du tout et c'est bien, parce que, maintenant, ceux qui restent doivent continuer... Ma mère voulait savoir quelle était la couleur préférée de Cheryl, elle veut lui acheter une robe. Nous allons organiser une petite cérémonie pour elle... Cheryl adorait avoir de nouvelles robes. Alors je lui ai dit rouge. Mais j'ai réfléchi et je veux qu'elle soit blanche. Je veux dire, c'était une si gentille petite fille ; sa robe doit être blanche. C'est un ange maintenant...

Des larmes brouillèrent ses paroles. Diane les refoula immédiatement, embarrassée de s'être laissée aller.

Dick Tracy lui demanda avec beaucoup d'égards s'il était possible qu'elle eût été sous l'influence de l'alcool ou de la drogue cette nuit-là, si sa mémoire avait pu lui jouer des tours. Elle fit non de la tête.

– Parfois je bois et... de temps en temps... je fume de la marijuana, quand je me sens seule et déprimée. Le vendredi soir, par exemple, quand maman prend les gosses et que je me retrouve seule à la maison... à me demander pourquoi Lew n'est pas là... parce qu'il m'avait promis qu'on vivrait ensemble, qu'on élèverait les enfants et que tout irait bien. Je ne comprends pas pourquoi ça ne s'est pas passé comme ça... c'est dans ces moments-là que je bois – quand les gosses sont absents – parce que je suis une mère consciencieuse. Je méprise les gens qui ne sont pas vigilants dans l'éducation de leurs enfants... ceux qui se permettent de se soûler... On ne sait jamais... Une urgence peut se produire et les enfants avoir besoin qu'on s'occupe d'eux.

C'est irresponsable, je ne faisais jamais ça quand mes gosses étaient là.

Vivre avec eux avait été extraordinaire ces derniers temps, leur dit Diane. Elle n'avait même pas ressenti le besoin de boire ou de fumer un joint.

– Même dans mon journal, je l'ai dit à Lew : « Je crois que j'aime les gosses plus que toi... »

Tracy l'interrompit. Il avait compris que Diane utilisait le souvenir de son amant pour endiguer la douleur.

– Parlez-moi des lieux. Combien de fois avez-vous fait ce parcours en voiture ? demanda Tracy rapidement.

– Jamais. Jamais sur Old Mohawk Road. Une fois je suis allée à Marcola. Deux fois chez Heather.

Ils se promenaient, après le coucher du soleil, par une nuit de mai. C'est tout.

7

Un étranger aux cheveux longs.

Fred HUGI

Quarante-huit heures avaient passé sans qu'une arrestation ait eu lieu. Ce n'était peut-être que superstition, mais l'enthousiasme de l'équipe qui se réunissait tous les matins à 8 heures retomba. Hugi, ses enquêteurs et les hommes du shérif Burks se rencontraient d'abord dans le bureau de Louis Hince, puis dans celui de Fred. C'était le seul moment sur lequel ils pouvaient à peu près compter. Ils ne pouvaient s'offrir le luxe de laisser les autres affaires en attente pour se concentrer sur l'enquête Downs ; chacun d'eux avait entre trente et cent autres affaires de plus ou moins grande importance en cours. Si un tueur avait cherché le comté le plus propice pour y perpétrer un meurtre, il n'aurait pu mieux choisir que le comté de Lane au printemps 1983. Entre le manque de fonds et de personnel, le bureau du procureur et le service du shérif avaient du mal à soutenir la cadence.

Diane était encore à l'hôpital lorsque l'affaire se présenta sous un angle complètement différent. Presque simultanément, tous les enquêteurs commencèrent à suspecter que le tueur était plus proche de la famille que l'étranger aux cheveux longs décrit par Diane.

Le fugitif aux cheveux longs fait partie intégrante du folklore médico-légal, généralement un innocent qui a eu la malchance de se trouver au mauvais endroit au mauvais moment.

Les cheveux, sur la nuque des inspecteurs, s'étaient dressés lorsqu'ils avaient entendu Diane décrire son agresseur. Le terme, dans le jargon de la police, est *hinky*.

Hinky, c'est quelque chose qui ne sonne pas vrai, qui est douteux – obsédant aussi, qui s'insinue la nuit pour interrompre le sommeil des enquêteurs, même des plus fatigués.

Si Diane Downs avait rejeté la responsabilité de la fusillade sur un extraterrestre, elle n'aurait pu davantage éveiller le doute dans l'esprit des hommes qui l'interrogèrent. Une fois la boîte de Pandore ouverte, d'autres problèmes surgirent.

– Je n'y crois pas, dit Paul Alton d'une voix ferme. Comment le tireur aurait-il su quelle route Diane allait prendre cette nuit-là ? Elle prend par Sunderman Road après avoir rendu visite à Heather Plourd, elle décide de faire un détour pour voir le paysage et se dirige vers Marcola. Elle s'aperçoit que les gosses se sont endormis, fait demi-tour et repart en direction de Springfield. La route normale aurait été de continuer tout droit vers Marcola et de prendre ensuite Q Street. Mais voilà qu'elle décide qu'elle n'est jamais passée par Old Mohawk Road. Admettons, pour la balade... Même s'il fait presque nuit noire, elle admire le paysage. Elle dit que les gosses aiment regarder le clair de lune sur la rivière. Bref, on accepte cette version pour le moment. Comment expliquer que le tireur savait où elle allait se trouver ? S'il la suivait, dans sa propre voiture – disons la vieille voiture jaune –, il pouvait la filer sur Old Mohawk Road. Mais elle prétend que l'étranger était *devant elle, debout au milieu de la route* et qu'il lui a fait signe de s'arrêter. Comment était-il arrivé là ?

Les inspecteurs dans le bureau de Louis Hince haussèrent les épaules. C'était inexplicable.

Et si un homme aux cheveux longs avait eu besoin d'une voiture au point d'arrêter une femme sur une route solitaire, un homme aux cheveux longs qui lui eût demandé sa voiture en la menaçant d'une arme, pourquoi n'avait-il pas d'abord tiré sur elle ? C'était elle, l'adulte, qui aurait pu lui résister physiquement, c'était elle qui aurait pu l'identifier.

Pourquoi l'étranger aurait-il réagi au refus de Diane – « Ça va pas, non ? » – en visant les enfants dans la voiture ? Comment savait-il qu'il y avait des enfants dans la voiture ? Christie et Danny étaient censés dormir sur la banquette arrière, leurs têtes se trouvaient donc sous la ligne de mire du tireur qui se tenait près de la portière. Et Cheryl ? Diane avait dit qu'elle dormait profondément sur le plancher avant, couverte d'un pull-over gris de la poste, invisible, même pour quelqu'un qui *savait* qu'elle était là.

Supposons que le tueur aux cheveux longs ait tiré sur Diane en premier, supposons qu'elle soit restée, morte, sur le macadam d'Old Mohawk Road, avec une balle dans la poitrine. Les enquêteurs examinèrent cette hypothèse pour voir où elle menait, envisagèrent ce que le tireur aurait pu faire une fois dans la voiture, découvrant les trois enfants endormis à l'intérieur.

Un homme armé n'aurait-il pas fait descendre ces gosses – peut-être même en les bousculant violemment ? Ne les aurait-il pas abandonnés sur le bord de la route ?

Bien sûr que si.

Ça ne collait pas. C'était *hinky*.

Ils envisagèrent une autre hypothèse. Supposons qu'une personne avait une raison d'assassiner toute la famille Downs : un tueur à gages peut-être – ou même deux – mandaté pour supprimer Diane et ses enfants, ou un amant déçu suffisamment jaloux pour vouloir tuer les petits avec leur mère.

C'était une théorie qui se tenait, mais ils devaient d'abord déterminer le *corpus delicti*. Ce qui inclut tout ce qui entre dans la perpétration d'un crime particulier, tout ce qui en résulte, l'étude de toutes les facettes de cette entité quasi physique – un peu comme les sphères miroitantes qui tournent au plafond des salles de bal, projetant de petits ronds de lumière irisée sur le sol, les murs, le plafond et les danseurs. Le *corpus delicti*, pour un meurtre, est aussi complexe ; des indices différents produisent des théories différentes.

Les enquêteurs cherchent toujours les motifs, les occasions, les moyens. Le MO (*modus operandi*) tant prisé par les auteurs de romans policiers et de séries télévisées signifie simplement : « De quelle manière le tueur a-t-il perpétré son crime ? »

Dans la vie réelle, les enquêteurs cherchent les preuves circonstancielles, les informations précises ou les coïncidences qui font qu'une personne *a l'air* du « bon » suspect. Mais cela ne leur apporte pas, et de loin, le plaisir et l'excitation qu'éprouvent les détectives de romans. La police veut de bonnes preuves matérielles bien solides ; quelque chose qu'un jury puisse voir, entendre, toucher ou sentir, quelque chose de tangible et d'irrécusable.

L'équipe du comté de Lane n'avait que des balles bosselées et des cartouches, sans l'arme qui correspondait. Ils avaient aussi du sang – de tous les groupes –, des gouttes, des éclaboussures, des flaques... C'était insuffisant.

– Supposons, juste une minute, reprit Alton... supposons qu'ils aient été deux. Deux personnes qui l'attendaient là-bas.

– OK ! grogna Welch. Il leur aurait fallu des émetteurs-récepteurs. Le premier suit Diane et prévient l'autre qu'elle tourne dans Old Mohawk Road. Le deuxième gare sa voiture et court lui faire signe d'arrêter.

– Génial ! intervint Tracy. Il est assez loin devant pour retourner dans Old Mohawk Road à temps et obliger Diane à s'arrêter. Mais elle n'a jamais parlé d'une voiture qui l'aurait doublée avant de voir l'homme.

– J'ai du mal à croire son histoire, fit Welch.

De petites incohérences les gênaient tous. D'infimes modifications. Diane avait dit à Judy Patterson que l'homme s'était penché par la fenêtre pour tirer sur ses enfants. Elle avait expliqué aux inspecteurs qu'elle avait vu l'homme passer son bras à l'intérieur de la voiture alors qu'il se tenait debout à l'extérieur. Elle disait parfois que le tueur se trouvait sur la route et d'autres fois qu'il avait couru jusqu'à sa voiture. Tantôt ses enfants étaient éveillés et riaient, tantôt ils étaient endormis.

De petites incohérences.

Ils recevaient des signalements du suspect, de la part du public. Le bureau du shérif était submergé de pistes, et bon nombre d'entre elles semblaient plausibles sur le papier. Mais lorsque Paul Alton, Roy Pond ou Kurt Wuest allaient interroger les personnes qui avaient appelé, elles s'effondraient. Soit le timing était mauvais – le suspect ayant été vu une semaine ou deux plus tôt –, soit c'était la météo – certains avaient aperçu un étranger en jean marcher sous une pluie battante ; cette nuit-là était claire et sans pluie.

Fred Hugi était presque sûr qu'il y avait eu un étranger sur Old Mohawk Road – ainsi probablement qu'une vieille voiture jaune – mais il se demandait si l'un et l'autre avaient quelque chose à voir avec la fusillade. Diane avait pu les incorporer à son souvenir des événements.

Hugi, tout comme Welch, se demandait s'ils n'avaient pas déjà rencontré l'assassin, ou l'instigateur du meurtre.

Diane.

Mais le procureur ne cessait de revenir à la question : « Pourquoi ? » Qu'avait-elle à gagner en tirant sur ses propres enfants ? Aucune assurance vie dont elle puisse tirer bénéfice. Pas de motivation financière. Il devait y avoir autre chose – si c'était Diane. De toute manière, c'était une supposition que Hugi voulait rejeter, tout comme les autres enquêteurs.

Il leur fallait en savoir davantage sur elle. Hugi reconnut que les confidences de Diane n'étaient qu'une façade. Innocente ou coupable, elle avait dû se sentir au plus bas au cours de ces premiers jours passés à l'hôpital. Si c'était elle qui avait tiré – ou si elle avait participé à la fusillade –, elle aurait dû être terrifiée à l'idée d'être démasquée.

À la grande surprise de Hugi, rien ne se passa. Diane semblait aller mieux de jour en jour, maîtrisant davantage ses émotions. Il l'observa à son insu alors qu'elle descendait voir ses enfants. Au début, elle avait paru très anxieuse ; à présent, elle semblait... comment dire ? Résignée. Était-elle en train de rassembler son courage pour tout avouer ? Hugi ne le pensait pas. Regarder Diane reprendre des forces lui faisait penser à un serpent en train de muer ; en dessous, elle était toute neuve, resplendissante de santé et d'assurance.

Diane accordait rarement un regard à Hugi, supposant peut-être qu'il était un flic en civil ordinaire. Elle rendait visite à Christie et à Danny, mais elle semblait incapable de leur parler. Elle se tenait maladroitement au pied de leurs lits, avec des gestes guindés, mal à l'aise. Après s'être dandinée plusieurs fois, elle partait sans prononcer un mot.

Hugi questionna le Dr Terrance Carter sur les blessures de Diane.

– La réceptionniste lui a administré les premiers soins. Elle a nettoyé les plaies...

– A-t-elle remarqué des résidus de poudre ?

– Oui. Judy Patterson a affirmé avoir essuyé de la poudre noire.

– Et qu'avez-vous trouvé ?

– Une seule balle est entrée dans son avant-bras sur le... côté externe... du côté du pouce. Elle s'est divisée en deux en fracassant le radius puis est ressortie en laissant deux plaies plus petites.

Pendant que Carter lui décrivait la blessure de Diane, Hugi eut une impression de déjà-vu et se souvint de la prédiction qu'avait faite Howard Williams en plaisantant ce matin-là. Le chirurgien pointait son index sur son avant-bras gauche, exactement du même geste que Williams.

– J'aimerais vous poser une question, fit Hugi après avoir réfléchi un instant. Elle pourra vous sembler bizarre, mais... si vous vouliez vous tirer dessus, sans vous blesser gravement, où viseriez-vous ?

– *Là*. Exactement là, confirma le médecin. Dans l'avant-bras droit ou gauche, selon que vous êtes droitier ou gaucher.

Peut-être. Mais si elle avait levé le bras en essayant d'éviter la balle, elle aurait eu la même blessure.

Les réunions du matin se poursuivaient. Hugi prenait en note, dans la marge gauche de son bloc, les remarques des inspecteurs concernant l'attitude de Diane.

« Mère réagissant comme si son perroquet était mort. Plaisante. » Un des hommes avait résumé ses réactions d'une phrase crue : « Attitude maternelle complètement merdique. »

L'affaire commençait à prendre tournure dans leur esprit. Diane avait peut-être une attitude « complètement merdique », mais ils ne pouvaient amener l'affaire en justice sans l'arme. Les empreintes digitales sont les meilleures preuves physiques qui puissent exister, la balistique est juste un poil moins fiable. Les criminologues peuvent déterminer avec précision qu'une balle a été tirée à partir d'une arme et d'une seule. Chaque arme (excepté les fusils de chasse et autres canons lisses) laisse son empreinte sur la balle : des rainures en spirale ressemblant aux rayures d'un sucre d'orge marquent le canon. Ces rainures strient à leur tour la balle au moment où elle file dans le canon. Certains fabricants ont des rainures qui leur sont propres et que les experts savent reconnaître. (Un Colt a six rainures et un mouvement en spirale vers la gauche ; un Smith & Wesson en a cinq et un mouvement en spirale vers la droite.)

Sur les douilles, ces marques sont laissées par l'extracteur et l'éjecteur. Même si une balle n'a pas été tirée, mais est passée dans le magasin, les marques distinctives seront apparentes.

Mais ils n'avaient pas d'arme.

Fred Hugi et Paul Alton décidèrent d'aller eux-mêmes à la recherche de l'arme.

Alton avait été inspecteur dans le plus grand comté de Californie pendant vingt-deux ans. Pays désertique, comme l'Arizona, dont il soupçonnait le tueur d'être originaire.

– Nous sommes tous des êtres d'habitudes, expliqua Alton. Si vous venez de l'Arizona, vous ne jetez rien dans une rivière parce qu'il n'y a pas de rivières là-bas, ou alors elles sont asséchées. Vous creusez un trou dans le sable. Même avec une rivière juste à côté, le tueur s'en sera probablement tenu à ses vieilles habitudes.

Paul Alton et Fred Hugi marchaient le long de la rivière à la recherche de l'arme. Le regard d'Alton fut attiré par les poteaux kilométriques peints en blanc. Ils faisaient de bons repères pour qui voudrait revenir la prendre plus tard. Il creusa autour de chacun d'eux. Sans succès.

Alton contacta un expert en détection des métaux à Sweet Home. Ils longèrent Old Mohawk Road sous un soleil brûlant. Le détecteur de métaux sonnait souvent et ils se sentirent près du but plus d'une fois.

– Nous avons déterré de la ferraille, se souvient Alton... Des morceaux de carrosserie de voiture, des outils, un peu de tout, des deux côtés de la route... mais pas d'arme.

Se remémorant la couche de poussière, sur la voiture de Diane, les pensées de Hugi revenaient toujours à Camp Creek Road, juste après le pont Hayden. Des ouvriers étaient en train de l'élargir sur une dizaine de kilomètres. Chaque jour, une portion de la route était recouverte de pierres et de gravier avant d'être goudronnée. Les travaux s'étaient poursuivis le vendredi, le lendemain de la fusillade. Si une arme avait été jetée sur la surface préparée jeudi dans la soirée, elle était à présent en sécurité sous le macadam, impossible à repérer par les détecteurs de métaux.

Et s'ils ne la retrouvaient jamais ?

Il ne leur resterait que deux témoins oculaires.

L'un était Diane. L'autre Christie.

Il devint chaque jour plus évident que la fillette avait perdu une grande partie de ses facultés. La zone du langage – ou zone de Broca – est située dans la partie gauche du cerveau et des dommages dans cet hémisphère compromettent presque toujours la parole. Chez les adultes, les lésions de l'hémisphère gauche sont souvent irréversibles. Chez les enfants de moins de dix ans, les pronostics sont plus optimistes. On peut leur « reprogrammer » le langage dans l'hémisphère droit.

Mais c'est un long processus. Sans garantie de réussite.

Les chances que Christie puisse expliquer la mystérieuse fusillade étaient très faibles. Elle comprenait tout, Fred Hugi le voyait dans la manière dont ses yeux suivaient ceux qui venaient dans sa chambre. Mais cllc nc pouvait pas parler. Il se pouvait qu'elle ne parlât plus jamais. Ce que ses yeux avaient vu – ce qui l'effrayait – était enfermé à l'intérieur de sa tête aussi sûrement que lorsque des lignes téléphoniques sont arrachées par la tempête.

L'attaque avait également paralysé son bras droit. Heureusement, elle était gauchère. Mais elle ne pouvait se servir de sa main gauche ; la blessure causée par la balle était loin d'être guérie.

Pour le moment du moins, mieux valait oublier les témoins oculaires.

Les policiers se relayaient pour monter la garde dans la chambre de Christie vingt-quatre heures sur vingt-quatre. Le shérif Burks et Fred Hugi avaient donné ordre aux policiers de ne jamais la laisser seule avec *quiconque* en dehors du personnel médical.

Prompte à percevoir les vibrations négatives, Diane sentit que les enquêteurs n'étaient plus aussi gentils. Elle préféra se confier à un magnétophone, idée que lui avait donnée Dick Tracy en enregistrant leur conversation.

Ce serait une sorte de journal. Les flics avaient fait une copie de son carnet intime et l'avaient souillé. Un journal parlé, voilà qui était mieux.

Les soupçons des enquêteurs qui avaient déplacé Diane de la catégorie des victimes à celle des suspects éventuels restaient secrets. Pour la communauté d'Eugene-Springfield, Diane Downs demeurait une mère frappée par le deuil.

L'affaire refit la une du *Register Guard* d'Eugene. Une photo couleur de Diane avec ses trois enfants, témoignage du bonheur passé. La mère, assise sur une chaise en rotin à haut dossier, portait un chemisier aux manches longues et col montant. Telle une madone, elle tenait Danny, souriant, sur ses genoux. Les enfants étaient en sweat-shirt et en jean. Les sourires de Christie et de Cheryl trahissaient des brèches laissées par les dents de lait.

À côté de la photo familiale se trouvait le portrait-robot du tueur supposé, élaboré par Dick Tracy selon les indications de Diane. Un homme à la mâchoire forte dont les yeux perçants fixaient le lecteur. Ses cheveux bruns tombaient jusqu'aux épaules. On demandait aux citoyens d'appeler le poste de police s'ils avaient vu un homme ressemblant au portrait-robot.

Des versions similaires furent publiées dans le *Springfield News* et le *Cottage Grove Sentinel*. Il était également demandé aux lecteurs de signaler tout suspect ou la Chevrolet jaune que Diane avait vue garée sur le bas-côté, juste avant d'être arrêtée par le tueur.

Le lundi 23 mai, l'affaire Downs avait quitté la première page. Un entrefilet dans le *Register Guard* citait un commentaire évasif du shérif Dave Burks : « Je n'ai aucune piste nouvelle à vous signaler. Nous poursuivons l'enquête. »

Kurt Wuest était devenu l'un des principaux inspecteurs sur l'enquête ; il était également depuis le 20 mai un des gardes de Diane à l'hôpital.

Celle-ci préférait de beaucoup Wuest aux autres flics. Elle trouvait Welch déplaisant et Dick Tracy provincial, quant à Roy Pond, elle l'affubla du surnom de Cow-Boy Roy.

— Êtes-vous marié, Kurt ? demanda-t-elle à Wuest au cours de son dernier jour à l'hôpital.

— Pourquoi ? fit-il en secouant la tête.

— Oh... je vais avoir besoin de quelqu'un quand tout cela sera terminé. Je me demandais, c'est tout.

Diane confia à Wuest qu'elle le considérait comme un ami, pas comme un flic.

— Cheryl est mieux où elle est, vous savez, poursuivit-elle d'un air songeur. Je me sens presque coupable d'être contente pour Cheryl parce qu'elle est probablement au paradis.

Wuest hocha la tête sans se compromettre.

Le lundi 23 mai, les policiers et les infirmières remarquèrent que Diane jetait un regard noir par la fenêtre de l'hôpital, en direction du parking où se tenait son ex-mari. Ses yeux reflétaient une haine non dissimulée. *Elle* avait prévu d'annoncer à Christie et à Danny que Cheryl était morte et venait d'apprendre que Steve le leur avait dit.

Diane désirait quitter l'hôpital. L'équipe des enquêteurs voulait qu'elle reste pour mieux la surveiller. Même si la jeune mère semblait pleine d'assurance, Fred Hugi la sentait vulnérable

– s'attendant probablement à être arrêtée, sursautant au moindre bruit de pas dans le couloir menant à sa chambre.

– Nous nous attendions tous à ce qu'elle s'effondre, à ce qu'elle abandonne, remarqua Fred Hugi. Si elle devait craquer, c'était le moment.

Ils ne l'arrêtèrent pas ; ils *ne pouvaient pas* l'arrêter avec le peu de preuves qu'ils avaient.

La pression commença. Le bureau du shérif voulait de l'action ; Hugi voulait être sûr que l'affaire tiendrait devant un tribunal. Au cours de cette première semaine, leurs lignes de bataille furent tracées, mais ils gardèrent une attitude courtoise l'un envers l'autre, camouflant leur querelle sous des discussions.

Sur le tableau noir ou sur des carnets, les enquêteurs tenaient une double liste :

RAISONS POUR LESQUELLES DIANE L'A FAIT.
RAISONS POUR LESQUELLES DIANE NE L'A PAS FAIT.

La première raison de la deuxième catégorie demeurait : les mères ne font pas de mal à leurs enfants ; la deuxième raison : si elle y est pour quelque chose, pourquoi les aurait-elle conduits à l'hôpital ?

Ils étaient dans une impasse. S'ils ne pouvaient pas ajouter une série de réponses positives à leur première liste, Diane leur échapperait. Elle n'était pas suffisamment malade pour rester à l'hôpital. Si elle sortait, comment diable allaient-ils pouvoir la surveiller ?

– Va-t-on l'arrêter pour pouvoir garder un œil sur elle ? demanda Tracy.

– Pas encore, répondit Hugi en secouant la tête. On ne peut pas.

Ils n'avaient que leurs impressions, leur idée de ce qu'une mère *devrait* faire lorsque ses enfants sont attaqués.

– OK ! soupira Alton. Laissons-la sortir de l'hôpital. Peut-être nous conduira-t-elle à l'arme.

– Ouais ! répliqua Welch. Et peut-être qu'elle filera au Mexique ou prendra ses enfants pour recommencer.

Et s'ils arrêtaient Diane sans preuves ? Dans l'Oregon, le délai maximal entre l'arrestation et le procès était de soixante jours, délai qui pouvait être prolongé à quatre-vingt-dix jours dans les cas de meurtre uniquement, si un avocat général parvenait à convaincre le juge que son affaire était solide. Si, dans cette période, ils ne pouvaient pas présenter de preuves, Diane serait bel et bien acquittée. Elle reprendrait ses enfants, filerait au Mexique et ferait ce que bon lui semble.

Le public réclamait une arrestation. Les hommes du shérif voulaient arrêter la mère ; Fred Hugi se campa obstinément devant les policiers en colère :

— Vous n'avez même pas encore gratté la surface !

Chaque fois qu'il répétait cela, il savait qu'il devenait de moins en moins populaire au regard des inspecteurs. Sans parler de l'opinion publique.

Fred Hugi et Diane Downs ne se parlèrent qu'une seule fois. Ils se trouvèrent au même moment dans le couloir qui menait à la chambre de Christie. Diane était venue pour une dernière visite avant de quitter l'hôpital.

Hugi s'attendait à ce qu'elle l'ignorât, comme elle l'avait fait jusque-là. Il se répétait intérieurement les mots qui surgissaient chaque fois qu'il voyait Diane : « Je t'aurai. »

Comme si elle lisait dans ses pensées, Diane se tourna soudain vers lui et lui lança un regard oblique.

— L'expression de son visage ne laissait aucun doute, se souvient Hugi. Il disait : « Je l'ai fait. Vous savez que je l'ai fait. Je sais que vous savez que je l'ai fait. Mais vous ne pouvez pas le prouver. »

Puis elle parla en choisissant ses mots. Aucune hésitation ne la trahissait tandis qu'elle le regardait avec un sourire narquois.

— Je deviens de plus en plus forte... de plus en plus forte...
Et je vais m'en sortir.

8

J'avais peur en quittant l'hôpital. Seigneur ! J'ai passé cette porte dans un fauteuil roulant... J'avais envie d'empoigner les roues pour tout arrêter. J'étais terrifiée. Je ne savais pas s'il attendait dehors, prêt à se débarrasser de moi, craignant que je n'aie parlé. Oh !... Je suis sortie et je me sentais mal. Une sueur froide, puis je suis montée dans la voiture et suis allée à la maison. Toutes ces fleurs ! Tu n'imagines pas le nombre de fleurs que nous avons ramenées à la maison aujourd'hui. Incroyable. Il faut que j'écrive des cartes de remerciement à tout le monde.

Bref ! Nous sommes arrivées à la maison, maman a rentré toutes les fleurs. J'ai porté ce que j'ai pu, mais je ne sais pas... je... je ne sens rien. Je me sens morte. Comme si je n'étais pas là. J'ai trouvé un cœur – fait par Cheryl – découpé sur une feuille de papier, elle avait écrit : « Je t'aime, maman... »

Diane DOWNS, journal enregistré, 23 mai 1983

Diane appréhendait de s'installer chez ses parents ; elle s'était battue presque toute sa vie pour se libérer d'eux. À présent, le destin la ramenait chez Wes et Willadene.

Elle ne retourna qu'une seule fois dans le silence mortel de son duplex de Q Street, une brève visite pour prendre quelques affaires. Elle ne pouvait y vivre seule, expliqua-t-elle aux reporters ; elle fut terrifiée dès qu'elle y remit les pieds, ne sachant qui pouvait s'y cacher et l'attendre pour essayer à nouveau de la tuer.

Elle insista sur le fait qu'elle ne pourrait se défendre. La blessure de son bras la rendait impuissante.

Revenue à la maison, Diane était redevenue une petite fille.

– Je n'arrive même pas à lacer ces satanées tennis toute seule ! clama-t-elle à la presse, aux infirmières de l'hôpital, à la police.

Pour cette femme qui avait tant besoin d'indépendance, c'était ce qu'elle pouvait imaginer de pire.

Diane, Christie, Cheryl et Danny étaient arrivés en Oregon à Pâques, au moment où la terre se couvre d'un beau vert printanier. Les premiers jours avaient été pluvieux, avec un soleil des plus timide.

Diane n'était pas dans son élément. Tout le monde lui paraissait pâle en Oregon. Elle avait vécu en Arizona, région presque désertique, depuis 1955 – depuis le tout premier jour de sa vie.

1955

Cette année-là, le Dr Jonas Salk découvrait son vaccin antipolio. Carmen Miranda mourait d'une crise cardiaque et James Dean périssait dans sa voiture de sport sur une route de Californie, donnant naissance à un culte macabre.

Les hommes travaillaient, les épouses se devaient d'être jolies, de cirer leur parquet une fois par semaine, d'être économes et de faire des enfants.

En 1955, on ne parlait pas de contrôle des naissances ; il était parfaitement acceptable, voire admirable, d'avoir quatre ou cinq enfants, sinon plus. Être heureux était la seule chose importante, et les familles s'efforçaient de ressembler à celles des feuilletons télévisés.

Willadene Frederickson était enceinte de son premier enfant cet été-là, et devait accoucher dans la fournaise aoûtienne de Phoenix. Elle avait dix-sept ans ; Wes en avait vingt-cinq.

Wes et Willadene étaient issus de familles nombreuses ; Wes était le deuxième de quatre garçons et deux filles. Willadene était l'aînée de trois sœurs et avait deux jeunes frères. Ils appartenaient à l'Église baptiste, fondamentaliste, où une bonne épouse suit humblement son mari. Les rapports sexuels avaient lieu toutes lumières éteintes et personne n'en parlait.

Elizabeth Diane Frederickson naquit un dimanche soir particulièrement chaud, le 7 août 1955 à 19 h 35 à l'hôpital du Bon-Samaritain de Phoenix.

Tous nos souvenirs sont imparfaits, déformés par la perception subjective. Ce qui est arrivé a moins d'importance que ce dont nous nous souvenons. L'enfant qu'elle a été, dans le souvenir de Diane Downs, est pathétique – une petite fille maigre et mélancolique, délaissée par sa mère, tourmentée par son père, une enfant abandonnée, débraillée, dans la poussière arizonienne, revenant seule de l'école avec des chaussures démodées.

Une enfant sans amis.

Diane cherchait constamment à se rapprocher de sa mère. Willadene Frederickson, qui n'avait pas encore vingt ans, ne fut pas la mère qu'elle aurait aimé avoir. Après la naissance de Diane, elle attendit un second enfant presque immédiatement. John naquit un an après sa sœur, Kathy, trois ans plus tard, James un an après Kathy, et Paul huit ans après la naissance de Diane. À l'âge de vingt-cinq ans, Willadene était mère de cinq enfants, et mariée à un homme impitoyable.

– Il y avait de plus en plus d'enfants, expliqua Diane. Certains ont besoin de leur mère plus que d'autres. J'avais pris l'habitude de m'asseoir pour attendre que maman vienne me parler. Elle tenait la maison propre pour mon père, et passait du temps avec lui, pas avec moi.

Diane reçut probablement autant d'attention de la part de Willadene qu'une jeune mère de cinq enfants pouvait en accorder. En cherchant bien, Diane se souvenait de quelques bons moments. C'était Willadene qui emmenait les enfants au cinéma, qui leur apprenait à coudre ou à cuisiner. Wes édictait les règles et infligeait les punitions.

– Elle ne se plaignait jamais. Lui, il râlait tout le temps, à propos de tout, se souvient Diane. *De tout.*

Diane avait d'excellents résultats scolaires. Très intelligente, elle avait, adulte – même sous pression –, un Q.I. de cent vingt-cinq selon le test de Wechsler. Sans être un génie, elle n'en était pas loin et aurait pu suivre n'importe quelles études supérieures et les mener à bien.

Vus de l'extérieur, les Frederickson incarnaient la parfaite famille des années cinquante et soixante. D'origines danoise et anglaise, ils allaient à la messe deux fois le dimanche et une fois le mercredi soir. Mais pour Diane, sa famille était incon-sistante car la communication y était pratiquement inexistante.

Elle n'a pas de souvenirs précis de ses frères et sœurs lorsqu'ils étaient enfants. Elle s'occupait rarement d'eux car elle détestait ça.

— Je n'avais pas le droit de les punir et ils étaient parfois insupportables. C'était toujours ma faute quand il y avait de la casse. Si je le disais à mon père, il me répliquait : « Il ne faut pas rapporter. » Je me souviens surtout d'avoir gardé Paul — je le mettais au lit quand j'avais dix ans et qu'il en avait deux. Une fois, il a avalé une bille et c'est moi qui ai été punie.

Socialement, Diane était une enfant effacée qui restait en marge à l'école.

— Je me souviens clairement du cours préparatoire. J'allais dans une nouvelle école et j'avais très peur. Les enfants s'en prennent toujours aux nouveaux.

Diane se considérait comme un vilain petit canard. Ses épais sourcils masquaient ses yeux et son front. Elle ignorait qu'on pouvait y remédier et les acceptait comme un défaut permanent.

— Je ne sais pas pourquoi on ne m'aimait pas. Cela a com-mencé au cours préparatoire. Je suppose que cela ne m'a pas plu et que je me suis mise en colère. Je me suis détournée et j'ai refusé de jouer avec eux. Les filles m'ignoraient. Quand j'ai essayé avec les garçons, ç'a été pire. Alors j'attendais la fin de la récréation près de la porte.

Diane n'avait aucun problème pour apprendre, mais la récréa-tion était un calvaire. Elle était toujours la dernière choisie pour faire partie d'une équipe.

— Je n'avais pas d'assurance. J'étais très timide, très calme, passive. C'est idiot de parler comme Charlie Brown, mais j'étais toujours la dernière à apprendre les nouvelles ou à aller quelque part.

Jusqu'à dix-huit ans, Diane n'avait été invitée qu'à deux fêtes, hormis celles organisées par l'Église.

Elle élabora des rêves grandioses pour survivre à son enfance. Parmi ses ambitions, celle de devenir médecin. Et elle se voyait toujours devenir riche et vivre dans une superbe et grande maison.

— Quand j'étais petite, je ne me sentais pas inadaptée. Je croyais que tout le monde vivait comme moi. Je savais que je n'aimais pas certaines choses, mais je pensais que c'était normal.

J'ai attendu très longtemps avant de me rebeller. J'étais intro-
vertie, je passais beaucoup de temps à écouter et à regarder les
autres. En grandissant, j'ai commencé à établir une distinction
entre ce que j'aimais dans la vie et ce que je n'aimais pas. Et
même si je ne me suis jamais exprimée (soit parce que je n'y
étais pas autorisée, soit parce que je manquais d'assurance),
j'adoptais tout de même des idées que j'avais l'intention d'appli-
quer dans ma vie adulte.

Souvent seule, Diane commença à se sentir invisible, enfant
prisonnière derrière un mur de verre – hurlant à en perdre la
voix pour que quelqu'un la remarque et vienne la délivrer. Elle
pouvait regarder à l'extérieur mais personne ne pouvait voir à
l'intérieur. Des années plus tard, elle décrivit la manière dont
elle élabora sa propre survie

– On entre à l'intérieur de soi-même. Comme dans un trou
noir. Et on hurle, enfermée à l'intérieur.

À l'approche de la puberté, Diane aura bien des raisons de
hurler intérieurement.

À la fin des années soixante, les adolescents représentaient
une fraction importante du marché. Les disques leur étaient destinés, ainsi que les modes vestimentaires. Il était très important
d'être à la mode.

Lorsque Diane entra en sixième, les minijupes et les bottes
blanches étaient de rigueur pour toute écolière de plus de huit
ans. Les Beatles avaient changé la musique *et* la mode. Diane
Frederickson allait à l'école avec des chaussures plates marron
à lacets et des socquettes blanches. Ses jupes descendaient bien
au-dessous du genou. Lorsqu'elle vit les petits sourires narquois
de ses camarades, elle roula sa ceinture pour que sa jupe ne
semble pas si longue. Et elle fut punie lorsque Willadene s'en
aperçut.

– Puis vint le temps où presque toutes les filles de ma classe
commencèrent à porter des soutiens-gorge. Je devais encore
porter des maillots de corps et je me sentais anormale lorsqu'on
devait se changer pour le cours de gymnastique. Je savais que
tous les regards étaient braqués sur moi au vestiaire.

Lorsque Diane était en cinquième, Wes rentra à la maison un
jour et parla avec enthousiasme d'un « garçon aux cheveux
superbes » qu'il avait vu. Ce qui lui donna l'idée d'envoyer sa
fille aînée chez le coiffeur pour une coupe courte et une perma-

nente. Personne ne demanda pourquoi Wes voulait que sa fille ressemble à un garçon...

– J'ai pleuré, pleuré...

Évidemment. En 1967, les cheveux se portaient longs et raides. Certaines filles allaient jusqu'à *repasser* leurs cheveux. Et Wes avait obligé Diane à faire couper les siens et à les faire friser.

Elle le haït encore davantage.

Elle fit le vœu qu'un jour, elle leur montrerait à tous de quoi elle était capable.

Les enfants maltraités

Extrait d'une dissertation d'Elizabeth Diane Downs
Mesa Community College, juillet 1982

L'épouvantable crime des mauvais traitements à l'égard des enfants détruit leurs vies et engendre la terreur dans la vie de leurs propres enfants...

Les enfants maltraités développent une personnalité différente selon le type de violences subies et la quantité de violences endurées. Les enfants maltraités gardent toute leur vie la personnalité qu'ils ont développée pendant qu'ils subissaient des violences. Ils peuvent suivre des thérapies, mais rien ne peut effacer les cicatrices et les douleurs infligées à un enfant innocent, obligé de se soumettre aux mauvais traitements... Cela affectera sa vie d'adulte. Puis, lorsque cet enfant blessé, devenu grand, aura à son tour des enfants, ces enfants seront maltraités d'une manière ou d'une autre par lui...

J'aimerais pouvoir briser ce cercle infernal. Si seulement l'on pouvait prendre une génération entière et arrêter les mauvais traitements, on pourrait se débarrasser de ce fléau...

Génération après génération, les mauvais traitements se poursuivent. Si vous maltraitez votre enfant, il maltraitera sans le moindre doute vos petits-enfants.

9

J'étais coincée. La seule manière de m'échapper était de quitter la maison. Mon père me dit que si j'en parlais, tout le monde me détesterait.

Diane DOWNS

Lorsque Elizabeth Diane Frederickson atteignit onze ou douze ans et le petit Paul presque quatre ans, Willadene commença à travailler dans un bureau de poste, elle aussi. Ses horaires l'obligeaient à s'absenter une bonne partie de la nuit. Wes s'occupait des enfants.

Aux abords de la puberté, Diane ignorait absolument tout de la sexualité. Elle n'avait pas de poitrine et elle portait de simples robes de petite fille. Les garçons ne s'approchaient pas d'elle. Elle écouta les autres filles discuter de sexe et en déduisit que : « Si les garçons vous caressaient et vous touchaient, cela voulait dire qu'ils vous aimaient. »

Personne ne l'aimait, *elle*. Le sexe ne l'intéressait pas. Elle n'était pas heureuse là où elle était, mais craignait tout de même de grandir. Contrairement à la plupart des filles prépubères, Diane n'avait pas envie d'avoir un petit ami.

Elle était différente, là encore.

Une raison plus sombre la séparait de ses camarades. Elle croyait être la seule à vivre ce qui lui arrivait. Se sentant coupable et sale, elle avait peur d'en parler. Diane avait douze ans, elle s'en souvient, lorsque Wes Frederickson commença à la violer.

Personne avec qui partager ses secrets nocturnes. Elle ne pouvait se confier à sa mère, et encore moins à son autre source de réconfort, sa grand-mère Frederickson, la mère de Wes.

Cinq fois, elle fit ses bagages pour s'enfuir « mais j'avais des responsabilités envers ma famille ».

Loquace sur d'autres sujets, Diane parle avec réticence de son approche prématurée de la sexualité.

– Il me forçait à grandir trop tôt. Je me rends compte à présent que c'était bien plus grave que je ne le croyais alors. J'ignorais tout de la sexualité à cette époque.

Diane avait sa propre chambre. Elle pense que ses jeunes frères et sœurs n'étaient pas au courant des visites secrètes de son père et des promenades en voiture qu'ils faisaient tous les deux. Elle nie la pénétration proprement dite, mais se souvient de « parler... toucher... caresser ».

– J'ai tout rayé de ma mémoire.

Lorsque les ombres du soir s'allongeaient, Diane sentait l'angoisse monter en elle. Wes rentrait à 17 h 45.

– Il éteignait la télé et disait : « C'est l'heure de la famille... »

Diane redoutait le crépuscule et la terreur qu'il amenait avec le départ de sa mère pour la poste. Elle se couchait avec sa chemise et son jean et attendait allongée, raide, l'oreille tendue. Longtemps après les derniers gloussements des enfants finalement endormis, Diane, les yeux grands ouverts, fixait l'obscurité, attentive au moindre bruit de pas.

Jamais elle ne cria ni se débattit ; cela ne lui vint jamais à l'esprit.

– Il représentait l'autorité. Je ne pouvais pas lui résister. Je ne pouvais pas en parler. Je me contentais de faire le vide. Ça n'existait pas. *Je* n'existais pas. Comme un cauchemar – irréel.

À l'approche, de l'aube, malgré elle, Diane s'endormait pour se réveiller avec la lumière. Willadene faisait la grasse matinée et Wes réveillait les enfants en allumant les lampes et en mettant la radio à plein volume.

Diane le haïssait. Mais elle se haïssait davantage. En dépit de sa répulsion, les caresses incestueuses suscitaient une réaction sensuelle instinctive. C'était agréable, même si ce n'était pas bien. Elle ne pouvait séparer le sexe de la terreur, du pouvoir... et du plaisir, et elle ne comprenait rien à ce qu'elle ressentait.

À la fin de l'année, elle glissa dans une dépression quasi pathologique. Sa vie était coupée en deux ; de jour, à l'école, elle devait s'habiller et se comporter comme une enfant. De nuit, elle était prise dans des jeux sexuels aberrants et devait réagir comme une femme mûre.

— Je n'avais personne à qui parler, personne qui ne soit proche ou qui s'intéresse à moi. Je n'avais pas de raison d'être là.

Diane voulut s'ouvrir les veines à treize ans.

— Je n'ai dit à personne que je m'étais coupé les veines des poignets – en fait, juste au poignet gauche – mais mon père l'a su. Je n'en ai pas parlé à ma mère, mais elle a deviné. Personne n'en a parlé.

Personne n'en a parlé.

L'acte de Diane fut passé sous silence. En 1968, la situation s'aggrava. L'adolescente finit par tomber malade par manque de sommeil, et Wes l'emmena chez le médecin de famille.

Elle resta évasive lorsque celui-ci la questionna. Elle était juste fatiguée, lui dit-elle ; elle avait du mal à dormir. Étrange symptôme pour une fillette de douze ans, mais le médecin ne chercha pas à en savoir davantage.

En sortant de chez le médecin, Wes prit la route du désert arizonien dans la chaleur torride. Diane savait que ce serait une de leurs « promenades ».

— Mon père m'a demandé de retirer ma chemise. Il m'a dit que mon soutien-gorge était comme un haut de maillot de bain.

Elle avait besoin d'un soutien-gorge à présent ; elle ne pouvait plus maintenir ses jeunes seins avec un simple maillot de corps. Diane secoua la tête. Son père insista. Tremblante, elle ôta son chemisier.

Ensuite il lui demanda d'enlever son soutien-gorge.

Elle se mit à hurler. Hystérique, avec uniquement les cactus pour l'entendre, elle cria de plus en plus fort. Elle lui cria qu'il la tuait, mais il continua à conduire, s'éloignant de plus en plus de la ville. Diane saisit la poignée et réussit à ouvrir la portière, prête à sauter.

Son père se pencha, tendit le bras et referma la portière d'un coup sec. Elle le vit pousser le bouton de sécurité.

Ni Diane ni Wes ne s'étaient rendu compte de la présence de l'homme de patrouille qui roulait juste derrière eux, surveillant ce qui se passait dans la voiture. Il les dépassa et fit signe à Wes de se garer sur le bas-côté. Le policier regarda directement Diane et lui demanda ce qui n'allait pas. Elle évita son regard pénétrant en reboutonnant rapidement son chemisier.

— Je ne pouvais pas le lui dire. Je devais me protéger, ainsi que ma mère et mes frères et sœurs. Si mon père allait en prison, nous n'aurions plus à manger. Je dis au policier que je revenais de chez le médecin et qu'il m'avait fait une piqûre. C'était pour ça que je pleurais. Je lui dis que nous avions des invités à la maison et que je n'étais pas censée pleurer devant eux, alors mon père m'avait emmenée faire un tour.

– Tu es *sûre* ? demanda le policier en plongeant ses yeux dans les siens. Tu peux me le dire, si tu as des ennuis.

Elle secoua la tête et répéta son mensonge. Elle ne pouvait pas lui dire la vérité. Le policier prit Wes à part. Diane n'entendit pas ses paroles mais il faisait de grands gestes. Son père semblait intimidé, ce qui était incroyable. Ils rentrèrent à la maison en silence.

Les abus sexuels cessèrent aussi brusquement qu'ils avaient commencé. Quoi que le policier eût dit à Wes, ce fut efficace. L'agent ne fit pas de rapport sur l'incident et lorsque les inspecteurs de l'Oregon essayèrent de le retrouver quinze ans plus tard, ils apprirent qu'il était mort depuis longtemps.

Diane détestait toujours autant son père, mais elle attendait son heure. Elle s'accrochait à deux buts essentiels : s'enfuir de la maison vers un havre de sécurité et de liberté avec quelqu'un qui l'aimerait plus que tout ; et devenir médecin et vivre dans une gigantesque demeure.

Les objectifs de Diane n'étaient pas si différents de ceux des autres adolescentes, mais l'intensité de ses besoins l'était ; un appétit vorace de succès et d'amour parfait.

Lorsque Diane eut quatorze ans, elle apprit à s'épiler les sourcils et à se maquiller. Elle se sentait toujours laide, comme si ce que son père avait fait avec elle était marqué sur son front. En réalité, elle était très, très jolie.

Elle voulait qu'on la remarque. Et presque du jour au lendemain, elle changea. De silencieuse elle devint bavarde. Ce fut le début des flots de paroles qui devaient rester à jamais une de ses caractéristiques.

Lorsqu'un interlocuteur se lassait, elle se tournait vers un autre. Elle bavardait, jacassait, papotait sans fin. Sa volubilité toute neuve éloignait ses amis potentiels autant que le sinistre silence de son enfance.

Avec Wes Frederickson, Diane demeura celle qui écoutait.

– Nous étions des enfants-robots. On nous disait ce qu'il fallait faire et on obéissait.

87

Elle n'avait pas le droit de pleurer. Sur ce point, elle avait dit la vérité au policier. À la place, elle riait, même lorsque ce n'était pas le moment – et elle devait garder cette manière particulière de réagir. Elle ne se rendait pas compte de l'image qu'elle donnait d'elle. Elle passait de l'enthousiasme à la dépression, de la bravade au mépris, ses émotions aussi libres et détachées du réel qu'un cerf-volant lâché dans les airs.

Malgré cela, son masque était en place. Le masque riant sur le masque narquois, dissimulant ses larmes.

Diane n'était pas populaire, mais ses notes étaient toujours excellentes.

Elle trouvait les animaux plus dignes de confiance que les humains. Elle en possédait de toutes sortes : des chiens, des chats, des tortues – même des papillons. Quand elle eut quinze ans, les Frederickson acquirent leur premier cheval, Blaze.

– Mon cheval, c'était la liberté, la puissance, un ami, quelqu'un à qui je pouvais parler sans qu'il me réponde. Il n'aimait pas les hommes non plus. J'étais la seule à qui il obéissait. Il me donnait une impression de pouvoir.

Diane était toujours à la recherche de l'amour – l'amour inconditionnel – et maintenant elle y ajoutait le pouvoir – le pouvoir inconditionnel. Elle ne se rendait pas compte de leur incompatibilité.

Diane Frederickson rencontra Steve Downs à quinze ans. Steve avait sept mois de plus qu'elle ; tous deux étaient au lycée de Moon Valley, à Phoenix. Steve était encore un adolescent – pas un de ces hommes que Diane haïssait si fort. Pourtant, il marchait en plastronnant, de cet air pugnace qu'affectent tant d'hommes râblés. Même à seize ans, Steve dégageait une telle sensualité que les femmes se retournaient sur lui – les femmes mûres comme les plus jeunes. Un mètre soixante-douze, large d'épaules, il n'était pas vilain à regarder. Pas le genre beau gosse, mais d'une beauté bourrue, le teint mat comme celui d'un Indien et des poils noirs et bouclés sur la poitrine. Dans les années quatre-vingt, Steve serait décrit comme ressemblant au Don Johnson de *Deux flics à Miami*. L'homme sexuellement dangereux. L'incendiaire. Celui qui ravit les jeunes vierges d'un seul regard. Dans les années soixante-dix, il était simplement un homme-enfant terriblement sexy. Naturellement, Wes et Willadene en furent alarmés ; il était trop adulte par certains côtés, trop immature et trop sauvage par d'autres. Ils essayèrent de convaincre Diane de rencontrer d'autres garçons.

Bien sûr, Diane ne sortait qu'avec Steve. Savoir qu'il ne plaisait pas à Wes le rendait plus désirable encore. Il fut le premier à dire à Diane qu'elle était belle, et elle le crut. Elle était éblouie à l'idée qu'on puisse la trouver jolie.

Steve représentait tout ce qu'elle voulait à cette époque-là.

— Il venait me voir. Il me donnait le sentiment d'être quelqu'un d'important... Il avait les cheveux longs, ne portait jamais de chemise, et c'était un révolté. Il symbolisait tout ce que mes parents désapprouvaient... donc je choisis Steve.

Et Steve choisit Diane.

Au bout de quelques mois, ils couchaient régulièrement ensemble. Elle avait seize ans. Elle se confia à Steve. Elle avait enfin quelqu'un à qui raconter le secret de ce que lui avait fait subir son père. Steve ne sut comment réagir et crut bon de changer de sujet.

— Elle me l'a raconté pendant qu'on sortait ensemble, se souvient Downs. Elle n'est jamais entrée dans les détails, mais elle m'a dit que c'était la faute de son père.

Son intense relation avec Steve Downs n'émoussa pas la réussite scolaire de Diane à Moon Valley. Son intelligence faisait partie de son armure pour se protéger du monde. Son nom inscrit au tableau d'honneur renforça son narcissisme encore fragile.

Lorsque Diane eut dix-sept ans, la mort violente lui arracha celle qu'elle aimait plus que tout au monde. La mère de Wes avait soixante ans, son père soixante-quatorze, lorsqu'ils moururent dans un accident de la route.

Ensuite, Eric, le cocker chéri de Diane, fut écrasé sous les roues du tracteur que conduisait Steve. Elle rejeta la faute sur Wes et non sur Steve, car son père avait appelé le chien. Le pauvre animal était paralysé et Wes l'acheva d'un coup de fusil pendant que Diane hurlait.

— Nous avions une vieille chèvre et son chevreau — Nanny et Betty. Mon père tua le chevreau et envoya Nanny à l'abattoir.

Les chats de Diane contractèrent la pelade. Wes affirma que la maladie risquait d'être contagieuse pour les enfants. Sa fille le supplia de ne pas tuer ses chats mais, un soir, alors qu'elle lavait la vaisselle, elle entendit des coups de feu. Pour la première fois, elle eut une véritable crise d'amnésie et se retira derrière le rideau de l'oubli.

– J'ai perdu conscience. Je me souviens d'avoir entendu les coups de feu, ensuite j'étais dans ma chambre en train d'enfiler un chemisier propre. Je suppose que j'ai dû m'enfuir en courant quand j'ai entendu les détonations. Ils m'ont trouvée plus tard, marchant le long de la route. Je saignais au pied, comme si j'avais heurté quelque chose. J'ai eu une amnésie complète pendant une heure.

Diane perdit aussi Steve lorsqu'il s'engagea dans la marine, en juin 1972.

Wes continuait de la harceler. Diane aimait jouer de la flûte, mais son père trouvait qu'elle ne s'exerçait pas assez.

– Il m'a sermonnée là-dessus pendant deux heures. « Regarde-moi, il disait. Ne regarde pas la table. Ni le plafond. » Il me poussait à bout jusqu'à ce que je me griffe le visage... Je me révoltais depuis que j'avais douze ans et j'en étais réduite à me griffer la figure.

Se griffer le visage était, pour Diane, la manifestation extérieure de sa profonde frustration et de sa vulnérabilité dans la maison de son père, toujours soumise à sa volonté. Elle retournait contre elle sa rage contre lui, et se plantait les ongles dans les joues, laissant de vilaines traînées rouges – par impuissance.

– Mon père a dit que j'étais possédée la première fois que j'ai fumé du hasch. Je criais contre lui. Il avait l'habitude de me frapper avec une ceinture, mais pas cette fois-là. Je l'ai regardé et je lui ai crié de me foutre la paix. Peut-être que je l'ai surpris, je crois qu'il s'est dégonflé à ma première colère.

Fille d'une mère soumise, elle ne s'était jamais rendu compte qu'une femme pouvait avoir le dessus avec un homme. Le mieux qu'elle avait espéré était d'être au même niveau de force. L'embarras de son père fut pour elle une sensation agréable.

Cela ne dura pas. Diane croyait qu'un homme était la seule manière de s'en sortir pour une femme. Elle voulait partir de chez ses parents et fit le vœu de saisir la première occasion qui se présenterait.

En obtenant son diplôme à Moon Valley avec six mois d'avance, Diane découvrit une brèche dans la barrière qui l'enfermait. On lui offrit une chance de poursuivre des études supérieures – des études religieuses. Pour devenir missionnaire. De là, pensait-elle, elle pourrait passer en prépa pour faire médecine.

Diane ne tint que deux semestres au Pacific Coast Baptist Bible College. Mais ce fut une révélation.

– J'étais populaire pour la première fois de ma vie. En deux semaines, j'avais obtenu un rendez-vous amoureux avec un étudiant très sérieux. Il m'emmena à un bal de la Saint-Valentin et m'embrassa. Après, il devint complètement cinglé. Il disait que c'était mon baiser qui l'avait mis dans cet état. D'autres garçons ont commencé à rechercher ma compagnie. Des histoires ont circulé et j'ai fini par faire ce qu'on racontait que je faisais. Puis une fille a eu des problèmes. Pour se disculper, elle m'a dénoncée. J'ai été renvoyée, raconte Diane avec un sourire ironique.

Selon une autre version de son renvoi, Diane et un étudiant auraient souillé l'autel en s'accouplant dans l'église, soit par jeu, soit dans un moment de passion incontrôlée.

En août, elle était de retour dans la maison paternelle, à Phoenix.

Lorsque Steve acheva son service dans la marine, il s'installa à Chandler, dans la banlieue de Phoenix, à quarante-cinq minutes de chez les Frederickson. Diane et lui étaient constamment ensemble – ou aussi souvent qu'ils le pouvaient –, sous la surveillance de Wes. Ce dernier attendait Diane à la sortie de son travail pour s'assurer qu'elle rentrait directement à la maison.

Diane sentit qu'elle devait prendre rapidement une décision :

– Je pensais que Steve pourrait être mon père en miniature ; je ne savais pas qu'il deviendrait son égal. Mais je ne pouvais pas m'en sortir toute seule, et je voulais avoir des enfants. J'avais le choix entre continuer à me griffer le visage ou me marier avec Steve – même s'il était mauvais.

Il ne semble pas être venu à l'esprit de Diane qu'elle pouvait partir de chez ses parents, gagner sa vie, et échapper à l'emprise des hommes.

Quelques mois après son dix-huitième anniversaire, elle ne rentra pas de la nuit après un rendez-vous. Si ses parents refusaient qu'elle épouse Steve, elle partirait avec lui.

Livide, Wes arriva, le fusil en main, et dit au jeune garçon qu'il devait soit épouser sa fille, soit la ramener à la maison. Steve répondit qu'il serait heureux d'épouser Diane.

Willadene tenta timidement de préparer Diane au mariage.

– Ma mère m'a expliqué que les hommes pouvaient être parfois difficiles à vivre, qu'ils avaient de nombreux petits défauts, quelques bizarreries. Steve changerait probablement après le mariage. Je me suis rendu compte des problèmes qu'elle avait avec mon père. Ce fut la conversation la plus intime que nous ayons jamais eue.

Il n'y eut pas d'explications sur les fleurs et les abeilles. Willadene tendit à Diane une boîte de contraceptifs et ce fut tout.

Le couple était marié une semaine plus tard – le 13 novembre 1973. Steve Downs était bien plus qu'un jeune marié ; c'était le ticket de sortie de Diane.

Elle prétend que Steve changea le jour même de leur mariage.

– Steve montrait toujours son meilleur côté, comme la plupart des jeunes gens qui ont une petite amie. Ils sont gentils, ponctuels, comme on les aime. Ensuite, on les épouse et ça devient : « Hé ! Diane, tu veux bien rentrer toute seule, je dois aller jeter un coup d'œil à une voiture ! »

Diane avait épousé Steve parce qu'elle voulait être aimée, adorée ; elle découvrit presque immédiatement qu'elle allait se retrouver seule.

Elle s'acheta un chiot.

Deux semaines après leur mariage, Steve annonça à Diane qu'il avait rendez-vous avec une autre fille. Il expliqua qu'il devait y aller parce qu'il l'avait invitée un mois plus tôt. Il demanda à son épouse de lui repasser son pantalon pour aller à son rendez-vous. Elle obéit.

Elle attendit jusqu'au petit matin que son mari revienne chez eux.

– Il est rentré à 3 heures du matin et a prétendu qu'il était tombé en panne de voiture. Mais son pantalon blanc était immaculé.

10

J'aimais Steve. Il ne m'aimait pas. Pendant deux ans et demi, nous étions sortis ensemble : j'avais appris à l'aimer et il disait m'aimer. J'ignore s'il m'aimait ou non – mais je l'ai cru... Ce fut au cours de l'année suivante que j'appris à ne pas trop donner de mon cœur aux adultes...

Diane DOWNS, interviewée par Anne BRADLEY
KEZI, décembre 1983

Dans ses lettres et interviews, lorsque Diane mentionne les adultes, elle se désigne souvent comme une petite fille. Pourtant, Steve et elle avaient le même âge.

À partir de la nuit où son mari rentra avec son pantalon blanc comme neige, Diane se rendit compte qu'elle avait fait une erreur. Il était clair que Steve ne l'aimait pas plus que son père ne l'avait aimée. L'intérêt qu'il éprouvait pour elle était purement sexuel. Comme dans le cas de son père.

Diane prit une décision. Elle avait besoin de Steve pour mener à bien son plan, ensuite il ne lui serait plus très utile. S'il ne l'aimait pas, elle devait trouver un autre moyen.

Elle créerait sa propre source d'amour.

Diane avait tant besoin d'amour que son ambition faiblit sous l'effet du vide qu'elle ressentait. D'abord elle aurait un bébé, ensuite elle deviendrait médecin.

Sans en dire un mot à Steve, elle jeta les pilules que lui avait données sa mère ; qu'il aille traîner avec des filles et avec ses copains, qu'il aille s'amuser avec des voitures au moteur trafiqué. Son bébé lui donnerait l'amour qu'elle escomptait. Un amour plus grand que celui de Steve. Un amour pur. Son bébé serait le prolongement d'elle-même, une partie d'Elizabeth Diane Frederickson Downs.

Un mois plus tard, Diane se réveilla avec des nausées. Elle considéra cette première grossesse, ainsi que celles qui suivirent, quasiment comme des effets de l'Immaculée Conception. Le mâle fournissait le sperme. C'est elle qui donnait la vie.

Au cours de sa première grossesse, en 1974, Diane fut littéralement amoureuse du fœtus qu'elle portait. Elle avait découvert un truc magique qui lui apportait complétude et sérénité. La grossesse n'était pas seulement une phase de sa vie. C'était sa raison d'être.

Steve ne remarqua même pas que son ventre s'arrondissait. Lorsqu'il s'en aperçut, il n'en fut pas heureux. À dix-huit ans, il craignait de ne pouvoir assumer la charge d'un enfant. Au fur et à mesure que la date de l'accouchement approchait, Steve se mit à changer d'avis.

– C'était excitant, se souvient-il. Je me suis mis à aimer l'idée de devenir père.

Steve accepta plus facilement l'idée d'avoir un bébé parce qu'un soudain accès de popularité lui procura une aisance toute nouvelle. Diane avait toujours eu de l'ambition mais, cette fois, les projecteurs étaient braqués sur lui. Il venait de signer un contrat pour une publicité des rasoirs Gillette. Un producteur avait remarqué ses traits bien dessinés et sa peau mate, signes de mâle insouciance : Steve Downs, une serviette éponge autour du cou, incarnerait la séduction pour une pub de lames de rasoir.

Le cow-boy de Marlboro avait commencé comme ça, lui aussi. Steve jubilait.

La jeune famille Downs emménagea dans une ferme et Steve passa davantage de temps à la maison. Il travaillait épisodiquement, acceptant un emploi ici et là, en attendant un rôle dans un film. Lorsque Steve était au chômage, il envoyait sa femme chez ses parents. Diane n'appréciait guère.

Pendant un certain temps, Steve ne put pas travailler. La voiture qu'il était en train de réparer explosa et il fut sérieusement brûlé. Il fut hospitalisé. L'accident ne le tua pas mais changea sa vie. Le producteur de pub de Gillette ne pouvait se permettre d'attendre que les cloques et les cicatrices disparaissent, et rien ne garantissait qu'elles disparaîtraient complètement. Un autre beau jeune homme inconnu fut recruté et les aspirations de Steve s'effondrèrent.

Tant qu'il resta à l'hôpital, le mariage fut stable par la force des choses. Diane demeurait à son chevet, tendre et inquiète. Pour elle, un Steve blessé aurait pu être le mari idéal. Trop faible pour se montrer autoritaire et dans l'incapacité de courir le jupon. Il appréciait sa sollicitude et lui accordait toute son attention.

Lorsque les brûlures de Steve Downs furent suffisamment cicatrisées pour lui permettre de sortir de l'hôpital, le jeune couple alla s'installer chez Wes et Willadene, jusqu'à ce que Steve puisse retravailler. Tant pis. Diane avait son bébé sur qui projeter tous ses espoirs.

Le souvenir de Diane concernant la naissance de Christie est aussi sucré qu'une vieille carte postale de Saint-Valentin.

« Mon but était atteint, écrit-elle dix ans plus tard. J'avais finalement trouvé l'amour vrai et la paix avec un autre être humain : ma fille ! Pendant que Christie grandissait en moi, je sus pour la première fois de ma vie ce qu'était réellement l'amour. C'était la première fois qu'on avait besoin de moi... vraiment besoin. J'avais enfin une raison d'exister, j'étais heureuse, heureuse... Le bonheur que je ressentais lorsque mon enfant bougeait dans mon ventre était comme une drogue. Après sa naissance, je fus encore plus heureuse... Parce que je n'étais plus la seule à être amoureuse. Christie m'aimait aussi. Lorsque je me penchais sur son berceau, elle tendait les bras vers moi en souriant. Elle était si contente de me voir ; elle donnait des coups de pied avec tant de force que son berceau en était secoué... Je l'aimais tant ! »

Plus Diane aimait Christie, plus elle trouvait vil l'amour de Steve.

– Steve n'avait pas de patience. Les pleurs le mettaient en colère.

Steve Downs n'avait que dix-neuf ans et essayait de subvenir aux besoins de sa famille. Il trouva un emploi de surveillance d'un système d'irrigation des champs autour de Chandler, qui l'obligeait à se lever au milieu de la nuit pour dévier le cours des canaux. Diane était furieuse : il la forçait à l'accompagner « juste pour me faire chier ».

Les écarts et les exigences de Steve s'accumulèrent : un repas chaud devait être prêt pour 15 heures. S'il était en retard, Diane devait le faire réchauffer.

Et il était jaloux.

95

– Il me demandait de mettre une robe et des hauts talons pour sortir. Ensuite, il pestait lorsqu'on me regardait ou qu'on faisait des commentaires. Il me prenait à la gorge, me secouait et me jetait par terre – presque tous les jours.

En dépit de toutes les critiques et des reproches que s'échangeaient ses parents, Christie Ann était un bébé joyeux et facile à vivre. Elle mangeait et dormait bien. Exactement le type de bébé dont Diane avait besoin.

Diane travaillait à temps partiel. Elle gagnait deux dollars dix de l'heure dans une caisse d'épargne, la Lincoln Thrift, à Chandler. À peine de quoi payer une nourrice. Elle rêvait toujours d'études supérieures et de carrière.

Elle monta à Phoenix et s'engagea dans l'armée de l'air. Christie n'avait pas encore six mois. Steve se vit charger de s'occuper de sa fille pendant que Diane dormait dans une caserne pleine de recrues féminines, à la base de Lackland Air Force, à San Antonio, au Texas.

Steve fut déconcerté par la décision de son épouse de faire carrière dans l'armée.

Elle n'avait pas le choix, lui dit-elle.

– Je pensais que l'Air Force serait... stable. Que ce serait une bonne carrière pour un parent isolé. Je ne pouvais pas garder Christie avec moi pendant l'entraînement : on ne peut pas emmener un bébé dans son paquetage. Je l'ai laissée avec Steve. J'appelais tous les deux jours pour avoir des nouvelles. Nous n'avions pas le téléphone et je devais téléphoner chez les voisins. Ils me dirent que Steve laissait Christie toute seule, enfermée dans la maison. Ensuite je lui ai parlé et il m'a dit qu'elle refusait de manger – et qu'il l'avait laissée tomber sur la tête !

Steve confirme que Diane l'appelait sans cesse, mais que c'était pour le supplier de l'aider à quitter l'armée.

– Elle a dit que si je ne la faisais pas sortir de là, elle déserterait. J'ai téléphoné à un gradé et j'ai expliqué que nous avions un bébé à la maison.

Diane n'effectua que trois semaines de service dans l'armée de l'air. Elle fut rendue à la vie civile non à cause de ses responsabilités familiales, mais parce qu'elle avait des ampoules infectées.

Elle passa une grande partie de l'année 1975 en transit. Steve les expédiait chez Wes et Willadene – qui les renvoyaient avec

un message précisant que la mère et la fille étaient sous sa responsabilité. Diane était impuissante face à ce qui lui arrivait et
elle se souvient qu'elle était entièrement dépendante soit de son
mari, soit de ses parents. Si Steve l'exigeait, elle restait avec lui,
s'il la déposait chez ses parents, elle y restait.

Pendant cette triste période de sa vie, Diane conçut un
deuxième enfant.

– Je me mis à détester Steve de plus en plus. Je ne pouvais
pas subvenir à mes propres besoins, encore moins à ceux d'un
enfant, donc nous restions ensemble. J'ai fait la seule chose que
je pouvais faire pour être heureuse – un bébé. L'armée avait été
ma dernière carte pour me libérer de mon mari. J'aurais un
double amour en ayant deux enfants. Cela peut sembler puéril
et irresponsable, mais c'était la seule manière que je connaissais
pour être heureuse et me sentir aimée... J'essayais de bâtir un
mur d'amour que Steve ne pourrait pas détruire.

Lorsqu'elle annonça sa grossesse à Steve, il fut consterné.
Leur situation financière était précaire et il trouvait que Diane
était une mère plutôt capricieuse ; il avait l'impression qu'elle
l'avait piégé avec ce second bébé.

La date de l'accouchement approchait et Steve se radoucit un
peu, prétendant même qu'il serait heureux d'avoir un garçon. Il
ne pouvait subvenir aux besoins de plus de deux enfants, c'était
donc sa dernière chance, croyait-il.

Cheryl Lynn Downs fut un ratage. C'était une fille et elle
avait attendu trop longtemps pour naître ; si elle était arrivée
avant la fin de l'année (31 décembre à minuit, dernier délai),
elle aurait permis à ses parents de bénéficier de l'exonération
d'impôt dont ils avaient tant besoin. Au lieu de cela, Cheryl
naquit le 10 janvier 1976, deux jours avant le vingt et unième
anniversaire de son père.

Christie avait été la parfaite petite fille, très calme pour une
mère en manque d'amour ; Cheryl Lynn hurla dès qu'elle fut à
l'air libre, et ne cessa plus.

Sur les insistances de Diane, un Steve non préparé l'avait
accompagnée dans la salle de travail et, comme dans les feuilletons télévisés, il s'évanouit. Plus tard, il découvrit qu'il avait
une deuxième fille.

Cheryl était maigrichonne et laide, ses oreilles étaient décol-
lées et son crâne aussi chauve que celui d'un vieillard. Sa bouche
était trop grande, ses yeux trop petits et son nez trop plat. Elle

ressemblait à son père, mais les traits qui faisaient le charme de Steve Downs n'étaient pas du meilleur effet sur sa fille. Comme si elle avait senti qu'elle avait échoué, Cheryl avait de fréquentes coliques et braillait continuellement, qu'on la prenne dans les bras ou non.

– Elle pleurait toute la journée, soupire sa mère. La nuit, quand moi j'aurais dû pouvoir dormir un peu, Steve m'obligeait à le réveiller pour aller au système d'irrigation à 3 heures du matin.

Et pendant ce temps, Cheryl hurlait, inconsolable, se raidissant de rage et d'angoisse, à moins qu'elle n'eût deviné que le monde n'était pas l'endroit rêvé pour elle.

Steve et Diane tombèrent d'accord sur le fait qu'il n'y aurait plus de bébé après Cheryl. L'un d'eux devait se faire opérer. Une vasectomie coûtait trente-cinq dollars alors qu'une ligature des trompes se monterait à plusieurs centaines de dollars. Steve subit la vasectomie mais ne retourna pas, dix semaines plus tard, passer le test de comptage des spermatozoïdes, pour s'assurer qu'il était réellement stérile.

– Je suis tombée enceinte de nouveau. La vasectomie n'avait pas marché. Je pensais que les médecins connaissaient leur boulot. J'étais enceinte et je ne sortais avec aucun autre homme alors... Je savais comment c'était arrivé, expliqua Diane.

Steve accusa sa femme d'avoir un amant, mais lorsqu'il retourna à l'hôpital pour une vérification, les médecins lui assurèrent qu'il était encore extrêmement fertile.

– J'avais vingt ans, deux enfants, dit Diane. Mes parents faisaient pression sur moi pour que j'apprenne la propreté à Christie. Cheryl avait toujours des coliques. Mon mari était... un salaud. Je n'étais pas capable de supporter une pression supplémentaire. Je décidai d'avorter.

Steve, ayant subi une seconde vasectomie garantie à toute épreuve, aurait accepté cette troisième grossesse, mais Diane fut inflexible.

– En aucun cas, elle ne voulait avoir un troisième enfant, se souvient-il. Je ne pensais pas que l'avortement était la bonne solution... mais c'était son corps, après tout.

Diane avorta. Elle émergea de cette expérience sans dommages physiques ni psychologiques apparents. Au contraire, elle se souvient d'une période de deux ans où elle ne sentait rien. Elle n'aimait plus Steve, mais financièrement, elle était plus dépendante de lui que jamais. Pourtant, quelque chose commençait a bouger en elle. Ses rêves de réussite revinrent, quoique de manière sporadique.

Pour Halloween 1976, la veille de la Toussaint, Diane prit ses deux bébés avec elle et quitta Steve.

— Je suis rentré un dimanche soir vers 2 heures du matin. Elle était partie. Elle avait emmené les enfants. Je n'ai pas compris. On n'avait aucun problème. Elle est partie comme ça, au Texas, chez le frère de son père. J'ai réussi à la retrouver en épluchant nos notes de téléphone, il y avait plusieurs appels vers le Texas au cours du dernier mois. J'ai téléphoné et j'ai parlé à sa tante, je lui ai demandé de dire à Diane de m'appeler le lendemain.

Un des cousins de Diane lui avait assuré qu'elle trouverait du travail sur place, mais elle ne resta qu'une semaine. Le travail ne correspondait pas à ce qu'elle attendait.

— Steve m'appelait tous les jours et me suppliait de revenir.

— Non, contredit Steve en secouant la tête. Je ne la suppliais pas. Je lui ai dit : « Tu es partie de toi-même, tu peux revenir de toi-même. » C'est ce qu'elle a fait.

Diane a vingt et un ans. À ce jour, rien dans sa vie ne s'est déroulé selon ses plans.

1977

À vingt-deux ans, Diane s'enfuit à nouveau et alla vivre avec sa jeune sœur Kathy, à Flagstaff, où elle fut employée comme conductrice de bétonnière. La paie était bonne. Diane était solide et maniait adroitement les énormes camions, laissant les enfants avec sa sœur.

Le travail de chauffeur de camion ne dura qu'un mois. Son patron la viola. Elle retourna vers Steve.

Diane détestait les rapports sexuels, dans le mariage ou hors du mariage.

Bien que vivant dans la même maison et dormant dans le même lit, Steve et Diane se parlaient à peine. Elle ne se souciait plus de savoir s'il lui était infidèle. Elle attendait que quelque chose se passe.

À l'automne, Diane eut une révélation qui a peut-être marqué le reste de sa vie. Tout à coup, l'enfant qu'elle avait porté revint la hanter.

– J'étais à une foire, en Arizona, et je suis passée devant le stand « Laissez-les vivre ». Ils m'avaient dit, à l'époque où j'avais avorté, que j'étais à six semaines. Je m'étais dit : « Six semaines... Tu n'es pas enceinte ; c'est une petite boule de limon, de matière visqueuse. Pas de quoi en faire un drame. » J'ai vu un fœtus de six semaines. Il avait des bras, des jambes, des doigts, des orteils, une tête, des yeux. C'était un être humain et je l'avais tué ! Je me suis sentie monstrueuse d'avoir commis un tel crime.

Diane donna un nom a son bébé perdu : Carrie. Elle avait eu la sensation que c'était une fille. La petite fille qui ne vit jamais le jour devint une obsession. Diane décida de la remplacer ; elle concevrait à nouveau, et le bébé serait Carrie.

Diane demanda à Steve de se faire opérer pour annuler la vasectomie et il la regarda sans comprendre.

– Je le lui ai réclamé pendant un an, et il répondait invariablement non. J'ai fini par lui dire : « D'accord. Je trouverai bien un père acceptable. »

Steve Downs ne se souvient pas de cette conversation ; mais il se souvient de ce qu'il advint par la suite. À la fin de 1978, les Downs vivaient à Mesa, en Arizona, tous deux employés par la compagnie de mobile homes de Palm Harbor. Cette société avait pour règle de ne pas embaucher les couples mariés. Diane et Steve, à qui il manquait juste l'argent pour payer l'avocat qui prononcerait le divorce, se présentèrent comme divorcés.

Diane était une bonne travailleuse, elle apprenait vite. Sa personnalité se métamorphosa du jour où elle fut engagée. Maussade et renfrognée à la maison, elle était vive et gaie sur son lieu de travail.

– Je travaillais avec un tas de types. J'ai rencontré des hommes qui me considéraient comme une femme.

Pour la première fois depuis son mariage, Diane eut une liaison. En fait, elle en eut trois. Le sexe ne l'intéressait pas en tant que tel ; elle faisait des recherches génétiques.

– J'observais les gens avec qui je travaillais. J'ai choisi un homme séduisant... en bonne santé... ni drogué ni alcoolique, fort – avec une solide charpente osseuse – tout, quoi : un bon spécimen.

Le futur père de son choix avait dix-neuf ans ; Diane en avait vingt-trois. Russ Phillips fut flatté et stupéfait.

– Je l'ai séduit. Je connais mon cycle : il a suffi d'une fois et je suis tombée enceinte.

Steve soupçonnait Diane de mijoter quelque chose.

– Elle partait souvent en avance pour aller travailler. Je ne lui faisais pas confiance... D'habitude, elle partait à 7 heures et ce matin-là, elle avait quitté la maison à 5 heures.

Le lendemain matin à 5 heures, Steve suivit Diane.

– Elle était chez Russ Phillips. Au lit – et elle lui faisait l'amour ! Je les ai frappés, elle... lui et deux de ses colocataires. Ils m'ont menacé d'une arme. C'était délirant. Je lui ai dit de se rhabiller, de rentrer la maison avec moi.

Diane refusa.

C'était le 11 avril. Une semaine plus tard, elle annonça à Steve qu'elle était enceinte. Il ne la crut pas au début. Comment pouvait-elle le savoir si tôt ?

Diane avait toujours su exactement à quel moment elle se trouvait au maximum de sa période de fertilité. Elle avait mis en route le « bébé de remplacement ».

– J'avais subi une vasectomie, raconte Downs. Je savais que ce n'était pas *mon* enfant.

Steve et Russ Phillips insistèrent tous deux pour que Diane se fît avorter, suggestion qu'elle trouva ridicule. Elle avait conçu cet enfant en réparation de son avortement. Russ crut qu'elle refusait parce qu'elle l'aimait : il lui demanda de divorcer et de l'épouser avant la naissance de l'enfant. Diane fut sincèrement surprise ; il ne lui était jamais venu à l'esprit que Russ pût revendiquer des droits sur cet enfant – ou sur elle. Il était gentil, mais elle n'éprouvait aucun sentiment particulier pour lui.

Ni pour aucun homme.

Elle avait la situation bien en main, oscillant entre Steve et Russ. Pour la première fois de sa vie, Diane Downs avait un peu de pouvoir sur les hommes.

Lorsqu'elle fut enceinte de six semaines, elle eut des pertes de sang. Au cours des semaines suivantes, elle vécut dans la terreur d'une fausse couche. Tout à coup, elle eut une grosse hémorragie.

Diane était désespérée.

– Lorsque l'hémorragie s'est produite, le médecin a affirmé que le bébé était déjà mort.

Six semaines plus tard, Diane sentit un petit coup hésitant dans son ventre. Elle était toujours enceinte.

Elle vivait encore avec Steve, mais ce n'était qu'un expédient.

Steve accompagna Diane à l'institut de génétique de Tempe lorsqu'elle fut enceinte de cinq mois. Il se présenta comme le père et tint la main de sa femme, parce qu'elle était terrifiée à l'idée que le bébé pût ne pas être normal à cause de ses nombreuses hémorragies. L'échographie révéla un fœtus normalement constitué. La carte génétique était favorable. (Steve ne précisa pas qu'il n'avait pas grand-chose à voir avec ce futur enfant).

Le rapport clinique se termine par : « La famille paraît soulagée et semble bien vivre cette grossesse. »

Diane nie avoir reçu le moindre soutien de la part de Steve.

– Il m'a dit : « Si c'est encore une fille, je te permettrai peut-être de rester. Mais si c'est un garçon, je vous chasserai tous les deux à coups de pied au cul – et tu emmèneras ces deux-là aussi. Après tout, comment je peux savoir si ce sont les miennes ? » S'il ne pouvait avoir un fils à lui, il ne voulait pas de l'enfant mâle d'un autre homme.

Il ne vint jamais à l'esprit de Diane que Steve Downs l'aimait suffisamment pour vouloir lui pardonner, et accepter cet enfant comme le sien.

Stephen Daniel Downs naquit un samedi, le 29 décembre 1979. Diane sortit de l'hôpital le dimanche et reprit son travail à la poste le lundi matin, la veille du nouvel an. Elle avait triomphalement porté Danny malgré les hémorragies, elle n'avait pas cessé de travailler et avait accouché sans difficulté. S'il y avait un secteur où elle excellait, c'était bien la maternité. Un bébé dans son ventre comblait ce trou noir qu'elle avait à l'intérieur d'elle.

Si elle avait eu le choix, elle aurait été constamment enceinte.

Danny était un bébé rieur, comme Christie, sa personnalité rayonnait, séduisant tous ceux qui le voyaient. Russ Phillips était fou de son fils, mais Diane lui permettait de le voir uniquement lorsqu'elle avait besoin d'un baby-sitter.

Elle s'était construit son mur d'amour.

Les revenus combinés de Steve et de Diane atteignaient vingt mille dollars par an. Ils avaient trois enfants en bonne santé, et c'était à peu près tout. Diane en était venue à considérer son mari comme elle avait considéré son père : son bourreau, son geôlier. Ils se battaient, physiquement, jusque tard dans la nuit.

Sa dépression revint en force et elle en sanglota d'impuissance. Une nuit, elle se força à arrêter de pleurer.

– Il se nourrissait de mes larmes – ça lui donnait de la force. J'ai cessé de pleurer, allongée, indifférente à tout.

Diane se mit à renvoyer les coups – fort. Elle éprouva du plaisir à cogner sur son mari. Le volcan de la rage, réprimé pendant presque vingt années, entra en éruption et vomit sa lave. Diane n'avait laissé échapper qu'une infime partie de sa colère auparavant, et contre les victimes les plus vulnérables : ses propres enfants. Un pinçon sur une épaule, des cheveux tirés, des fessées, des hurlements devant trois petits visages effrayés. Elle avait porté ces bébés pour se procurer l'amour parfait et elle oubliait qu'ils n'étaient qu'humains. Qu'ils n'étaient que des enfants.

– En général, je les secouais par les épaules en hurlant et je les obligeais à s'asseoir. Ils étaient sages parce qu'ils avaient peur de maman. Je tirais Cheryl par les cheveux... Cher avait fait tomber les rideaux de sa chambre. Elle vit l'expression de mon visage, tenta de passer devant moi en courant. J'ai voulu la coincer... J'ai attrapé ses cheveux et elle est tombée sur le derrière... J'étais désolée après.

Le pire était toujours pour Cheryl.

– Si quelque chose était cassé, c'était Cheryl la responsable, dit Diane. Elle était toujours accrochée à quelque chose, ou tombait, ou sautait sur les meubles.

Diane s'était coulée dans le système disciplinaire paternel comme dans un moule. Les gosses étaient tellement bruyants, elle les avait toujours dans les jambes ; ils cassaient tout. Et ils étaient loin de l'aimer autant qu'ils l'auraient dû. Elle hurlait contre eux jusqu'à en avoir mal à la gorge. Ils essayaient d'esquiver les coups et de s'échapper, mais Diane était plus rapide.

Christie et Cheryl ne savaient plus où elles en étaient. Un jour, leur mère jouait avec elles, leur rapportait des petits animaux, les habillait pour les emmener au cinéma. Et puis, sans prévenir, elle se mettait en colère. Il leur était difficile de savoir ce qu'elles avaient fait de mal exactement.

Steve et Diane luttaient. Christie, Cheryl et Danny leur servaient d'accessoires, tiraillés de part et d'autre, souffrant quel que soit le vainqueur.

11

En avril 1980, Diane vit le célèbre *Donahue Show* à la télé ; le sujet du jour était les mères porteuses. Captivée, elle entendit une femme expliquer qu'elle était stérile mais que son mari était fertile – son sperme pouvait être utilisé pour une insémination artificielle. Ils voulaient désespérément un enfant, un bébé qui, génétiquement, serait au moins le leur pour moitié. Elle désirait ardemment laisser une autre femme porter le bébé de son mari pour elle.

Si seulement elle pouvait trouver une telle femme !

Diane regardait l'émission tout en berçant Danny dans ses bras. Comme elle comprenait cette femme ! Puis, elle eut une idée. Pourquoi ne porterait-*elle* pas un bébé pour cette femme ?

Diane recopia l'adresse de la clinique des mères porteuses dans le Kentucky quand elle passa à l'écran. C'était une prise où s'agripper pour tenter de sortir du puits où elle se trouvait. Et bien sûr, ce serait également une bonne action.

Diane écrivit le lendemain matin.

Cher Docteur,

J'ai vu votre émission sur les mères porteuses dans le *Donahue Show*. J'écris cette lettre pour vous dire que j'aimerais être une mère porteuse pour un couple qui ne peut avoir d'enfant.

J'avais entendu parler de ces couples et je me sentais désolée pour eux, mais j'ignorais qu'il existait un moyen pour qu'une femme comme moi puisse les aider. Je trouve l'idée des mères porteuses excellente – surtout lorsque je vois une personne comme Mme Anderson. J'ai moi-même trois enfants et je connais les joies qu'apporte un bébé à sa mère. Cela semble si injuste que certaines femmes ne puissent jamais faire l'expérience de ce bonheur. Donc... j'aimerais me rendre utile en portant un enfant pour un couple qui désire réellement une vie familiale comblée.

Mon mari et moi en avons discuté et il m'approuve entièrement.

Je ne sais pas très bien ce que vous avez besoin de savoir à mon sujet, alors je vais vous dire ce qui me semble important.

J'ai vingt-quatre ans et suis en bonne santé. Je mesure un mètre soixante-six et pèse cinquante-six kilos. J'ai les cheveux blonds et les yeux verts. J'ai eu trois enfants (deux filles et un garçon). Les trois grossesses ont été normales et les trois accouchements sans complications. Mes trois enfants sont physiquement et mentalement normaux. Je ne fume pas et n'ai jamais abusé d'alcool. Je n'ai jamais utilisé aucune drogue illégale. Mon mari a subi une vasectomie, parce que nous avons décidé que trois enfants à élever étaient suffisants. Mon groupe sanguin est O+. Je suis d'origine mixte, incluant des sangs danois, anglais, français et irlandais. Je sais que vous aurez besoin de bien d'autres renseignements et j'espère avoir rapidement de vos nouvelles.

Elle ajouta son adresse et son numéro de téléphone.

Il y avait quelques dérobades, de petites omissions – et des mensonges flagrants. La troisième grossesse de Diane pouvait difficilement être qualifiée de normale, étant donné les hémorragies. Elle avait fumé de la marijuana, et était connue pour avoir une bonne descente. Son mariage était plus que bancal et ses propres enfants la rendaient chèvre.

La lettre de Diane fut examinée sans délai. Sur le papier, elle semblait une candidate idéale, un bon terrain maternel. Le formulaire préliminaire de l'Association des mères porteuses lui fut expédié le 6 mai 1980. Elle le renvoya à Louisville le 23 mai.

Elle hésita sur certaines réponses. Décida de parler de Carrie comme d'une fausse couche, nia avoir jamais subi un avortement.

Elle inscrivit qu'elle était chrétienne (baptiste). Et dessous elle nota : « Il est important pour moi que les parents soient chrétiens. »

Elle joignit quelques photos d'elle et des enfants, s'excusant d'avoir l'air « trop grosse et fatiguée » sur le cliché pris un mois après la naissance de Danny. Elle ajouta une photo de plus, juste pour être sûre. « Photo de mon mari et moi, en octobre 1979. Voilà à quoi je ressemble vraiment. »

Elle aurait pu en ajouter bien d'autres. Sur chacune, elle était différente. Un vrai caméléon.

La question n° 67 était la dernière et la plus importante : raison de la candidature

« Je regarde mes enfants et ils me rendent si heureuse, je pense qu'il est injuste qu'un couple ne puisse faire l'expérience de cette joie. De plus, l'enfant vivrait avec son père naturel. »

Diane attendit impatiemment l'étape suivante de la procédure de sélection. Elle était convaincue que Steve avait des maîtresses. Cela lui importait peu. Russ la suppliait toujours de l'épouser. Diane quitta Steve en septembre 1980 pour s'installer chez Russ. Steve haussa les épaules en disant : « Très bien ! Va-t'en ! »

Cela ne dura qu'une semaine. Diane savait qu'elle avait besoin de la stabilité et du statut de femme mariée pour être sélectionnée en tant que mère porteuse.

Chandler, petite ville d'Arizona fondée en 1912, compte treize mille sept cent soixante-trois habitants. Hormis sa végétation tropicale, elle ressemble à toutes les petites villes d'Amérique. Tout comme Eugene, Chandler est nichée au creux d'une vallée entre des montagnes... La vieille ville abrite de jolies maisonnettes aux jardins luxuriants, les cactus voisinant avec les palmiers, les eucalyptus et les mimosas.

Diane et Steve achetèrent un pavillon de soixante mille dollars dans une des rues les plus récentes : Palomino Street. Tout en sachant que leur mariage était sur le point de se disloquer, Diane n'avait jamais vécu dans une maison aussi belle, avec du stuc beige sur les murs extérieurs et un grenier mansardé. Ce n'était pas tout à fait la maison de ses rêves, mais ça s'en approchait.

Elle travailla tous les samedis et jours fériés comme factrice remplaçante au bureau de poste de Chandler. Cela aidait à rembourser les six cents dollars de crédit mensuel, mais ne fit qu'électriser davantage l'atmosphère dans laquelle vivait le couple. Surtout lorsque le meilleur ami de Steve, Stan Post, vint s'installer chez eux pour partager les frais.

– Nous avons pris une sorte d'engagement pour nous donner

une nouvelle chance, raconte Steve, se méprenant une fois de plus sur les intentions de son épouse.

Diane attendait son heure. Elle avait découvert que les mères porteuses recevaient dix mille dollars !

Cette somme n'était pas versée à l'avance. Il lui fallait d'abord signer un contrat avec le père naturel et la clinique. Puis, si elle passait tous les examens avec succès, elle serait inséminée. L'argent serait versé neuf mois plus tard, après l'accouchement.

Dix mille dollars lui ouvriraient enfin la porte de la liberté !

Diane étudia le contrat : « Attendu que le père naturel est un individu marié âgé de plus de dix-huit ans désireux d'engendrer un enfant qui lui soit biologiquement apparenté ; attendu que la mère porteuse est âgée de plus de dix-huit ans et désireuse de prendre part à la procédure... les parties acceptent mutuellement les conditions suivantes... »

Et ce n'était que la première clause ! Le contrat comportait huit pages et abondait en clauses protégeant la vie privée du père naturel et celle de la mère porteuse. Chaque éventualité avait été envisagée. En plus des dix mille dollars, Diane bénéficierait de la gratuité du logement, des transports et des soins médicaux.

Elle signa sa copie du contrat d'une arabesque. Steve et elle avaient rendez-vous avec un psychiatre du Kentucky le 9 décembre.

Le psychiatre émit de sérieuses réserves au sujet de Diane.

« Il existe d'importants troubles névrotiques, à la fois dans le couple et dans l'adaptation de cette femme à la vie, écrivit-il dans son rapport. Cela ne l'empêchera pas nécessairement d'être une mère porteuse, mais j'aimerais un rapport psychologique plus complet. »

Il y eut une deuxième entrevue avec un psychologue pour déterminer si Diane avait effectivement la permission de son mari pour la procédure d'insémination. Steve parut sincère dans son approbation du projet, bien que des tensions se soient fait jour.

Vint ensuite le barrage des tests psychologiques destinés à un examen approfondi.

Diane dut subir une dizaine de tests. Les tests de QI la classèrent dans la « catégorie supérieure ». Toutefois, de petits drapeaux rouges marquaient les autres tests. La jeune femme n'obtint pas les meilleurs résultats dans les exercices où elle devait démontrer un raisonnement de cause à effet, faire preuve d'une attention soutenue et élaborer des idées.

« Ces résultats sont compatibles avec des troubles psychopathologiques importants, mais n'en sont pas la preuve », conclut le psychologue.

Apparemment, Diane s'en tenait à la perception du monde qui l'entourait. Ses résultats pouvaient être les premiers signaux de l'existence d'une psychose, à moins que ce ne soient les bizarreries d'une forte personnalité.

Diane parla de ses parents et de ses enfants, et le psychologue écrivit : « Les parents sont décrits comme des personnes strictes et distantes qui n'ont pas montré beaucoup d'affection envers leurs enfants. Mme Downs prétend qu'à l'âge de douze ans, elle fut agressée sexuellement par son père. (Elle dit n'éprouver aucun intérêt pour le sexe depuis ; ce problème continue à ravager son mariage.) Le dernier enfant du couple serait le résultat d'une sélection effectuée par Mme Downs sur cinq hommes jeunes et "laids". Ses réponses sont cohérentes et en rapport avec les questions. Elle parle de manière assez tendue, mais avec un certain contrôle, caractérisé par un air de gaieté forcée. Mme Downs est prolixe, immature et se dénigre souvent. »

Pourquoi Diane raconta-t-elle au psychologue l'histoire des « cinq hommes jeunes et laids » ? Cela reste un mystère. Elle ne l'a jamais racontée à personne d'autre. Mais elle s'était lancée, comme souvent, dans un flot de paroles ininterrompu – lâchant tout ce qu'elle avait caché avec tant de soin dans le formulaire de présélection. Le spécialiste était perplexe.

Il détecta des problèmes psychologiques importants, mais il eut beau faire, il ne put les cataloguer. Diane Downs était un cas unique. Elle ne pouvait être mise ni dans la catégorie des gens normaux, ni dans celle des perturbés.

« Le schéma névrotique n'est pas présent de manière caractéristique. Certains individus font fréquemment preuve d'autodépréciation et sont perçus comme vulnérables, dépourvus d'un système de défense social normal. Mme Downs a peu d'aptitude à exprimer la colère de manière modulée et tend à manquer de contrôle comportemental. En dépit d'une assurance de façade, elle a tendance à être timide, craintive et réservée. »

Le psychologue du Kentucky trouva Diane déprimée et inquiète parce qu'elle n'éprouvait pas de plaisir sexuel et parce qu'elle avait l'impression de ne jamais rien faire correctement. Il crut comprendre pourquoi elle désirait être une mère porteuse.

Pour elle, devenir une mère porteuse a plusieurs motivations. Ce serait l'occasion d'offrir à son mari un « cadeau » qui détournerait l'attention d'un mariage instable où Mme Downs a le sentiment de ne pas être, au sens large, capable de fonctionner de manière adéquate. Elle se réjouit à l'avance d'être libérée de ses obligations sexuelles et sociales pendant sa grossesse. Elle s'imagine obtenir un sursis dans de nombreux domaines de sa vie sociale et personnelle qui lui ont laissé un sentiment d'incapacité, d'insuffisance, d'anxiété et d'inadéquation.

Diane avait besoin de prendre du recul par rapport à sa vie, elle voulait se sentir en sécurité, sereine. Elle voulait faire quelque chose que les gens admireraient. Un objectif somme toute répandu, mais qui, chez elle, prenait des proportions inquiétantes.

Être une mère porteuse, c'était son billet pour sortir de la médiocrité.

Ni Diane ni Steve ne virent les résultats des tests. Diane supposa qu'elle avait franchi la première barrière. Elle était convaincue qu'elle avait impressionné le psychologue. Après une vie entière passée à se sentir laide, elle se croyait jolie à présent. Elle avait beaucoup souri, beaucoup ri. Elle s'était envolée pratiquement en haut de l'échelle de QI.

Que pouvaient-ils vouloir de plus ?

Deux semaines plus tard, Diane et Steve célébrèrent leur dernier Noël ensemble. Noël 1980.

– Steve aimait les cadeaux coûteux. Je n'avais pas les moyens de lui offrir une voiture, mais je savais qu'il aimait les armes à feu.

L'année précédente, Diane avait offert à Steve un fusil de calibre 22 Glenfield. Cette année-là, elle lui fit cadeau d'un revolver de calibre 38.

Au cours de la première semaine de février 1981, Diane fut examinée par un psychiatre de Phoenix sur la demande de la clinique de Louisville. Il leur fallait absolument un rapport psychologique satisfaisant avant de pouvoir envisager la première insémination. Les résultats de cet examen d'une heure et demie furent similaires aux rapports des psychologues du Kentucky. Le psychiatre de l'Arizona avait perçu que Diane pouvait supprimer ses émotions à volonté comme on éteint la lumière avec un interrupteur.

« Le sujet est une personne très séduisante... très intelligente... parlant un peu trop – très impatiente de participer au programme. Néanmoins, son affect semble très superficiel... Elle a pardonné à son père, même s'ils n'ont jamais parlé de leur "secret". Elle utilise les mécanismes défensifs du refoulement et de la rationalisation. À certains moments, elle semble capable d'isoler totalement son affect. »

Ce médecin était le deuxième à mentionner une profonde déficience chez Diane, un trouble de la personnalité. D'un autre côté, il suggéra que sa participation au programme pourrait lui fournir l'occasion d'expier sa culpabilité d'avoir avorté cinq ans plus tôt.

Aucun psychologue ou psychiatre ne détecta ses « absences ». Pas plus qu'ils ne reconnurent son ambition démesurée.

Diane fut sélectionnée.

Si elle passa de justesse les tests de stabilité émotionnelle, elle excella aux examens physiques. Sa tension et son pouls étaient parfaits. Ses capacités cardiaque et pulmonaire aussi. Elle était normale.

Venait ensuite l'arbre génétique de sa famille. Vingt-quatre parents : les parents de Wes et ses six frères et sœurs, les parents de Willadene et ses cinq frères et sœurs, Wes et Willadene eux-mêmes, les quatre frères et sœurs de Diane et, pour terminer, Christie, Cheryl et Danny. Pas de tare génétique. Des morts violentes ou accidentelles, oui, mais pas de diabète, ni d'hypertension ou de crises cardiaques. La plupart des noms de la liste étaient suivis de la mention « vivant et en bonne santé ».

Un arbre joyeux et optimiste.

Diane fut acceptée dans le programme des mères porteuses. Elle avait donné naissance à trois enfants parfaits. Bientôt, elle concevrait à nouveau.

Et ensuite elle donnerait l'enfant.

Amour pur.

Diane attendait avec impatience d'être convoquée dans le Kentucky. Christie, Cheryl et Danny étaient confiés à des babysitters la plupart du temps. Russ Phillips en profita pour garder Danny le plus souvent possible. Diane instaura certaines règles. Russ ne devait pas sortir avec d'autres femmes, ni boire d'alcool. Elle laissa entendre qu'elle pourrait changer d'avis un jour et décider de l'épouser.

En entendant les « règles de Diane », une des colocataires de Russ grimaça. Mais elle était moins désolée pour Russ qu'elle ne l'était pour les enfants. Surtout pour Cheryl.

– Diane faisait tout passer avant les enfants. Si Danny réclamait un peu d'attention, elle le repoussait... mais le pire... une fois, j'ai surpris Cheryl en train de sauter sur le lit et je lui ai dit que ce n'était pas permis. Je l'ai fait asseoir sur une chaise et lui ai demandé d'y réfléchir. Cheryl est restée sagement assise pendant un moment puis a levé les yeux vers moi. « Tu as un pistolet ici ? – Bien sûr que non. Pourquoi ? – Je veux me tuer. Ma maman dit que je suis méchante. »

Lorsqu'il n'y avait pas de volontaire pour garder les enfants, Diane les laissait seuls à la maison. Christie avait six ans, Cheryl cinq et Danny quinze mois. Christie assumait ses responsabilités. Bien trop mûre pour son âge, elle protégeait sa petite sœur et son frère encore bébé.

Le mariage des Downs vola finalement en éclats.

– Steve avait l'habitude de mémoriser les numéros de téléphone, explique Diane en décrivant leur scène de rupture. Mais un jour, j'ai vidé les poches de son pantalon pour le laver et j'ai trouvé un papier chiffonné portant un numéro et une adresse. Ce soir-là après le travail, je lui ai tendu le papier en disant. « Je veux divorcer maintenant. » Il a répondu : « D'accord. »

Diane ne fut jamais à court d'amants. Elle passait d'un homme à l'autre facilement. Elle ne leur permit jamais de la faire souffrir. Ils comptaient peu pour elle. Aucun homme ne s'était donné la peine de chercher à savoir ce qui la rendrait heureuse ; ils se contentaient de prendre ce qu'*ils* voulaient.

Il est intéressant de se demander pourquoi Diane recherchait la compagnie des hommes. Elle avait dit à plusieurs psychologues qu'elle n'était pas portée sur le sexe, qu'elle en avait horreur. Diane a pu chercher le plaisir sensuel sans investissement émotionnel. Ou bien elle a pu aimer le sentiment de pouvoir sur les hommes que lui donnait la sexualité.

Son besoin d'hommes a pu être aussi purement matériel. Steve annonça à Diane qu'elle devait lui racheter sa part de la maison, soit cinq mille dollars. Mack Richmond, trente-quatre ans, qui était également facteur au bureau de poste de Chandler, fut séduit par la pétillante et aguichante Diane. Son mariage battait de l'aile, et il se sentait seul. Mack prêta les cinq mille dollars à Diane. Deux semaines après le départ de Steve, Mack et ses filles – neuf et onze ans – emménagèrent chez elle.

Cette première liaison ne dura que le temps d'un été, celui de 1981. Mack aimait les enfants de Diane, mais il n'appréciait guère les visites fréquentes de Steve, ni la discipline de son amie.

– Ses gosses semblaient... la faire chier... elle pensait que les enfants étaient des êtres inférieurs, ils n'avaient même pas le droit de pénétrer dans le salon.

Pire, Diane interpellait Christie, Cheryl et Danny par des noms vulgaires et avilissants. Lorsqu'elle commença à agir de même avec ses filles à lui, Mack commença à lorgner la porte.

Elle lui faisait un peu peur. À la maison, elle avait une attitude complètement différente de celle qu'elle adoptait au travail. Diane était un paradoxe qui lisait la Bible tous les soirs, lui citant des passages des Écritures, et une minute après, au lit, elle se transformait en tigresse. (Elle laboura de ses ongles le dos de Mack à trois reprises.).

Ses coups de griffes n'étaient pas exclusivement réservés à la chambre. Ils se disputèrent dans un bar et Diane se tourna vers lui, les yeux assassins. Elle le griffa aux deux bras en sifflant entre ses dents : « *Personne ne me dit ce que je dois faire.* »

Mack partit à l'automne – sans ses cinq mille dollars.

Diane éclate de rire quand elle se souvient de lui :

– Mack édictait beaucoup de règles... Je ne devais pas me faire couper les cheveux ; je ne devais pas grossir – ce qui voulait dire que je ne pouvais pas être une mère porteuse.

Diane avait travaillé dans l'équipe du matin au cours de l'été 1981, de 5 heures à 14 heures. Les enfants étaient alors laissés à une baby-sitter ou à Russ. Lorsque septembre arriva, Danny fut inscrit à la crèche. Christie était à l'école toute la journée. Cheryl était à la maternelle le matin, mais lorsqu'elle rentrait à 11 h 30, elle se retrouvait seule.

Cheryl restait assise sur les marches de la maison fermée à clé pour attendre sa mère qui arriverait quelques heures plus tard. En Arizona, elle ne risquait pas d'attraper froid, mais elle avait besoin d'aller aux toilettes et elle avait faim.

Mary Ward vivait deux maisons plus loin. Elle avait remarqué cette petite fille qui semblait sans surveillance. Cheryl devint une habituée de la maison de Mary, qui lui donnait à manger et la laissait jouer avec ses propres enfants jusqu'au retour de sa mère. Mary se promettait chaque jour de dire quelque chose mais repoussait la confrontation. Elle n'avait jamais rencontré Diane. Au cours de la première semaine de septembre, Mary se rendit compte qu'elle n'avait pas vu la factrice blonde depuis plusieurs jours.

En ce mois de septembre 1981, Diane alla dans le Kentucky, à Louisville. Dans le bureau du Dr Richard Levin, Diane fut inséminée avec le sperme d'un homme connu sous le seul nom de « père naturel ».

Elle ne vit pas l'homme dont la semence fut introduite dans son utérus à l'aide d'une seringue.

La procédure d'insémination ne dura que vingt minutes. Diane conçut immédiatement. Elle savait que ce serait le cas. Sûre de sa fécondité, en rentrant en avion à Chandler, elle triomphait.

Elle était enceinte.

12

Diane Downs était probablement aussi heureuse qu'il lui était possible de l'être, en cet automne 1981. Distribuer le courrier était le meilleur emploi qu'elle eût jamais occupé, même si elle le considérait uniquement comme un tremplin. Elle vivait dans une maison superbe. Et Steve n'était pas là. Il n'y avait qu'elle, Christie, Cher et Danny. Pas d'homme pour lui donner des ordres.

Elle se sentait si bien enceinte. Ses yeux brillaient, son teint rayonnait. Elle savait qu'elle était plus attirante que jamais. Elle flirta avec ses collègues de travail. Le bébé n'était encore qu'un minuscule embryon dans son ventre, trop petit. pour être visible, mais elle se l'imaginait, douillettement niché là – pas une « petite boule de matière visqueuse », comme elle l'avait pensé autrefois, mais un être vivant, une entité qui grandissait.

Quelque part en Amérique, deux personnes attendaient avec elle, transportées de joie comme elle. Elle ne pouvait pas remplacer Carrie, mais elle allait mettre au monde une autre vie. Et sans supporter ensuite le cirque des couches, des coliques, des biberons....

Seulement du bonheur. Seulement des louanges.

– Mon attitude était très idéaliste, se souvient Diane. Mais au fur et à mesure que les mois passaient, je m'attachais de plus en plus au futur enfant. Pourrais-je l'abandonner ?

Mary Ward s'inquiétait pour Cheryl et écrivit une lettre à Diane, expliquant qu'il était dangereux pour la fillette de rester seule, surtout depuis qu'il y avait eu plusieurs cambriolages dans le quartier.

En colère, Diane marcha d'un pas raide vers la maison de Mary. Sa tournée incluait le quartier, expliqua-t-elle, et elle passait chez elle pour voir si Cheryl allait bien. Elle n'était pas une enfant abandonnée.

Cheryl resta silencieusement à côté de sa mère, son petit visage plissé de rides inquiètes. Mary fut horrifiée lorsque Diane se tourna vers Cheryl et lui dit d'une voix véhémente : « Tu es une méchante petite fille ! Si tu n'obéis pas à maman, tu mérites d'être tuée. »

Les deux femmes continuèrent à parler et Diane se calma. Elles conclurent un marché. Mary s'occuperait des trois enfants de Diane. Après cette première conversation, les deux voisines bavardèrent souvent ensemble. Diane reconnut qu'elle avait malmené ses enfants mais, disait-elle, elle avait cessé de crier et de les bousculer. Mary n'était pas convaincue que ce fût terminé. Christie était bien trop mûre pour son âge, Cheryl semblait privée d'amour, et si déprimée pour une enfant... Seul Danny riait souvent.

Un soir, Mary était dans la cour devant la maison avec Cheryl et ses propres enfants lorsque son mari arriva.

– J'ai vu John tourner dans l'allée et j'ai dû empêcher les enfants de courir devant la voiture. Cheryl est partie comme une flèche et John a bien failli la heurter. Quand je lui ai demandé pourquoi elle s'était précipitée comme ça, elle a répondu : « Ça n'a pas d'importance. Tout le monde s'en fout... »

Diane, pourtant, se souvient que les enfants s'étaient bien amusés, en cet automne 1981. Et elle aussi.

– J'étais aussi gamine qu'eux. Je les portais, je les serrais dans mes bras, je les emmenais manger une pizza.

Steve Downs était la seule tache dans ce monde parfait. Il continuait à rendre visite aux enfants et Diane se mit à prétendre qu'il constituait une menace pour sa vie.

– Steve est venu à la maison, au mois de novembre. J'étais enceinte et allongée sur le canapé, je lui tournais le dos. J'ai entendu un déclic. Je me suis retournée et il avait... un revolver pointé sur ma *tête* !

Elle affirme que Steve sourit et appuya sur la détente. Il n'y eut que le son creux d'un autre déclic ; l'arme n'était pas chargée.

La liaison de Diane avec Tim Lowry commença au cours du mois d'octobre, lorsqu'elle l'invita chez elle pour déjeuner.

– Je pensais qu'on allait juste manger et bavarder, dit-il, mais elle est venue s'asseoir sur le canapé à côté de moi et s'est mise à m'embrasser. On s'est retrouvés au lit.

Il devait être le deuxième d'une série d'hommes mariés avec qui elle travaillait au bureau de poste.

Tim remarqua vite que Diane avait terriblement besoin d'attention.

— Steve m'a dit une fois qu'elle cherchait juste de l'amour et peut-être qu'il avait raison... Beaucoup de gens à la poste pensaient qu'elle était une traînée. Je ne sais pas...

Diane poursuivait son chemin. Les hommes mariés, et donc interdits, étaient une drogue pour elle ; ils lui donnaient un sentiment de puissance.

— Je les ai tous aimés... Je ne couche pas avec les gens, je les *aime*. Je n'ai couché avec Tim que deux fois, et avec Watt Neff une seule. Les autres étaient des amis.

Mais avec Lew, tout fut différent.

Diane passa des transports de joie du début de sa grossesse de mère porteuse à une période d'extrême dépression. Elle travaillait à plein temps, elle portait un bébé pour une autre femme, elle vivait pour la première fois la vie de mère célibataire ; et ses enfants furent malades tout l'hiver. Cheryl et Danny enchaînaient une maladie après l'autre. Danny eut quatre angines en trois mois, avec de très fortes fièvres. Cheryl souffrait de graves saignements de nez.

Mary Ward n'était pas la seule dans le voisinage à s'inquiéter pour les enfants Downs. Dan Sullivan, qui vivait trois maisons plus loin, dans Palomino Street, les considérait comme « émotionnellement affamés ». Sullivan vit souvent les enfants jouer dehors pieds nus, sans manteau. Et ils avaient faim.

— Cheryl venait à la maison le soir et demandait ce que nous avions mangé pour dîner. Elle n'avait pas mangé, elle voulait un sandwich. Les Sullivan nourrirent Cheryl et envisagèrent même de l'adopter. Diane Downs et ses enfants menaient une drôle d'existence. Le bébé dans son ventre ne souffrait de rien, flottant en toute sécurité dans le liquide amniotique, bercé par les battements du cœur de sa mère.

Les enfants qu'elle avait déjà mis au monde ne se portaient pas aussi bien. Les saignements de nez de Cheryl pourraient bien avoir été causés par la malnutrition. Quant aux angines de Danny, elles avaient sûrement été favorisées par les séjours dehors, pieds nus et sans manteau, en plein mois de novembre.

Ils étaient nourris de fast-foods : pizzas, tacos, hamburgers. Christie préparait des tartines au beurre de cacahuètes.

Diane n'avait pas de temps à leur consacrer. Elle se délectait de flirts enivrants, de taquineries, de la manière dont les hommes lui faisaient l'amour. Elle n'avait pas à avoir peur de tomber enceinte. Elle était *déjà* enceinte !

Mais elle n'avait pas conscience de la manière dont elle traitait ses enfants. Elle parle de Christie, Cheryl, Danny et elle comme des quatre mousquetaires, unis contre le monde entier. Elle se souvient des merveilleux moments qu'ils ont passés ensemble. Elle est invariablement la maman adorée entourée de ses adorables enfants.

Karl Gamersfelder – Gami –, son chef de service au bureau de poste de Chandler, se souvient d'une conversation avec Diane juste avant Noël 1981. Elle était inquiète parce que la veille, elle avait « frappé les enfants bien plus fort qu'elle ne l'avait jamais fait ». Il lui conseilla d'aller voir une assistante sociale.

Elle s'en abstint.

La grossesse de Diane commença à être apparente au début de l'année 1982. Certains de ses collègues n'approuvaient pas cette idée issue du *Meilleur des mondes* qui la transformait en « usine à bébés », mais ils devaient reconnaître que Diane était devenue très gaie. Comme si elle avait soudain découvert l'élixir de bonheur.

C'était le cas.

Diane faisait partie de la vie des parents de son bébé ; elle vivait leur existence par procuration, une existence qu'elle imaginait parfaite et sereine. Elle avait toujours été déçue par sa propre famille. Cette fois, elle faisait partie d'une autre – une famille idéalisée où tout le monde s'aimait. À présent, elle en était même le membre le plus important ; elle portait le bébé qui allait les rendre heureux.

– C'était une affaire de famille. Je leur ai écrit tout au long de ma grossesse – des cartes et des lettres.

Diane ne savait pas qui étaient les parents de son bébé. Elle envoyait ses lettres au bureau de Louisville et on faisait suivre le courrier.

– J'avais une raison d'être. C'est un complexe qui me hante depuis que je suis toute petite. Pourquoi suis-je là ? Uniquement pour que mon papa puisse me gronder ? Pour que mon mari puisse me critiquer ? Uniquement pour prendre soin de mes enfants ? Cette fois, un couple avait besoin de moi. J'ai dit aux parents que le bébé faisait plus pour moi que je ne faisais pour eux.

« Les gens se sont demandé pourquoi je ne regrettais pas d'avoir abandonné le bébé. Il est très facile de répondre à cela. Lorsqu'on tue un enfant, lorsqu'on subit un avortement, on détruit quelque chose. On assassine quelqu'un – c'est cruel, c'est horrible. Mais lorsqu'on fait quelque chose par amour, lorsqu'on porte un enfant pour d'autres et qu'on leur confie cette vie pour qu'ils s'en occupent, on n'a rien fait de mal, et il n'y a rien à regretter. C'est bien.

Plus tard, Diane parlera de ces neuf mois de grossesse comme de la période la plus stable de sa vie. Ses idées ont été recueillies dans une interview donnée à Elizabeth Beaumiller, du *Washington Post*, en mars 1982. La journaliste avait sélectionné trois mères porteuses pour un article intitulé « Des mères pour les autres ». Diane fut très excitée à l'idée que cela commençait déjà. La *célébrité*. Sa photo sur deux colonnes dans un journal à gros tirage. Le cliché qui accompagnait l'article montrait une jolie blonde au ventre rond qui regardait l'objectif avec l'assurance et l'aplomb tranquilles d'une princesse.

Le bébé était attendu pour le 10 mai 1982.

Comme la date approchait, Diane envoya à l'autre « future maman » une carte humoristique avec un papoose emmailloté qui souriait et disait : *Coucou !*

Diane écrivit :

> *J'ai cherché une carte de fête des Mères pour la future maman, mais je n'en ai pas trouvé. J'ai vu celle-ci et je n'ai pas pu résister. Je dois donc le dire avec mes propres mots : Joyeuse fête des Mères – pour la future maman. J'espère que cette journée sera pleine de joie pour vous en attendant le nouveau-né.*
>
> *Je me sens beaucoup mieux maintenant et je suis de plus en plus impatiente de venir dans le Kentucky. J'arriverai le soir du 10 mai, je verrai donc probablement le Dr Levin le 11. Il est difficile de croire que ce jour tant attendu est si proche. Le temps a passé si vite.*
>
> *Je sais que vous serez dans la salle d'accouchement, mais*

peut-être que vous et votre mari pourriez passer dans la salle de travail pour bavarder un peu... Je voulais que vous sachiez que cela me ferait plaisir si vous en avez envie. À bientôt.

Amitiés,
Votre Diane,
(et un bébé qui s'agite)

Diane était seule dans la chaleur printanière de Chandler. Willadene prendrait soin de ses filles pendant six semaines. Steve s'occupait de Danny.

Les visites de Diane à son gynécologue d'Arizona indiquaient que le bébé pourrait arriver en avance. Elle prit l'avion vers l'est la première semaine de mai – presque deux ans, jour pour jour, après avoir écrit sa première lettre à la clinique.

Diane fut admise à l'hôpital Audubon le 7 mai 1982. De la fenêtre de sa chambre, elle pouvait admirer le centre historique, ses vieux immeubles étroits aux façades chantournées ornées de corniches, peintes ou en brique, habillées d'ouvrages en fer forgé.

C'était comme un carnaval magique ; la princesse y était venue pour donner naissance à l'enfant merveilleux. Louisville l'accueillait avec des fleurs et des lumières.

Juste avant minuit, Diane fut amenée dans la salle d'accouchement. Là, serrant la main de « l'autre mère », elle donna naissance à une petite fille. Les larmes roulant sur ses joues, Diane tint le bébé un instant, puis le plaça dans les bras de la mère qui allait l'élever.

– J'ai regardé le bébé entre mes genoux, là, en bas, et ma première pensée a été pour la mère. En larmes, elle ne me lâchait pas la main. Elle ne cessait de répéter le même mot : « Merci. » Ils ont mis le bébé dans un berceau transparent. J'ai pensé : « Et si je le regrettais ? » Je me suis dit : « Non, il n'est pas à moi. Je ne vais pas me rendre malade en croyant que j'abandonne un enfant. »

Pour la première fois, Diane vit le visage de l'homme dont le sperme s'était uni à son ovule pour former un bébé. Il n'était pas beau comme une star de cinéma. C'était juste un homme. Diane le décrit comme étant « oh ! ordinaire... pas quelqu'un sur qui je me serais retournée dans la rue... mais je dois admettre que j'étais très curieuse ».

Diane et les parents discutèrent pendant des heures après la naissance. Elle n'avait jamais vécu une telle euphorie.

Trois jours plus tard, Diane demanda à voir la petite fille encore une fois avant de quitter l'hôpital. Elle monta à la nursery accompagnée des nouveaux parents qui cachaient mal leur appréhension. Diane regarda en silence son quatrième enfant vivant en se demandant si c'était Carrie, ramenée des limbes où elle était partie. Non. Le bébé était le portrait de son père. Elle avait les yeux sombres et des cheveux noirs de jais. Elle ne ressemblait pas à Christie, ni à Cheryl, pas plus qu'à Danny.

Diane décida que ce n'était pas Carrie.

L'infirmière en chef avait montré une certaine réticence lorsque Diane avait demandé à voir le bébé, mais elle n'avait aucun droit de l'en empêcher. Elle ne s'éloignait pas, nerveuse elle aussi, tandis qu'elle regardait Diane bercer le nourrisson.

– J'avais encore des droits en tant que mère. Dans le Kentucky, cela dure cinq jours, explique-t-elle en souriant. L'enfant était donc encore à moi.

Diane abandonnerait-elle ce bébé ? Les psychiatres avaient émis des réserves, craignant que le tempérament extraverti, voire névrotique, de cette femme l'empêche, au dernier moment, de donner l'enfant né de ses entrailles.

Cinq jours passèrent...

Diane honora son contrat. Elle signa tous les papiers qui lui furent présentés et reçut ses dix mille dollars d'honoraires. Elle s'envola pour l'Arizona en laissant derrière elle sa fille aux cheveux noirs.

Mais elle enfreignit immédiatement une des règles. Elle acheta une layette coûteuse pour le nouveau-né et l'expédia à l'adresse supposée des parents légaux. Le colis lui fut retourné avec la mention : « N'habite plus à cette adresse. Nouvelle adresse inconnue. »

Diane ne montra aucun signe de dépression postnatale, aucun chagrin d'avoir abandonné son enfant. Elle ne ressentait que joie et bien-être.

Elle attendait avec impatience la prochaine insémination.

13

La réussite n'est jamais totale. Il y a généralement une réaction de souffrance chez les femmes que je suis. Jusqu'ici, il n'y a jamais eu de grave réaction d'ordre psychiatrique lorsqu'une femme a abandonné un bébé. C'est-à-dire qu'aucune ne s'est retrouvée dans un hôpital psychiatrique, mais ce n'est qu'une question de temps.

Philip PARKER, psychiatre, sur les mères porteuses

Diane retourna travailler en Arizona trois semaines après avoir accouché. On était en juin, en plein été. Elle avait retrouvé sa ligne et se sentait merveilleusement bien.

Elle décida de reprendre les filles et d'aller chercher Danny chez Steve. Elle revendit la maison de Palomino Street à Steve. Elle venait de recevoir dix mille dollars en paiement pour le bébé, mais elle en devait toujours cinq mille à Mack. Elle utilisa le reste de l'argent pour partir en vacances et verser un acompte sur un bungalow à Chandler. Les murs sable se fondaient avec le désert, qui commençait juste au-delà de la splendeur du Sunshine Valley Trailer Park, au 1850, South Arizona Avenue. Lorsque ses deux parties furent emboîtées, la maison modulable de Diane était d'une taille correcte.

Tout, à l'intérieur, était neuf – et acheté à crédit. Les meubles de la salle à manger étaient lourds, mélange de bois et de vinyle, avec des coussins écossais marron et beige. Elle accrocha des rideaux d'organdi blanc aux fenêtres de la cuisine et planta des bougainvilliers rouges qui grimperaient le long des murs extérieurs.

Les quatre mousquetaires étaient enfermés à l'intérieur. Diane se souvient de leurs jeux dans la fraîche atmosphère de l'air conditionné. Dehors, la chaleur était implacable et le ciel sans nuages.

Pas de nuages non plus dans la vie de Diane. Le bungalow supprima la pression des lourdes traites de la maison. Tout sentait le neuf et le propre, renforçant l'illusion d'un nouveau départ.

Mais elle frappa aux mauvaises portes.

– Je voulais faire des études de médecine... Mon père m'a suggéré de suivre les cours d'été pour voir si j'avais vraiment envie de me lancer. J'y suis allée deux soirs par semaine, de 19 heures à 21 heures. Steve s'occupait des enfants.

Diane prit des cours de maths et de littérature pour commencer. Cela faisait un moment qu'elle n'allait plus à l'école et elle avait besoin de se remettre dans le bain. Les cours de littérature consistaient surtout en compositions. Elle écrivit sur plusieurs sujets : la libération des femmes ; son aversion pour les « règles idiotes » ; et un long essai sur les enfants maltraités.

La rédaction de Diane sur les « règles idiotes » l'aida à extérioriser sa colère.

Elle se montra particulièrement virulente contre le nouveau règlement du bureau de poste :

« Leur dernière idée est une idiotie pure et simple : "Après avoir pointé à la fin de son travail, l'employé doit immédiatement quitter le bâtiment." On ne peut même pas aller dans la salle du personnel pour bavarder. Je respecte la règle du silence pendant les heures de travail, mais pourquoi nous chasser dehors pour parler ? »

La vie sociale de Diane tournait entièrement autour de ses collègues et elle attendait avec impatience le moment de prendre un café avec eux après le travail. La nouvelle réglementation les obligeait à sortir sous le soleil de plomb de l'Arizona, et les conversations en étaient réduites à leur plus simple expression.

Diane désirait désespérément tisser des liens avec d'autres êtres humains. Elle voulait tant de choses ! Des amis. Des loisirs. Des amants.

Diane décrivit ses sentiments envers les hommes, au cours de cet été de 1982, comme des « flirts et du badinage ». En vérité, son comportement frisait la nymphomanie. Elle chercha à séduire tous les hommes du bureau de poste de Chandler.

Elle attirait par sa disponibilité, ses manières de femme soumise et facile, mais la relation s'effondrait dès que commençait l'intimité et que sa façade complaisante se craquelait. Les hommes, qui s'attendaient à trouver une femme gaie et pétillante, se décourageaient quand ils découvraient une dominatrice qui les griffait au sang.

Le bureau de poste de Chandler est un bâtiment carré au toit plat, en stuc, brique et pierre. Il est ombragé par des palmiers dattiers et des jacarandas. Une centaine d'employés y travaillent, dont bon nombre sont des hommes entre vingt-cinq et quarante-cinq ans.

Des policiers ont longuement interrogé les hommes qui ont traversé la vie de Diane. Elle choisissait des « types sympas », grands, généralement barbus, séduisants, mais pas exceptionnellement beaux. Les amants de Diane étaient pleins de vie, dignes de confiance et simples. Et, à une exception près, ils étaient tous mariés.

Un des flirts de Diane cet été-là fut Cal Powell, un jeune homme de vingt-huit ans, diplômé en sciences du comportement. Diane fit le premier pas (et les autres). Elle alla chez lui sous prétexte de lui demander conseil pour ses études, lui confiant également qu'elle se sentait seule et n'avait personne à qui parler. Ils fixèrent un rendez-vous.

Powell fut un peu surpris de voir Christie, Cheryl et Danny lorsqu'il arriva – mais Diane ne tarda pas à les emmener chez une voisine.

Elle lui exposa ensuite son projet de commencer des études de médecine. Elle se demandait combien de cours elle pourrait suivre à la fois, comment elle pourrait obtenir ses certificats de manière à décrocher le diplôme le plus rapidement possible.

Puis Diane passa à l'attaque et Powell ne la repoussa pas. Ils allèrent dans la chambre ; là, Powell découvrit que Diane était sauvage – et dangereuse. Elle lui laboura le dos et les fesses, laissant sur sa peau des marques sanglantes. Il demanda grâce, elle s'arrêta un instant, avant de recommencer.

– Ça m'a rendu furieux... Je me suis rhabillé... Elle a éclaté de rire et a dit : « Oh ! encore un mec qui n'aime pas les marques ? »

Diane lui avait parlé des tests qu'elle avait passés avant d'être acceptée comme mère porteuse.

– On lui a dit qu'elle était intelligente mais à la limite de la psychose. Elle trouvait ça drôle... J'ai eu l'impression qu'elle en voulait aux hommes, qu'elle voulait les castrer.

Diane travailla ensuite avec Jack Lenta et Lew Lewiston. Le trio de facteurs se vantait d'être le plus rapide de Chandler.

Au début, Diane fut attirée par Jack Lenta.

— Cela faisait quatre mois que je travaillais là quand elle s'est avancée vers moi et m'a dit : « Je veux coucher avec toi », se souvient Lenta. Ça m'a fait tout drôle... On est sortis ensemble un mois après.

Sous sa gaieté, Lenta trouva Diane « très déprimée, très seule ». Elle aurait voulu retrouver un mari en rentrant du travail. Vu qu'il n'avait pas l'intention de quitter sa femme, il s'esquiva.

Il fut aussi passablement déconcerté par le désir de domination sexuelle de son amante.

— Elle était active. Elle n'avait pas la moindre inhibition ; tout ce qu'elle voulait, elle le demandait. Au bout de trois semaines, j'ai dit à Diane qu'on ne pouvait plus continuer. Elle a juste répondu : « D'accord. Je crois que je vais essayer Lew. »

14

À 8 heures du matin, le lundi 23 mai 1983, Fred Hugi, épuisé, prit place dans le bureau de Louis Hince et se mit à lire à haute voix le cahier à spirale de Diane.

Mon cher Lew adoré,
Que s'est-il passé ? Je suis si déroutée. Qu'a-t-elle bien pu te dire pour te faire agir de la sorte ? Je t'ai parlé ce matin pour la dernière fois. Cela m'a brisé le cœur de t'entendre dire : « N'appelle pas et n'écris pas... » Je pense toujours à toi comme à mon meilleur ami et mon seul amour, et tu continues à me dire de m'en aller et de me trouver quelqu'un d'autre. Ce n'est pas sérieux...

Hugi avait relu le journal intime de Diane. C'était l'une des dix-sept tâches qu'il s'était imposées ce dimanche. Il était composé entièrement de lettres jamais envoyées.

— C'est le premier texte, daté du 21 avril. Il a dû se passer quelque chose pour déclencher une telle crise. Il ne manque pas un jour jusqu'au 19... jusqu'à la fin.

— Elle ne fait que répéter qu'elle attend que Lew vienne vivre ici avec elle, commenta Tracy d'un air songeur, comme si tout marchait comme sur des roulettes entre eux.

— Mais il s'est passé quelque chose, intervint Alton.

— Il l'a plaquée, paria Welch.

La plupart d'entre eux avaient déjà lu le journal de Diane. Ils l'avaient trouvé excessif, comme écrit par une lycéenne de seize ans folle de son premier béguin.

— D'après ce qu'elle nous a raconté, reprit Welch, Lew était

126

le Messie. Elle l'aime. Il l'aime. Sa femme – Nora – est une salope.

Au tableau noir, Hugi écrivit : *Lew a-t-il pu tirer sur les enfants ? Nora a-t-elle pu tirer sur les enfants ? Steve... ?*

Pouvaient-on affirmer avec précision où ils se trouvaient quatre nuits plus tôt ? Hugi et les inspecteurs brasseraient du vent tant qu'ils n'auraient pas les rapports du labo sur les douilles, les armes et les taches de sang. Le laboratoire était submergé, et les enquêteurs s'impatientaient.

Jim Pex avait trouvé quelque chose d'intéressant. Lorsqu'il avait sorti la Nissan rouge du dépôt du comté pour la mettre au soleil, il avait vu ce qui ne pouvait être détecté qu'à la lumière du jour. Le panneau sous la portière du conducteur était crépi de taches rouge sombre. Les analyses indiquèrent que c'était du sang humain. Pex les identifia comme des éclaboussures faites à très grande vitesse – le sang qui gicle de la blessure vers le canon de l'arme et la main du tireur.

Ces éclaboussures ne pouvaient avoir qu'une seule signification : on avait tiré sur quelqu'un qui se trouvait à l'extérieur de la voiture, presque au niveau du sol. Dans toutes ses déclarations, Diane avait affirmé qu'on avait tiré sur les enfants *à l'intérieur* de la voiture. Peut-être Cheryl était-elle tombée ? Peut-être sa mère avait-elle réussi à la remettre dans la voiture avant que le tireur ne se laisse prendre à la ruse de Diane qui avait fait semblant de jeter les clés ?

Ils en doutaient. À l'unanimité, ils pensèrent l'avoir prise en défaut.

Il n'y avait peut-être pas qu'un seul mensonge.

– Quoi qu'elle dise, je crois que Lew est notre mobile, fit Welch. On la fait parler de Lew et on laisse tomber le reste.

– Peut-être, répondit Hugi. Mais en quoi le fait de tuer ses enfants l'aiderait-il à avoir ce type ? Elle ne ressemble à aucune des femmes que je connais. Elle sait qu'on est après elle, mais si elle a eu peur à un moment donné, c'est bien fini aujourd'hui. Elle n'a plus peur. Elle est allée jusqu'à me défier de l'arrêter.

– Alors arrêtons-la.

Hugi secoua la tête.

– Rapportez-moi des preuves et nous verrons.

Il comptait sur les rapports du labo pour mettre la main sur Diane Downs. Il envisagea à peine l'éventualité que les analyses du labo pourraient appuyer l'innocence de Diane, victime d'un étranger aux cheveux longs bien réel.

Une chose était claire pour Hugi. Une équipe de policiers devrait s'envoler pour l'Arizona. Lew et Nora Lewiston, ainsi qu'un certain nombre d'autres personnes mentionnées dans le journal de Diane ou dans sa conversation, seraient interrogés. Si Lew était aussi merveilleux, et s'il aimait tant Diane, pourquoi n'avait-il pas sauté dans un avion pour venir la consoler ? Il n'avait pas envoyé de fleurs ; il n'avait même pas téléphoné.

Le budget du comté était insuffisant pour deux allers et retours pour Phoenix, sans parler des frais auxquels deux inspecteurs auraient à faire face une fois en Arizona. Mais le procureur Pat Horton avait ordonné de foncer et de lui présenter la facture.

Le shérif Dave Burks donnait également priorité absolue à l'enquête. Ce qui avait été l'affaire n° 83-3268 serait dorénavant le projet n° 100. Toutes les heures supplémentaires y seraient consacrées. Autant le faire pendant qu'on le pouvait encore.

Le vote du 28 juin sur les taxes foncières apporterait les quatre millions neuf cent mille dollars nécessaires pour équilibrer le budget de 1983-1984. Si la motion était repoussée, Burks serait obligé de renvoyer cinquante-six de ses deux cent quarante-huit employés. Les deux services seraient sévèrement handicapés. Un échec aux élections aurait des conséquences désastreuses sur l'enquête Downs.

Les inspecteurs du shérif désiraient toujours une arrestation rapide. Ils craignaient que Diane ne leur échappe. Fred Hugi savait qu'ils détestaient rédiger des rapports et les suspectait de vouloir ramener Diane pieds et poings liés au pare-chocs d'une voiture de patrouille.

Pourtant, ils travaillaient, ravalant leur mécontentement, essayant d'oublier leur frustration.

Cela se passait toujours de la même manière. N'importe où. Pas de guerre ouverte sur le terrain – juste des conflits sournois. Un flic n'aborde pas une enquête criminelle de la même manière qu'un procureur.

Ils trouvèrent néanmoins un terrain d'entente. Deux inspecteurs iraient à Chandler, un de chaque service : Doug Welch du bureau du shérif et Paul Alton comme assistant du procureur. Ils téléphoneraient leur rapport tous les soirs – Alton à Fred Hugi, Welch à Louis Hince ou à Dave Burks – et l'autre écouterait sur un poste secondaire pour s'assurer que les rapports correspondaient.

– Allez-y ! dit Hugi. Et voyez si vous pouvez découvrir qui est réellement Diane Downs.

Six jours après la fusillade, les rapports définitifs du labo n'étaient toujours pas arrivés. Le criminologue Chuck Vaughn consulta quatre compagnies fabriquant des Ruger, comparant les rainures, effectuant plusieurs tirs pour voir s'ils laissaient des résidus visibles sur les tests GSR. Il ne trouva rien qui puisse aider dans un sens ou dans l'autre.

Pour affirmer avec certitude que le Ruger 22 de Downs était l'arme du crime, il aurait fallu le trouver.

Lorsque Hugi n'était pas auprès de Christie et de Danny, il faisait à pied le trajet entre la rivière et le pont, et remontait jusqu'à l'embranchement qui menait chez Heather Plourd. Des possibilités lui venaient à l'esprit, la nuit, lorsqu'il ne pouvait dormir, et il les vérifiait le lendemain.

Un soir, Hugi, Vaughn, Pex, Alton, Pat Horton et Fred Hartstrom se réunirent au laboratoire. Tout en sirotant du café, ils élaborèrent plusieurs théories sur l'endroit où l'arme aurait pu être cachée. Quelqu'un mentionna une grille d'évacuation, près de la centrale électrique, sur les berges de la rivière, au niveau du pont Hayden. Diane avait plusieurs clichés de la rivière qui, à leur avis, avaient été pris de cet endroit

Hugi se dirigea vers son domicile, hésita, puis décida de faire le détour par Marcola Road. Il faisait nuit noire tandis que, plié en deux, il examinait le sol près de la grille. Soudain, il entendit des pas étouffés sur sa gauche. Il se redressa prudemment, le cœur battant. Une large silhouette se profilait à quatre ou cinq mètres.

Existait-il vraiment un étranger aux cheveux longs, et s'était-il arrangé pour le rencontrer, seul sur cette berge glissante au-dessus de la chute ?

La silhouette s'avança vers lui et Hugi posa une main hésitante sur le 45 qu'il portait.

– Hugi !

C'était Fred Hartstrom qui, l'esprit aiguisé par le café tardif et les théories, avait eu la même idée.

Aucun d'eux ne trouva l'arme.

À Springfield, le mercredi 25 mai après-midi, l'enterrement de Cheryl Lynn Downs attira une énorme foule, comprenant de nombreux étrangers venus montrer leur sympathie à la mère endeuillée. Diane déposa une rose unique dans le cercueil de sa fille et vacilla, au bord de l'évanouissement. Elle écrivit plus tard dans son journal qu'elle n'avait jamais vu Cheryl aussi immobile, même lorsqu'elle dormait.

Diane rendait souvent visite à Christie à l'hôpital McKenzie-Willamette, et à Danny au Sacré-Cœur à Eugene. Elle avait détesté Paula Krogdahl au premier regard. Presque du même âge, elles étaient toutes deux très belles et très intelligentes ; là s'arrêtaient les similitudes. Paula s'habillait de tailleurs classiques aux teintes discrètes et roulait dans une vieille voiture de sport blanche. Les ambitions de Diane avaient toujours fini en eau de boudin, tandis que Paula avait pratiquement réalisé les siennes. Elle était le symbole des femmes que Diane avait toujours enviées.

Paula passait deux heures par jour avec Christie, une le matin et une l'après-midi. Au fur et à mesure que la fillette apprenait à faire confiance à Paula, Diane la considérait de plus en plus comme « une sorcière maléfique ». Lorsque Paula apporta sa poupée préférée à l'enfant – une poupée de chiffon aux nattes jaunes –, Diane l'arracha du creux du bras paralysé de sa fille et la jeta sur le parquet ciré, où elle glissa avant d'aller frapper le mur d'un bruit sourd. Paula regarda la scène sans broncher, tandis que Christie luttait pour se redresser, les yeux pleins de terreur, toussotant d'incompréhensibles croassements de protestation.

Diane se tourna brusquement vers Paula, crachant ses mots d'une voix maîtrisée :

– Je n'ai besoin de personne qui vienne s'immiscer dans ma vie avec *mon* enfant !

Judy Patterson, qui travaillait toujours dans les deux hôpitaux, aperçut plusieurs fois Diane qui sortait du Sacré-Cœur après sa visite à Danny.

– Elle n'a jamais semblé me reconnaître, ni même se souvenir que nous nous étions déjà vues. C'est drôle. Elle a apporté une grosse boîte de chocolats pour le personnel – comme le font la plupart des parents pour nous remercier de prendre soin de leurs gosses – mais personne n'y a touché. Ils ont fini par moisir et on les a jetés.

Fred Hugi apprit que Diane recherchait activement l'étranger qui avait tiré sur elle et sur ses enfants, posant des questions dans Springfield.

À Chandler, en Arizona, Doug Welch et Paul Alton avaient pensé être de retour au bout de trois ou quatre jours.

– Mais chaque personne à qui nous parlions nous indiquait trois ou quatre autres noms, se souvient Welch. Cela se développait comme une toile d'araignée. Nous sommes restés là-bas neuf jours.

En Oregon, la fin du mois de mai annonce timidement l'été ; à Chandler, la chaleur était déjà accablante. Paul Alton et Doug Welch eurent l'impression d'être précipités dans un four.

La première entrevue était la plus importante : Lewis Stanton Lewiston – un bon suspect dans la fusillade, soit comme tireur, soit comme complice. Ils le reconnurent : c'était l'homme des photos posées sur la télévision chez Diane. *Lew*. Un homme grand aux épaules larges, trente-cinq ans environ, une coupe de cheveux quasi militaire, des yeux marron foncé, une barbe soignée. Lorsqu'il parla, ce fut avec l'accent du Texas.

Doug Welch et Paul Alton étaient impatients d'entendre ce que Lewiston avait à dire. Ils furent moins pressés de poser leurs questions lorsqu'ils virent que Nora Lewiston avait accompagné son mari. Bon sang ! Comment peut-on demander des détails intimes sur sa maîtresse à un homme assis à côté de sa femme ?

Welch suggéra que Nora attende un moment à l'extérieur.

Lew secoua la tête.

– Elle reste. Elle est au courant de *tout*.

Nora Lewiston s'avéra être une femme des plus pragmatique. Elle savait que son mari avait eu une liaison avec Diane Downs et elle avait pardonné. Elle aida Lew grâce à sa mémoire des dates, des heures et des lieux. Les inspecteurs comprirent vite qu'ils pouvaient compter sur les souvenirs de Nora. Elle était jolie, menue et blonde, et ne ressemblait aucunement à la caricature de la femme trompée.

Les Lewiston étaient francs et très ouverts.

Ils s'étaient mariés en septembre 1979 au Texas, où Lew était facteur. C'était un deuxième mariage pour tous les deux. Nora était originaire de Chandler ; ayant le mal du pays, elle persuada Lew de venir s'installer en Arizona. Puis il y eut des tensions dans le couple. Lew s'absorba dans l'examen de la pointe de ses bottes.

131

– Je n'avais pas vraiment envie de venir à Chandler. J'aime le Texas ; j'aimais bien mon boulot là-bas. Je regrettais d'avoir déménagé, mais c'était plus ou moins inconscient ; je ne me rendais pas compte à quel point cela me déplaisait.

– Les choses n'allaient pas très bien pour nous, reprit Nora après avoir hoché la tête plusieurs fois. Notre mariage battait de l'aile au moment où Diane est entrée dans notre vie – surtout à cause de l'argent. Les traites de la maison avaient augmenté et Lew avait trouvé un terrain qu'il voulait acquérir. Il coûtait vingt-trois mille dollars, ce qui voulait dire que j'allais devoir travailler à plein temps. Ça ne me gênait pas, mais notre vie a changé. Je me levais à l'aube pour lui préparer son petit déjeuner avant qu'il ne parte en tournée, ensuite j'allais travailler.

« À 7 heures du soir, j'étais bonne pour aller me coucher. On ne rigolait pas beaucoup ; on ne sortait pas ; on ne recevait plus... Je n'étais pas une rivale bien dangereuse pour Diane.

Lew expliqua qu'il avait rencontré Diane au bureau de poste de Chandler en novembre 1981. Il l'avait trouvée très sympa. Elle était enceinte à l'époque et il avait remarqué qu'elle s'inté-ressait surtout à Tim Lowry.

Mais après que Diane eut accouché, Lew fit une chute sur le quai de chargement et se fractura un coude. Il fut confiné aux tâches qu'il pouvait accomplir à l'intérieur du bureau de poste, ce qui l'obligea à être constamment avec Diane.

On était en juillet et il faisait très chaud. La jeune femme portait pour travailler des T-shirts échancrés sans rien dessous, et lorsqu'elle tendait le bras pour déposer les lettres dans les casiers les plus hauts, on voyait sa poitrine. Lew avait du mal à détourner son regard.

– On s'entendait bien, dit encore Lew. Je lui ai annoncé la couleur dès le début : la seule chose qui m'intéressait, c'était de me payer du bon temps.

Welch jeta un coup d'œil à Nora Lewiston. Elle n'était pas embarrassée.

– J'avais déjà eu plusieurs liaisons, reconnut Lew. Au cours de mon premier mariage. Même pas des liaisons – des trucs faciles qui duraient pas longtemps. Je crois que c'est ce à quoi je m'attendais avec Diane.

Lew savait que Diane prévoyait déjà d'être inséminée à nou-veau aussitôt que possible. Cela semblait être la chose la plus importante dans sa vie – ça, et devenir médecin – et il était persuadé qu'elle n'était pas intéressée par une liaison durable. Elle se contentait de flirter, pensait-il. Quand elle se plaignit de ne pas avoir de petit ami, il lui demanda pourquoi elle ne prenait pas un amant.

– Elle a répondu qu'elle ne le pouvait pas parce qu'elle risquait de tomber enceinte. Alors je lui ai dit : « Pourquoi ne pas avoir une liaison avec quelqu'un qui ne te mettra *pas* enceinte ? » et elle a demandé : « Qui, par exemple ? – Moi, par exemple », lui ai-je répondu.

Lew ne risquait pas de la mettre enceinte ; il avait subi une vasectomie à l'âge de vingt et un ans, expliqua-t-il aux deux enquêteurs. Il aimait les enfants mais n'en voulait pas.

Il ne connaissait pas encore la véritable Diane.

Diane marqua d'une croix le jour où elle devint intime avec Lew Lewiston, tout comme elle notait toutes les dates importantes de sa vie : X sur un calendrier ou quelques lignes dans son journal, pour signifier les rencontres romantiques, les anniversaires, et même les dates où elle conçut ses enfants. Lew eut droit à un énorme X tracé en rouge sur un des calendriers que les inspecteurs saisirent chez elle la nuit du 19 mai.

Au début, ils s'étaient limités à des baisers rapides. Ils se retrouvaient souvent chez Diane après le travail. Pendant des semaines il n'y eut d'autre communion que le sexe : une heure, une demi-heure, et Lew s'en allait. Une fois seulement ils étaient allés dans un motel. Lew voulait de la discrétion, mais Diane parlait constamment de lui au bureau de poste et leur liaison fut rapidement connue de tous.

Nora Lewiston l'apprit, elle aussi.

– Lew est un piètre menteur. Je l'ai su pratiquement dès le début. Ça a commencé la deuxième semaine de juillet 1982.

Lew affirma qu'il avait rarement vu Christie, Cheryl et Danny.

– Je ne restais pas avec elle si les enfants étaient là, ça ne me semblait pas correct.

Lew se rendit compte, pendant l'été 1982, que les intentions de Diane étaient bien plus sérieuses que les siennes. Elle voulait toujours devenir médecin, elle voulait toujours retourner à Louisville pour se faire inséminer. Mais elle ajouta une autre ambition à sa liste déjà longue : elle décida de l'épouser.

Elle savait qu'il n'avait pas la fibre paternelle et lui assura qu'elle trouverait un moyen pour que les gosses ne le dérangent pas. Elle ne semblait pas entendre quand il lui rappelait qu'il n'avait pas l'intention de quitter sa femme.

Lew avait remarqué que Diane était vite fatiguée de ses amants. Il supposa qu'il en irait de même pour lui.

En août, Steve Downs proposa une réconciliation. Ce fut une tentative peu réaliste. Diane stipula qu'il n'y aurait pas de contact physique. Steve vint s'installer dans son bungalow, mais repartit la même semaine.

Lewiston précisa aux enquêteurs qu'il n'avait que très rarement rencontré Steve.

– Il est venu au bungalow un jour et m'a averti : « Diane devient dingue quand il s'agit de sexe. Elle a des problèmes dans ce domaine. »

Nora décrivit le pique-nique annuel de la poste de Chandler en août 1982 :

– Diane a rempli son assiette au buffet et est venue délibérément s'asseoir à table, en face de nous. Je l'ai regardée, j'ai regardé Lew... et ça a fait tilt. Les épouses ont des antennes : c'était elle.

Nora ajouta qu'elle fut troublée par l'étrange rapport de Diane à ses enfants. Les gamins portaient de vieux vêtements et elle ne s'était même pas donné la peine de leur brosser les cheveux, alors que sa tenue à elle était toute neuve.

– Elle s'est assise en face de nous, en T-shirt, sans soutien-gorge et minishort. C'était très étrange. Elle appelait ses enfants et leur posait toujours les mêmes questions : « Tu aimes maman ? » et « Tu aimes maman plus que papa, hein ? ». Les petits étaient troublés et embarrassés.

Après le pique-nique, Nora ne dit rien. Elle savait que Lew ne tarderait pas à tout lui avouer.

Paul Alton et Doug Welch écoutèrent sans broncher cette étonnante chronologie de l'été et de l'automne 1982. En septembre, Diane avait ramené Christie, Cheryl et Danny chez Steve.

Elle avait le droit de les voir chaque fois qu'elle le désirait, mais elle se plongea dans un programme d'études énorme pour le trimestre d'automne. Ce n'est qu'occasionnellement qu'elle gardait ses enfants, à contrecœur.

Son projet était pratiquement irréalisable. Elle travaillait à la poste de Chandler les lundis, mercredis, vendredis et samedis, de 6 heures du matin à 2 h 30 de l'après-midi. Elle suivait des cours toute la journée les mardis et jeudis, et les lundis et mercredis soir. Elle avait également un rendez-vous à Louisville pour une seconde insémination.

Diane ne tint que quelques semaines à ce rythme. Elle s'avisa qu'elle n'avait plus le temps de faire autre chose que travailler, aller aux cours et étudier. Elle ne pouvait presque plus voir Lew.

Doug Welch remarqua que les mains de Lew tremblaient tandis qu'il leur expliquait que cette liaison était allée bien au-delà de ce qu'il avait envisagé. Lew aimait sa femme, mais il ne pouvait plus descendre du manège.

– Ma femme ne rentrait pas à la maison avant 17 heures, j'avais donc beaucoup de temps l'après-midi. Et la liaison continuait. Je mentais tout le temps à Nora, lui affirmant qu'il n'y avait rien. Je n'ai jamais voulu le reconnaître. Mais ça continuait. Finalement, en septembre, le 12 exactement, le jour de mon anniversaire, je lui ai avoué ma liaison avec Diane.

Trois jours plus tôt, Diane avait pris l'avion pour Louisville.

Elle avait remarqué de légères pertes blanches et avait accusé Lew de lui avoir passé une maladie vénérienne. Abasourdi, Lew se défendit ; il n'avait aucun symptôme et n'avait couché avec personne à part Nora et elle.

– Il fallait que je parle à Nora pour la protéger, expliqua Lew à Welch et à Alton. Et ça voulait dire que ça allait sacrement chauffer.

Comme c'était à prévoir, elle refusa de le croire.

– Lew m'a tout raconté, se souvient Nora. C'était son anniversaire... Nous n'avions plus la moindre envie de le célébrer, alors nous avons changé de place tous les meubles de la maison, jusqu'à épuisement. Puis nous sommes allés à la clinique, c'était terriblement humiliant. Nous avions une sorte d'infection qui portait un nom très long que je n'ai pas retenu, mais c'était bien une maladie sexuellement transmissible.

Diane en était le véhicule probable ; elle avait couché avec au moins quatre hommes cet été-là. Et bien que son contrat stipulât que la mère porteuse ne devait souffrir d'aucune maladie, elle n'annula pas son voyage.

Les policiers commençaient à comprendre que chaque projet de Diane en entraînait un nouveau. Elle avait besoin de cet autre bébé et de l'énergie affective qui accompagnerait sa grossesse. Elle avait besoin des dix mille dollars pour construire son énorme maison où Lew ne serait pas dérangé par les enfants.

Lew Lewiston était au centre de tout. Diane avait évidemment espéré que la confession forcée de Lew à sa femme marquerait la fin de leur mariage. Sa stratégie échoua. Nora Lewiston n'avait pas l'intention d'abandonner son mari sans se battre. Elle écouta ses aveux et lui pardonna.

En parlant aux Lewiston, Welch et Alton reconstituèrent peu à peu le puzzle d'une vie plus que surprenante. Ils transmirent régulièrement leurs informations à Fred Hugi et à Dave Burks.

Que ce fût à cause de l'infection ou du stress, l'insémination de Diane ne marcha pas. La jeune femme n'avait aucun moyen de le savoir en revenant à Chandler, mais elle sombra dans une dépression noire.

Elle se hâta sur la rampe de débarquement de Sky Harbor Airport, scrutant la foule à la recherche du visage de Lew et de ses larges épaules.

Lew n'était pas là. Mais Steve y était, lui.

Elle aurait préféré voir le diable en personne.

Diane et Steve en étaient venus aux mains deux semaines plus tôt. Lew raconta qu'elle était arrivée à la poste, le lendemain, avec un œil au beurre noir, le nez tuméfié et des marques bleues et noires sur le visage et sur le cou.

Lorsque Steve la retrouva à l'aéroport, il lui proposa une énième réconciliation.

– Je suis allé la chercher à l'aéroport, expliqua-t-il aux policiers, et je l'ai ramenée chez moi. Nous nous disputions vaguement, les choses ne se passaient pas très bien. Elle devenait bizarre. Elle s'est mise à se griffer le visage. Ça m'a mis hors de moi. Elle a commencé à me donner des coups de pied.

Avant qu'ils ne quittent la maison de Steve, il la vit glisser quelque chose dans son sac. Sur la route qui conduisait au bungalow, Diane se mit à parler de suicide. Ce n'était pas la première fois mais, ce soir-là, elle avait un comportement très étrange. Arrivée chez elle, Diane se précipita pour s'enfermer dans la salle de bains. Steve frappa à coups de poing sur la porte et Diane lui cria : « Ne t'en fais pas. Je vais me flinguer... » Il entendit un coup de feu et fut pris de panique. Il enfonça la porte à coups d'épaule. Diane était assise sur le bord de la baignoire, saine et sauve, le pistolet 22 pointé sur lui.

– Elle m'a dit : « Je n'arrive pas à me flinguer, Steve – mais je peux te tuer, toi ! »

Il évalua ses chances de sauter sur elle, mais elle pouvait tirer avant, il tenta donc de la dissuader :

– Diane, c'est un pistolet de 22. Tu as neuf balles là-dedans, mais tu ne peux pas me tuer.

Elle hésita et il en profita pour s'emparer de l'arme.

Diane avait laissé tomber ses études de médecine pour Lew, elle avait laissé tomber les autres hommes pour Lew, et Lew l'avait abandonnée.

Steve rapporta l'arme chez lui.

Il précisa qu'à sa connaissance le trou fait par la balle était resté dans le sol de la salle de bains du bungalow déserté. Les enquêteurs dressèrent l'oreille. S'il y avait encore l'impact de la balle, il y avait peut-être encore la balle ou la douille. Alton nota qu'il devait en parler à Hugi.

15

Au cours d'une deuxième entrevue avec Lew et Nora Lewiston, Doug Welch et Paul Alton en apprirent davantage sur l'obsession grandissante de Diane concernant son amant. Elle avait persuadé Lew de coucher avec elle de nouveau. Diane était tellement sûre d'elle qu'elle était allée chez un tatoueur et lui avait demandé de dessiner une énorme rose sur son épaule droite.

– Elle est venue me retrouver pendant ma tournée et m'a demandé d'écrire mon prénom parce qu'elle le voulait de ma propre écriture, se souvient Lew. J'ai refusé, mais elle a fini par l'obtenir.

Son tatouage, lui expliqua-t-elle, voulait dire qu'elle était sa femme, marquée de manière indélébile par une rose rouge, son nom symbolisant leur pur amour. Si un autre homme essayait de poser la main sur elle, il verrait la marque de Lew. Lorsqu'il vit la rose, il ne ressentit que le plus grand embarras.

De sa voix grave quelque peu bredouillante, Lew poursuivit le récit de sa liaison avec Diane Downs, un cyclone dévastant sa vie.

– J'étais avec Diane toute la journée au boulot, et ensuite toute la soirée, pendant des mois. Je n'avais littéralement plus une minute à moi pour réfléchir.

Il vivait toujours avec Nora, qui avait remarqué sans rien dire que la liaison avait repris.

Diane envisagea un deuxième voyage dans le Kentucky cet automne-là. Après l'échec de septembre, elle avait eu une ordonnance de Clomid – un médicament stimulant les ovaires pour qu'ils libèrent plusieurs ovules. Si elle concevait au cours de cette visite, elle pourrait porter des jumeaux, des triplés, voire des sextuplés.

Cela ne la dérangeait nullement. Si cela devait arriver, elle aurait probablement sa photo en couverture de *People* ou même de *Time !*

Diane avait rendez-vous à Louisville le 9 octobre. Elle assista à la fête d'anniversaire de Christie, qui avait maintenant huit ans, avant de prendre l'avion à l'aéroport de Phoenix. Tard cette nuit-là, Lew s'en souvient, le logement de Diane brûla. Le capitaine de la brigade des pompiers du comté de Maricopa trouva suspect qu'un bungalow tout neuf, construit depuis six mois, prenne feu spontanément. Les enquêteurs vérifièrent méticuleusement les lieux, soupçonnant un incendie criminel. Un court-circuit dans le mur arrière avait causé l'incendie. Les principaux dégâts étaient dus à la chaleur. L'isolation avait fondu, ainsi que la chaîne stéréo et les fleurs en plastique de Diane. Son matelas à eau était intact.

Le bungalow fut considéré comme habitable. Diane n'avait effectué que quatre paiements de trois cents dollars ; elle en reçut sept mille de l'assurance. Steve accepta de réparer certains dégâts pour elle.

Lorsque Paul Alton fit le total des revenus de Diane pour 1982, il constata que l'année avait été bonne. En ajoutant la prime d'assurance, les dix mille dollars qu'elle avait reçus pour le premier bébé, et son salaire annuel, elle avait presque touché quarante mille dollars en douze mois. Si le bungalow avait été complètement détruit, la prime d'assurance aurait été encore plus élevée.

Lew avait été intrigué par l'incendie.

– Je lui ai demandé comment ça avait démarré et ce que les pompiers avaient trouvé. D'après elle, c'était soit une cigarette, soit un fil électrique mal fixé... Ça avait commencé dans la chambre. Puis Diane a éclaté de rire. J'ai insisté pour savoir la vérité. « J'avais tout combiné avec Steve, m'a-t-elle raconté. Il devait mettre le feu au bungalow. Mais il a bâclé le boulot, comme d'habitude, il a laissé une des portes fermée, et le feu n'a pas dépassé le seuil de la chambre. » Elle n'a pas voulu me dire si elle s'était mise d'accord avec Steve pour partager l'argent de l'assurance. Tout ce qu'elle m'a dit, c'est qu'ils avaient organisé un incendie volontaire... Peut-être que le bungalow ne lui plaisait plus, tout simplement.

Après l'incendie, Diane s'installa temporairement chez sa collègue Karen Batten. Elle acheva de payer sa Ford Fiesta, donna cent dollars à Steve et acheta le matériel nécessaire à la réparation du bungalow. Steve et ses copains avaient affirmé qu'ils pourraient le remettre à neuf pour mille dollars.

Mais ils ne le firent jamais.

Lew reconnut qu'il ne restait jamais longtemps sans voir Diane. Les enquêteurs hochèrent la tête. Ils avaient saisi les calendriers de la jeune femme pour les années 1982 et 1983. Elle avait marqué d'une croix les jours où ils étaient ensemble, les jours de leurs ruptures ; le calendrier ressemblait à une broderie au point de croix.

Bien qu'elle n'eût de relations intimes qu'avec Lew, Diane s'installa chez Steve avec les enfants au mois de novembre. Steve ne répara pas le bungalow. Il essayait de gagner du temps. Sa famille était à nouveau réunie.

Le souvenir d'une scène violente lui revint. Il était assis sur la plate-forme de son pick-up avec Cheryl lorsqu'il aperçut la voiture blanche de Diane qui fonçait dans Palomino Street. Diane s'arrêta en faisant crisser les pneus et tendit un objet noir. « Voilà ce que j'ai trouvé ! » cria-t-elle.

C'était un pistolet.

Steve plongea par la fenêtre côté conducteur de la voiture de Diane ; celle-ci enclencha la vitesse et fonça vers Alma School Road.

– Je me suis accroché, se souvient Steve. Une autre voiture arrivait en sens inverse. Alors j'ai tout lâché. J'ai roulé sur une belle distance. Puis j'ai entendu les enfants. Cheryl et Danny couraient en hurlant dans la rue.

Dan Sullivan, de son jardin donnant sur la rue, vit Diane avec une arme et Steve, qui semblait coincé à l'intérieur de la voiture pendant qu'elle roulait de plus en plus vite.

– Il a traîné sur ses talons sur cinq ou six mètres avant de perdre l'équilibre et de tomber.

Steve appela la police mais se laissa de nouveau attendrir. Il renvoya les policiers.

Il se souvint que Diane trouva l'incident très drôle.

– Elle avait trouvé très marrant de me voir lâcher prise et rouler sur moi-même dans la rue.

Christie, Cheryl et Danny allèrent se coucher tout habillés et s'endormirent en se bouchant les oreilles pour ne pas entendre les hurlements de leur mère.

Personne ne pensa à leur donner à dîner.

Diane Downs avait toujours clamé que personne ne la comprenait. C'est pourtant très exactement ce qu'essayaient de faire Fred Hugi, Paul Alton et Doug Welch – reconstruire la vie de la jeune femme à partir de ses souvenirs, journaux intimes, calendriers et dépositions. Il s'agissait de tirer un fil et de remonter jusqu'à son origine, pour ensuite intégrer chaque nouveau fil à l'immense tapisserie qui révélait une image de plus en plus distincte.

Welch et Alton parlèrent avec bon nombre de familiers de Diane – les amis comme ceux qui l'aimaient moins – au bureau de poste, et à plusieurs de ses amants délaissés. Ils furent nombreux à blêmir en apprenant que leurs infidélités faisaient à présent partie d'un dossier sur un homicide.

Les enquêteurs localisèrent également des témoins qui pouvaient confirmer que ni Lew ni Steve Downs n'auraient pu se trouver en Oregon dans la soirée du 19 mai. Une serveuse de la West Chandler Tavern avait bavardé avec Lew et Nora entre 21 heures et minuit au restaurant. La petite amie de Steve avait fait une promenade avec lui près du canal de Mesa City entre 19 h 30 et 21 heures. Elle regardait la télévision avec lui peu après 1 heure du matin, lorsque son colocataire l'avertit du coup de téléphone urgent de l'Oregon.

On demanda à un certain nombre de personnes de se soumettre au détecteur de mensonges et toutes acceptèrent. Aucune de leurs réponses n'indiquait qu'elles mentaient ou cachaient quelque chose concernant la fusillade dans Old Mohawk Road.

Lew raconta à Welch et à Alton que Diane avait réintégré son bungalow noirci par le feu.

Il s'emporta un soir lorsque Diane vint le rejoindre au lit en disant qu'elle avait laissé les enfants seuls là-bas.

– Je lui ai dit qu'à huit ans, une petite fille, était trop jeune pour s'occuper de deux autres gosses et qu'elle devait rentrer chez elle.

Nora Lewiston attendait son heure. Elle ne fit jamais de remarques à Lew sur les suçons dont Diane le marquait délibérément.

Juste avant Thanksgiving, Lew partit seul pour réfléchir. Lorsqu'il revint, il annonça à Diane qu'il comptait quitter Nora. Diane trouva un petit appartement sur Ray Street et persuada son amant de signer le bail avec elle. Elle meubla les lieux d'une chaise à bascule et d'un sac de couchage. Lew ne s'y installa jamais.

Diane transmit à Lew des « messages » de la part de ses enfants qui lui semblèrent absurdes ; il les connaissait à peine.

– C'étaient des gosses adorables, mais je ne les ai pratiquement jamais vus, dit Lew aux enquêteurs. Et je ne voulais pas être leur papa. Diane répétait toujours : « Je ne veux pas d'un père. Je veux quelqu'un qui m'aime *moi* et qui s'occupe de moi. »

Avec Lew, Diane avait parlé d'« amour pur » et d'« amour du cœur ». Mais ce qu'elle intitulait prudemment « amour du cœur » était quelque chose de bien plus terre à terre dans ses volumineux journaux et lettres. Ses confidences abondaient en allusions sexuelles à la limite de l'obscénité.

Elle avait raconté à un certain nombre d'hommes qu'elle avait beaucoup travaillé pour devenir experte dans l'art de faire l'amour. Ses talents sexuels n'étaient apparemment qu'un moyen d'arriver à ses fins avec les hommes. La séduction lui servait à avoir barre sur eux. Avec Lew, il semblait que ce fût elle qui fût en danger de perdre le contrôle.

Lew était, très probablement, le seul homme qui lui avait procuré un orgasme.

La patience de Nora s'érodait. Lew demanda le divorce ; elle refusa. Il passa la nuit dans un motel avec une Diane triomphante. Mais il rentra chez lui. Il n'avait pas les moyens de divorcer ; il déserta le lit de sa femme et continua à voir sa maîtresse.

Diane se fichait que Lew habitât avec sa femme ou non. Elle le submergea de poèmes d'amour, de cartes, de lettres. Il ne savait où les ranger et les lui rendit.

Il découvrit qu'il ne pouvait pas quitter Diane purement et simplement ; il avait signé un pacte avec le diable. Puisqu'il avait choisi de tricher dans son mariage, il n'y avait plus de retour possible.

– Aucun homme ne peut imaginer la manière dont parle cette femme, les promesses qu'elle peut faire, les câlineries, les querelles – sans l'avoir fréquentée. J'étais tout le temps avec elle. Elle parlait, elle parlait – c'est tout juste si elle prenait le temps de respirer.

Welch hocha la tête. Il avait entendu Diane parler.

Elle avait consacré tout son génie à arracher Lew à sa femme. Canalisée dans un projet, son énergie était colossale.

Elle fit améliorer son tatouage, qui mesurait quinze centimètres à présent – une rose épanouie au bout d'une tige mince. Elle insista pour que Lew se fît tatouer la même. Il refusa.

Lew avait fini par prendre un appartement seul.

– Je ne téléphonais pas à Nora, mais j'allais de temps en temps à la maison pour tondre la pelouse.

Il semblait encore stupéfait de l'emprise que Diane avait exercée sur lui.

– Je buvais avec cette femme. Je couchais avec elle. C'est tout. On ne parlait jamais... c'est *elle* qui me parlait : elle me faisait continuellement des remarques, elle me promettait d'acheter toutes sortes de choses qu'elle croyait que je voulais, elle parlait de la vie merveilleuse que nous aurions lorsque j'aurais quitté Nora pour vivre avec elle. Je ne voulais rien d'elle et elle ne m'a jamais rien donné sans raison. Elle m'achetait du whisky pour endormir ma résistance.

Nora expliqua que sa rivale lui téléphonait souvent, surtout lorsque Diane et Lew ne se voyaient pas.

– Lorsqu'il a rompu avec elle, elle a appelé pour me dire qu'elle ne souffrait plus et que je pouvais lui dire de sa part que tout était fini. Ensuite elle me raccrochait au nez.

Nora reçut deux lettres de Diane.

– En novembre 1982, elle m'expliqua que mon mari avait dit qu'il allait déménager et demander le divorce... Il est parti, mais il est revenu.

Lorsque Lew rentra chez lui, une semaine plus tard, Diane écrivit une deuxième lettre, plutôt étrange, s'adressant à l'épouse d'un amant.

– Elle me disait combien j'étais merveilleuse, combien elle me respectait. Bien sûr, elle aimait Lew quoi qu'il arrive, et quel qu'il soit... Il était de l'or dans son esprit, etc. Et puis elle n'arrêtait pas de me téléphoner... deux à trois fois par jour, et elle me raccrochait au nez.

143

Christie, Cheryl et Danny passèrent le Noël 1982 avec Steve. Diane leur envoya des cadeaux. Elle acheta même un cadeau de Noël pour Nora Lewiston.

– Elle m'a offert un carillon chinois en forme de grenouille. Ça lui ressemblait bien. Elle voulait mon mari, mais il ne lui est pas venu à l'esprit que ça pourrait sembler bizarre qu'elle m'offre un cadeau à moi.

Steve Downs vendit la maison de Palomino Street en janvier 1983. Diane demanda aux enfants de choisir avec qui ils voulaient vivre. Ils la choisirent, elle. Cheryl et Christie avaient peur de la vexer si elles disaient préférer rester avec leur père.

Diane affirma à Lew qu'elle trouverait un moyen pour construire la grande maison dont elle avait si souvent tracé les plans. Une gouvernante s'occuperait des enfants. Elle n'avait pas de biens mais envisageait d'emprunter cent mille dollars ou plus. Lew lui déclara qu'on lui rirait au nez à la banque.

Sans se démonter, Diane continua à échafauder des plans.

Nora Lewiston montra aux enquêteurs venus de l'Oregon une liasse de coupures de journaux. Avec l'argent de l'assurance incendie et ce qui restait du paiement du bébé, Diane avait ouvert sa propre clinique de mères porteuses !

Elle avait loué un bureau dans la petite ville de Tempe, en Arizona. Elle avait mené son enquête à Louisville et s'était mise en rapport avec un avocat et des médecins. « J'ai pris une copie du contrat de la clinique de Louisville et je l'ai adapté à mes besoins. »

Son papier à lettres d'épais vélin était frappé du nom de sa nouvelle entreprise : *Mères porteuses d'Arizona*. En tailleur et chemisier blanc, elle accorda une interview à Gail Tabor, de l'*Arizona Republic*. Elle déclara à la journaliste que cinq mères porteuses proposaient leurs services à des couples sans enfants. En réalité, elles n'étaient que deux – les sœurs Frederickson : Diane et Kathy.

Diane souligna que les futurs parents désespérés ne devaient pas payer trop cher. Son bébé, Jennifer, avait coûté quarante mille dollars au père naturel et à la mère adoptive ; son entreprise ne demanderait que la moitié : entre vingt mille et vingt-deux mille dollars.

Elle disait que le programme du Kentucky « saignait les pauvres parents à blanc ». Les mères porteuses de Diane recevraient dix mille dollars – exactement ce qu'elle-même avait reçu –, mais sa compagnie ne prendrait que vingt-cinq pour cent du paiement, le reste étant consacré aux examens médicaux et psychologiques, et aux soins hospitaliers au moment de l'accouchement. (Puisque Diane était à la fois la compagnie et une mère porteuse potentielle, elle recevrait plus de soixante-quinze pour cent du paiement.)

Elle expliquait que l'argent était un facteur très important dans un tel programme. « Si la mère porteuse est motivée uniquement par l'argent, c'est une garantie qu'elle abandonnera l'enfant. »

Et si la mère refusait de donner le bébé ?

« J'emploierais tous les moyens légaux pour me battre – et je ferais appel à sa conscience. »

Sa société avait été mise sur pied uniquement pour répondre à une demande. « J'espère trouver des mères porteuses pour tous ceux qui en ont besoin. Si ça ne marche pas, je laisserai tomber. Mais tant qu'il y aura une demande, je continuerai. Je trouve que c'est fantastique ! »

Fantastique, cela aurait pu l'être, mais il semblait y avoir quelques problèmes avec la législation de l'Arizona. Diane précisait que son avocat lui avait assuré qu'elle était en terrain légal. Les mères porteuses ne seraient pas payées pour les bébés ; elles recevraient remboursement de leur temps, de leur manque à gagner et de leur chagrin.

Une interview de deux mères porteuses éventuelles, deux jeunes femmes, Rusty et Cindy, accompagnait l'article principal. Par une coïncidence troublante, Rusty et Cindy avaient le même âge, le même nombre d'enfants et le même statut que Diane et sa sœur Kathy : divorcées ou presque.

Rusty (Kathy) expliquait qu'elle était en instance de divorce et qu'elle avait un petit garçon de seize mois. Kathy ne possédait pas la maîtrise de la langue de sa sœur. « Au début, je croyais que c'était mal. Mais j'ai un enfant à moi et j'ai pensé : "Quel dommage que les gens ne puissent pas avoir un bébé à eux !" On ne fait rien de mal. C'est pas comme si on couchait avec le père. »

Cindy (Diane) était enthousiasmée d'avoir donné naissance à son premier bébé pour un autre couple l'année précédente. « Cela a créé un lien et je n'ai eu aucun regret. Ce n'était pas mon enfant. Je ne connaissais même pas le père. Quand le bébé est né, c'était le sien à elle. Je ne peux pas imaginer d'abandonner un de mes enfants, mais une mère porteuse ne fantasme pas. Elle ne passe pas son temps à choisir des prénoms ou à se demander à qui il ressemblera. Elle sait qu'elle ne le ramènera pas à la maison. »

Les enfants de Cindy avaient été enchantés, disait-elle, par sa première grossesse en tant que mère porteuse. « Les enfants trouvent que c'est bien que maman ait eu un bébé pour une dame qui ne pouvait pas en avoir, parce que son corps était un peu déglingué. Ma fille en a parlé à tous les voisins et ils m'ont regardée d'un drôle d'air. Ils savaient que je n'étais pas mariée – mais après que j'eus raconté toute l'histoire à l'un d'eux, ils ont compris, et tout s'est bien passé. J'ai adoré être enceinte de ce bébé. Il n'y avait aucune pression. Je me sentais en sécurité. J'aurais pu faire autre chose pour gagner dix mille dollars. Mais j'ai adoré cette grossesse. »

Elle reconnut que ses parents avaient émis quelques réserves. « Ma mère trouve que c'est une démarche très noble, mais pourquoi moi ? Mon père, très soucieux de son statut social, n'a pas apprécié. »

Si l'entreprise de Diane devait prospérer, Wes et Willadene auraient de quoi être fâchés. Non pas une, mais leurs deux filles postulaient à la fonction de mère porteuse.

Diane accorda une deuxième interview au journal. À nouveau, elle apparut dans les deux rôles : elle était Diane Downs, fondatrice et directrice de Mères porteuses d'Arizona et également Jenny, une mère porteuse expérimentée.

Diane expliqua à la journaliste qu'elle avait monté son entreprise depuis plusieurs mois, et laissa entendre que des contacts avaient déjà été pris, des bébés conçus et que leurs naissances étaient attendues. Rien de tout cela n'était vrai.

De plus, les anomalies sautaient aux yeux. L'anonymat étant essentiel dans de tels accordst, Diane elle-même ayant souligné que les parents et la mère porteuse ne devaient jamais avoir connaissance de leurs noms et adresses respectifs, comment pouvait-elle espérer garder son identité secrète en se présentant tour à tour comme fondatrice, directrice et mère porteuse devant le père naturel et la mère adoptive ?

Diane n'avait aucune expérience des affaires. Elle s'était pourtant lancée dans une entreprise qui dépendait de l'équilibre délicat entre les rapports humains et les impératifs contractuels. Par ailleurs, Diane était toujours sous contrat avec la clinique de Louisville. Elle y avait un rendez-vous pour une troisième insémination, la première semaine de février 1983. Elle n'avait pas cru bon de les informer de ses démarches. Elle jugeait plus prudent de dissimuler ses tentatives. Les choses dépendraient uniquement du lieu où elle concevrait en premier – sa propre clinique ou la leur.

Diane saurait-elle de qui serait le bébé ?

Nora Lewiston téléphona au directeur de la clinique de Louisville après avoir lu l'article. Il fut consterné lorsqu'elle lui en cita le contenu, et encore plus stupéfait d'apprendre la maladie vénérienne de Diane. Le parfait spécimen maternel en provenance d'Arizona n'était dorénavant plus le bienvenu au Kentucky.

Diane avait parlé des épouses des pères naturels comme de femmes dont les corps étaient « déglingués », insistant sur le fait que les mères porteuses devaient être en parfaite santé – « les gens veulent des mères heureuses, à l'esprit ouvert, pleines de sang-froid, ni alcooliques ni droguées ». Diane Downs avait elle-même un corps parfait et un QI supérieur à la normale, mais les signes semblant indiquer que sa tête se « déglinguait » se précisaient.

La question que devait éclaircir Fred Hugi était de savoir à quel point Diane était « déglinguée ». Son comportement avait été – et était – scandaleux. Mais était-elle démente selon les termes de la loi ? Avait-elle été consciente de la nature et de la gravité de l'acte meurtrier ? Savait-elle faire la différence entre le bien et le mal au moment du crime ? Le substitut du procureur pensait que oui. Il pensait également que cela n'avait rien changé pour elle.

Mères porteuses d'Arizona ne décolla jamais. Les premiers parents potentiels se retirèrent avant d'avoir signé le moindre contrat. Cette entreprise aurait permis à Diane d'avoir à la fois Lew et les enfants. Ses plans pour un revenu à six chiffres moururent *in utero*. Elle devait trouver une autre solution.

Tandis que Paul Alton et Doug Welch prolongeaient leur séjour à Chandler, Fred Hugi étudia de près le calendrier de Diane.

En dépit des contretemps, son emprise sur Lew semblait s'être renforcée. Le calendrier-journal de Diane ne portait qu'une seule note au mois de février 1983 :

« Je n'en ai pas cru mes oreilles aujourd'hui. Lew m'a dit qu'il viendrait vivre avec les enfants et moi. Il a ajouté qu'il voulait "épouser mon cul". Mais je crois que je peux le convaincre de m'épouser tout entière. Je suis si heureuse. Juste au moment où je croyais que Lew allait laisser tomber notre relation... Mais avant de m'exciter, je vais attendre un peu. Il pourrait regarder la situation à deux fois et changer d'avis. J'espère que non. Je l'aime, ça c'est sûr. »

Doug Welch interrogea Lew à ce sujet. Lew hocha la tête. Ils avaient beaucoup bu, et il se souvenait à peine de cette demi-demande en mariage. Mais Diane ne l'avait pas oubliée. Ignorant les multiples fois où il avait bien précisé qu'il ne tenait pas à élever des enfants, elle avait choisi de se souvenir de cette fois-là.

Lew avait donné quatre tasses en plastique rouge à Diane un jour ; elle avait perçu ce cadeau quasiment comme un signe mystique prouvant qu'il l'avait acceptée, elle et ses enfants. Quatre tasses. Une maman + trois enfants = quatre.

– Je les avais au Texas, se souvient Lew. C'étaient juste de vieux verres en plastique que j'avais trouvés dans un petit magasin. Je n'en avais pas besoin.

L'appartement de Lew sur South Dakota Road était aussi dépouillé qu'une cellule de moine. La culpabilité l'empêchait de vivre dans le moindre confort ; il avait trompé Nora et il ne savait même pas pourquoi.

Diane avait presque fini par avoir Lew. C'est alors qu'elle se fit plus pressante.

Dans la deuxième quinzaine de février 1983, elle vint si souvent chez Lew qu'il se sentit étouffer. Un soir, elle le mit au pied du mur.

– Diane me demanda qui je préférais : elle ou Nora. Je répondis que j'aimais Nora. Diane devint folle furieuse. Elle fulminait, divaguait en hurlant contre moi. Je n'avais jamais vu personne se comporter comme ça. Elle perdit tout contrôle d'elle-même. Je sais que ça a l'air idiot, mais la goutte qui a fait déborder le vase, c'est quand elle a cassé ma brosse à cheveux.

Lew sortit et Diane se précipita vers sa voiture et manœuvra pour le bloquer. Sans se départir de son calme, il grimpa sur le capot de la Ford Fiesta et poursuivit on chemin. Il appela Nora depuis une cabine téléphonique dans un magasin ouvert la nuit. Sa femme vint le chercher et Diane les poursuivit jusque chez eux.

— Elle a donné des coups de poing dans notre porte toute la nuit, se souvint Nora. Nous n'avons pas répondu. Elle a téléphoné.

Diane revint le lendemain matin. En uniforme. Elle distribuait le courrier chez les Lewiston, mais elle avait inversé son itinéraire ce jour-là pour commencer par leur adresse. Elle frappa longtemps et Nora finit par ouvrir.

— Elle s'est mise à me dire ce que je devrais faire pour mon mariage, ma relation avec Lew – tout – et j'ai perdu mon sang-froid. Elle lui avait déjà fait tant de mal. Je n'ai pas l'habitude de jurer, mais je lui ai dit : « Va te faire foutre ! » et je lui ai claqué la porte au nez.

Lew avait menacé Diane plus d'une fois de faire ses valises et de retourner au Texas.

— Nous sommes allés au Texas – pas définitivement, pour deux semaines de vacances. Pendant que nous dînions chez des amis, un soir, le téléphone s'est mis à sonner. C'était Diane. Je lui ai demandé où elle avait trouvé ce numéro de téléphone et elle m'a répondu qu'elle l'avait retenu par cœur. Je lui ai demandé où elle l'avait vu, mais elle a refusé de me répondre. Ensuite, j'ai compris que le seul endroit où elle avait pu le voir, c'était dans mon portefeuille pendant que je dormais.

Stupéfaite de découvrir que Lew était parti au Texas sans même la prévenir, Diane avait supposé le pire : Lew l'avait quittée définitivement. Elle demanda une mutation. Wes et Willadene voulaient qu'elle et les enfants viennent s'installer en Oregon, et son père lui avait assuré qu'il n'aurait pas de problème pour lui trouver du travail.

Les directeurs de la poste de Chandler avaient accepté sa demande de transfert avec empressement. Cette femme bizarre était un élément perturbateur. Ses liaisons et ses tenues souvent provocantes étaient bien connues, pourtant elle refusait de distribuer *Playboy* et *Penthouse* aux abonnés de sa tournée. Ses colères étaient légendaires.

— Ils ont accéléré son transfert pour qu'il soit effectif en avril, se souvient Lew. Elle m'a téléphoné au Texas pour me dire que je n'aurais pas besoin de demander ma mutation, elle partait s'installer en Oregon. Elle était sûre que je la suivrais.

Lorsque les Lewiston revinrent du Texas, Lew ne retourna pas directement à son appartement ; il resta avec sa femme. Diane était consternée. Pendant un moment, elle ne le vit qu'à la poste. Lorsqu'il réintégra son appartement, elle lui donna une photo d'elle ; il lui offrit un imperméable pour ses tournées en Oregon.

Leur liaison reprit comme avant.

Lew s'était senti coupable et un peu triste pour Diane. Il grimaça en se remémorant le geste qui fit basculer le reste. Il devait s'écouler encore deux semaines et demie avant le départ de Diane. Il lui demanda de rester avec lui jusque-là.

Welch se souvint qu'elle leur en avait parlé, à Tracy et lui, deux jours après la fusillade : « Un jour, je faisais le dîner et il s'est mis à pleurer. Je suis allée m'agenouiller à ses pieds et je lui ai demandé ce qui se passait. Il m'a répondu : "Ça me rend si triste de penser que tu vas partir." Nous nous étions fait tant de promesses, nous avions bâti tant de rêves... Il m'a dit : "Demande au receveur de te permettre de rester" et j'ai répondu : "D'accord." Il avait une chaîne en or... Moi, je porte un collier en or et diamants – et il m'a dit : "Enlève cette saloperie de ton cou." "Quoi ? Ma chaîne en or et diamants ?" "Ouais, enlève-la." Je l'ai enlevée et j'ai demandé : "Et maintenant ?" "Tu vas porter celle-là ; tu es la femme de Lew", voilà ce qu'il m'a dit. Et il a enlevé sa chaîne et l'a passée autour de mon cou. Si ça, c'est pas de l'amour ! la chaîne qui n'avait jamais quitté son cou... Mon Dieu ! Toutes ces promesses, tous ces sentiments profonds... Je sais qu'il tient à moi. »

Diane demanda à Gami de déchirer sa demande de transfert. Il refusa. Mais la chaîne en or de Lew autour de son cou signifiait qu'il lui était attaché à jamais. Ce qu'elle voulait à présent, c'est que Lew se fît tatouer une rose.

– Elle a pris un rendez-vous pour moi chez un tatoueur. J'ai beaucoup discuté mais j'ai fini par céder. Nous avons bu quelques verres et j'ai eu la rose sur mon bras, dit Lew en relevant sa manche gauche pour montrer le tatouage aux détectives. (Il avait refusé que le nom de Diane y soit inscrit.) Elle voulait que je rencontre ses parents. Ils étaient venus en voiture à Chandler pour l'aider à déménager. Christie, Cheryl et Danny devaient partir en Oregon avec leurs grands-parents, et elle les rejoindrait le 2 avril.

Wes avait expliqué à Lew qu'il avait le choix entre trois

emplois dans la région d'Eugene, s'il voulait venir s'y installer. Lew fut mal à l'aise au cours de ce dîner dominical avec les Frederickson.

— Je l'ai regardé et je me suis souvenu que Diane m'avait raconté qu'il l'avait touchée quand elle était gamine.

Lew essayait de ménager la chèvre et le chou. Diane le dorlotait ; elle alla jusqu'à trier les haricots blancs du paquet de légumes surgelés mélangés parce qu'elle savait qu'il ne les aimait pas. Leurs relations sexuelles s'étaient améliorées.

Il n'avait pas la moindre idée de ce qu'il allait faire.

Dans l'esprit de Diane, tout était en place. Ses gosses étaient déjà en Oregon, ainsi que ses affaires. Son travail à Chandler était terminé. Il était temps de partir et d'attendre Lew.

Le voyage en voiture, de deux jours, fut merveilleux.

— Je me demandais à quoi ressemblait l'Oregon ; si c'était comme dans mes souvenirs d'enfance. J'avais dans la tête l'image d'un paysage fantastique. J'ai mis des cassettes et j'ai bronzé par le toit ouvrant de ma voiture. Je croyais que je reverrais Lew.

Diane avait chanté toutes les chansons new wave des cassettes. Duran Duran exaltait l'amour et le désir, la solitude et la passion. Les paroles lui confirmaient qu'elle avait eu raison de croire en Lew. Elle avait gagné ! Ne sentait-elle pas la chaleur de la chaîne en or autour de son cou, imprimant un petit cercle brûlant sur sa peau bronzée ?

Diane ne jurait que par les présages et les gages d'amour. D'abord les roses. Puis l'or.

— Cette chaîne signifiait que j'étais la femme de Lew. Il n'aurait pas expédié sa chaîne là où il ne comptait pas venir.

16

Lew raconta à Doug Welch que sa liaison avec Diane s'était poursuivie jusqu'au jour où elle était partie pour l'Oregon, en avril 1983. Et qu'alors ce fut terminé.

Au moment où Diane chantait *Hungry Like the Wolf* tout en roulant vers le nord, elle avait déjà perdu son pari désespéré. Mais elle ignorait que Lew avait pris la décision de tenter de sauver son mariage.

– Quand j'ai cessé d'entendre le son de sa voix – quand mon esprit a pu s'éclaircir – j'ai été en état de réfléchir à nouveau. Je ne voulais pas vivre avec Diane ; je voulais vivre avec Nora. Mais je ne pouvais toujours pas rentrer à la maison, je ne voulais pas que ma femme voie ce satané tatouage, marmonna Lew. J'étais soulagé, tout simplement soulagé.

Diane l'appelait tous les matins et lui envoya une profusion de cartes romantiques.

– Nous avons cru comprendre que vous avez commencé à refuser son courrier. Pourquoi ? demanda Alton.

– Je me suis rendu compte que je n'aimais pas suffisamment Diane pour divorcer et quitter mon boulot afin d'aller m'installer en Oregon... J'ai fini par lui dire au téléphone que tout était terminé entre nous. Je n'irais pas la rejoindre et il n'y avait rien à ajouter.

– Qu'a-t-elle répondu à ça ?

– Elle ne m'a pas cru. Avant de partir, elle m'avait donné cinq cents dollars au cas où j'aurais besoin d'argent parce que... J'avais les paiements pour la maison, à donner à Nora... les factures. Je lui ai donné ma chaîne en or comme garantie. Au téléphone, elle m'a dit que lorsqu'elle recevrait les cinq cents dollars, elle saurait que c'était fini. Alors j'ai fait un chèque le

152

matin même – le 21 avril – et je le lui ai envoyé. Elle l'a reçu et encaissé.

Diane continuant à téléphoner, Lew avait demandé à ses collègues de ne plus lui passer les appels.

– Elle parlait de vous avec d'autres personnes du bureau de poste ?

– Je ne sais pas, répondit Lew en haussant les épaules, parce que j'ai pris l'habitude de ne jamais m'enquérir de ce qu'elle racontait. Je craignais qu'elle ne l'interprète comme un signe d'intérêt de ma part et ne s'imagine que je voulais savoir ce qu'elle faisait – ce qui n'était pas le cas. Je m'en foutais complètement.

– Donc, la dernière fois que vous l'avez vue, c'est quand elle est partie en Oregon, à Pâques ? demanda Alton qui savait que la réponse serait « non ».

– Non. Je l'ai revue une fois. Elle est revenue pour me rendre ma chaîne en or.

Alton avait écouté les enregistrements réalisés par Welch et Tracy, où Diane racontait sa dernière rencontre douce-amère avec Lew : « Il m'a demandé de lui renvoyer sa chaîne par la poste et je lui ai répondu : "Je ne peux pas, je ne peux plus l'enlever", parce qu'il m'avait dit : "Ne l'enlève jamais." Alors je suis retournée à Chandler une dernière fois pour le voir. »

Lew se souvient très bien de cette visite-surprise. Le 28 avril, exactement une semaine après qu'il lui eut annoncé que tout était terminé entre eux. Diane avait emprunté une camionnette à un autre de ses ex-amants et l'avait suivi sur sa tournée vers 10 heures du matin. Il n'était pas prévenu qu'elle était en ville.

– J'étais assis dans la Jeep, commença Lew en allumant une autre cigarette. Elle portait un jean et une sorte de haut de bikini. Elle était dehors – et je me souviens qu'elle était pieds nus. Elle avait un paquet dans les mains – le paquet qu'elle m'avait envoyé par exprès et que j'avais refusé. Elle m'en a montré le contenu : des photos, dont certaines de ses nouveaux amis en Oregon, des fleurs séchées, des roses entre autres, des trucs comme ça. Elle m'a dit qu'elle avait fumé de la marijuana et sniffé de la coke avec Steve la veille.

Diane avait fourni un énorme effort pour faire bonne figure. Elle n'était pas près de lui laisser voir ses blessures, et elle mourrait le sourire aux lèvres s'il le fallait.

Lew savait comment elle fonctionnait et il resta sur ses gardes.

– Je ne l'ai pas embrassée. Je ne l'ai pas serrée dans mes bras. Je ne lui ai pas dit que je l'aimais. Je n'ai rien dit.

Les dépositions de Diane enregistrées par Welch et Tracy étaient bien plus dramatiques et détaillées : « Je me suis avancée vers lui : "Bonjour Lew, ça va ?" et il a répondu : "Très bien. Qu'est-ce que tu fais ici, Diane ?" "Cette chaîne ne m'appartient pas, j'ai dit. Je me fous de savoir si elle vaut cinq cents dollars ou plus. Pour moi, elle représente l'amour que tu as mis autour de mon cou, mais elle n'est pas à moi. Ce n'est pas à moi de la garder si tu ne veux pas de moi. Si tu ne veux plus que je sois la femme de Lew, alors je n'ai pas à la garder", et j'ai ajouté : "Je veux que tu la reprennes." Mais je n'arrivais pas à l'enlever et je lui ai demandé de la défaire. Alors il a ouvert le fermoir et je la lui ai prise des mains : "Je vais te faire la même chose que ce que tu m'as fait", et je la lui ai mise autour du cou en disant : "Tu la portes parce que je t'aime." »

Lew fit une grimace de dégoût tandis que Welch lui résumait la scène, mais il hocha la tête. L'histoire ressemblait bien à Diane, mais il n'y avait pas un mot de vrai.

– Je n'ai pas prononcé vingt mots tout le temps qu'elle était là. Je lui ai dit que je ne partais pas en Oregon. Que je ne voulais pas être papa. Elle, elle a parlé comme un moulin, comme toujours.

La matinée n'était qu'à moitié écoulée en Arizona. Le ciel était d'un bleu uniforme et deux oiseaux chantaient joyeusement, comme si les rêves de Diane d'un rendez-vous d'amour ne s'étaient pas effondrés.

Quand elle s'arrêta de parler et que Lew eut prononcé les quelques mots signifiant la fin irrémédiable de leur relation, ils se regardèrent tous deux un moment, comme pétrifiés. Puis Lew partit, dans un nuage de poussière, et poursuivit sa tournée.

Il est facile d'imaginer Diane le regardant s'éloigner. Comme son cou devait lui sembler nu, vulnérable, maintenant que la chaîne en or l'avait déserté. Elle était venue de loin pour voir Lew, et tout avait été terminé en vingt minutes de conversation tendue.

– Vous ne l'avez pas revue ? demanda Welch.

– Non. Quand je suis retourné au bureau de poste, j'ai trouvé une rose dans mon casier. Gami m'a dit que Diane était passée. D'après lui, elle souriait quand elle lui a raconté qu'elle m'avait parlé et que tout était super entre nous. Il lui a demandé de sortir parce qu'elle était pratiquement torse nu. Elle est partie ce jour-là à 13 heures et a repris l'avion pour l'Oregon.

— Vous n'avez plus jamais entendu parler d'elle ?

— Pas jusqu'à la semaine dernière, répondit Lew dont les mains tremblaient légèrement. Elle m'a appelé pour me dire... ce qui était arrivé.

— À votre connaissance, Diane possédait-elle des armes ?

— J'ai vu une carabine de 22 sur l'étagère de son placard, dans son appartement... C'est en juin 1982 que j'ai vu pour la première fois un pistolet 22, « de cible » comme elle l'appelait ; il appartenait à Steve, paraît-il. Je n'ai pas vraiment vu le pistolet, mais j'ai vu l'étui et son poids faisait un creux sur le matelas.

— D'autres armes ?

— Juste avant de partir pour l'Oregon, elle avait un 38 *et* le fameux pistolet « de cible » à l'arrière de sa voiture. Je les y ai vus tous les deux.

— Combien de temps avant son départ ?

— La nuit juste avant...

Le visage d'Alton resta impassible tandis qu'il posait d'autres questions pour s'assurer que le témoin avait bien vu le 22 dans la voiture de Diane. Lew décrivit la Nissan rouge ; il la connaissait bien. Les armes – le 38 et le 22 – étaient en évidence sur la moquette, derrière le siège arrière.

Diane avait dit aux inspecteurs qu'elle avait d'abord offert le 22 à Lew « parce que Steve le menaçait », mais que son amant l'avait refusé. « Je l'ai mis derrière le siège, dans la camionnette de Steve, la semaine suivante, avant de partir pour l'Oregon. »

Le raisonnement de Diane était pour le moins tortueux. Elle avait offert le 22 à Lew pour qu'il puisse se protéger de la jalousie de Steve Downs. Et, contrairement à sa première intention, elle avait donné l'arme à l'homme qu'elle jugeait dangereux, à savoir Steve.

Lew n'avait jamais vu Diane se servir d'une arme à feu, mais elle l'avait défié une fois de tirer dans une cible.

— Nous ne sommes jamais allés au stand de tir ensemble. Elle est allée à la chasse une fois, avec deux types du bureau de poste – Jack Lenta et Bob Barton. À l'époque elle avait... euh... un fusil de chasse.

— Vous y connaissez-vous en armes, Lew ? demanda Welch.

– Ah ! Je les connaissais mieux à l'époque où j'étais au Vietnam. Depuis que j'en suis revenu – en 1969 – je n'y touche plus. Je n'en possède pas. Et je n'ai pas l'intention d'en acheter. Ça ne me gêne pas que les autres en aient ; mais moi, je n'ai aucune raison d'en avoir. Elles ne servent qu'à une seule chose, et j'ai laissé ça derrière moi, au Vietnam.

À Eugene, Fred Hugi attendait le dernier rapport d'Alton et de Welch. Il était fasciné par Lewiston : le journal de Diane en était plein. Même les poèmes saisis dans son appartement parlaient de Lew. La plupart n'étaient que des fantaisies masturbatoires. Hugi en arrivait presque à croire que leur liaison amoureuse avait été assez puissante – peut-être des deux côtés – pour qu'ils se mettent d'accord pour éliminer les enfants.

À 15 h 15, heure de l'Oregon, Hugi décrocha le téléphone avant la fin de la première sonnerie.

– Lew n'a pas bougé d'ici, commença Alton. Des témoins l'ont vu avec sa femme dans un bar huppé de la région toute la soirée. Lew et Nora sont tous les deux de bons témoins, mais ils ont peur...

– Peur ?

Alton répéta la dernière chose que lui avait dite Lew : « Je crois que Diane a tiré sur ses enfants – à cause de moi – et j'ai peur. Pas pour moi, mais pour ma femme. Nora aussi a peur. Moi, j'ai moins peur qu'elle parce que je suis un homme, donc un peu plus carré d'épaules. Je crois que je peux encaisser une balle et sauter sur Diane avant qu'elle ne me tue. »

– Welch lui a demandé s'il la pensait vraiment capable de venir ici et de leur faire du mal, poursuivit Alton.

– Et alors ?

– Il a répondu : « Je crois que si elle s'en sort, si elle est déclarée non coupable d'avoir tiré sur ses enfants... il y a de fortes chances pour qu'elle vienne ici et s'arrange pour que quelque chose arrive à Nora. Et si je ne retourne pas vivre avec elle à ce moment-là, je suis sûr qu'elle s'arrangera pour qu'il m'arrive quelque chose, à moi aussi. »

– Il avait l'air sûr de lui ?

– Oui. Ils vivent pratiquement cachés ici à présent.

Les morceaux du puzzle commençaient à se mettre en place. Hugi se sentit encore mieux lorsqu'il apprit que Lew avait vu le calibre 22 dans la voiture de Diane, la nuit avant son départ pour l'Oregon.

Le substitut du procureur s'aperçut que le tableau que Diane avait dépeint au départ, pour les enquêteurs, devait être effacé et recommencé avec des couleurs et des ombres entièrement différentes. Il y avait bien eu une liaison – Diane ne l'avait pas imaginée – brûlante et passionnée pendant plusieurs mois mais, selon Lew Lewiston, elle avait pris fin le jour du départ de sa maîtresse pour l'Oregon. Hugi comprit que Diane avait tout misé sur le fait que Lew quitterait sa femme et viendrait la rejoindre. Mais Lew ne voulait pas être père.

Voilà le mobile, si horrible qu'il fût.

17

Grandis dans l'amour et la sagesse. Souviens-toi, rien d'important n'arrive par hasard. Ne donne ton amour et ne te donne toi-même à personne qui n'en soit digne. Ensuite, aime de tout ton cœur. Et quand tu auras le cœur brisé, n'essaie pas de recoller les morceaux. C'est impossible. Accepte la douleur et apprends ce qu'elle a à t'enseigner... Si tu restes bonne, pure et honnête, le bien viendra à toi...

Diane DOWNS, lettre non postée, dans son journal intime, à sa fille Jennifer, à l'occasion de son premier anniversaire : jour de la fête des Mères, le 8 mai 1983.

Fred Hugi pouvait pratiquement réciter par cœur le premier journal intime que Diane avait rédigé en Oregon. Il était censé brouiller les pistes mais elle y était transparente, à son insu. En combinant les récits du journal et les informations recueillies par Doug Welch, Paul Alton, Kurt Wuest et Roy Pond, le procureur réussit à dresser un portrait étonnamment clair de Diane Downs.

Elle loua le duplex mais ne le meubla jamais vraiment. Elle inscrivit les enfants à l'école mais Willadene s'en occupait avant et après la classe ; lorsque Diane venait les chercher, ils restaient généralement dîner.

Une des premières démarches de Diane fut de faire câbler l'appartement pour avoir la télévision. Depuis trois ans, elle regardait MTV dont les clips de chansons lentes lui rappelaient ses effusions amoureuses avec Lew.

La chanson préférée de Diane était *Hungry Like the Wolf*, de

Duran Duran. Elle avait acheté l'album *Rio* en février, lorsque Lew avait quitté Nora ; ils l'écoutaient tout le temps. Dans le clip, l'amant traque l'objet de son désir – une créature mi-femme, mi-bête – à travers la jungle et tout se termine par des cris d'orgasme bestiaux.

Diane a toujours prétendu que c'était le clip préféré de Cheryl, pas le sien. « Cheryl est une gamine très physique, et cette vidéo est très physique, avec des gens qui rampent dans la jungle. »

Ce n'était probablement qu'une coïncidence, songea Hugi, que la cassette de Duran Duran se soit trouvée dans l'autoradio de la Nissan la nuit de la fusillade.

Il acheta tout de même l'album et en étudia les paroles en détail. Il souligna des expressions et trouva des thèmes récurrents, il finit par en inscrire cinq dans son calepin :

(1) Égocentrique – Moi, je
(2) Amoureux
(3) Perdu. Seul. Effrayé. Désespéré
(4) Dilemme intérieur, conflit, confusion
(5) Prendre des risques, avoir de l'audace – Action radicale/conséquences. Violence. Prendre La Décision

Cela correspondait à l'état d'esprit dans lequel Diane Downs s'était trouvée avant la fusillade ; à part ça, la moitié des chansons qui passaient sur MTV semblaient adaptées au même type de personnalité.

En lisant son journal intime, Hugi s'avisa que Diane avait été sincèrement étonnée que Lew ne vînt pas la rejoindre en Oregon. Elle avait visiblement confondu sexualité et amour. Lewiston avait envoyé des signaux contradictoires à Diane, ce qui, pour elle, était un langage incompréhensible. « Peut-être » était la même chose que « Oui ». Et lorsque Lew avait dit : « Peut-être que je pourrais essayer », elle avait compris qu'il viendrait en Oregon pour vivre avec elle et les enfants.

Hugi parla avec des psychologues, consulta des spécialistes du comportement et lut de nombreux ouvrages pour tenter de cerner précisément la personnalité de Diane. Finalement, ce devait être lui – un profane en psychologie – qui la comprendrait le mieux, pour la bonne raison qu'il s'était complètement immergé dans sa vie. Néanmoins, tout comme l'avaient découvert les psychologues du Kentucky, il était impossible d'enfermer Diane dans un diagnostic clair.

Par de nombreux côtés, Diane – qui en voulait tant aux hommes – réagissait en homme. Hugi n'avait aucun mal à croire Lew lorsque celui-ci affirmait que son ex-maîtresse tenterait de le tuer, ainsi que sa femme. C'était bien là une réaction masculine à la frustration sexuelle. Hugi se demanda si Diane était érotomane, c'est-à-dire victime de l'illusion délirante d'être aimée.

Certains hommes préféreraient tuer la femme qu'ils convoitent plutôt que de la laisser à un autre. Ils traquent l'objet de leur désir, l'attendent, le submergent de fleurs, de lettres et de coups de téléphone. Au cours de ses recherches, Hugi découvrit que c'était un trouble psychologique presque exclusivement masculin. Les femmes font plutôt une dépression, parfois même se suicident, mais il ne trouva qu'un seul cas où une femme avait eu recours au meurtre parce qu'elle ne pouvait avoir l'homme qu'elle aimait.

Ou bien était-il possible que Diane – qui semblait considérer ses enfants comme « une partie d'elle-même » – eût voulu les tuer pour les offrir en une sorte de sacrifice sur l'autel de son amour pour Lew ? Un suicide symbolique, mais qui la garderait intacte et en vie pour leurs retrouvailles ? Hugi, habitué à une pensée rationnelle, à des arguments logiques – et aux stricts paramètres de la loi –, se convertit aux théories susceptibles d'expliquer ce crime dément.

Selon lui, l'arme était le chaînon manquant capital de l'affaire. Il demanda à des amis psychologues ce qu'une femme comme Diane pourrait faire d'une arme. Supporterait-elle de la voir échapper à son contrôle de telle sorte qu'elle ne pourrait plus remettre la main dessus ? Ou aurait-elle besoin de la savoir cachée en lieu sûr, à sa disposition ?

Nul ne pouvait le dire. Les spécialistes n'avaient jamais rencontré de sujet comme Diane Downs.

Hugi revenait constamment au journal, y cherchant un détail qui lui aurait échappé. Et il lisait chaque nouveau rapport des inspecteurs avec le plus grand intérêt.

Les traces de Diane en Oregon n'étaient pas difficiles à suivre ; elle n'était dans la région que depuis huit semaines. Heather Plourd se souvint que lorsqu'elle avait suivi sa formation avec Diane à la poste centrale d'Eugene, elle lui avait rebattu les oreilles avec un petit ami d'Arizona qui devait bientôt la rejoindre.

Diane n'avait jamais été très proche des femmes. Les inspecteurs vérifiant ses faits et gestes en Oregon découvrirent en revanche qu'elle avait accroché tout de suite avec le personnel masculin du bureau de poste où elle travaillait. Cela confirmait-il la théorie de l'érotomanie ? Lew était le numéro un, mais apparemment, Diane ne pouvait pas résister à la tentation d'exercer ses talents de séductrice sur les hommes.

Moins d'une semaine après son arrivée, elle faisait des propositions à Cord Samuelson, un des instructeurs du bureau de poste d'Eugene. Il était grand, barbu, séduisant – et marié. Ils se retrouvèrent pour passer quelques heures agréables après le travail pendant environ trois semaines. Samuelson apprit que Diane aimait le punk-rock, le bourbon-Coca et le sexe. Mais elle ne put s'empêcher de lui chanter les louanges de Lew dès le premier jour.

– D'après elle, il allait venir s'installer à Eugene. Elle en était certaine... au début. Après quelques semaines, il devint évident que Lew ne viendrait pas et Diane s'assombrit.

Elle parlait constamment de son amour pour Lew – mais cela ne l'empêcha pas de coucher avec Samuelson. Pourquoi ? Par besoin ? Par nymphomanie ? Pour se prouver qu'elle pouvait le séduire ? Par ennui ? Ou pour chasser la peur qui affleurait à sa conscience ? Cette vieille peur de ne pas être vraiment jolie, d'être une petite fille si laide que Lew la plaquerait ?

Même pendant sa liaison avec Cord Samuelson, Diane submergea Lew de courrier, lui affirmant que l'Oregon était un paradis. Mais il ne vint pas.

Diane se vantait dans son journal de l'énorme popularité dont elle jouissait. Hugi se demanda si elle envisageait de montrer le calepin à Lew. Il pensait que oui ; Diane ne faisait jamais rien sans raison. Elle écrivit que les types du bureau de poste l'appelaient « Lady Di », « Arizona », et aussi « Belle Dame ». Un fleuriste s'était incliné devant elle en lui tendant un œillet jaune accompagné de ces mots : « Vous avez les plus beaux yeux et le plus beau sourire du monde. »

Un autre jour, elle écrivit qu'un chauffeur de taxi s'était arrêté au niveau de sa Jeep postale et lui avait demandé d'ouvrir sa fenêtre. Lorsqu'elle s'était exécutée, il lui avait tendu une fleur mauve en lui souhaitant : « Excellente journée, jolie factrice. »

Tu vois, Lew – je suis belle et tout le monde m'aime.

Hugi sentit que la panique de Diane allait croissant tandis qu'elle commençait à soupçonner que Lew ne viendrait pas la rejoindre en Oregon.

Les journées de la jeune femme devinrent mornes : le travail, les enfants, le ménage... Cord prit ses distances et les autres postiers déclinèrent ses propositions. Elle téléphona aux femmes qu'elle connaissait à Chandler, posant des questions sur Lew. Karen Batten expliqua aux inspecteurs que Diane fut désemparée lorsqu'elle apprit qu'il était retourné vivre chez sa femme.

Le journal montrait clairement que Diane tenait Nora pour responsable. Elle ne pouvait accepter que Lew eût cessé de l'aimer. Oui, pensa Hugi, Nora Lewiston pourrait bien être en danger.

Personne ne peut prendre la place que tu as laissée dans mon lit et dans mon cœur. Je crois que j'ai été ensorcelée... J'aimerais que tu viennes. Juste avant que je parte, tu as dit que tu étais trop intelligent pour te laisser prendre aux astuces de Nora. Que s'est-il passé ? Bonne nuit, mon cœur. Fais de beaux rêves.

Les écrits de Diane niaient la réalité. Elle semblait sincèrement croire que c'était elle qui avait fait tous les sacrifices, qui avait reconstruit entièrement sa vie pour Lew. Elle ne tenait aucun compte de ce qu'il lui avait dit au téléphone. Elle avait effacé tout refus de sa conscience.

Fred Hugi constatait qu'il devenait difficile de trouver une explication logique, même pour Diane – surtout lorsque les fleurs qu'elle avait envoyées à Lew par exprès lui revinrent : « Refusé par l'expéditeur. »

Les roses étaient fanées, enfermées dans la boîte intacte. Si Diane y vit un symbole, elle n'en confia rien à son journal. Mais elle garda la boîte de fleurs, la rapporta en Arizona pour la montrer à Lew, la laissa ensuite dans le coffre de la Nissan rouge. Elle y était encore lorsque Pex et Peckels examinèrent la voiture pleine de sang.

Hugi poursuivit sa lecture, stupéfait par l'aveuglement dont Diane faisait preuve.

À quel jeu joues-tu ?
Fais-tu juste semblant de continuer avec Nora pour frimer au moment du divorce ? Souffres-tu de mon absence comme je souffre de la tienne ? Ton cœur est-il en peine, de savoir que j'ai mal ?

Lew ne reçut jamais cette lettre. C'était un des nombreux messages désespérés qui composaient le journal intime de Diane. Elle avait promis qu'elle n'écrirait ni n'appellerait.

Cord Samuelson expliqua aux policiers que la dépression avait terrassé Diane. Il avait vu les lettres refusées, et la longue boîte de fleurs desséchées. Puis, inexplicablement, Diane parut rebondir. Mais sous ses éclats de rire quasi hystériques perçaient le vide et l'angoisse.

Le cahier à spirale s'était rempli. Tout y parlait de Lew. Ou de la manière dont les hommes réagissaient à la séduction, ou des sentiments de Diane. Fred Hugi remarqua que Christie, Cheryl et Danny n'y étaient presque jamais mentionnés, sauf pour rappeler à Lew qu'ils l'attendaient eux aussi avec impatience. Un dimanche, Diane écrivit qu'elle avait emmené les enfants visiter les grottes des phoques, où les animaux marins jouaient dans un site naturel creusé dans le roc par l'érosion de l'océan Pacifique. « J'ai acheté un phoque en peluche à Danny et il voulait te l'envoyer. Ils t'aiment tous les trois beaucoup. »

Comment ses enfants auraient-ils pu « aimer beaucoup » Lew ? D'après Lew, ils ne le connaissaient pas. Mais Christie savait apparemment que l'humeur de sa mère dépendait de Lew.

Hugi fit une grimace en lisant le passage où Diane renouvelait sa promesse de fidélité – à un homme qui ne voulait plus la voir... plus jamais.

« Ne doute pas de moi, mon cœur – il n'y a personne d'autre que toi. Je ne laisserai jamais personne d'autre que toi me toucher. Tu es mon homme. »

Diane avait déjà laissé Cord Samuelson la toucher ; elle ne l'avoua pas à Lew – et ne le mentionna pas dans son journal. Elle citait occasionnellement Samuelson, mais uniquement comme un ami.

Les textes semblaient écrits par une femme émotionnellement instable. Un jour elle semblait suicidaire ; le lendemain elle formait mille et un projets exubérants.

Le 27 avril, Diane confia à Lew, par l'intermédiaire de son journal, qu'elle avait une chance d'obtenir une promotion à la poste. « Je m'en doutais... depuis le début – mais je te le réservais. » Elle monta d'un échelon et fut transférée d'Eugene à Cottage Grove. Son récit était enthousiaste et optimiste.

Le lendemain, elle s'envola pour l'Arizona dans l'intention de rendre sa chaîne en or à Lew. Elle ne s'absenta que vingt-quatre heures, d'après les horaires d'avion. Hugi prit note de ceux-ci, étonné de la rapidité avec laquelle cette femme tourbillonnait, parcourant mille kilomètres dans la journée pour revenir le lendemain.

Lorsque Diane rentra, elle réorganisa les événements du voyage pour son journal et les « raconta » à Lew sous forme de lettres.

Vendredi 29 avril 83

Je suis rentrée à la maison !

Seigneur ! quel voyage épuisant. Oh, Lew ! je suis si contente d'être venue. J'ai tant appris. Je suis heureuse à nouveau, et tellement satisfaite.

Tu m'aimes, Lew – et c'est la seule chose que j'avais besoin de savoir... Je sais que tu m'aimes.

Je suis un peu triste que Nora ait réussi à te convaincre que les enfants seraient un fardeau pour toi parce que je sais que ce n'est pas vrai. Ils sont extrêmement indépendants et réclament très peu d'attention...

Hugi secoua la tête. Une fois de plus, Diane n'avait pas écouté un mot de ce qu'avait dit Lew.

Finalement, elle se retrouva seule avec ses enfants. Elle avait souvent affirmé à Lew que les gosses se débrouillaient seuls. Elle dut être quelque peu étonnée de voir la quantité d'attention dont ils avaient besoin, tandis qu'elle vivait avec eux quotidiennement.

Le journal changea de façon spectaculaire le 5 mai 1983. Diane écrivait, toujours dans sa « lettre » quotidienne à Lew :

Je crois que pour la première fois aujourd'hui, j'ai compris à quel point je voulais devenir quelqu'un. Je veux être plus importante que Gami et que Bob Dunn. Je veux pouvoir les regarder de haut... Le nom de mon père a beaucoup d'influence ; je présente bien et je suis intelligente. Sans parler du fait que je commence à connaître les personnes qu'il faut... En temps voulu, les gens me connaîtront de nom et de vue, Lew.

Sur ce point au moins, elle avait raison, pensa Hugi.

Il avait lu trop longtemps le journal intime de Diane. Il en avait le vertige ; il était las des émotions changeantes de son auteur.

Après avoir déclaré son amour pour Lew dans de nombreuses lettres, elle finit par lui reprocher d'être incapable de prendre une décision. Du coup, il devint responsable de tous leurs problèmes. Elle l'accusait même de tromperie. Or Lew avait bel et bien pris une décision. Mais elle ne pouvait l'accepter.

Diane se sentait seule, sexuellement frustrée et triste. Tandis que le journal progressait vers le dernier texte, elle commença à manifester sa colère. Attentif, Hugi capta le passage de la passivité à l'agressivité.

Oh ! Lew, ça m'attriste mais je crois qu'il est temps de dire les choses telles qu'elles sont − plutôt que de les garder à l'intérieur... c'est tellement beau. Et je pense que tu fais un bel idiot.

Vint le mois de mai, et elle était toujours seule.

L'anniversaire de Jennifer coïncidait avec la fête des Mères. Ce jour-là, Diane écrivit à sa dernière-née, et non à Lew, une longue lettre pleine de conseils victoriens se terminant par : « Au revoir, Jennifer. Je t'aime. J'espère que beaucoup de bonnes choses t'arriveront. Sois sage et gentille. Sois toujours honnête. Ne mens ni ne triche jamais. Peut-être un jour aurai-je l'occasion de te rencontrer (bien que j'en doute) et ce jour-là, j'espère que je te verrai heureuse et en bonne santé. »

Après avoir lu le journal bon nombre de fois, Hugi eut la certitude que le texte bifurquait à nouveau à un moment donné, comme si sa rédactrice avait pris une décision soudaine. Le changement se produisait brutalement, le mercredi 11 mai 1983. Christie, Cheryl et Danny devenaient alors le centre des lettres, comme si Diane avait découvert sans crier gare qu'elle avait trois enfants :

Eh bien ! mon cœur, j'adore bavarder avec toi, mais j'ai ma propre vie ici. J'ai trois superbes enfants que j'aime plus que tout. Je crois même que je les aime plus que toi, maintenant. Ils sont de mon côté... quoi qu'il arrive. Danny dit qu'il est mon meilleur copain, et je suis sa meilleure copine. Il n'arrête pas de m'embrasser et de me serrer dans ses bras. Chaque matin, lorsque je pars travailler, il me fait un signe de la main en disant : « Au revoir, maman. Viens me chercher après ton travail. Je t'aime. » Il est adorable – et toujours si heureux.

Christie et Cheryl sont merveilleuses à leur façon. Chris est si intelligente. Elle a d'excellentes notes en classe et ne demande qu'à m'aider... Elle a fait un dessin... Tu ne croiras jamais ce qu'elle a dessiné. Toi ! Elle t'a dessiné, avec moi dans la bulle de tes pensées. Pas bête, hein ? Elle est si brillante. Je parie qu'elle deviendra avocate quand elle sera grande. Cela fait presque un an maintenant qu'elle en parle.

Et Cheryl est pleine d'une énergie bouillonnante. Elle est si agile ! Toujours en train de faire des acrobaties et des sauts. J'envisage de l'inscrire à des cours de gymnastique... Elle est aussi adorable et câline que Danny. Lorsque j'arrive chez ma mère après le boulot, elle veut toujours s'asseoir sur mes genoux et rester près de moi. Et c'est elle qui pense toujours à me donner des fleurs...

Diane croyait aimer ses enfants plus que Lew ! Cette idée était entièrement nouvelle pour elle – un éclair soudain qui valait la peine d'être noté. Elle aimait ses enfants plus que son amant perdu !

Hugi changea de position sur sa chaise. Le sursaut d'amour maternel était un peu trop énergique pour être honnête.

Diane évoquait leurs balades à Hendricks Park pour voir les fleurs, à la rivière et à la plage.

J'ai décidé que j'allais de nouveau emmener les enfants à la plage. Ils ont adoré ça la dernière fois, et je leur avais

166

*promis que nous y retournerions dans un mois. Bien sûr, ça
ne fait que trois semaines, mais pourquoi attendre ?*

Hugi poursuivit sa lecture et un frisson le secoua quand il lut
une phrase – d'apparence inoffensive – dans le cahier à spirale :

*Oh ! J'ai trouvé une magnifique licorne de bronze dans une
vitrine. Je vais l'acheter pour Christie, Cheryl et Danny.
Ensuite, je la ferai graver. Je sais que ça leur plaira.*

Diane se procura la licorne le 12 mai et la porta à graver,
précisant qu'il la lui fallait pour le 13 mai. Pourquoi ? Ce n'était
l'anniversaire de personne. Aucune commémoration que Hugi
pût deviner.

Vendredi 13.

Le vendredi, Diane apporta au bureau de poste de Cottage
Grove le gâteau qu'elle avait confectionné, alors que c'était son
jour de congé. Puis elle conduisit les enfants au bord du Pacifique. La journée entière est décrite par le menu dans son
journal : gris et nuageux le matin, le temps est devenu ensoleillé
à partir de midi. Ils ont joué au cerf-volant, Cheryl a trouvé une
pince de crabe, Christie a ramassé des coquillages et Danny s'est
amusé à creuser des trous dans le sable et à regarder les vagues
les remplir.

Hugi ne voyait là rien de sinistre.

Diane écrivit qu'elle n'avait pu trouver un endroit où allumer
un feu de camp, et que tout le monde avait faim. Ils prirent le
chemin du retour, s'arrêtant de temps en temps tandis qu'elle
cherchait l'endroit parfait. La route était longue et les enfants
fatigués. Pourtant, Diane ne retourna pas à la maison de
Q Street ; elle se dirigea vers les berges de la rivière McKenzie.
Ils ne restèrent pas longtemps ; Cheryl suppliait qu'on rentre,
elle avait besoin d'aller aux toilettes.

Diane alla chercher son neveu Israel – elle avait promis de le
garder – et, inexplicablement, elle retourna avec les enfants
épuisés à Hendricks Park. Les arbres projetaient des ombres
épaisses. Puis ils retournèrent sur les berges de la rivière où
Diane dut guider les enfants dans la lumière grise du crépuscule.
Elle continua à rouler de-ci, de-là, ne ramenant les enfants à la
maison qu'à la nuit noire, pour les coucher.

Le regard de Hugi passa du journal à la photo que Jon Peckels avait prise de la licorne trônant sur le poste de télévision. Pourquoi était-il si important qu'elle fût gravée de la date « 13 mai 1983 » ? Quelque chose devait-il se passer ce jour-là qui ferait de cette date un symbole ? Bon sang ! C'était tellement évident... La licorne devait garder le souvenir de ses trois enfants, censés mourir le 13 mai.

Rien de grave ne s'était passé. S'il y avait eu un projet, il avait avorté. Provisoirement.

Si Diane avait été capable de subtilité, son journal aurait pu être un chef-d'œuvre. Hugi le vit comme un alibi anticipé : elle s'était arrangée pour que les flics connaissent son existence – et il était, dans sa seconde moitié, un hymne à la maternité. Quiconque le lisait pouvait croire que Diane se serait saignée aux quatre veines pour ses enfants.

Mais ensuite, le substitut du procureur lut la déposition, recueillie par Roy Pond, d'une voisine de Wes et de Willadene Frederickson. Personne, en dehors de la famille, n'avait beaucoup vu les enfants de Diane. Mais cette voisine, Sada Long, avait parlé à Cheryl Downs la veille de sa mort.

Elle décrivit à Pond une petite fille aux longs cheveux caramel qui s'était approchée pendant qu'elle était agenouillée, à désherber ses parterres de fleurs. Sada Long leva les yeux vers Cheryl – une fillette maigrichonne avec un sourire nerveux, qui lâchait un flot de paroles décousues.

– Je m'appelle Cheryl. Ma grand-mère habite là. Mon père est en Arizona. Ma maman et mon papa sont divorcés... J'ai peur de ma maman... On est allés au parc hier soir, et ma maman s'est cachée derrière un arbre et m'a fait peur.

Mme Long s'était assise sur ses talons et avait regardé la fillette avec attention.

– Peut-être que ta maman jouait à cache-cache avec toi ?

– Quand elle m'a sauté dessus ?

– Oui... Peut-être que ce n'était qu'un jeu ?

– Oui... Sans doute... J'aime bien ce T-shirt, j'aimerais bien en avoir un comme ça.

– Eh bien ! va demander à ta grand-mère quelle taille tu fais. Peut-être que je pourrai t'en trouver un.

La fillette partit en sautillant mais ne revint pas.

Sada Long fut horrifiée lorsqu'elle entendit aux informations que Cheryl était morte, assassinée. Elle crut bon d'informer les autorités de sa brève rencontre avec l'enfant, cela pouvait être important. Ça l'était. Personne d'autre ne mentionna les terreurs de Cheryl Downs.

D'après le journal de Diane, la dernière semaine avant la fusillade avait été banalement normale. Presque ennuyeuse, pensa Hugi. Elle parlait de la lessive, du nettoyage de la salle de bains, le dimanche 15. Elle avait de nouveau emmené les enfants à la rivière ce soir-là.

Wes et Willadene se rendirent à Seattle pour assister à une réunion au début de la semaine. Ils revinrent à temps pour aider Kathy à faire ses bagages. Elle retournait en Oklahoma où son mari – avec qui elle s'était brouillée – l'attendait.

Deux jours avant la fusillade, Diane maudissait Lew dans son journal, mais une page après, elle l'adorait. Elle l'attendrait, toujours s'il le fallait. « Tu me manques, Lew et je t'aime. Où es-tu ? Pourquoi n'es-tu pas ici ? Nous étions si heureux. »

Christie rapporta à la maison le petit bouquet de roses en papier crépon – de toutes les couleurs, même violettes –, un cadeau pour sa maman.

Ils allaient à la rivière presque tous les soirs. Diane écrivait que les gosses adoraient ça.

Le jeudi 19 mai, elle fit la vaisselle après le dîner puis téléphona à une collègue, Barb Ebeling, en Arizona. Elle lui confia que la façon de faire l'amour de Lew lui manquait plus qu'à l'ordinaire. Diane pleura un peu et vanta les prouesses sexuelles de son ex-amant. « Ce type peut jouir trois fois en une soirée ! » Barb était gênée ; elle ne connaissait pas intimement Diane et ne se sentait pas à l'aise sur des sujets aussi personnels.

Diane bavarda pendant près d'une heure, selon Barb. Hugi vérifia l'emploi du temps. C'était juste après ce coup de fil qu'elle avait dit aux enfants de monter en voiture pour aller faire une promenade...

Il regarda le cahier. Rien au 19 mai.

À part la date : « Jeudi 19 mai 83 ».

Le reste de la page était vierge. C'était la fin du journal.

18

Huit jours après la fusillade, Doug Welch et Paul Alton parlèrent avec Stan Post, à Chandler. La répugnance que Diane
avait souvent manifestée envers Post, l'ami et parfois l'employé
de son mari, semblait réciproque.

Diane avait dit aux enquêteurs que Post était « un passionné
d'armes à feu ». Welch et Alton songèrent qu'il était peut-être
le seul à connaître le sort du Ruger calibre 22, mystérieusement
manquant. Ils ne se trompaient pas. Post leur expliqua que Steve
Downs et lui avaient partagé une maison trois ans plus tôt, avec
un certain Billy Proctor. Le semi-automatique appartenait à
Proctor ; Post lui-même avait tiré deux ou trois mille balles avec
cette arme.

— Où est-elle à présent ? demanda Welch.

— Steve l'a prise à Proctor, répondit-il en rougissant. À ma
connaissance, il l'a gardée un certain temps, puis on la lui a
piquée.

Alton lui tendit deux photos en couleurs d'un Ruger avec un
canon de quinze centimètres.

— Ça ressemble exactement à l'arme de Proctor, affirma Post.
Mais la sienne avait un viseur adaptable, celle-ci n'en a pas. Il
y a trois ans, Mike Hickle et moi sommes partis à la chasse au
Ranch 96 et au Freeman Ranch. J'ai tué sur un porc-épic qui
devait peser dans les dix-huit kilos... J'ai dû tirer une vingtaine
de fois pour le faire tomber de l'arbre. J'utilisais le Ruger 22 de
Proctor.

La recherche des restes du porc-épic mena Paul Alton et Doug
Welch dans le désert – jusqu'au Ranch 96, près de Florence. En
compagnie des policiers de Chandler, ils se dirigèrent au sud-est
en 4 × 4. Les routes devenaient de plus en plus étroites et de

moins en moins praticables ; au bout d'un moment, il n'y eut même plus de route. Ils continuèrent pendant des kilomètres en plein désert. La chaleur était accablante. Les policiers de Chandler portaient d'épaisses bottes et des jambières pour se protéger des serpents. Alton et Welch n'avaient qu'un jean et des tennis légères, des lunettes de soleil mais pas de chapeau. Lorsque la voiture fut forcée de s'arrêter, ils descendirent et poursuivirent à pied. Mike Hickle ouvrait la marche. Tout à coup, il cria :

– Un serpent !

C'était un serpent à sonnette de près de deux mètres de long. Welch, qui avait une peur panique des reptiles, venait de descendre du 4 × 4.

Les flics arizoniens éclatèrent de rire. Stan Post visa le serpent avec son 45 et la bête fut décapitée.

Ils rencontrèrent encore des serpents et autres scorpions et tarentules, entre les cactus hérissés de piquants, sous un ciel impitoyable, mais aucun porc-épic.

Stan Post s'était servi du 22 dans d'autres coins, aux alentours de Chandler, dans une carrière de cailloux et dans des aires de tir non officielles.

– Il reste peut-être des douilles vides dans mon vieux pick-up. J'ai souvent tiré avec le Ruger en me tenant près de la portière ouverte. Ce pistolet éjectait vers la droite et je suis absolument certain d'avoir vu une bonne poignée de douilles dans la camionnette avant de la vendre.

– Vous l'avez vendue ? demanda Welch d'une voix où perçait la déception.

Quelques douilles aussi précieuses que des diamants étaient peut-être encore nichées quelque part dans un pick-up qui avait été vendu !

– Ouais ! En octobre 1981.

Les renseignements informatiques indiquèrent que le véhicule, un pick-up Ford Ranger noir, avait été acheté par un Mexicain qui demeurait à Phoenix. Il l'avait lui-même revendu à un certain Jesse Pinon qui vivait dans une réserve indienne avoisinante. Les policiers de Chandler allèrent jusqu'à Phoenix pour tenter de retrouver la trace du pick-up. Mais deux années s'étaient écoulées. La camionnette avait été vendue et revendue ; le dernier propriétaire enregistré l'avait embarquée au Mexique. Personne n'était sûr de l'endroit où elle se trouvait.

Cette nouvelle ne fut pas aussi décevante pour Fred Hugi

qu'on aurait pu s'y attendre. Chuck Vaughn venait juste de l'appeler pour lui annoncer une excellente nouvelle : il avait découvert une correspondance très curieuse dans les analyses balistiques. Enthousiaste, Hugi marqua de sept étoiles rouges les notes de sa conversation abondamment soulignées, et inscrivit : « Aucun doute ! »

Vaughn et Jim Pex avaient remarqué que certaines des cartouches prélevée par Tracy sur le fusil Glenfield 22 de Diane avaient, à une époque, été insérées dans l'arme qui avait tiré sur Christie, Cheryl et Danny !

Le fusil n'était pas l'arme du crime, mais les cartouches qui se trouvaient à l'intérieur avaient été à un moment ou à un autre chargées dans le Ruger.

Hugi exultait. Ces découvertes balistiques écartaient définitivement la possibilité d'un tir hasardeux ; il faudrait une sacrée dose de mauvaise foi pour prétendre qu'un étranger aurait pu avoir accès à la fois au fusil et au Ruger de Diane. Qu'allait-elle répondre a cela ? Que quelqu'un s'était glissé dans son appartement et avait mis ces cartouches dans son fusil – des cartouches qui étaient passées dans l'arme qui avait tué ?

Les rainures indiquaient que les cartouches avaient été chargées dans les deux armes. Pas tirées, uniquement chargées et déchargées. Quelqu'un – homme ou femme – avait changé d'avis et remis les cartouches dans leur arme d'origine ? Ou cela avait-il été un jeu ? Quelqu'un assis dans un canapé – indécis peut-être, ou s'ennuyant simplement – jouant avec une arme, inconscient du fait que de minuscules rainures s'imprimaient sur les cartouches non utilisées ?

Fred Hugi eut le sentiment qu'il avait découvert une preuve matérielle amplement suffisante pour compenser les nouvelles décevantes en provenance d'Arizona. Mais Vaughn l'avertit : expliquer cette découverte aux membres du jury ne serait pas une tâche aisée, car les photos ne révélaient pas l'aspect tridimensionnel des marques laissées par l'extracteur et l'éjecteur du Ruger. Pex, Vaughn et Hugi pouvaient voir ces marques comme le nez au milieu de la figure, mais un jury non averti les verrait-il ? Cela n'entama pas l'enthousiasme du procurcur. L'affaire commençait enfin à prendre tournure.

Quant à la localisation d'une balle tirée avec le Ruger des Downs, les appels arrivant tous les soirs de Chandler n'étaient pas optimistes. Il existait encore une possibilité de trouver une balle ou une douille sortie du fameux pistolet : celle que Diane avait tirée dans le sol de la salle de bains du bungalow, lors d'une crise de folie, au mois de septembre.

Alton téléphona : tous les spécialistes du coin étaient injoignables pendant le Memorial Day.

– Ils ne peuvent pas déplacer le bungalow avant mardi – et il y en aura pour mille dollars...

Hugi lui assura que le procureur Horton avait accordé les fonds pour déplacer le bungalow de Diane.

– Allez-y ! dit-il.

– On pourrait essayer de ramper... si on arrive à trouver quelqu'un qui vaporise un insecticide sous la maison, reprit Alton. Les bestioles sont mauvaises par ici.

En fait, ils rampèrent sous le bungalow sans insecticide. Attendre les aurait retardés jusqu'à la semaine suivante ; et un insecticide aurait pu les tuer en même temps que les bestioles.

Le 28 mai, Welch et Alton, accompagnés des policiers de Chandler Bobby Harris, Ed Sweitzer et Reed Honea, passèrent prendre Steve Downs et se dirigèrent vers le bungalow abandonné de Diane. À quelques kilomètres en dehors de la ville, la porte d'entrée grandiose du parc de Sunshine Valley apparut. Au-delà, une oasis fermée par des barrières dont chaque espace était occupé.

Le 1850, Arizona Avenue était méticuleusement entretenu. Les inspecteurs longèrent une allée bordée de palmiers, passèrent devant la salle commune et la piscine. Les résidents leur lancèrent des regards curieux.

Le bungalow de Diane se situait dans la dernière allée du parc. Là, les jardins semblaient plus utilitaires, les petits camions et les tricycles d'enfants étaient restés où on les avait laissés. Le bungalow n'appartenait plus à Diane ; lorsqu'elle avait cessé les paiements, les constructeurs avaient repris leur bien, mais ne l'avaient pas encore réparé.

Le silence était presque surnaturel à l'intérieur. Les murs et les sols portaient la marque des haches des pompiers, des lambeaux d'isolation fondue pendaient du plafond dévasté. Les accoudoirs des meubles du salon étaient éventrés et laissaient voir leur rembourrage. Une épaisse couche de poussière du désert et de cendre recouvrait le tout.

Doug Welch regarda le couloir noirci et son imagination fit le reste. Danny, qui ne remarcherait probablement jamais, avait couru dans ce couloir et sauté sur le matelas à eau. C'était le bungalow où Diane affirmait que les quatre mousquetaires avaient passé un merveilleux été. Il ne restait plus la moindre trace de bonheur, seulement la désolation.

La température dépassait allégrement les quarante degrés.

Welch remarqua un livre qui traînait par terre ; ses pages étaient noires de suie : *Comprendre vos émotions.*

Steve Downs les conduisit à la salle de bains et leur indiqua le trou, à peine visible dans le lino à motifs. Welch se mit à quatre pattes, en quête de la douille.

– Vous donnez pas cette peine, fit Downs. Le mur entre la salle de bains et la chambre à coucher est neuf. L'ancien a été abattu après l'incendie.

Welch en eut la chair de poule. Cela voulait dire qu'ils allaient devoir se glisser *sous* le bungalow pour chercher la balle, sans aucune certitude de la trouver. Au moins, dans le désert, on voyait les serpents et les bestioles qui rampaient sur le sol.

Ils retirèrent la protection métallique sous le bungalow, dégageant le vide sanitaire sous le plancher. Quelque chose de vivant fila a toute vitesse, dérangé par la lumière soudaine. Welch enfila une combinaison de mécanicien avant de se mettre à ramper ; il aurait chaud mais serait mieux protégé contre les serpents. Il glissa sur le dos jusqu'à l'endroit situé sous la salle de bains.

Paul Alton passa un portemanteau en fil de fer peint en blanc par le trou du plancher de la salle de bains. Welch guida la sonde métallique de fortune à travers la couche d'isolant jusqu'à ce qu'elle touche le sol. Avec un peu de chance, la balle serait encore dans le sable à l'endroit où pointait la sonde.

Rien.

Sous le bungalow, une couche de débris composée de noix, de boulons, de clous, d'agrafes, de morceaux de bois carbonisés et d'isolant fut entièrement grattée par les policiers de Chandler. Welch passa le tout au tamis dans l'espoir d'y voir apparaître une balle de calibre 22.

Rien.

Juste avant 18 heures, ils s'arrêtèrent. Cinq heures passées à creuser, tamiser, sonder sans résultat. Alton et Welch retournèrent à leur hôtel. Ils firent un tour à la piscine pour se rafraîchir et sentirent immédiatement les regards curieux posés sur eux. Leur visage et leurs mains étaient bronzés – le reste de leur corps était tout blanc. La peau pâle et couverte de taches de rousseur de Welch commençait à cloquer. Le lendemain était le Memorial Day, mais ils n'avaient pas d'autre projet, pour ce jour férié, que de creuser.

Ils s'y mirent à 7 heures du matin.

La température atteignait quarante-six degrés à l'extérieur du bungalow et cinq de plus au-dessous.

La transpiration transformait la poussière sur leur visage en une couche de boue, et chaque inspiration était un calvaire. Des toiles d'araignées couvraient leur nez, leurs yeux, leur bouche. Quelque chose fila sur le visage de Welch, quelque chose avec des pattes. Il frissonna mais ne bougea pas.

– Pendant que je rampais dans le sable, là-dessous, dans le noir, je me suis souvenu du serpent à sonnette du désert. J'ai eu la chair de poule sous mes cloques, se souvient Welch avec un sourire. Je me suis dit qu'on devrait essayer un autre angle d'approche. J'ai détordu le fil de fer jusqu'à ce qu'il forme une sonde parfaitement droite et je l'ai laissé trouver sa propre direction à travers le trou et le panneau de particules isolant, jusqu'à ce qu'il touche le sol. Ce n'était qu'à cinq centimètres de l'endroit où nous avions cherché la veille. Nous sortions à tour de rôle pour nous asperger d'eau et nous redresser. L'air avait un goût de paille chaude.

Alton préleva une petite motte de terre du sol sombre. Rampant sur le ventre, il la ramena en la serrant contre sa poitrine. Ils versèrent l'eau d'une Thermos sur la poignée de terre. Un éclat métallique apparut. Ils le passèrent au détecteur de métal ; c'était bien du métal.

Du plomb.

La balle de 22 que Diane avait tirée au cours d'une crise de rage huit mois plus tôt reposait au creux de la paume de Paul Alton. Ils se mirent à faire des bonds comme des prospecteurs du désert venant de découvrir un filon, poussant des cris de joie. C'était une balle à jaquette de cuivre, comme certaines de celles trouvées en Oregon.

Mais elle avait traversé le panneau d'aggloméré du sol du bungalow avant d'aller s'écraser dans le sable et était déformée. L'acidité du désert avait érodé le cuivre et attaqué les rainures nécessaires à Jim Pex pour établir ses comparaisons.

Alton enveloppa la pièce à conviction dans un mouchoir en papier bleu et la garda sur lui. S'il demeurait suffisamment de marques sur la balle qui était restée enterrée dans le désert brûlant, sous le bungalow de Diane, si ces marques s'avéraient identiques à celles des balles retirées du corps des enfants, ce serait la preuve irréfutable que la même arme avait tiré.

Il téléphona immédiatement à Hugi.

– On l'a trouvée ! La balle sous le bungalow ! Je la tiens dans ma main pendant que je vous parle !

Alton expliqua qu'elle était encore recouverte de terre. Il n'y toucherait pas, la traiterait comme une pierre précieuse jusqu'à son retour en Oregon.

Si elle correspondait, Fred Hugi savait qu'ils auraient assez de preuves pour arrêter Diane. Sans autres éléments, les marques laissées par l'extracteur sur les balles saisies dans son placard risquaient d'être problématiques – trop difficiles à expliquer à un jury. Mais en combinant ce qu'ils avaient déjà avec la balle de Chandler, ils étaient sûrs d'y arriver !

Leur moral était remonté mais, pour plus de sécurité, Welch et Alton continuèrent à chercher des petites douilles de 22. Ils visitèrent des centaines de lieux de tir autour de Chandler. Ils mirent en sachet tout ce qu'ils trouvèrent pour le ramener au laboratoire de la Criminelle. Ils firent réagir tous les portiques de détection à l'aéroport de Phoenix : ils montrèrent les volumineux paquets de futures preuves au chef de la sécurité de Sky Harbor et purent embarquer.

Louis Hince les accueillit à l'aéroport d'Eugene. Les balles et les douilles furent immédiatement apportées au labo. La « balle du bungalow » était sérieusement endommagée. Les autres balles et douilles avaient autant de valeur qu'une liasse de billets de loterie : une sur un million pouvait être payante.

Hugi attendit les résultats du labo comme un futur père devant la salle d'accouchement.

D'après Pex, la balle déformée avait pu être tirée par l'arme qui avait atteint Cheryl, Christie et Danny, mais il ne pouvait en avoir la certitude absolue.

Aucune des autres balles trouvées en Arizona ne s'en approchait, même de loin.

– Certains criminologues diront « oui » pour la balle trouvée sous le bungalow. D'autres ergoteront à l'infini. On ne peut pas parier là-dessus. Les calibres 22 sont très courants, expliqua Alton dont la déception s'atténuait avec le temps.

Le 1ᵉʳ juin, douze jours après la fusillade, Fred Hugi se remémora les paroles de Diane : « Je deviens de plus en plus forte. »

Elle l'était mais elle ne le savait pas encore ; ils venaient de perdre leur meilleure pièce à conviction.

– Profitons de notre faible avantage, suggéra Paul Alton au cours de la réunion matinale du lendemain. Diane Downs ne sait pas que la balle est en si mauvais état. On n'a qu'à lui dire qu'elle correspond aux autres et elle crachera le morceau.

Ils envisagèrent la proposition, la tournant et la retournant dans tous les sens. Ce n'était qu'une vieille technique policière. Il valait mieux trouver un autre moyen...

D'un jour à l'autre, la chance pouvait tourner à leur avantage. Ils n'avaient aucun moyen de savoir à ce moment-là qu'elle se montrerait capricieuse – voire nulle.

19

Le 1er juin 1983, Kathy et son bébé Israel avaient quitté la maison de Wes et Willadene, mais le jeune frère de Diane, Paul, était revenu vivre dans la maison paternelle. Il habitait jusque-là avec un des frères de Wes, mort subitement en lui léguant vingt-cinq mille dollars pour ses études.

Diane avait presque vingt-huit ans mais, chez son père, elle devait obéir comme au temps de son adolescence. Elle n'avait pas le droit de boire ; pas le droit de sortir le soir. Elle continuait à enregistrer ses réflexions, complétant ses cassettes par des commentaires écrits dans un grand livre de comptes. Sa colère se manifestait par ces deux voies. Elle avait coopéré avec les inspecteurs et voilà qu'ils ne la croyaient plus. Elle les soupçonnait de vouloir la forcer à admettre des choses suspectes.

Dès lors, Diane se rebiffa lorsque les policiers lui demandèrent son aide. Elle refusa de donner son accord pour une intervention chirurgicale mineure qui aurait permis de prélever des fragments de balle dans l'épaule de Christie, elle refusa qu'on prenne des photos des blessures de ses enfants.

Les enquêteurs en prirent tout de même. Diane s'emporta contre Dick Tracy. Wes Frederickson précisa toutefois à l'inspecteur que sa fille était prête à se soumettre au détecteur de mensonges. Une assignation à comparaître devant le Grand Jury fut présentée à Diane un après-midi, alors qu'elle rendait visite à Danny. Elle apprit que son test au détecteur de mensonges était prévu pour le jour mêmc. Ils exagéraient, pensa-t-elle.

Le Grand Jury est une institution qui remonte au XIIe siècle britannique : c'est la seule procédure légale qui se tienne à huis clos aux États-Unis. Souvent critiqué pour son obsolescence et son injustice – c'est un instrument conçu pour favoriser la partie civile –, le système du Grand Jury permet à des membres sélectionnés du public de se réunir pour décider si un suspect doit être mis en accusation ou non. Le rôle du juge se limite à maintenir l'ordre. Les avocats de la défense et les journalistes ne sont pas admis. (Les témoins peuvent toutefois demander l'autorisation de quitter la salle pour consulter un juriste.) Seuls l'avocat de la partie civile et les témoins – tous ayant juré de garder le secret – sont admis dans la salle.

Le Grand Jury du comté de Lane siégea une première fois pour discuter de l'affaire Downs à la fin du mois de mai 1983. Il devait se réunir – présidé par une mère de famille d'Eugene, Claudia Langan – une ou deux fois par mois pendant beaucoup plus longtemps que prévu. Les témoins prêtèrent serment, témoignèrent et furent remerciés. Personne ne savait ce qu'ils s'étaient dit.

Lorsque Wes entendit parler de l'assignation à comparaître devant le Grand Jury, il eut le sentiment qu'il était grand temps que Diane prenne un avocat. Un pasteur lui recommanda Jim Jagger, un homme très actif au sein de l'Église. James Cloyd Jagger, trente-huit ans, était le père de deux enfants qui avaient à peu près le même âge que ceux de Diane. Avocat rusé et compétent, il exerçait depuis bien plus longtemps que Fred Hugi.

Sympathique et ouvert, il arbore un petit air malicieux comme s'il connaissait quelque secret ignoré de tous, s'habille sans recherche et laisse ses épais cheveux bruns en bataille. Il sourit beaucoup. Rien ne lui échappe. Son taux d'acquittements est élevé.

Diane ne comparut pas immédiatement devant le Grand Jury. Elle ne devait pas le faire avant plusieurs mois. Il était impensable qu'une victime refuse de paraître devant le Grand Jury. On n'avait jamais vu ça. Comment un procureur était-il censé agir au nom de la victime si celle-ci ne venait pas témoigner des dommages subis ?

Le procureur Pat Horton interrogea Jim Jagger sur cette étrange attitude et l'avocat biaisa : « Vous savez qui a tiré sur les enfants et je le sais aussi », déclara-t-il.

Jagger décréta également qu'il n'y aurait pas de détecteur de mensonges selon le bon plaisir du comté. Mais il arrangea une session privée. Diane échoua. Personne n'en sut rien.

Jagger avait immédiatement cerné l'imprudence de sa cliente, son incapacité à se taire – même lorsque parler la mettait en danger. Il insista pour qu'elle le consulte avant de s'adresser à la police ou aux médias. Elle promit, mais elle détestait les conseils, particulièrement ceux venant d'un homme.

Jagger écrivit à l'hôpital McKenzie-Willamette : « Par cette lettre, Mme Downs demande que les autorités de la police et de la Protection de l'enfance ne puissent avoir accès à la chambre de Mme Downs, ou à celles de ses enfants, et que les services de police et du procureur, comme le personnel de l'hôpital, cessent immédiatement et s'abstiennent à l'avenir de questionner ou d'interroger les enfants mineurs de Mme Downs et/ou Mme Downs elle-même concernant les événements relatifs à leurs blessures. »

On ne prenait plus de gants. Elizabeth Diane Downs, assistée par son avocat, ordonnait aux policiers de laisser ses enfants tranquilles. Lorsque l'histoire parut dans la presse, le 3 juin, le public comprit que Diane Downs était peut-être suspectée. La plupart des gens furent choqués, bon nombre furent carrément indignés – et firent entendre haut et fort leur ressentiment contre le cynisme des autorités.

Diane rendait régulièrement visite à ses enfants, chuchotant des choses à l'oreille de Christie. Le policier George Hurrey surprit des bribes de conversation. La fillette recommençait peu à peu à parler, en hésitant, mais il pouvait la comprendre. Le 10 juin, il vit Christie sourire prudemment à sa mère :

– Paula est venue aujourd'hui, mais je n'ai rien dit, déclara-t-elle.

Il y eut une scène affreuse entre Diane et George Hurrey ; la jeune femme fut très contrariée lorsque Danny fut déplacé et les choses ne s'arrangèrent pas quand elle apprit que Christie n'avait pas le droit de lui téléphoner. Fred Hugi avait ordonné que le téléphone soit enlevé ; il ne voulait pas prendre le risque que quelqu'un puisse menacer Christie par téléphone.

Lorsque Hurrey expliqua à Diane que Christie ne pouvait pas téléphoner, elle se tourna brusquement vers sa fille :

– Ces salauds sans cœur veulent t'empêcher de parler à ton frère Danny... Tu es une pauvre petite prisonnière de guerre. Je te jure que je les aurai. Je les aurai tous, l'un après l'autre !

Christie, muette de nouveau, la regarda fixement. Hurrey s'interposa et Diane le défia de la frapper.

Le danger que les souvenirs de Christie et de Danny fussent

180

déformés était constant. Traumatisme et choc avaient déjà causé assez de dégâts. Personne ne devait modifier ce dont ils se souvenaient encore.

L'animosité de Diane envers Paula Krogdahl s'amplifia. L'inimitié entre les deux femmes était réciproque, bien que Paula gardât ses sentiments pour elle.

Christie Downs savait que sa petite sœur était morte et que son frère était blessé – mais elle n'en soufflait mot. Il lui arrivait de pleurer, mais elle était incapable d'expliquer ce qu'elle ressentait. Sa mère venait lui rendre visite tous les jours mais les gardes étaient présents et ne lui permettaient pas de fermer la porte de la chambre, ni de lui parler seule à seule.

Un jour, Diane vint avec la licorne – celle qu'elle avait rapportée à la maison pour ses enfants. Quand ? Il y avait une éternité. Elle la posa sur le lit à côté de la petite fille et lui montra leurs noms gravés et la plaque où il était écrit : « Je vous aime, maman. » Elle lui expliqua aussi que les licornes ne mouraient jamais et que celle-ci appartenait à Cheryl maintenant : « Ça veut dire que Cheryl ne mourra jamais. »

C'était très compliqué et perturbant pour Christie. Cheryl n'était pas une licorne. Cheryl était morte. Sa mère ne s'en souvenait donc pas ?

La plupart du temps, Christie voulait dormir. Elle ne souhaitait ni parler ni se souvenir. Elle aimait bien John Tracy, son orthophoniste, mais elle préférait encore se laisser glisser dans le sommeil. John passait son temps à la réveiller.

Début juin, Diane fut de nouveau hospitalisée à McKenzie-Willamette pour une intervention chirurgicale sur son bras blessé. Jagger avait stipulé qu'aucun policier ne devait être présent dans sa chambre, ni dans la salle d'opération.

Elle sombra rapidement sous l'effet de l'anesthésie mais ne parla pas. D'ailleurs, si elle avait parlé au cours de l'opération, son chirurgien se serait trouvé devant un délicat problème d'éthique, une autre facette du secret professionnel.

Une balle unique avait brisé son radius gauche. Le Dr Carter préleva un gros caillot et de minuscules fragments de balle. Les os furent remis en place et maintenus avec une plaque de métal. Carter préleva une partie de l'os de sa hanche gauche qu'il greffa sur son bras, là où le radius avait été complètement pulvérisé.

Diane resta quatre jours à l'hôpital, son bras blessé enchâssé dans un moule épais. Elle apprit le lendemain de son opération que la garde de Christie et de Danny lui avait été retirée. À la demande de Fred Hugi, le juge du comté de Lane, Greg Foote, signa un ordre plaçant les deux enfants sous l'autorité temporaire de la Protection de l'enfance de l'Oregon. Hugi n'avait pas le choix ; Diane avait annoncé qu'elle allait retirer ses enfants de l'hôpital et personne n'aurait pu l'en empêcher.

Un soir, Jim Jagger et son associée Laurie Holland vinrent à l'hôpital McKenzie-Willamette pour voir Christie. Les policiers et les infirmières protestèrent, mais il y eut un tohu-bohu qui permit à Laurie Holland de passer dix minutes en tête à tête avec la petite, avant de se faire expulser.

Diane confia à son magnétophone : « J'ai rêvé de la fusillade. J'avais l'impression qu'il me connaissait.... *l'impression qu'il me connaissait...* » Elle n'en parla à personne d'autre. Pas même à Jim Jagger.

Pendant que Diane se faisait opérer à McKenzie-Willamette, Kurt Wuest était à l'hôpital du Sacré-Cœur et parlait avec Danny Downs. Le garçonnet connaissait bien Kurt, il avait l'habitude de le voir dans les parages. Wuest n'avait pas d'enfants et il tomba sous le charme de Danny.

– Il était si intelligent. Il me brisait le cœur. Une fois, il était assis dans son fauteuil roulant, il m'a regardé, impatient et troublé, et m'a demandé : « Pourquoi je peux pas me lever ? Je veux me mettre debout. » Je ne savais pas quoi lui répondre, alors je n'ai rien dit.

Ils jouaient souvent ensemble et l'un des jeux fit pâlir Wuest et toutes les personnes présentes dans la salle.

– Danny pointa son doigt sur moi comme si c'était un pistolet : « Pan ! T'es vilain ! »

Wuest discuta avec l'enfant dans la salle de jeux du troisième étage, tandis que Janet Jones, l'infirmière de Danny, était assise à côté de lui. Wuest parla d'une voix douce et d'un ton désinvolte – intercalant des sujets anodins entre les questions d'une importance vitale.

– Tu te souviens d'être allé voir des chevaux, il y a quelque temps ?

– Ouais.

– Tu y es allé en voiture ?

– Oui.

– Où étais-tu assis ?

– Derrière.

Ensuite, ce furent les questions difficiles, posées douloureusement, laborieusement.

– Danny, tu sais de quelle façon tu as été blessé ?

Pas de réponse.

– Tu as vu Christie se faire blesser ?

– Ouais... J'étais à côté d'elle.

– C'était dans la voiture ?

– Oui.

– Elle a pleuré ?

– Non.

– Comment elle a été blessée ?

Pas de réponse.

– Ta maman a été blessée ?

– Ouais.

– Comment ?

– C'est le chat qui l'a fait.

– Tu étais sur le siège arrière quand vous êtes allés à la campagne ?

– C'est plus la campagne.

– Qui conduisait ?

– Tante Kathy.

– Tu as vu comment Christie a été blessée ?

– Quelqu'un l'a tapée.

– Qui ?

– Je sais pas.

– C'était quelqu'un que tu connais ?

Pas de réponse.

– Où Christie a-t-elle été blessée ?

Pas de réponse.

– À la jambe ?

– Non.

– Au ventre ?

– Non.

– Au bras ?

– Au bras.

Ensuite, Danny se figea, son visage devint un masque sans expression tandis qu'il regardait dans le vague.

– Tu as peur de parler de ça, Danny ?

– Oui.

Wuest arrêta immédiatement de le questionner. Le garçonnet, d'habitude si exubérant, était devenu silencieux et des larmes emplissaient ses yeux. Janet Jones s'avança pour le ramener dans sa chambre et il murmura :

– Dois pas répondre... dois pas répondre.

Danny Downs avait trois ans et quelqu'un lui avait tiré dans le dos. Il était peu probable qu'un si petit garçon, presque encore un bébé, fût jamais accepté comme témoin dans un procès pour meurtre. Mais Kurt Wuest vit la terreur dans les yeux de Danny.

Plus tard, l'enfant était assis près de la fenêtre et regardait une ambulance dont la sirène fonctionnait. Il se tourna soudain vers son infirmière et demanda :

– Qui m'a tiré dessus ?

– Je ne sais pas, Danny. *Qui* ?

– Cet homme...

– Quel homme ? Il était dehors ou dans la voiture ?

– Cet homme, Jack.

– Tu le connaissais avant ?

– Cet homme a été méchant avec moi.

– Quel homme ?

– Cet homme, Jack...

– Qui a tiré sur toi, Danny ?

– Jack – comme *Jack et le haricot géant*.

« Jack » signifiait-il quelque chose pour Danny ? Ou bien la fiction et la réalité se mélangeaient-elles dans son esprit, comme chez tous les jeunes enfants ?

« Il me paraît évident qu'ils soupçonnent ma fille, déclara Wes Frederickson à la presse. Ils suivent tout ses faits et gestes. Je crois en l'innocence de ma fille. Diane aime ses enfants. Je ne crois pas qu'elle les ait tués, ni qu'elle en soit capable. »

Diane demanda une audience le 6 juin pour contester le droit de l'État à lui retirer la garde de ses enfants. Comme dans toutes les manœuvres légales, il y avait des avantages et des inconvénients dans la décision de Hugi de placer Christie et Danny sous la tutelle de la Protection de l'enfance. La cour des mineurs accorda une audience. Le dossier doit être complété par des preuves formelles lors d'une commission d'enquête, ou éventuellement d'un procès ultérieur. Pour la partie civile, l'avantage tient à ce que le juge est seul à présider l'audience et que la procédure est basée sur une somme de preuves. Le juge a tendance, en cas d'hésitation, à pencher en faveur des enfants.

L'inconvénient, pour la partie civile, tient à ce que la défense a un droit de regard sur son dossier.

Jim Jagger pouvait désormais adapter son plan de défense aux preuves du procureur et exploiter toute brèche dans le dossier de la partie civile. Et les brèches ne manquaient pas !

– Cette procédure peut être utilisée pour nous appeler devant la Cour avant que nous ne soyons prêts, commenta Hugi.

Si Jagger le voulait, il pouvait avoir deux procès : convoquer à l'audience du tribunal des mineurs tous les témoins susceptibles d'apparaître dans un procès ultérieur pour homicide, alors que seule lui importait la garde des enfants. Il pouvait même faire appeler Christie à la barre.

Jusqu'au 6 juin 1983, Diane était inconnue du grand public. Willadene avait donné une brève conférence de presse. Wes avait été souvent cité, mais Diane n'était apparue que sur de vieilles photos reproduites à la une des journaux locaux. Dans un reportage télévisé, ce jour de juin, Diane se rendait à l'audience suspendue au bras de Willadene. Elle boitait légèrement et son bras gauche plâtré était maintenu en écharpe. Quand elle se rendit compte qu'elle était filmée par la télévision, elle jeta un coup d'œil vers l'objectif et sourit – comme si c'était une merveilleuse surprise, puis elle boita de plus belle. Les caméras suivirent cette très jolie jeune femme, presque fragile, dans une modeste robe bleue, jusqu'à ce qu'elle disparaisse.

Il est indéniable que Diane découvrit à cet instant précis le pouvoir éblouissant des caméras de télévision. Et les caméras prirent clairement son parti, la suivant avec amour.

Diane perdit la garde de ses enfants ; il lui faudrait dorénavant « prendre rendez-vous pour voir ses propres enfants ». Mais elle était devenue la coqueluche des médias du Nord-Ouest américain ; c'était un amour partagé, et la lune de miel allait durer très longtemps. La ville d'Eugene au début, puis Portland et Seattle, Washington, et enfin Los Angeles et New York. Tous ces appareils photo, toutes ces caméras, tous ces micros, ces carnets de notes... Diane avait passionnément désiré qu'on l'écoute. Elle avait enfin son public.

20

– Écoutez, lança Fred Hugi au groupe de policiers et d'enquêteurs dont la mauvaise humeur était évidente, ce n'est pas une
armée organisée que nous combattons ; c'est une jeune femme.
Une femme seule contre nous tous. Elle finira bien par commettre des erreurs.

Au fond de lui, il n'en était pas si sûr et songeait : « C'est
incroyable... Qu'est-il arrivé à notre système judiciaire pour
qu'on permette qu'une mère emmène ses enfants sur une route
déserte, leur tire dessus, se débarrasse de l'arme, les conduise à
l'hôpital – et s'en sorte ? Comment une chose pareille a-t-elle
pu se produire ? »

Les réunions quotidiennes avaient éclaté au bout de deux
semaines. Les policiers étaient en colère : la seule chose que
Hugi avait réussi à obtenir, c'était un ordre de la cour des
mineurs. Ils étaient sûrs d'avoir suffisamment d'éléments pour
une inculpation de meurtre. Hugi en avait assez de les harceler,
de harceler le labo de la Criminelle, d'aboyer des ordres alors
qu'il savait que la liste de ses supporters se rétrécissait comme
peau de chagrin.

Cette grande réunion dans Harris Hall, à côté du palais de
justice, était en terrain presque neutre. Pendant des heures, ils
passèrent en revue ce qu'ils avaient trouvé jusque-là. C'était
suffisant pour arrêter Diane, mais dans l'opinion de Fred Hugi,
insuffisant pour la faire condamner.

Le déluge d'informations concernant l'étranger aux cheveux
longs s'était tari en un mince filet. L'inspecteur Roy Pond s'en
occupait. Il avait passé au crible chaque maison dans la zone
d'Old Mohawk Road, sans succès. Il accomplissait ses huit

186

heures de garde à l'hôpital et sortait le matin, le soir et la nuit – pour être sûr de ne rater personne. Il avait eu plus de cent cinquante contacts, et n'en avait tiré que très peu d'informations.

Heather Plourd ne pouvait situer le départ de Diane qu'approximativement, vers 21 h 45. L'heure exacte à laquelle les Downs étaient partis de la caravane était un renseignement vital pour l'enquête. La police devait les localiser entre le moment où ils avaient quitté Heather Plourd et celui où Diane avait appelé au secours sur le parking de l'hôpital McKenzie-Willamette, à vingt kilomètres de là, juste avant 22 h 30.

Dolores Holland, qui habitait un bungalow juste à côté des Plourd, fut en mesure de donner aux détectives un horaire plus précis : 21 h 40. Mme Holland lisait un roman dans son salon lorsqu'elle entendit une portière de voiture claquer et le crissement des pneus sur le gravier de l'allée de ses voisins.

– J'ai terminé les quelques pages qui me restaient et regardé la pendule afin de régler la cafetière électrique pour le lendemain matin. Il était 21 h 50. La pendule est à l'heure, mon mari la bichonne.

Un des renseignements donnés par Wes Frederickson semblait corroborer cet horaire. La propriété de Basil Wilson était contiguë à celle des Frederickson, mais les deux voisins se fréquentaient peu. Wilson avait vu quelque chose d'étrange dans la nuit du 19 mai. Il était un membre très actif du country club de Springfield. Le bâtiment du country club, les jardins et le terrain de golf s'étendent entre Marcola Road et Sunderman Road, l'entrée se trouvant dans Marcola Road. Or Diane avait dû longer trois fois les terrains du club dans la nuit du 19 mai. Tout d'abord, elle avait dû en longer la limite sud en allant chez Heather Plourd sur Sunderman Road et en revenant. Ensuite, elle avait quitté Sunderman Road après sa visite et avait tourné le dos à Springfield pour se diriger vers Marcola. Elle était donc passée devant l'entrée du country club. Lorsque Wes entendit l'histoire de Basil Wilson, il fut ébranlé, étant donné la proximité entre le club et le lieu de la fusillade.

Le soir du 19 mai, le conseil d'administration du club s'était réuni de 19 heures à 21 h 30. Wilson avait vu apparaître un drôle d'oiseau au club vers 21 heures. Ce jeudi-là était aussi « la Nuit de Calcutta » au country club de Springfield, mais l'homme qui entra en titubant n'était ni membre du club ni invité.

Wilson bavardait avec un responsable du club de golf lorsqu'il leva les yeux et vit un homme pauvrement vêtu pénétrer dans la salle de réunion. L'étranger, qui portait en bandoulière un sac bleu et vert exécuté au crochet, semblait désorienté. « Voilà ta relève, tu peux rentrer chez toi maintenant », avait plaisanté Wilson en donnant un coup de coude à son voisin.

Lorsque l'homme fut reparti, Wilson alla vérifier qu'il ne s'était pas caché dans les toilettes puis il le vit dehors se diriger vers un vélo qui semblait lui appartenir. Wilson quitta le club à son tour vers 21 h 30 et ne croisa pas l'étranger.

Basil Wilson ne se rendit pas à la police immédiatement après la fusillade. Il alla voir Wes, et celui-ci, sans passer par le bureau du shérif, alla directement trouver la chaîne de télévision locale. Il tenait un scoop : le suspect avait bel et bien été vu près de Marcola Road. La nouvelle passa au journal de 17 heures.

Quelque temps plus tard, Wilson remarqua un jeune homme qui vivait dans la même rue que lui et fut frappé par sa ressemblance avec l'homme au vélo. Plus il y pensait, plus il lui semblait que Tommy Lee Burns était probablement ce type-là. Wilson revit Wes et lui dit qu'il pouvait mettre un nom sur le suspect.

Lorsque les inspecteurs arrivèrent chez Burns, ils découvrirent qu'il était absent ; il purgeait une courte peine de prison. Kurt Wuest et Doug Welch s'en allèrent l'interroger, mais à l'instant où Burns ouvrit la bouche, il fut rayé de la liste des suspects : Diane avait insisté sur le fait que l'étranger n'avait ni défaut de prononciation ni accent.

Tommy Lee Burns avait la voix du personnage de dessin animé Elmer Fudd. Doug Welch et Kurt Wuest n'avaient jamais entendu un zézaiement aussi prononcé. « Ze zuis pas allé zur la route près de la rivière et z'ai tué perzonne avec aucun Ruzer », clama Burns avec conviction.

Ils le crurent.

Le 13 juin, Roy Pond contacta un autre informateur qui avait roulé au nord de Springfield, le jeudi 19 mai. Il avait laissé un message précisant qu'il avait peut-être un élément à ajouter à l'enquête. Pond alla le voir sans enthousiasme.

Son attitude changea rapidement.

Joseph P. Inman, qui travaillait pour la compagnie des eaux de Springfield et vivait à Eugene, expliqua qu'il avait reçu la visite de parents venus de Californie du Sud, le 19 mai. Il les avait emmenés chez sa sœur à Marcola, tôt dans la soirée. Inman, sa femme et ses deux enfants avaient quitté Marcola à 22 h 10 et s'étaient dirigés vers Springfield.

– Je devais voir quelqu'un à Coburg pour faire certifier des papiers avant 23 heures ; j'ai donc décidé de passer par Old Mohawk Road et Hill Road, pour prendre ensuite McKenzie View Road.

Sur Old Mohawk Road, Inman dut freiner et rouler au pas à cause d'une voiture rouge immatriculée en Arizona qui était devant lui et ne dépassait pas les dix kilomètres à l'heure. La voiture rouge était neuve et de marque étrangère – une Nissan ou une Toyota.

– Nous l'avons suivie pendant deux ou trois minutes. J'ai pensé que le conducteur était perdu ou cherchait une adresse. La voiture roulait bien à droite, sans à-coups. Mon fils a fait une réflexion à propos des voitures d'Arizona qui sont toujours rouges, et des voitures du Texas qui sont toujours blanches, assorties à leurs plaques minéralogiques.

Les Inman ne virent aucun passager dans la voiture rouge et il faisait trop sombre pour distinguer le conducteur. Les deux véhicules roulèrent l'un derrière l'autre pendant plusieurs minutes. La route était trop sinueuse pour qu'Inman doublât la voiture rouge. À la première ligne droite, il accéléra et la sema.

Il n'y avait pas d'autres voitures sur cette route, ni en train de rouler, ni en stationnement, et il n'avait vu personne marcher le long d'Old Mohawk Road. Mais il était sûr d'avoir vu la voiture, il était sûr de sa couleur et de sa plaque d'immatriculation en Arizona ; et les membres de sa famille pouvaient confirmer ses dires. Roy Pond était perplexe. La famille Inman avait vu une voiture en tout point identique à celle de Diane Downs roulant au ralenti – immédiatement *après* la fusillade. Et ils n'avaient rien remarqué d'anormal.

Pond retourna sur Old Mohawk Road avec Joe Inman pour déterminer l'endroit exact où il avait aperçu la Nissan rouge de Diane.

La rencontre avait eu lieu à un peu plus d'un kilomètre à l'ouest du lieu présumé de la fusillade (là où on avait trouvé les douilles) et Inman avait suivi la voiture rouge pendant environ deux minutes.

Pourtant, aucun membre de la famille Inman n'avait entendu d'appels au secours, ni de coups d'avertisseur, pas plus que des cris. Juste la voiture rouge avançant comme un escargot en direction de Springfield.

Le rapport de Pond sur la déposition de Joe Inman était le premier compte rendu d'un témoin oculaire. Et il ne faisait qu'entacher davantage la version de Diane.

Les policiers peignirent deux lignes blanches en travers d'Old Mohawk Road ; l'une marquant l'endroit où Joe Inman avait vu la voiture rouge pour la première fois, l'autre, là où il avait accéléré pour la dépasser.

La voiture était silencieuse. Pendant deux longues minutes, Inman était resté juste derrière – avec les fenêtres ouvertes. Il aurait entendu si on avait appelé à l'aide. Personne n'avait crié. Ni le conducteur, ni les passagers.

Diane avait pu ne pas s'apercevoir qu'il y avait une voiture derrière elle – ne pas la remarquer lorsque celle-ci l'avait dépassée. Elle était concentrée sur les bruits et les mouvements à l'intérieur de sa propre voiture.

21

Tout a commencé quand les policiers se sont mis à harceler mes enfants avec leurs questions. Je ne permettrai pas qu'ils soient traités ainsi. Laissez Christie guérir ! Elle est peut-être la seule personne qui pourra me disculper... Si j'avais tué mes propres enfants, je ne l'aurais pas fait à moitié. J'aurais attendu qu'ils meurent et ensuite j'aurais versé des larmes de crocodile...

Diane DOWNS, conférence de presse, juin 1983

Diane donnait souvent des conférences de presse officielles, critiquait abondamment les services du procureur et du shérif. Un mois après la fusillade, les policiers remâchaient leur colère, certains allant jusqu'à suggérer que l'affaire devait être retirée à Fred Hugi.

Pas question. Il n'était pas encore prêt pour une mise en accusation – ce n'était pourtant pas l'envie qui lui manquait. L'enquête progressait, même si parfois elle semblait marcher à reculons. Au-delà des preuves indirectes qui pointaient vers Diane et éliminaient tout autre suspect, il y avait à présent la déposition de Joseph Inman, sans compter certaines preuves matérielles : les rainures sur les cartouches et les éclaboussures de sang découvertes par Jim Pex à l'extérieur de la portière, côté passager. Mais c'étaient là des preuves trop peu évidentes pour un jury non averti.

De petites incohérences continuaient à surgir. Diane avait affirmé à Doug Welch et à Dick Tracy que Christie l'avait regardée fixement par la vitre arrière de la voiture, implorant sa mère des yeux pour qu'elle la sauve. Paul Alton fit remarquer qu'il faisait complètement noir à l'extérieur, et que la lumière

191

du plafonnier éclairait l'intérieur de l'habitacle. Christie ne pouvait rien voir, que la noirceur de la nuit par la fenêtre. Elle n'aurait pas pu distinguer sa mère – sauf si cette dernière était à l'intérieur de la voiture.

Fred Hugi était persuadé que Diane avait réellement surpris ce regard sur le visage de sa fille, parce que Christie était terrifiée – horrifiée – de voir un pistolet dans les mains de sa mère. L'expression sur le visage de Christie n'était pas : « Maman, pourquoi *il* me fait ça ? » mais plutôt : « Maman, pourquoi *tu* me fais ça ? »

Il pensait que Diane ne pouvait pas complètement effacer ses souvenirs, mais qu'elle les incorporait à sa version de la mère sans défense, impuissante devant un étranger brandissant une arme.

La serviette de plage ensanglantée avait aussi sa signification mais, jusque-là, les criminologues ne l'avaient pas encore trouvée. Ils l'avaient pliée et dépliée, mais n'avaient pu en déchiffrer le code qui devait y être inscrit en lettres de sang.

Hugi persistait à penser qu'un jour ou l'autre le Ruger referait surface.

Il était de notoriété publique que Diane était le suspect numéro un. Les médias l'avaient clamé haut et fort, et imprimé à la une. La rumeur prétendait qu'elle avait fait cela pour son amant. Certains croyaient la rumeur, la plupart ne l'écoutaient pas. Les divergences d'opinions ne faisaient que commencer.

Le *Register Guard* d'Eugene publia une grande photo couleur de Diane et de son père, la même expression intense se lisait sur leur visage saisi de profil, tandis qu'ils étaient assis dans le salon, chez Wes et Willadene. Diane portait son habituel chemisier blanc, broderie anglaise et col Claudine. Très pâle, sans maquillage, son bras gauche toujours dans le plâtre. Elle se tourna avec colère vers les caméras et les appareils photo :

– Je n'avouerai pas un acte que je n'ai pas commis. Il n'y a aucune preuve. Il ne peut y avoir de preuves de quelque chose qu'on n'a pas fait !

Les questions fusèrent dans le clan des journalistes et Diane les reçut avec assurance.

– Pourquoi êtes-vous sortie si tard ? Pourquoi vous êtes-vous arrêtée pour un inconnu ?

– Il n'était que 21 heures. Nous aimons nous promener pour

regarder les paysages et explorer de nouveaux coins. J'ai grandi sans peur des étrangers. Si je ne m'étais pas arrêtée, j'aurais pu être responsable de la mort de quelqu'un sur le bord de la route, en cas d'accident. Je ne pouvais pas savoir qu'il allait faire du mal à mes enfants.

— Pourquoi n'avez-vous été blessée qu'au bras ?

— Grâce à Dieu, ce n'était que le bras ! Si j'avais été blessée au ventre, nous serions tous morts.

Un journaliste posa une question à propos de l'homme qui l'avait quittée ; était-il possible qu'il soit un mobile de la fusillade ? Diane sourit avec une légère condescendance.

— C'est comme de prendre la première phrase d'un livre et de dire que c'est le livre dans son entier. Je sais que cet homme ne reviendra jamais. Il a horreur des problèmes, et la mort est le pire des problèmes.

En Arizona, Steve Downs répondait aux questions des journalistes avec la plus grande prudence.

— Je n'ai pas à émettre de jugement sur elle. Si elle est coupable, la justice le découvrira. Je ne veux pas crucifier qui que ce soit.

Christie Downs était toujours à l'hôpital McKenzie-Willamette et recevait les visites quotidiennes de sa mère. Mais la fillette avait le soutien de Paula Krogdahl.

Le plus important était de protéger les enfants – leur esprit aussi bien que leur corps. Hugi se refusait à envisager l'interrogatoire de Christie avant d'être certain que cela ne lui causerait aucun dommage supplémentaire. Était-il trop tôt pour que Paula fasse quelques tentatives prudentes ? Danny était plus ouvert – et il reliait toujours ses blessures à sa mère. Les infirmières qui s'occupaient de lui étaient persuadées qu'il connaissait la vérité.

Il fallait interroger Christie.

Le 16 juin, Paula, Bill Furtick (l'avocat de Christie désigné par la Cour), Candi McKay (l'infirmière de Christie) et le policier Jack Gard se réunirent dans la chambre de Christie à 11 heures du matin.

Comment commencer ? Paula savait qu'elle ne pouvait pas aborder directement les questions douloureuses.

— Christie, dit-elle, je voudrais te parler de... d'un puzzle. Je sais que tu as été blessée, ma chérie – mais j'ai besoin de savoir comment tu as été blessée, si tu peux me le dire.

— Rien, murmura Christie.

C'était sa manière de dire qu'elle ne se souvenait pas.

– De quelle couleur était ta voiture, Christie ?

La petite indiqua du doigt la jupe de Paula. Rouge.

C'était encourageant. Christie se souvenait de la voiture rouge, et la Nissan n'avait que quelques mois au moment de la fusillade. Le blocage n'était pas total sur les souvenirs de cette période.

– Vous êtes allés voir quelqu'un ce soir-là ?

– Oui.

– Un homme ou une femme ?

Christie ne répondit pas. Alors, plus lentement, Paula reprit :

– Un homme ?

– Non.

– Une femme ?

– Oui.

– Qui ?

– Difficile...

– D'accord. Je vais te citer plusieurs noms et tu me diras si je trouve le bon. Sue... Mary... Linda... Laurie... Heather...

– Oui.

– Tu y étais déjà allée avant ?

Christie fit non de la tête.

– Il faisait nuit ?

– Oui.

– C'était plus tard que l'heure où tu vas au lit d'habitude ?

– Oui.

– Tu dormais avant d'aller chez Heather ?

– Non.

– Le trajet a été long pour aller chez elle ?

– Longtemps.

Paula demanda à Christie d'essayer de se rappeler ce qui s'était passé lors de la visite chez Heather Plourd. Christie indiqua qu'ils avaient vu un cheval. Elle se souvenait du cheval. Elle ne se rappelait pas être entrée dans la maison de Heather.

– Tu as vu quelqu'un d'autre là-bas, à part Heather ?

– Non.

– Que s'est-il passé après que vous avez vu le cheval ?

L'expression de Christie se modifia. Elle avait peur. Paula Krogdahl changea de tactique. Elle posa des questions sur les blessures de la famille de Christie.

– Toutes les blessures étaient les mêmes ?

194

— Non. Maman... différent...

— Comment ?

Christie secoua la tête de frustration ; elle ne trouvait pas les mots pour expliquer en quoi les blessures de Diane étaient différentes.

— Tu te souviens quand tu vivais en Arizona ?

— Oui.

— Tu avais peur de quelque chose quand tu vivais là-bas ?

— Oui.

— Qu'est-ce qui te faisait peur ?

— Deux... étouffer... à l'hôpital... étouffer.

Christie se souvenait de l'époque où, à l'âge de deux ans, elle avait eu mal à la gorge – une laryngite – et respirait avec difficulté.

Paula lui demanda si elle avait peur d'autre chose.

Christie indiqua par gestes que d'autres choses l'avaient parfois effrayée en Arizona.

— Quoi, Christie ?

— Je le dirai pas...

— Ta maman t'a déjà battue, Christie ?

— Oui.

— Où elle t'a frappée ?

Christie leva son bras valide et toucha son visage.

— Pourquoi ?

— C'était moi... ma faute.

— Et ta maman a déjà battu Danny ?

Christie montra à Paula sur une poupée que Diane avait donné des fessées à Danny.

— Et ta maman a déjà battu Cheryl ?

Christie indiqua que sa sœur avait été giflée.

— Est-ce que ça arrivait très souvent ?

— Très souvent.

Mais lorsque Paula demanda à Christie si elle aimait vivre avec sa maman, il n'y eut pas de réponse. Paula perçut que la petite Christie Downs nourrissait une terrible culpabilité, elle se sentait d'une certaine manière responsable de la tragédie. Tout comme les enfants se sentent souvent personnellement responsables du divorce de leurs parents, une telle catastrophe avait très certainement provoqué chez Christie la question : « Était-ce ma faute ? »

– Est-ce que tu crois que tu as eu un accident parce que tu as été méchante ? demanda Paula d'une voix douce.

La pièce était silencieuse. Chacun retenait sa respiration. Christie finit par hocher lentement la tête.

– Christie, tu n'es pas méchante. Tu es gentille. Tu es très gentille, dit Paula pour la rassurer. Des accidents arrivent parfois, et ce n'est pas la faute des enfants.

Lorsqu'on lui demanda si elle avait peur de sa mère, Christie répondit : « Des fois. » Puis elle ajouta, très vite : « Non. »

Christie répondit que oui, sa mère avait des armes, elle en avait deux. Elles étaient différentes. Une était longue (elle écarta les bras pour indiquer la taille) et l'autre était courte.

Elle essaya de dessiner l'arme la plus petite sur une feuille de papier.

– Tu as vu ta maman porter cette arme ?

– Oui.

– Où ?

Christie dessina une voiture.

– Ta maman tirait avec ce pistolet ?

– Beaucoup.

– À quel endroit ?

Christie dessina une cible et indiqua l'Arizona sur une carte.

– Le pistolet était enfermé dans quelque chose ?

La fillette hocha la tête. Mais elle ne trouvait pas le mot. Paula lui demanda si c'était fermé par quelque chose qu'on trouve sur les vêtements. Christie acquiesça et Paula indiqua un bouton, un bouton-pression et, finalement, une fermeture Éclair. Christie hocha la tête à nouveau et dessina un étui avec une fermeture Éclair.

– Christie, tu as vu les armes dans la voiture rouge en Oregon ?

– Oui.

– Tu les as vues le soir où vous êtes allés voir Heather ?

– Oui.

– Quelles armes ?

– Les deux.

– À quel endroit ?

Christie indiqua le coffre de la voiture.

– Qui les avait mises là ?

– Maman...

Paula détestait ce rôle d'interrogatrice, mais elle devait aller encore un peu plus loin. Avec beaucoup de précautions, et parce que Christie avait beaucoup de difficultés à parler, elle formula ses questions pour que l'enfant puisse y répondre en peu de mots.

Paula dessina la voiture rouge.

— C'est là que l'accident est arrivé ?

— Oui.

Paula dessina une ligne qui partait du coffre de la voiture et qui venait près de la portière avant.

— C'est comme ça que ça s'est passé ?

— Je crois... Je crois, maman.

— Est-ce que quelqu'un t'a demandé de ne rien dire, Christie ?

— Maman.

— Est-ce que, ce soir-là, il y avait quelqu'un que tu ne connaissais pas ?

— Non.

— Est-ce qu'il y avait un homme que tu ne connaissais pas ? Non encore.

— Est-ce qu'il y avait une femme que tu ne connaissais pas ? Christie opina.

— Il n'y avait que toi et ta famille ? Christie hocha la tête.

— Est-ce qu'il manque quelque chose sur le dessin ? Christie fit non de la tête.

— Est-ce que quelqu'un pleurait dans la voiture ?

— Non.

— Est-ce que ta maman pleurait ?

— Non... oui.

— Est-ce que Danny et Cheryl pleuraient ?

— Non.

— Pourquoi Cheryl ne pleurait-elle pas ?

— Morte.

Paula Krogdahl ne voulait pas poser la question suivante. Mais il le fallait.

— Sais-tu qui a tiré, Christie ?

— Je sais pas... Je crois...

Christie cessa de parler.

— Christie, tu crois que c'est qui ? demanda doucement Paula.

— Je crois...

Les yeux de la petite fille s'emplirent de larmes et elle regarda le plafond d'un air absent.

Christie essaya de dessiner la personne avec le pistolet. Elle se donna beaucoup de mal. La personne était venue du coffre vers la portière avant de la voiture. Mais le dessin de Christie n'avait pas de visage. Cela aurait pu être aussi bien un homme qu'une femme.

– Que penses-tu de la personne qui a fait ça, Christie ? demanda doucement Paula.

– Berk.

– Est-ce que tu as encore peur ?

– Oui... des fois...

Christie avait été effrayée de dire à Paula ce dont elle se souvenait. Elle était très loin d'être prête pour témoigner devant la Cour.

Pas encore.

L'avocat de la défense en ferait de la charpie.

Il était vital que Christie et éventuellement Danny fussent placés dans une famille d'accueil où ils recevraient un soutien aussi bien physique qu'affectif. Susan Staffel discuta avec d'autres assistantes sociales de la Protection de l'enfance et tout le monde fut unanime : la famille d'accueil idéale serait celle de Ray et Evelyn Slaven. En douze ans, les Slaven avaient accueilli une demi-douzaine d'enfants à long terme et plus de deux cents bébés et enfants à court terme. Les petits étaient emmenés chez les Slaven lorsque la police ou les assistantes sociales étaient obligées de les retirer immédiatement de chez leurs parents. Deux cents bébés braillards et désorientés déposés dans les bras d'Evelyn.

Evelyn Slaven est aussi menue que Ray est imposant. Une jolie femme douce, à la voix mélodieuses. En 1971, ils avaient trois garçons et une grande maison avec des pièces inoccupées. Evelyn remarqua une petite annonce demandant des foyers d'accueil pour de jeunes enfants.

– J'ai été attirée par cette annonce, se souvient-elle. Nous en avons parlé avec Ray, et il a été d'accord avec moi. Je viens d'une famille de six enfants et lui d'une famille de sept. Cela nous semblait une bonne chose d'accueillir quelques gamins en difficulté.

Pendant onze ans, il y eut toujours des enfants dans la maison des Slaven. Leurs trois garçons – âgés de sept, cinq et trois ans lorsqu'ils commencèrent – adoraient la compagnie des autres enfants.

– À tel point, remarque Ray en riant, qu'ils s'ennuyaient lorsqu'ils n'étaient que tous les trois. Ils disaient : « Quand est-ce qu'on va avoir d'autres enfants à la maison ? » Un Noël, j'en ai compté seize ! Nos fils votaient pour savoir si nous devions en prendre davantage, et ils étaient toujours partants. Ils se débrouillaient très bien avec les gosses effrayés ; ils jouaient avec eux mais ne les harcelaient jamais.

Brenda Slaven devint un membre de la famille à part entière lorsqu'elle fut adoptée. En 1983, elle avait pratiquement le même âge que Christie Downs. La Protection de l'enfance avait jeté son dévolu sur le foyer des Slaven pour Christie et Danny. Mais, en 1983, cela faisait plus d'un an que les Slaven n'avaient plus accueilli d'enfants. Leurs trois garçons étaient presque adultes et ils avaient décidé d'arrêter pendant quelques années.

– Ils ont téléphoné des centaines de fois à Evelyn pour lui demander d'accepter de prendre Christie et Danny, se rappelle Ray. Nous refusions parce que nous connaissions l'enjeu. Mais finalement, on n'a pas pu dire non.

La famille mit la décision au vote – et Christie et Danny Downs gagnèrent.

Les Slaven n'étaient pas naïfs, ils savaient que des enfants maltraités répondent rarement à la gentillesse par de la gratitude. Ces gosses avaient toutes les raisons de ne pas leur faire confiance. Ils avaient déjà eu affaire à des cas semblables, mais jamais à des enfants aussi sérieusement blessés que Christie et Danny. Leur décision prise, Ray et Evelyn s'engagèrent à faire tout ce qui était en leur pouvoir pour que les deux petits reprennent confiance.

– Nous avons commencé par leur rendre visite à l'hôpital, explique Ray. Pour qu'ils s'habituent à nous. Christie est venue à la maison la première, bien sûr, et ensemble nous avons rendu visite à Danny pendant plusieurs mois. Ce qui fait que lorsqu'il est venu chez nous, il faisait déjà partie de la famille.

Le 22 juin 1983, après cinq semaines de traitement, Christie sortit de l'hôpital McKenzie-Willamette. Elle était très maigre et très pâle, son bras droit toujours paralysé, mais le fait qu'elle sorte de l'hôpital vivante était en soi un miracle.

Susan Staffel la conduisit chez les Slaven. Leur adresse n'était connue que de quelques personnes de confiance.

Evelyn Slaven est d'une humeur toujours égale et d'une patience infinie. Elle trouva Christie « très, très fragile, à la fois physiquement et affectivement ».

– Christie nous a observés pendant longtemps. Elle avait besoin d'être sûre que nous ne changions pas constamment – un jour gentils, et en colère le lendemain. Cela lui a pris un certain temps avant de nous faire confiance.

Brenda et Christie ne se quittaient pas.

– Elles allaient ensemble partout, raconte Evelyn en riant. Et je dis bien partout – même aux toilettes !

Le droit de visite de Diane avait été annulé. Christie ne parla jamais de sa mère, ne demanda jamais où elle était, ni pourquoi elle ne venait pas la voir.

La fillette avait encore beaucoup de difficultés à parler, mais elle progressait de semaine en semaine. Elle mentionna Cheryl une fois qu'elle se sentit en confiance – mais pas dans le contexte de la fusillade. Elle se rappelait les moments passés avec sa sœur, les bons et les moins bons. Cheryl se faisait toujours gronder, raconta Christie, parce qu'elle suçait son pouce, parce qu'elle mouillait son lit..

Christie n'avait que huit ans lorsqu'elle arriva chez les Slaven et Evelyn fut stupéfaite de constater qu'elle avait l'habitude de faire la lessive de toute la famille.

– Elle m'a avoué qu'elle avait toujours eu des problèmes pour plier les pantalons de son père, parce qu'elle n'était pas assez grande.

Christie avait servi de mère dans sa famille. Elle croyait qu'il en était toujours ainsi, que toutes les petites filles faisaient la cuisine, la vaisselle, la lessive et s'occupaient des plus jeunes.

Les cauchemars de Christie furent notés et soumis au pédopsychiatre Carl Peterson les 22, 23, 27 et 30 juin, et les 6, 7 et 19 juillet... Plus elle se sentait en sécurité, plus ses cauchemars s'espaçaient. Evelyn accourait auprès d'elle dès qu'elle l'entendait pleurer pour que la fillette ne soit pas seule à son réveil.

Les Slaven firent du très bon travail. Ils apportèrent à Christie amour et sécurité mais, sur les conseils de spécialistes, ils s'efforçaient de ne montrer ni surprise ni approbation quand elle faisait des révélations sur son passé.

— Tout ce que nous pouvions dire, c'était « Ah, bon ? », explique Evelyn. Nous savions que Christie avait besoin qu'on lui donne des réponses, mais nous savions aussi que le meilleur moyen pour qu'elle puisse les trouver, c'était de parler avec le Dr Peterson. C'était très dur pour nous de la laisser se demander si ce qu'elle disait était la vérité ou un rêve.

Quelque chose de terrible pesait sur l'esprit de Christie et resurgissait dans ses cauchemars, mais elle ne le partageait avec personne.

22

Le 28 juin, les taxes censées financer les services du shérif et du procureur ne furent pas votées au budget.

Le shérif Dave Burks, frustré et furieux de son impuissance à protéger ses concitoyens, gara plusieurs rangées de voitures de patrouille vides sur le parking, en face du palais de justice. Il voulait que les habitants du comté de Lane constatent de leurs yeux que le refus de l'impôt équivalait à supprimer les fonds nécessaires au maintien des policiers conduisant ces voitures.

Paul Alton fut licencié. Doug Welch et Kurt West eurent un sursis – d'un mois seulement. Ils avaient jusqu'au 1er août pour élucider l'affaire Downs. À partir de cette date, Dick Tracy s'occuperait de toutes les affaires criminelles du comté, une tâche que même Superman n'aurait pu mener à bien.

Fred Hugi garda son poste mais n'avait plus d'enquêteurs. Sa décision de ne pas inculper Diane le torturait. Celle-ci ne savait pas où se trouvait Christie, mais il craignait qu'elle ne parvînt à le découvrir. Il regarda les conférences télévisées de Diane et l'écouta débiter ses histoires de mère affligée. Son père et elle continuaient à critiquer la police, le procureur et le shérif. Diane était libre. Elle pouvait partir là où bon lui semblait.

La décision de l'inculper de meurtre et de tentative de meurtre avait été prise avant la fin du mois de mai – lorsque tous les enquêteurs, les criminologues et les hommes du bureau du procureur s'étaient réunis à Harris Hall. Le problème de la date de l'arrestation avait déclenché de virulentes discussions entre Hugi et les inspecteurs du shérif. La responsabilité de la décision d'attendre incomba au substitut du procureur.

À présent, ils n'avaient plus de fonds. Hugi passait des nuits entières allongé sans dormir, à jongler avec les éléments du dossier. Diane avait confié à son journal qu'elle commençait à sentir que tout le monde était contre elle. Fred Hugi éprouvait le même sentiment. Les enquêteurs pensaient qu'il fallait foncer. Mais Hugi avait refusé de bouger, les poussant à trouver encore d'autres éléments. Il avait vu des jurés négliger purement et simplement des preuves plus solides que celles qu'ils avaient en main, et prononcer des non-lieux.

Si Diane était arrêtée, Hugi devrait être prêt à aller devant la cour sous trois mois. L'Oregon respecte strictement le droit à un procès rapide. Selon le Dr Peterson, il était hors de question que Christie fût en état de témoigner à ce moment-là. Elle pouvait à peine parler et était trop terrifiée pour recouvrer la mémoire.

Hugi avait tant à faire, tant de dossiers à traiter, qu'il lui arrivait d'oublier l'affaire Downs.

– Mais dès que mes tâches immédiates étaient expédiées, mon esprit revenait au dossier. Il n'allait pas se résoudre tout seul. C'était à moi de le faire.

Hugi construisait des scénarios où il tenait le rôle de l'avocat du diable.

Si l'affaire passait au tribunal sans Christie, la défense s'écrierait : « Pourquoi la partie civile n'a-t-elle pas attendu que le témoin oculaire – Christie – puisse témoigner et disculper sa mère ? » Hugi entendait déjà Jim Jagger : « Comment vous sentirez-vous, en tant que jurés, si vous déclarez Diane Downs coupable et que, quelque temps plus tard, Christie se souvienne que c'est un "inconnu aux cheveux longs" qui a tiré ? Tout cela aurait pu être évité si la partie civile avait attendu. Pourquoi sont-ils tellement pressés ? Les enfants sont en sécurité. Leur mère reste ici. De quoi ont-ils peur ? De la vérité ? D'avoir commis une erreur en se concentrant sur Diane et en permettant au véritable tueur de s'enfuir ? »

C'était une défense imparable, et si Hugi y pensait, Jagger y penserait certainement, lui aussi.

Fred Hugi se tournait et se retournait dans son lit. Un maudit coq poussa son cri au loin. Et un autre scénario vit le jour. OK ! Ils attendraient – ils attendaient déjà. Ce qui entraînait la réapparition d'un tas d'autres problèmes. Petit-être que Christie ne serait jamais capable de parler. Et supposons qu'elle recouvre la parole : elle pourrait décider de protéger sa mère en corroborant sa version. C'était mot pour mot un extrait de la composition que Diane avait écrite sur les enfants maltraités. Ils soutenaient souvent leurs parents, affirmait-elle, quoi qu'il arrive. Dieu seul savait ce que Diane avait chuchoté à sa fille au cours de ses visites.

Une longue attente risquait-elle de provoquer dans le public – les jurés potentiels – une perte de confiance dans le dossier ? Jagger ne manquerait pas de s'en servir : si la partie civile avait des preuves matérielles valables, pourquoi avait-elle besoin d'attendre le témoignage de Christie ?

Hugi renonça à dormir et sortit sous la véranda pour regarder le soleil se lever. Il essaya de voir les choses du bon côté. Avec le temps, Christie serait peut-être en mesure de parler ; et de se souvenir de tout. Il savait qu'il pouvait être sûr d'une chose : Diane, elle, continuerait à parler, à changer certains éléments de sa déposition, à modifier sa version de la fusillade. Elle ouvrait la bouche si souvent qu'elle ne pouvait manquer de se trahir...

Il voulait la voir derrière les barreaux. Mais sa pensée revenait toujours aux enfants. Et même deux ans après, son visage exprimerait encore cette souffrance.

– Comment pourrais-je jamais regarder ces enfants en face si je perdais ? Surtout si Christie se souvenait par la suite que c'était Diane qui avait tiré et qu'elle puisse le dire.

On ne pourrait pas juger Diane une seconde fois si elle était acquittée ; elle pourrait emmener ses deux enfants n'importe où. Hugi frissonna à cette pensée. Les seuls moments où il savait avec certitude où Diane se trouvait étaient lorsqu'il la voyait en direct à la télévision. Danny était en sécurité, sous bonne garde, au Sacré-Cœur. Mais Christie représentait la menace la plus importante pour la version de sa mère. Et si jamais Diane attendait la fillette dans la rue et la renversait avec sa voiture ?

Un millier de fois au cours de l'été 1983, Hugi reconsidéra sa décision de ne pas lancer l'inculpation tant qu'il n'était pas prêt. Un millier de fois il conclut qu'il avait agi de la seule manière possible.

Ils devaient attendre que Christie fût prête.

Ou que l'arme refît surface.

Diane donna une énième conférence de presse à la fin du mois de juin. Autour du cou, elle portait la chaîne en or de Cheryl à laquelle était fixé un petit lingot. Diane l'avait fait graver avec les dates de naissance et de décès de sa fille. C'était son nouveau talisman.

Assise sur un canapé de cuir noir dans une pièce lambrissée de bouleau, elle avait un coffre débordant de jouets à ses pieds. Wes Frederickson était à proximité. Les yeux brillants de colère, Diane se tourna vers les caméras.

— Je m'adresse à toutes les mères qui m'écoutent : si on venait chez vous pour prendre vos enfants, ne seriez-vous pas furieuses ? Ne seriez-vous pas folles de rage ?

Diane expliqua que Danny allait guérir complètement.

— L'esprit contrôle le corps : en aimant Danny suffisamment fort, je pourrai le faire marcher.

Personne, dans le public à qui elle s'adressait, n'était au courant des mauvais traitements qu'elle avait infligés à ses enfants, et il lui était facile de présenter Fred Hugi et les hommes du shérif comme des monstres.

— Je n'arrive pas à croire que j'en suis arrivée là. Si la police avait fait son travail...

Diane expliqua qu'il était de son devoir de partager ses impressions avec les citoyens du comté de Lane. Elle clama que l'argent de leurs impôts servait à payer une police incompétente, cruelle et malhonnête. Son message était clair. Ce qui lui était arrivé pouvait arriver à n'importe quelle mère.

— Je leur ai donné libre accès à ma maison, à ma personne. Je leur ai permis de faire des analyses, je leur ai même confié mon courrier personnel. Ils savent que ce n'est pas moi la coupable. Mais ils sont trop orgueilleux pour faire marche arrière. Ils sacrifient la mère des enfants... Je n'ai jamais eu peur du noir, maintenant, oui. Je revois toute la scène. Je fais des cauchemars et je pleure. J'ai toujours essayé d'aider les autres et je n'ai pas pu aider mes enfants. Nous avons beaucoup de souvenirs ensemble et aujourd'hui nous devons nous en créer de nouveaux, sans Cheryl, pour que la douleur s'apaise. Je l'aimais et on me l'a enlevée...

Diane se mit à pleurer mais se ressaisit très vite. Elle expliqua qu'elle devait être forte, pour Christie et Danny.

Fred Hugi se leva pour aller éteindre la télévision et résista à la tentation de donner un coup de pied dans le poste. Cette femme était douée, il fallait le reconnaître.

— Qu'allez-vous faire « après » ? demanda un journaliste.

— Je ne sais pas. Pour le moment, il n'y a pas d'après... La police est censée trouver l'homme qui m'a blessée, et qui pourrait revenir. En fait, ils sont en train de l'aider, lui !

La voix de Diane restait douce et calme ; une femme qui souffrait autant ne pouvait dissimuler la vérité.

– Pourquoi on nous a tiré dessus ? Je ne sais pas. Pourquoi une personne en arrive-t-elle à en tuer une autre ? C'est de la folie.

Les observateurs remarquèrent que lorsqu'un argument semblait faire mouche, Diane le réutilisait souvent. Jusqu'à l'inflexion de sa voix qui restait la même, comme si elle se contentait de repasser un disque. Jamais elle ne bafouilla ou n'hésita avant de prononcer une phrase.

Suivre les apparitions de Diane à la télévision était presque une occupation à plein temps. Wes et Willadene avaient trois postes dans leur salon – un réglé sur KVAL, un autre sur KMTR et le troisième sur KEZI avec, sur chacun, les horaires du journal télévisé.

N'ayant plus le droit de voir ses enfants, Diane était néanmoins très occupée. Son journal intime à dicter et à écrire, sa lutte contre la police, des interviews chaque fois qu'elle en émettait le désir. L'été s'étirait. Elle fit des dizaines de confidences « exclusives » aux journalistes, outre ses conférences de presse. Elle n'allait pas tarder à reprendre son emploi à la poste.

Diane passa plusieurs coups de fil à Chandler. Elle appela le bureau du shérif du comté de Maricopa et dénonça Steve pour incendie volontaire et fraude à l'assurance ; elle expliqua qu'il avait délibérément mis le feu à son bungalow et avait déclaré le vol de sa voiture de sport, alors qu'elle était bien cachée, de manière à toucher la prime. Elle était furieuse que Steve ait parlé du Ruger 22 à la police.

Et pour couronner le tout, Lew était de retour dans sa vie.

Doug Welch et Kurt Wuest trouvèrent Lew Lewiston très inquiet au sujet de Diane. Et il était désolé pour les enfants – ces enfants tristes auxquels il avait essayé de ne pas penser lorsqu'il sortait avec leur mère. Il était persuadé que, sans cette liaison, elle n'aurait jamais tiré sur eux.

Dans une tentative pour lui faire admettre son geste, Lew décida de téléphoner à Diane – et d'enregistrer la communication pour la police. Si jamais elle devait avouer la vérité à quelqu'un,

Lew pensait que ce serait à lui. Elle lui avait toujours dit qu'il était le seul à la comprendre.

En plus, c'était légal. En Oregon, comme en Arizona, les enregistrements de conversations téléphoniques sont légaux. Les appels peuvent être enregistrés subrepticement entre deux personnes. Seul l'enregistrement par un tiers d'une conversation entre deux autres personnes à leur insu est interdit.

Lew n'avait pas de scrupules. Il savait que Diane était championne en matière de manipulation et de mensonge. Elle pouvait obtenir tout ce qu'elle voulait à force de cajoleries, de rires, de larmes, de scènes ou de charme.

Si on ne l'enfermait pas derrière les barreaux, Lewiston s'attendait à la revoir sous peu, une arme à la main. Une femme capable de tirer sur ses propres enfants hésiterait-elle à tirer sur son épouse à lui ?

L'attirance, la fascination, l'amour ou le désir que Lew avait pu éprouver pour Diane étaient morts à jamais.

Les nuits d'automne dans les brumes du whisky étaient révolues, mais les fantômes avaient la vie dure. Parfois, en tournant le coin d'une rue, Lew croyait entendre le bruit des verres vides s'entrechoquant... et l'étrange musique agressive que Diane préférait à ses cassettes de country. Dans ces moments-là, il voyait de longs ongles vernis de rouge qui s'accrochaient à lui, et craignait de ne pouvoir s'en défaire avant d'être totalement détruit.

23

À Chandler, Kurt Wuest et Doug Welch obtinrent la permission des nouveaux propriétaires de la maison de Palomino Street de creuser dans leur jardin remodelé ; Steve Downs s'était souvenu qu'il avait un jour tiré sur des chats avec le fameux Ruger 22.

– Les nouveaux propriétaires avaient construit un patio – une dalle de béton – et parsemé le reste de gravier de rivière, se souvient Welch. Nous avons tout arraché. Arrivés au sable, nous avons passé le terrain au détecteur de métaux. Nous n'avons trouvé ni balle ni douille. Le comté a payé les frais de réfection du jardin.

Il ne restait plus que le Mexique.

Jesse Pinon avait vendu le vieux pick-up de Stan Post à son frère, Raphaël, qui y vivait, Dieu seul savait où. Welch et Wuest avaient besoin d'un interprète et d'un guide.

Capitaine de police à la retraite, Manuel Valenzuela était détective privé et spécialiste du détecteur de mensonges et parlait l'espagnol couramment. Il leur expliqua comment contacter quelqu'un à Chihuahua :

– Inutile de décrocher votre téléphone pour appeler Raphaël. Il faut trouver quelqu'un au Mexique qui pourrait éventuellement avoir le téléphone. Quelqu'un qui contactera par CB un voisin qui habite pas trop loin de chez Raphaël. Ensuite, si ça ne le dérange pas trop, ce voisin ira chercher votre homme. Celui-ci viendra parler sur la CB et, peut-être, son message sera alors transmis à celui qui a le téléphone.

Il fallut trois jours à Valenzuela pour trouver Raphaël Pinon Acosta. Le moyen le plus rapide d'arriver jusqu'à lui était de louer un avion. Toutefois, le trafic de drogue prospérant dans la région, les avions qui volaient à basse altitude étaient en voie de disparition dans les parages.

Oui, Raphaël avait toujours le pick-up noir, mais il vivait à cent cinquante kilomètres de Janos, le petit village que Valenzuela avait proposé comme lieu de rencontre. Il n'était pas sûr que ses pneus lisses puissent faire le voyage. Manuel argumenta, supplia, implora. Raphaël accepta. Le 5 juillet, le pick-up serait à Janos, dans l'État de Chihuahua, au Mexique, pour que deux flics de l'Oregon puissent l'examiner.

Un policier américain n'a aucune autorité au sud de la frontière mexicaine. Porter son badge peut même s'avérer dangereux. Valenzuela accepta d'accompagner Welch et Wuest, et proposa même de conduire, ce qui n'était pas plus mal. Le voyage jusqu'à Janos prendrait six heures et demie par des pistes qui n'avaient d'autoroutes que le nom.

Sans leurs armes ni leurs plaques, ils passèrent la frontière à Douglas Aqua Pieta. Les gardes, se prélassant dans des chaises longues à dossier réglable, regardèrent le trio d'un air absent. Valenzuela avertit discrètement les policiers de l'Oregon : pas de grands gestes, pas de grands mots. Ils avaient besoin d'une autorisation. Un permis de conduire serait probablement suffisant en guise de document officiel.

Les *Federales*, leur 45 à la ceinture, fouillèrent la voiture de Valenzuela, poussèrent un grognement et leur firent signe de passer d'un geste paresseux.

Ils étaient dans un autre monde, des kilomètres et des kilomètres de mauvaise route avec des virages surplombant des à-pics. De temps en temps, ils rencontraient un poste de contrôle. Parfois on leur faisait signe de s'arrêter, parfois non. Des épaves brûlées, leurs vitres fracassées par des balles, jalonnaient le trajet.

– Qu'est-ce que c'est ? plaisanta Wuest. Des gens qui ne se sont pas arrêtés au poste de contrôle ?

Manuel ne riait pas.

– Tout juste.

Ils arrivèrent à Janos en pleine chaleur de midi. Le pick-up de Pinon était stationné devant le café Harris (*Pollo Empanisado, Hamburgueras, Sandwiches, Tacos, Burritos*).

Valenzuela prit Raphaël à part et lui donna quelques explications. Wuest et Welch entendirent des bribes *niños... muerte... bang, bang... madre*, et virent les yeux de Pinon s'agrandir d'horreur. Il hocha gravement la tête et fit un large geste vers son pick-up.

Welch était en train de soulever un coin de la moquette dans la cabine lorsqu'un policier local s'arrêta à sa hauteur. L'expression de son visage n'avait rien d'amical.

Une fois de plus, Manuel se perdit en explications en espagnol, et une fois de plus on leur fit signe qu'ils pouvaient continuer. Welch tâta le plancher du pick-up et trouva des balles ! Sept cartouches et deux douilles !

Toute la population de Janos s'était agglutinée autour du véhicule et regardait le spectacle. Welch refréna son enthousiasme en hochant triomphalement la tête vers Wuest et Valenzuela.

Doug Welch se souvient encore de sa naïveté d'alors : il se croyait en plein roman.

– On se retrouvait dans une enquête internationale. On avait dû aller dans un pays étranger pour l'élucider, et on y était arrivés !

Il donna à Raphaël cinquante dollars pour le dédommager de son temps et de sa peine – et de la balade téméraire de cent cinquante kilomètres avec des pneus usés jusqu'à la corde. Cela représentait pour le Mexicain trois semaines de salaire. Raphaël était aux anges. Tous étaient aux anges.

Mais comment nos trois « civils » comptaient-ils passer les balles et les douilles à la frontière d'Aqua Pieta ? Welch résolut le problème en glissant les munitions dans le seul endroit où les *Federales* n'iraient pas les chercher : dans son slip.

– Je me suis dit qu'à moins d'une fouille en bonne et due forme à la frontière, je pourrais faire sortir ces balles du Mexique – et nous en avions besoin.

Lorsqu'ils atteignirent la frontière, peu après minuit, les *Federales* ne se donnèrent même pas la peine de fouiller la voiture de Valenzuela, ni ses passagers. Une fois sur le territoire arizonien, ils s'arrêtèrent pour que Welch puisse sortir les balles de son slip, après quoi il respira et put s'asseoir plus commodément.

C'était le trente-deuxième anniversaire de Doug Welch. Il avait de bonnes raisons de faire la fête. Il avait acheté une bouteille de tequila au Mexique, mais découvrit qu'elle avait fui tout au long du chemin, jusqu'à Aqua Pieta. C'était peut-être un présage. Aucune des cartouches et des douilles ne correspondait à celles de Jim Pex.

Cette affaire était un cauchemar, c'était le type d'enquête qui sape les illusions d'un jeune inspecteur idéaliste et plein de fougue. Dick Tracy aurait pu le prévenir. Celles qui ont l'air faciles sont celles qui donnent le plus de fil à retordre.

En Oklahoma, Dick Tracy interrogea Kathy Downing. Tracy entendait Israel pleurer dans une autre pièce, à cause de la chaleur humide, ou peut-être d'un cauchemar.

Kathy Frederickson expliqua qu'elle avait épousé Downing le 16 mars 1980, à Flagstaff, mais qu'ils n'avaient vécu que deux mois ensemble. Diane l'avait accompagnée à l'aéroport d'Eugene la veille de la fusillade. Kathy ajouta qu'elle ne devait pas rester longtemps avec son mari car elle s'engageait dans l'armée en octobre.

Par une étrange coïncidence, Diane avait épousé un Downs et Kathy un Downing. Il est vrai que Kathy avait imité sa sœur aînée plus d'une fois – en tant que mère porteuse potentielle et en tant que future recrue de l'armée.

Kathy admit avoir déjà vu Diane avec des armes, mais elle ne reconnut pas la photo du Ruger semi-automatique, ni celle du revolver d'acier à la crosse en os que lui montra Tracy. Elle avait aidé sa sœur à faire ses paquets pour plusieurs déménagements, mais n'avait jamais remarqué d'armes. Kathy se souvint qu'au mois de septembre 1982, quand Steve avait frappé Diane au point qu'elle eut un œil au beurre noir, sa sœur avait sorti le fusil, l'avait chargé et en avait menacé son mari, jurant qu'elle tirerait s'il osait revenir. « Mais tout s'est arrangé. Steve n'est pas revenu et Diane s'est calmée. »

Il lui arrivait souvent de charger et vider les armes quand elle était furieuse contre son mari. Sa tante Irene raconta à Welch qu'un jour où Steve était en retard pour livrer le nouveau matelas à eau de Diane, elle s'était assise sur le canapé en chargeant et déchargeant son arme, menaçant de tuer « ce fils de pute ».

Dick Tracy posa la question qui s'imposait :
– Qui a tiré sur ces enfants, à votre avis ?

Kathy reconnut que sa première réaction en entendant la nouvelle aux informations avait été : « C'est Diane. » Elle n'avait pas changé d'avis.

24

Je suis contente que tu m'aies appelée. J'ai besoin de quelqu'un à qui parler. J'ai pensé très fort à toi la nuit dernière...

Diane DOWNS, premier coup de téléphone de Lew

Lew téléphona à Diane le 2 juillet 1983. Elle était contente d'avoir de ses nouvelles, mais restait sur ses gardes. Elle voulait toujours Lew, mais ne faisait plus confiance aux hommes – pas même à lui.

Dans quatre jours, cela ferait exactement un an qu'ils avaient fait l'amour pour la première fois.

Un an seulement.

Depuis, Diane avait vendu la maison de Palomino Street à Steve, acheté le bungalow, rompu avec Jack Lenta, elle s'était réconciliée avec Steve, battue avec Steve, elle avait fait mine de vouloir se suicider, elle était retournée à Louisville par deux fois pour une insémination qui avait échoué, elle avait organisé l'incendie de son bungalow, commencé des études, appris à piloter un avion, mis sur pied sa propre association de mères porteuses... puis elle était venue s'installer en Oregon.

Une femme ordinaire se serait effondrée bien avant mais, en juillet 1983, Diane Downs avait achevé un cycle presque mystique de renouvellement. Elle avait une faculté de récupération incroyable, comme un robot dont on aurait remplacé toutes les pièces endommagées ; elle s'apprêtait à reprendre son travail de factrice. Elle était en excellente condition physique malgré son bras plâtré. Sa voix, sur la première cassette enregistrée par Lew, est jeune et gaie, comme si elle avait parlé à son ex-amant la veille.

Lew prétendit qu'il était harcelé par la police, qui lui demandait de passer au détecteur de mensonges.

— Ne le fais pas, lui conseilla Diane.

— Mais je n'ai rien à cacher.

C'était une question de principe, pour elle. Lew ne devait pas se laisser faire par les flics. « Bluffe », dit-elle encore.

Les réponses de Lew étaient laconiques, sa voix traînante par rapport au rythme saccadé de celle de Diane.

— Comment ça va, là-bas ?

— Rien n'a changé.

— C'est bien. Ici, les choses ont beaucoup changé pour moi.

— Je m'en doute.

— J'ai une plaque de métal dans le bras. La cicatrice ne se verra presque pas... Elle commence déjà à s'effacer. Je retourne travailler la semaine prochaine.

Diane annonça à Lew qu'elle projetait un autre voyage en Arizona. Il n'en fut pas surpris. Il s'attendait à la voir à chaque coin de rue.

— Tu avais un 22, Diane. Je le sais.

Voilà. Il l'avait lâché. Il avait vu le Ruger et elle le savait.

La voix de Diane resta enjouée mais se tendit un peu, comme si Lew était un écolier attardé à qui il fallait tout expliquer.

— C'est vrai. Steve l'a récupéré.

— Steve l'a récupéré ?

— Bien sûr.

— Ah, bon...

— Quand ? Réfléchis bien. Je veux que tu prennes le temps d'y réfléchir, parce qu'ils vont te poser la question, ajouta-t-elle rapidement. Dis-moi quand tu as vu ce 22 ?

— Dans ton bungalow et juste avant que tu partes dans l'Oregon.

— Deux semaines avant mon départ, non ?

— Oh ! bon sang, Diane. Tu faisais tes bagages la veille de ton départ. Il était dans ta voiture.

— Non, Lew. Rappelle-toi ! J'avais un micro-ondes, une télé et un tas d'autres choses dans le coffre. Le jour où tu dis avoir vu le flingue, j'ai ouvert mon coffre et il était vide. Pas vrai ?

— À part le 38 et le 22.

Elle n'en démordait pas. La mémoire de Lew déformait forcément les choses. Diane s'excusa auprès de lui pour le désagrément que lui causait la police.

— Je sais, c'est pas marrant. C'est... je ne sais pas... inhabituel. Tout le monde me reconnaît, où que j'aille...

— Je veux bien le croire. Arrête de te montrer à la télé.

— Il faut que je passe à la télé. Je dois leur dire la vérité parce que les flics ne veulent pas m'écouter.

Diane le mit en garde une fois de plus contre l'évaluation au détecteur de mensonges.

— Lew, écoute-moi bien et essaie de penser rationnellement. Si tu travaillais la veille et le lendemain de ce qui s'est passé, il est absolument impossible que tu aies pu venir ici et faire ça.

— OK ! Raison de plus pour accepter de passer le test.

— Très bien. Tu me manques.

— Merci d'avoir répondu à mon appel.

— Pas de problème.

— Très bien. Au revoir.

— Prends soin de toi...

— Ouais ! Au revoir.

— Je t'aime...

— Au revoir.

Lew retira la cassette du magnétophone et la glissa dans une enveloppe adressée aux inspecteurs du comté de Lane. Diane n'avait pas changé. Des mots, des mots et encore des mots. Elle avait à peine mentionné les enfants. Juste parlé de son bras et de son argent, sans oublier de lui intimer de se taire. Il se demandait ce qu'elle craignait qu'il pût dire.

Il se versa une rasade de Jim Beam pour ôter le goût amer dans sa bouche. Il lui était difficile de se souvenir à présent qu'il avait aimé cette femme.

Diane se sentait rassurée par le soutien de l'opinion publique. Elle ne pouvait plus entrer dans un magasin, sans qu'on la reconnaisse, comme une star de cinéma. Une fois, lorsqu'elle s'effondra en larmes, une femme qu'elle ne connaissait pas traversa la rue et vint lui tenir la main et pleurer avec elle.

C'était cela, à ses yeux, la différence entre les êtres humains et les flics. Elle avait un mot pour qualifier les flics et les assistantes sociales : les malfaisants.

Plus Lew appelait, plus Diane se confiait. Il était obligé de lui dire de prendre le temps de respirer.

– Avoue que c'est toi, insista Lew. Tu te débarrasses des gosses, tu te débarrasses de Nora et après tu peux m'avoir, moi. C'est ça ?

– Non. Ça ne servirait à rien. Tu sais pourquoi ?

– Pourquoi ?

– Parce que tu n'aimes pas les problèmes.

– Ça, c'est vrai.

– Tu détestes les embrouilles, ça je le sais, et cette histoire est une des choses les plus tordues qui soient. J'essaie juste de te protéger.

Leur dialogue était probablement un des plus étranges qui fussent entre deux ex-amants. Diane expliquait patiemment à Lew qu'elle l'aimait, mais pas au point de tuer ses enfants. Lew la questionnait, démêlait ses explications obscures concernant les suspects, les intrigues et les coups montés contre elle.

– Bon sang ! souffla-t-il, tu regardes trop de polars là.

– Oh, Lew ! s'écria-t-elle. Je suis dans un polar...

– Matériellement, je ne peux pas être impliqué, Diane, lui rappela-t-il.

– Oh ! mais si, Lew, tu le peux. Je suis passée au détecteur de mensonges aujourd'hui.

– *Tu l'as fait ?*

– Oui. N'en parle à personne.

– Pourquoi ?

– Parce que le détecteur a indiqué ce qu'ils voulaient qu'il indique. C'était un test non officiel. N'en parle à personne. Ils m'ont demandé : « Allez-vous dire la vérité ? » J'ai répondu oui. Ça a indiqué que je disais la vérité. Ils m'ont demandé si un homme de race blanche tenait l'arme qui a tiré sur mes enfants, j'ai répondu oui. Ça a indiqué que je disais la vérité. Ils m'ont demandé : « Teniez-vous l'arme qui a tiré sur vos enfants ? » J'ai dit non. Ça a indiqué que je mentais. Ça ne peut pas être les deux à la fois. Soit il tenait l'arme, soit je tenais l'arme. Tu vois ce que je veux dire ?

Diane se donna beaucoup de mal pour expliquer la stratégie de la police. On ne pouvait pas leur faire confiance.

– Pourquoi crois-tu que la presse soit de mon côté ? Parce que le système judiciaire est complètement pourri ici. Merdique. Corrompu. Ils sacrifieraient n'importe qui pour sauver les appa-

215

rences. Ils n'ont pas perdu un seul procès pour meurtre en dix ans. Lew, ils ont merdé avec celui-là. Ils n'ont même pas cherché le type et il a probablement foutu le camp de cet État à l'heure qu'il est. Du coup ils veulent coller l'affaire sur le dos de quelqu'un, sinon ils perdront la face dans une grosse affaire de meurtre, largement couverte par les médias.

Elle se faisait des illusions. La presse avait juste l'art de flairer une histoire juteuse et on pouvait compter sur Diane pour la pimenter.

Son oreille transpirant contre le combiné, Lew regarda le soleil de juillet descendre sur l'horizon. Les croisées projetaient de longues ombres sur le jardin de la maison qu'il venait de louer – une maison que Diane n'avait jamais vue. Cela lui procurait un tout petit peu de sérénité : elle ne savait pas exactement où il se trouvait avec Nora. Elle n'avait pas son numéro de téléphone personnel et ne connaissait que celui de la poste. Mais elle avait toujours réussi à dénicher ce qui l'intéressait. Il marchait sur le fil du rasoir.

Il devait prendre une décision. S'il jouait le jeu à fond, il devait lui forcer la main. Et se rendre disponible pour elle. Jusqu'ici, elle s'était contentée de lui servir un baratin qu'elle avait répété à l'avance et appris par cœur. Lew craignait de lui donner le numéro de son domicile, mais il soupira... et lui donna le numéro sur liste rouge.

– Diane, je ne veux pas que tu te mettes à appeler pour raccrocher aussitôt.

– Lew...

– Tais-toi une minute. N'appelle pas tard le soir ni le matin quand je me prépare pour aller au travail. Si tu veux me parler, appelle-moi après le boulot. D'accord ?

Elle lui demanda pourquoi il avait changé de numéro de téléphone.

– J'ai changé de numéro des centaines de fois.

– Mais c'étaient toujours des numéros commençant par 838.

– Je n'habite plus là-bas. J'ai vendu cette maison.

– Oh ! très bien, dit-elle, plus détendue.

Elle crut qu'il avait quitté Nora. Il pouvait entendre les rouages fonctionner à toute allure dans son cerveau.

– Je peux te poser une question ?

– Ouais.

– Toi et Nora êtes toujours ensemble ?

– Ouais.

Une courte inspiration. Quelques secondes de silence. Elle reprit en se forçant à garder un ton détaché :

– OK ! Simple curiosité... Pourquoi me permets-tu d'appeler alors ?

– Je te donne une chance de bien te comporter.

– Ouais... Tu es cinglé.

– Et je le resterai. Alors, si tu as quelque chose à me dire, tu m'appelles. D'accord ?

– D'accord. Je t'aime, Lew.

– Je le sais, Diane.

Il n'en doutait absolument pas, elle l'aimait comme elle l'avait toujours aimé. Bon sang ! Elle le lui avait répété des dizaines de fois par jour. Mais elle ne pouvait pas l'aimer et le laisser tranquille. Avec Diane, aimer, c'était la même chose que dévorer.

Il frissonna.

25

Je me moque que vous gardiez ma fille comme suspecte. Mais libérez les enfants. Mes petits-enfants sont des prisonniers de guerre.

Wes FREDERICKSON, juillet 1983

Christie était dans un foyer d'accueil, pour sa sécurité. Elle voyait régulièrement le Dr Peterson. Il était très doux et avait une voix douce. Malgré l'aphasie causée par sa crise d'apoplexie, il devina immédiatement que Christie était très intelligente.

La vie de la fillette avait été complètement bouleversée. Elle n'était pas sûre de savoir ce qu'elle voulait faire. Elle aimait bien Ray et Evelyn et leur faisait suffisamment confiance à présent pour leur raconter des souvenirs des mauvais traitements dont elle, Danny et Cheryl avaient souffert, des histoires qui rendaient malades les Slaven. Parfois, Christie disait qu'elle aimerait vivre avec son père, en Arizona, mais seulement si Danny venait aussi. Or Danny ne pourrait pas quitter l'hôpital avant plusieurs mois.

Lorsque le Dr Peterson le lui demandait, Christie dessinait Cheryl, Danny et elle-même. Cheryl avait des tresses. Elle était en jean sur le dessin, mais ses yeux étaient fermés, comme si elle dormait. Les représentations de Christie et de Danny souriaient timidement ; leurs bras et leurs mains étaient proportionnellement plus grands que le reste du corps et semblaient tendus en un geste de supplication.

Plus tard, Christie dessina la Nissan rouge, à la demande de Peterson, et deux armes à feu : un long fusil et un pistolet court.

Elle dessina la maison de Heather Plourd, et des enfants qui jouaient dans un champ avec un cheval.

La mémoire de Christie – lorsqu'elle s'y laissait plonger – était excellente. Mais elle avait besoin d'un environnement thérapeutique sécurisant où surmonter son traumatisme. Peut-être pourrait-elle un jour se sentir assez en sécurité pour raconter ce qui s'était passé après leur départ de chez Heather, le 19 mai. Sa terreur devait être désamorcée graduellement.

Carl Peterson trouva d'abord Christie prudente et sur ses gardes. Il ne la brusqua pas ; il essaya de dénicher un miroir dans son esprit qui réfléchirait ce qu'elle essayait de garder caché. Il ne douta pas un instant que Christie avait des souvenirs.

– Les souvenirs ont été scellés dans un coffre-fort, jusqu'à ce qu'il n'y ait plus de danger et qu'ils puissent resurgir en toute sécurité. Lorsqu'ils remonteront à la surface, ce sera comme une crue, une avalanche.

L'été 1983 fut bien différent de ce que Diane avait espéré. Elle mit son sac postal en bandoulière et fit à pied son itinéraire de quinze kilomètres dans Cottage Grove. La chaleur de l'Oregon était une pâle imitation de celle dont elle avait l'habitude, mais cela lui rappelait des jours meilleurs. L'exercice lui faisait du bien, elle se sentait en forme. Chez Wes et Willadene, elle avait tout le temps de réfléchir. Sa mère se chargeait du ménage, de la cuisine et de la lessive. Diane, comme toujours, avait besoin d'action.

Le jour où elle reprit son travail, elle rentra avec des ampoules aux pieds et toute courbatue. Elle téléphona à Lew pour lui faire part de ses souffrances. Il n'avait jamais vraiment compati, mais à présent il semblait encore plus froid.

Le travail avait au moins l'avantage de tromper l'attente de Diane. Si elle avait une faiblesse fatale, c'était bien son impatience. En dépit des nombreuses mises en garde de Jim Jagger, elle ne pouvait attendre que les policiers et le bureau du procureur agissent. Si elle n'avait pas de leurs nouvelles, elle les appelait – prétextant de nouveaux éléments sur l'étranger armé, de nouveaux souvenirs qui remplaçaient les anciens.

L'affaire n'avait guère progressé au cours du mois de juillet. Dolores Holland, la voisine de Heather Plourd, avait fini par se remémorer le nom qui, pensait-elle, correspondait au portrait-robot. Elle en parla à Heather et reçut, peu après, la visite de

Wes, Diane et Paul, son frère. Mme Holland leur expliqua que le portrait-robot ressemblait un peu à l'ami de sa fille – un jeune homme d'origine indienne : Samasan Timchuck. Elle leur montra un vieux cliché du jeune homme.

Le lendemain, Paul Frederickson dessina un nouveau portrait et l'apporta – non aux enquêteurs, mais au *Register Guard* d'Eugene, qui le publia avec la légende « Diane Downs modifie le portrait de l'agresseur. » Diane se souvenait soudain que l'étranger aux cheveux longs avait le visage plus mince et les cheveux coiffés différemment. En fait, le second dessin ressemblait étrangement à la photo de Sam Timchuck.

Roy Pond et Kurt Wuest vérifièrent les coordonnées de Sam Timchuck dans les ordinateurs – sans succès. Ils envoyèrent des télex demandant des informations sur lui et ne reçurent pas de réponse. Si Timchuck s'était trouvé le long de Little Mohawk Road cette nuit-là, personne ne l'avait vu. D'ailleurs, personne ne l'avait vu depuis des mois.

Kurt Wuest secoua la tête en voyant le deuxième dessin. Le premier portrait-robot représentait un homme avec un double menton – le genre d'individu que l'on imagine bedonnant. Le nouveau était celui d'un jeune homme aux grands yeux et au visage d'une maigreur cadavérique. Complètement différent.

– Croyez-vous qu'elle pourrait identifier l'homme si elle le voyait ? demanda Wuest au frère de Diane.

– Elle ne le reconnaîtrait pas s'il était devant elle. Elle n'est pas sûre de pouvoir l'identifier.

– Alors pourquoi ce deuxième portrait ?

– Pour vous mettre à l'épreuve, répondit Paul avec un sourire amusé. Juste pour voir combien de temps il vous faudrait pour nous contacter.

Frederickson ne manquait pas de rappeler à Wuest et à Welch qu'il était un homme influent et qu'il avait accès à bon nombre d'informations. Il leur avoua qu'il savait que Christie se trouvait chez les Slaven mais n'en avait pas parlé à Diane. Lorsque Fred Hugi l'apprit, il fut terrifié : si Wes savait où se trouvait sa pctitc-fille, Diane le découvrirait tôt ou tard. Dans la journée, Hugi savait que Diane était à Cottage Grove en train de distribuer le courrier et il se détendait un peu. Très peu. Il n'avait aucun moyen de savoir en permanence où elle se trouvait, ni ce qu'elle faisait – ou envisageait de faire. S'il était resté quelques hommes au procureur ou au shérif, Hugi aurait pu la faire suivre. Mais ce n'était pas le cas.

– On joua au chat et à la souris tout l'été, se souvient Hugi. Mais il n'était pas toujours évident de savoir qui était le chat et qui était la souris.

Un après-midi, Hugi vit Diane sortir furieuse du palais de justice. De toute évidence, ce n'était pas un de ses jours médiatiques. Elle portait un T-shirt sans soutien-gorge ; Hugi ne vit pas trace de la pieuse image qu'elle présentait aux caméras de télévision. Sa curiosité l'emporta. Vers qui courait-elle ainsi ? Il la suivit d'assez loin pour ne pas se faire repérer et la vit monter dans sa voiture. Il se glissa au volant de la sienne.

– Elle ne s'est même pas aperçue que je la suivais, se souvient Hugi. Elle a remonté la I-105 à cent dix kilomètres-heure en slalomant entre les voitures. Je l'ai suivie, assez longtemps pour comprendre qu'elle n'allait nulle part, qu'elle voulait juste rouler vite ; elle était déchaînée.

Furieuse ou pas, Diane conduisait toujours ainsi. Elle fut arrêtée deux fois le même jour pour excès de vitesse dans Cottage Grove. Lorsque Fred Hugi demanda au policier pourquoi il n'avait dressé qu'un seul procès-verbal, l'homme répondit :

– On aurait eu l'air de la harceler.

Diane avait repris le volant de sa Ford Fiesta ; la Nissan rouge était toujours à la fourrière du comté de Lane, comme pièce à conviction.

Lorsque Steve Downs prit l'avion pour Eugene afin de voir ses enfants, leurs rencontres furent supervisées par la Protection de l'enfance et eurent lieu dans ses locaux. Cela rassurait Fred Hugi. De tous ceux qui vivaient dans l'entourage de Diane, il considérait Steve comme le plus instable. Il avait oscillé entre l'amour et la haine pendant plus de dix ans ; il était imprévisible. Diane voulait ses enfants et Hugi craignait que Steve Downs ne se laisse fléchir et ne l'aide à les reprendre.

Huit semaines après la fusillade sur Old Mohawk Road, Diane était toujours en liberté, mais le seul être qui semblait croire totalement en son innocence était son frère, Paul. Lew continuait à la questionner, et son père réclamait des preuves qu'une autre personne avait tiré. Doug Welch et Kurt Wuest étaient de parti pris contre elle. Diane détestait Welch et fut rapidement déçue par Kurt Wuest.

Le 15 juillet, elle téléphona au shérif Burks. Elle voulait lui parler, à lui, pas à ses inspecteurs. Burks accepta de recevoir Diane en fin d'après-midi. Accompagnée de son frère Paul muni d'un magnétophone, Diane arriva au bureau du shérif à 16 h 45.

Elle venait se plaindre. Dave Burks la laissa parler. De temps en temps, le shérif l'interrompait d'une question, mais il n'était pas facile de trouver une faille dans son flot de paroles. Diane lui expliqua que ses hommes cherchaient dans la mauvaise direction.

– Je ne voudrais pas vous causer de problèmes. Mais j'aimerais que certains faits soient clairs. J'ai peur d'avoir un avantage sur vous puisque *je sais* que je dis la vérité... Les apparences sont peut-être contre moi, mais ce n'est pas moi qui ai tiré.

Diane expliqua que le tireur courait toujours et qu'elle craignait qu'il ne tue encore. Pendant trois heures et demie, elle récapitula l'affaire pour Burks, insistant sur le fait que Christie était manipulée par des policiers cyniques. Sa propre enquête lui avait révélé une conspiration visant à la sacrifier elle, Diane Downs.

Naturellement, il restait certains points dont elle n'avait toujours pas souvenir concernant le soir du 19 mai. D'autres, en revanche, étaient clairs.

– Je savais que chaque seconde comptait... La seule chose qui m'a permis de tenir, c'est d'entendre Danny pleurer. Il n'arrêtait pas de pleurer. Il pleurait tout doucement, sans s'arrêter. Sans lui, je crois que j'aurais paniqué et que je me serais enfuie en voyant Christie sur le siège arrière. Tout ce sang, ces bruits, cette odeur... c'était terrifiant.

Burks avait entendu parler du débit de Diane, il avait lu les transcriptions des interrogatoires, il avait même écouté quelques cassettes, mais il n'était pas préparé à cette « diarrhée verbale », comme disait Doug Welch. Cette femme ne prenait même pas le temps de respirer ; elle parlait sans arrêt, expliquant, rejetant, critiquant, condamnant, rationalisant. Le crépuscule tomba, puis la nuit. Il faisait complètement noir dehors, et Diane n'avait pas encore vidé tout son sac.

Elle suggéra au shérif Burks d'enquêter plutôt sur la Protection de l'enfance. Elle avait des preuves démontrant qu'ils soumettaient les enfants à des lavages de cerveau, qu'ils les handicapaient émotionnellement, tout ça pour que l'État empoche vingt-six mille dollars de plus par mois.

Burks la regarda, ahuri. Diane avait eu l'intention, grâce à son entrevue-marathon avec le shérif, de changer l'orientation de l'enquête. Elle avait échoué.

Si un livre de conseils aux suspects de meurtre existait, le premier chapitre devrait les dissuader de dialoguer avec les autorités. Même un avocat néophyte le sait. Diane parlait trop. À trop de monde. Elle avait accusé la police de l'avoir mise sur la sellette, d'avoir des œillères. Or c'était elle, Diane, qui attirait continuellement l'attention sur elle.

Elle se plaignit de Burks aux journaux.

D'ordinaire taciturne, le shérif en avait assez.

– Je ne compte pas me lancer dans cette exhibition médiatique avec Mme Downs. Si la presse veut écrire des inepties et réagir au doigt et à l'œil dès que Mme Downs lui fait signe, grand bien lui fasse... À mon avis, ce n'est pas dans les médias qu'on juge une affaire.

26

Seigneur ! mes gosses sont les seuls au monde à m'aimer, quoi qu'il arrive. Je sais que tu m'as aimée, mais c'était quand ça t'arrangeait. Eux, ils m'ont toujours aimée, toujours... Mon Dieu ! ils me manquent. Pourquoi tout cela est-il arrivé ? Qui me hait à ce point ?... Je veux juste que quelqu'un me prenne dans ses bras et me dise que tout va s'arranger – même si ce n'est pas vrai...

Diane DOWNS, coup de téléphone à Lew,
juillet 1983

Diane était dans une de ses phases maniaques, s'acharnant à tout détruire. Jim Jagger ne pouvait l'empêcher de défier la police. Elle avait toujours avec Lew de longues conversations téléphoniques à bâtons rompus. C'était parfois Nora qui décrochait. Très aimable, elle prenait le message ou lui passait son mari.

Étrange ! pensait Diane.

Elle ne confia jamais rien à Lew qui aurait pu profiter à la police. Elle pleurait abondamment et le suppliait de la comprendre. Lew avait du mal à lui répondre.

– Pourquoi suis-je si seule ! se plaignit-elle. La seule chose que je veuille, c'est mener une vie normale. Je n'ai pas envie qu'on me reconnaisse. Je veux juste mes enfants. Je veux quelqu'un qui... me dise « je t'aime ».

Amère ironie. Ses enfants l'avaient aimée et Christie et Danny l'aimaient probablement encore.

Christie avait fini par réussir à prononcer le nom de sa mère à haute voix devant Carl Peterson, même si ses difficultés d'élo-

224

cution s'amplifiaient dans ces moments-là. Délicatement, il déplia un journal et lui montra le portrait de sa famille publié au mois de mai. Christie l'examina en silence.

Elle savait que c'était bientôt l'anniversaire de sa mère. Elle lui avait toujours écrit une carte et fait un cadeau à cette occasion. Elle s'inquiétait de savoir si elle devait le faire ou non. Christie ne pouvait – ou ne voulait – toujours pas se souvenir de « l'accident » mais elle ne mettait plus aussi souvent Evelyn à l'épreuve pour voir si celle-ci serait encore là au milieu de la nuit ou au matin, lorsqu'elle se réveillerait. Evelyn était là, invariablement.

En restant à l'écart des inspecteurs, Diane avait de fortes chances d'éviter la mise en accusation. Si aucune inculpation n'était portée contre elle, tôt ou tard, on lui rendrait ses enfants. Cheryl n'était plus là, bien sûr, mais elle savait qu'elle pouvait avoir d'autres bébés.

Bien que Fred Hugi soit toujours après elle, Diane ne pensait jamais à lui ; et donc ne le considérait pas comme un danger potentiel. Dans son esprit, Kurt Wuest et Doug Welch étaient ses principaux adversaires. Pas pour longtemps ; le mois supplémentaire que le comté leur avait accordé arrivait presque à expiration. Dans moins de deux semaines, il leur faudrait classer le dossier et rendosser l'uniforme.

Il y avait de quoi fulminer. Ils feraient de leur mieux pendant leurs heures de loisir, mais savaient que ce serait insuffisant.

Diane continuait à passer une bonne partie de son temps au téléphone, que ce soit avec Lew, les chaînes de télévision ou la presse écrite. Et, maladresse suprême, elle ne résistait pas à la tentation d'appeler Kurt Wuest. Diane avait une position ambivalente vis-à-vis de Kurt. Il l'avait toujours attirée ; il ressemblait beaucoup à Russ, le père de Danny. Diane appelait l'inspecteur presque tous les jours ; pour se plaindre du shérif, de Tracy, de Welch. Elle flirtait, suggérant qu'ils pourraient se retrouver, tous les deux. Diane lui livrait des informations tentantes, mine de rien, des petites indications sur l'affaire.

Le 19 juillet, exactement deux mois après la fusillade, elle demanda à Wuest de venir la voir chez ses parents.

– J'aimerais que vous veniez à la maison avec votre partenaire. Comme les témoins de Jéhovah, vous allez toujours par deux, hein ?

– Qu'avez-vous à l'esprit ?

– J'aimerais vous parler... je vous ai tout dit sur l'affaire... sauf une chose, la véritable conversation que j'ai eue avec ce type... Je vous en prie, soyez très discret sinon je vais y passer, et je préférerais rester en vie.

Wuest était aux anges... Jusqu'à ce que Diane le rappelle pour annuler. Elle avait peur. Elle lui expliqua qu'elle s'était souvenue que l'homme savait qui elle était ! Sa propre vie ne comptait pas mais elle avait peur pour Christie et pour Danny. Diane pensait qu'elle pourrait peut-être venir au bureau du shérif le lendemain. Wuest lui rappela qu'il serait obligé de lui relire ses droits. Elle était toujours suspecte. Elle accepta.

Mais elle ne vint pas. Elle téléphona pour dire qu'elle avait besoin de temps pour rassembler suffisamment de courage afin de leur faire part de ses nouvelles informations.

– De plus, ajouta-t-elle, est-ce *vraiment* important qu'il m'ait reconnue ?

– Il existe une énorme différence entre une... personne qui a un lien avec vous et un homme qui surgit des bois, répliqua Wuest, les dents serrées.

– Je comprends. Je comprends et je vous présente mes excuses, mais comme je vous l'ai dit hier, si vous étiez une simple femme, mère de trois enfants – il ne m'en reste que deux aujourd'hui – je ne crois pas que vous vous précipiteriez chez les flics pour leur raconter ça.

Elle parlait comme une petite fille, la voix pleine de terreur. Elle ajouta que Jim Jagger lui avait suggéré qu'un hypnotiseur ou un psychologue pourraient l'aider à retrouver ses souvenirs ensevelis. Elle expliqua à Wuest qu'elle était si terrifiée qu'elle ne voulait probablement pas se souvenir de tout ce sang, de toute cette douleur...

– Donnez-moi quelques jours. Je jure devant Dieu que j'irai vous voir. Si je peux vous dire quelque chose qui éclaircisse tout ça, je le ferai, c'est certain. Moi aussi j'en ai assez, et aussi terrible que ce puisse être pour moi de revivre ces instants, je suis prête à le faire, pour qu'on en finisse.

Bon sang ! ils ne pouvaient pas lui accorder les quelques jours qu'elle demandait, pensa Wuest.

Christie, qui avait toutes les raisons d'avoir peur, travaillait avec détermination. Des images isolées traversaient de plus en plus souvent son esprit, comme des flashes. Elle avait toujours su ; mais il lui était extrêmement difficile de le formuler à haute voix.

Welch et Wuest discutèrent avec Fred Hugi et Pat Horton.

— Diane nous téléphone et nous laisse entendre qu'elle veut tirer les choses au clair ; elle se souvient que le type la connaissait. On fonce ? demanda Wuest. Si on arrive à la faire venir sur notre terrain, on pourra tenter un interrogatoire poussé.

— Allez-y ! répondit Hugi. C'est peut-être notre dernière chance. Faites-la parler... On verra bien ce qui en sortira.

Mais Diane s'esquivait avant chaque nouveau rendez-vous qu'elle fixait à Wuest. Ils décidèrent de lui donner une autre raison de venir jusqu'à eux. L'identité judiciaire leur avait communiqué une photo de Samasan Timchuck, l'homme que connaissait Dolores Holland.

Wuest appela Diane et lui demanda de venir examiner les photos de six suspects possibles. En dépit de la mise en garde de Jim Jagger, elle lui répondit qu'elle passerait après son travail.

— Je paie Jagger, il travaille pour moi, et c'est moi qui décide ce que je veux faire.

Welch et Wuest étaient ravis ; ils allaient avoir une chance de plus ! Pas besoin de tirer au sort lequel jouerait le « méchant » : Welch.

Quand Diane arriva au bureau du shérif, au palais de justice, à 15 h 45, elle portait encore son uniforme de la poste. Ils longèrent le couloir jusqu'au bureau de Welch, une pièce de trois mètres cinquante sur quatre mètres cinquante, avec deux petites fenêtres donnant sur une cour intérieure. Diane s'assit devant la table. Par les fenêtres poussiéreuses au-dessus de sa tête, elle apercevait des feuilles vertes, des oiseaux et parfois un papillon. Sur le mur derrière elle, un grand poster montrait un lac dans les sapins et des montagnes enneigées.

Diane semblait détendue.

Elle examina les photos que lui tendit Wuest, remarqua que Timchuck était « très proche » mais avait les joues trop rondes.

Wuest et Welch retinrent leur souffle. Allait-elle se lever et partir, maintenant qu'elle avait regardé les photos ?

Non.

Diane voulait parler des « vrais » suspects de cette affaire.

— Steve Downs, mon ex-mari. Nous avons divorcé il y a deux ans et il ne me l'a jamais pardonné.

— OK ! Passons au numéro deux, suggéra Welch.

Steve se trouvait en Arizona le soir du 19 mai.

— Stan Post est le meilleur ami de Steve... Si l'un des deux peut commettre un crime et s'en sortir, l'autre aussi. Ils sont comme cul et chemise, et Stan me détestait quand j'étais enceinte de Danny...

— Et Nora ? l'interrompit Welch.

— Son principal motif, c'est que Lew m'aime... Notre liaison a duré un an. J'étais sa maîtresse et je n'en ai pas honte, c'est la vie... Lew a quitté Nora plusieurs fois...

Les accusations de Diane n'étaient qu'une décevante resucée de ses vieilles tirades. Welch lui rappela qu'elle avait affirmé que le tireur l'avait appelée par son nom et qu'il avait mentionné son tatouage.

Oui, elle s'en souvenait... Il avait dit qu'il reviendrait pour la tuer si elle parlait. Elle avait eu peur de parler.

— Donc cet homme vous connaissait, il vous a appelée par votre nom et a mentionné votre tatouage, commença Welch. Pensez-vous qu'il soit logique de supposer que cet individu ait été envoyé par une personne résidant en Arizona ?

— Je pense que oui, parce que nul – à part un ou deux types – ne connaît mon tatouage. Je n'étais ici que depuis six semaines... pas assez pour me faire des ennemis... Donc s'il a mentionné mon tatouage, ça veut dire qu'il venait d'Arizona – ou qu'il a été envoyé par quelqu'un de là-bas.

— Surprenant, dit Welch d'un air songeur.

— Je sais, je sais, l'interrompit Diane avec impatience.

— Comment...

— Comment pouvait-il savoir que j'allais me trouver sur cette route ? J'en sais rien... S'il avait tout organisé, comment pouvait-il savoir que je passerais sur cette vieille route ? Je n'en ai pas la moindre idée... Burks m'a demandé l'autre jour si j'étais suivie, je n'en sais rien. Qui se préoccupe de savoir si on le suit en voiture ?

Wuest l'interrompit :

— Attendez une minute. Si vous étiez suivie, comment pouvait-il y avoir un type devant, pour vous faire signe d'arrêter ?

— Je ne sais pas... Je n'y comprends rien du tout.

— Tout cela est très bizarre, confirma Wuest.

– Tout ce que je sais, c'est que je peux vous répéter ce qu'il a dit... tout ce dont je peux me souvenir. OK ? Si ça ne colle pas avec le reste, je n'y peux rien.

– Nous débrouillerons tout cela, fit Welch.

Diane fonça, tête baissée. La voiture jaune était importante mais elle ne savait pas pourquoi.

– Je voyais les arbres et les virages de la route, et je revois mes enfants en train de se faire tirer dessus. Tout en moi le refusait ; et la voiture jaune était là.... c'est si étrange. Au moment où l'homme m'a menacée... je ne devais rien dire, au risque d'être tuée... Ça n'avait pas l'air d'être quelqu'un qui me connaissait, et je ne comprenais pas pourquoi... c'est fou, non ?... Vous vous inquiétez de savoir si vos enfants sont vivants ou en train de mourir. L'un est déjà mort, et vous avez tellement de choses à l'esprit, de l'espoir, tout ça, mais vous êtes si paniquée par ce que vous avez vu, ce que vous avez ressenti... Votre esprit vous empêche peut-être de penser que c'est votre faute – même si le criminel me haïssait –, et donc vous oubliez que c'était un homme qui vous connaissait.

Diane releva la tête et surprit l'expression des deux inspecteurs.

– Vous en faites une tête, mais c'est logique...

– Je ne comprends pas, dit Wuest. Vous avez parlé de quelque chose qui serait votre faute ?

– Quelqu'un me haïssait au point de faire ça. C'est donc *ma* faute.

Diane révéla qu'elle fut terrifiée lorsque l'homme prononça son nom. Elle venait de recevoir une balle et était encore à l'extérieur de la voiture, lorsqu'il le fit, dans un souffle, et menaça de la tuer si elle parlait.

– Nous avons posté des gardes armés pour vous protéger, vous et les enfants, lorsque nous vous avons interrogée à l'hôpital, répliqua Wuest, perplexe.

– Mais je devais rentrer chez moi après l'hôpital.

– C'était plusieurs jours après.

– Je ne le savais pas. Mettez-vous à ma place et arrêtez de raisonner comme un policier !

– Je suis policier, répondit Wuest. Je suis un homme et... Bon ! Si vous craigniez à ce moment-là pour votre sécurité et pour celle de votre famille, il me semble que c'était le meilleur moment, lorsque vous étiez entourée de policiers, que des gardes armés protégeaient vos enfants... plutôt que maintenant.

– C'est vrai, approuva Diane. Mais cet homme n'a plus de raison de venir me tuer maintenant, puisque vous êtes après moi. Je ne pourrais être plus en sécurité.

– Il n'en sait rien, rétorqua Wuest. Les portraits-robots sont toujours dans les journaux.

– Vous me considérez tous comme suspecte... Le criminel peut se sentir en sécurité.

Diane n'était pas satisfaite de ce débat. Elle laissa entendre qu'elle préférerait revenir un autre jour.

– J'ai très peu de patience avec les hommes.

– Nous n'avons plus beaucoup de temps, avoua Wuest.

– Et puis c'est intéressant, renchérit Welch.

– C'est vrai, répondit Diane en retrouvant le sourire. C'est effrayant...

Ils vérifièrent la cassette qui tournait discrètement. Welch retira sa cravate, déboutonna son col et roula les manches de sa chemise blanche. Il transpirait.

Il lui demanda pourquoi elle n'était pas rentrée directement chez elle après avoir quitté Heather Plourd. Il était tard et la nuit était déjà tombée.

Elle avait cherché un trajet agréable – pour le paysage.

– Pour quelle raison vous êtes-vous arrêtée et avez-vous fait demi-tour ? insista Welch.

– Parce que j'ai regardé sur le siège arrière et que Christie s'était endormie. Il n'y avait plus de raison d'aller admirer le paysage, je connaissais déjà cet itinéraire.

– Oh ! les enfants s'étaient endormis ?

– Oui, Christie dormait. Cheryl était encore éveillée.

– Et Danny ? demanda Wuest.

– Je ne sais pas, il ne faisait pas de bruit, j'ai supposé qu'il dormait.

À quelle vitesse conduisait-elle après avoir fait demi-tour pour rentrer, après avoir décidé impulsivement de quitter la route principale pour prendre la petite route sinueuse qui longeait la rivière ?

Soixante-cinq kilomètres à l'heure.

Et après la fusillade ?

Diane n'avait pas eu connaissance de la déposition de Joe

Inman. Elle ne se doutait pas que quelqu'un l'avait suivie sur Old Mohawk Road.

— Mais après, après la fusillade, vous avez vraiment foncé vers l'hôpital ? insista Welch.

— Je ne sais pas.

— Vous ne vous en souvenez pas ?

— C'était la première fois que je prenais cette route et il faisait nuit. J'ai regardé le siège arrière pendant presque tout le trajet, alors je ne peux pas dire que je roulais très vite. Je conduisais assez lentement pour ne pas quitter la route... je me souviens d'avoir failli percuter une barrière. De m'être penchée pour ouvrir la vitre de Cheryl parce que je n'arrivais pas à baisser mon bras pour ouvrir la mienne.

— Où était votre bras ? Sur vos genoux ?

— Oui, je l'ai posé sur mes genoux.

— Il saignait beaucoup ?

Diane s'était calmée et pesait soigneusement ses réponses avant de parler, et elle avait raison.

— Je ne m'en souviens pas. Je sais que lorsque je suis arrivée au stop, mon bras était froid. J'ai baissé les yeux pour voir s'il saignait beaucoup et j'ai vu qu'il était enveloppé d'une serviette-éponge, mais je ne me rappelle pas quand j'ai mis la serviette autour de mon bras.

— OK ! Donc vous ne savez pas si vous avez foncé vers l'hôpital ou si vous avez roulé très lentement ?

— Ni si je me suis arrêtée. Je n'en ai pas la moindre idée.

Le récit des événements racontés par Diane avait subtilement changé. Elle avait affirmé, lors du premier entretien enregistré à l'hôpital, qu'elle avait « roulé, roulé... » vers l'hôpital.

Welch le lui rappela.

— J'étais convaincue de tout ce que je vous ai raconté mais je n'ai pas tout noté !

— Vous souvenez-vous de ce que vous nous avez raconté à propos de la vitesse à laquelle vous rouliez ?

— Non, mais je peux vous dire que j'allais assez vite pour arriver à l'hôpital à temps et assez lentement pour ne pas quitter la route et avoir un accident.

— À temps ? répéta Welch, intrigué.

— Ils étaient tous les trois vivants... J'avais atteint mon objectif, qui était de sauver mes enfants. *Ils* ont tué Cheryl, pas moi. Ce n'est pas moi qui ai mis trop de temps pour arriver à l'hôpital. Mon père suggère que j'ai pu m'évanouir.

– Vous pensez que c'est possible ?

– Si je me suis évanouie, je ne veux pas y penser.

– C'est la personne qui tenait l'arme dans sa main qui a tué Cheryl, dit Wuest d'une voix douce.

– Je suis d'accord, mais je suis sa mère et j'étais présente. Pourquoi n'ai-je rien fait ?... Je ne sais pas.

Ils parlèrent d'un trou dans le temps et de la raison pour laquelle Diane avait tant de mal à se souvenir de ce qui s'était passé.

– Vous avez subi un stress important, vous avez dit tout à l'heure que peut-être votre esprit refusait de se souvenir de ce que vous aviez vu.

– Ouais ?

– Vous avez pu oublier beaucoup de choses lorsque vous avez décidé de les enfouir en vous. Avez-vous une idée, si infime soit-elle, de ce qu'aurait pu être ces horribles choses ?

– Non. Où voulez-vous en venir ?

– Ce que j'essaie de dire, c'est...

– Ce que vous essayez de *ne pas* dire, plutôt...

– Vous avez affirmé que c'était plus horrible que de regarder Christie se faire tirer dessus... saigner, et je n'arrive pas à penser à quelque chose qui puisse être plus horrible que ça.

– Moi non plus.

– Alors qu'est-ce qui aurait pu provoquer ce blocage en vous ?

– Je ne sais pas. En parler avec vous ne va pas arranger les choses.

Diane s'était dangereusement approchée du précipice et à présent, elle faisait marche arrière, à toute vapeur.

– J'ai essayé, dit-elle. J'ai vraiment essayé.

L'entretien arrivait à son terme – ou du moins à un tournant. Diane ne faisait pas mine de bouger.

– Avez-vous été franche et directe avec nous jusqu'ici ? demanda Welch à brûle-pourpoint.

– Oui... oui, oui.

– Rien que vous ayez volontairement omis de nous dire ?

– La seule chose que j'aie volontairement omise de vous dire, c'était que l'homme connaissait mon nom.

Cela lui était apparu en rêve, expliqua-t-elle, mais la police avait déjà commencé à la persécuter, à ce moment-là, donc elle n'en avait rien dit.

— Nous parlons d'une enquête sur un meurtre, nous ne pouvons plus nous amuser à ce petit jeu, lui rappela Wuest.

— C'est un grand jeu, corrigea Diane. Ce n'est pas un petit jeu. Ma fille est morte, il n'y a rien de plus sérieux que ça... Vous auriez dû venir me voir, dès le début, leur reprocha-t-elle pour me dire : « Il y a des détails qui ne collent pas, nous croyons que c'est vous qui avez tiré et voilà pourquoi. » Vous n'êtes censés jouer à aucun jeu.

Sa voix était enjouée, mais la touche d'hostilité était sensible.

Kurt Wuest lui rappela qu'elle était libre de partir à tout moment.

— Je sais, dit-elle en hochant la tête. Dès que la cassette sera terminée, j'aurai fini, moi aussi... Excusez-moi si je ne vous fais pas confiance. Je crois que si je vous faisais confiance, les choses seraient bien différentes.

— Pensez-vous que cet « oubli » pourrait vous revenir si vous nous faisiez confiance ? demanda Welch.

Elle ne savait pas. Elle rit.

— Vous ressemblez de plus en plus à un petit enfant boudeur, Kurt.

La guerre que Diane menait contre les hommes ne connaissait pas de trêve. Elle était très bonne pour les reparties, très douée pour les décontenancer en se montrant tour à tour enjôleuse et ingénieuse, douce et caustique. Au cours de cette soirée de juillet, alors que l'entretien se prolongeait, Diane se mit à considérer les inspecteurs uniquement comme des hommes. Elle aurait tout aussi bien pu être en train de mener en bateau ses collègues de la poste. Peut-être se souvint-elle que Kurt et Doug étaient des policiers, mais cela ne transparaît pas sur l'enregistrement.

L'interrogatoire prenait un autre tour mais Diane ne s'en rendit pas compte.

— Vous voulez jouer ? demanda Welch d'une voix neutre.

— Ouais ! Je veux trouver ce type... Au début, comme je l'ai dit, peu importait que vous l'attrapiez ou non. Mais à présent, c'est ma seule chance de reprendre une vie normale.

— C'est très important pour nous.

— Je m'en doute, fit Diane. C'est comme la porte interdite.

Quelque chose est caché derrière. Quelque chose qui s'est réellement passé ce soir-là – quelque chose de grave.

– Plus horrible que de regarder Christie perdre son sang ? redemanda Wuest à voix basse.

C'était un point qu'il ne voulait pas lâcher, attendant le bon moment pour frapper.

– Regarder Christie qui... Ouais ! il y avait quelque chose... Je veux savoir, mais en même temps, mon esprit me dit que c'est mauvais et que je ne dois pas regarder.

Wuest continuait à interroger Diane d'une voix douce.

– Il y a une chose – et c'est la seule à laquelle je puisse penser – qui est plus horrible que de regarder ma petite fille recevoir un coup de feu et se vider de son sang. C'est si *moi* j'y participe.

– Je suis d'accord, répondit Diane avec effronterie.

– Ce serait...

– Ce serait horrible, compléta-t-elle.

– Ce serait probablement plus horrible que de regarder la petite fille...

– Vous avez raison. Ce serait vraiment terrible, coupa-t-elle avant de se reprendre brusquement : Je suis sûre que ce n'est pas moi qui ai tiré.

Welch joua les idiots et demanda des explications, jetant des questions impertinentes qui agacèrent Diane. Mais elle était de taille à le contrer.

– Pourquoi ? demanda-t-il.

Pourquoi savait-elle qu'elle n'avait pas tiré ?

– Parce que...

– Vous ne pouvez pas vous souvenir, insista Wuest.

– Je sais que ce n'est pas moi.

– Vous ne vous en souvenez pas, reprit Welch. Vous nous avez dit que vous ne vous en souveniez pas.

– Je me souviens d'avoir vu Christie recevoir un coup de feu. Je me souviens de l'homme se penchant dans la voiture pour tirer.

– Diane, fit Kurt Wuest, je vais être très franc avec vous. Vous avez affirmé qu'il y avait un blanc à cet endroit, que quelque chose manquait et... que c'était plus horrible que de voir Christie perdre son sang. Moi je dis que la chose la plus horrible à laquelle je puisse penser, c'est d'avoir eu l'arme en main.

— Je suis d'accord avec vous, répondit Diane sans sourciller. Ce serait terrible.

— Bon, et ça pourrait créer... un trou.

— Ou peut-être, commença-t-elle lentement, ce serait de savoir que ça va arriver et qu'on ne peut pas l'empêcher... Je sais que ce qui serait horrible, c'est... c'est pire, dit-elle en relevant la tête. Si c'était la fin du monde demain, voudriez-vous le savoir ?

— Ouais, répondit laconiquement Wuest.

— Et vous ? demanda-t-elle en se tournant vers Welch.

— Oui !

— Pas moi, parce que... je vivrais cette dernière journée comme une agonie, essayant de rattraper le temps perdu – ou d'arrêter les choses... Vous savez que ça va arriver... Et si cet homme s'était moqué de moi ? Et s'il m'avait dit comment il allait s'y prendre ? Je ne sais pas.

Le magnétophone s'arrêta.

Ils s'attendaient à voir Diane partir. Mais elle leur fit signe de mettre une autre cassette. Il était 16 h 48 et ils entendaient les mouches bourdonner dans la chaleur de la pièce. Le feuillage, par la fenêtre, était immobile. Les oiseaux avaient déserté la cour.

— Nous avons fait une courte pause, dit Kurt au début de la deuxième bande. Diane, vous vouliez continuer à la fin de la cassette...

— Ouais ! J'étais au milieu d'une idée... Nous parlions de ce qui pourrait être plus horrible que de voir ma fille recevoir un coup de feu, et je disais que je pouvais penser à quelque chose d'encore plus horrible : savoir que ça va arriver et ne pas pouvoir l'empêcher. Mais cette idée, remarqua-t-elle promptement, n'est qu'une supposition, pas un souvenir.

— Je crois que j'avais commencé à parler de ça tout à l'heure, reprit Welch. Je travaille sur cette affaire depuis le début et je me suis plongé à fond dans l'enquête. Il y a certains détails qui ne collent pas.

— Allez-y, fit-elle.

Kurt Wuest se leva et se mît à arpenter le bureau. Diane en profita pour poser négligemment ses pieds sur la chaise qu'il venait de libérer et attendit, un demi-sourire aux lèvres, que Welch lui expose sa théorie.

— Vous nous avez dit à plusieurs reprise que vous aimiez

profondément vos enfants, qu'ils étaient tout votre univers... et nous le savons...

– Ouais...

– Vous avez également parlé de la dépression que vous avez traversée depuis. Vous avez dit que Steve vous excédait au point que vous envisagiez de vous suicider.

– Ouais... ouais.

– Est-il possible que vous vous soyez trouvée dans un état similaire ce soir-là ? Que vous ayez eu envie de vous suicider mais, ne pouvant supporter l'idée que vos enfants restent sans mère, que vous ayez décidé de les emmener avec vous, pour que vous puissiez rester ensemble ?

– Non. D'abord, je n'en ai pas le droit. Personne n'a le droit de juger si quelqu'un doit vivre ou mourir. Si je devais choisir de mourir, j'avalerais des pilules – parce que c'est indolore.

– Mais qui prendrait soin des enfants ? demanda Wuest.

– N'importe qui. Mes parents. Si je devais me suicider, je prendrais des pilules parce que je ne veux pas souffrir. J'ai horreur de la souffrance. Je ne la supporte pas, je ne supporte même pas une écharde. Je ne prendrais pas la vie de mes enfants, parce que Dieu la leur a donnée pour qu'ils la vivent à leur manière. Il m'a simplement prêté ces enfants pour que je les élève de mon mieux. Pour qu'une fois adultes, ils connaissent la meilleure vie possible. Ce n'est pas à moi de décider si elle doit s'arrêter ou pas, donc je ne le ferai pas. Même au cours d'une crise de dépression, je ne le ferais pas... Dieu décide quand on doit s'en aller – et les fous le décident aussi.

Kurt Wuest interrogea soudain Diane sur Lew. Oui, elle était toujours amoureuse de lui.

– Appelleriez-vous cela... commença Wuest en hésitant, une... obsession ?

– Non. Une obsession, on ne peut s'en défaire. Il fut un temps, dans le passé, où j'étais obsédée par lui.

– Vous avez renoncé à lui ?

– Oui... Je l'aime toujours... mais on ne peut pas s'accrocher simplement parce qu'on aime encore.

Ils posèrent sèchement leur question épineuse. Diane avait-elle tiré sur ses enfants pour récupérer Lew ?

Elle secoua la tête avec impatience.

– Il n'aime pas les problèmes. Si j'avais été jusqu'à tirer sur mes enfants, cela n'aurait pas ramené Lew.

— Et si vous ne vous faisiez pas prendre ? intervint Wuest.

— C'est complètement idiot. Même si je ne me faisais pas prendre, Cheryl est morte... C'est le motif le plus stupide... tuer les enfants pour Lew !

Et pourtant ! C'était le seul mobile plausible qu'ils avaient trouvé.

Diane se tourna soudain vers Doug Welch.

— J'apprends à jouer le jeu. C'est très intéressant. Vous êtes capables de déformer les propos de quelqu'un au point de le rendre apparemment coupable.

Le magnétophone tournait.

— Au fur et à mesure que les jours passaient, je me suis rendu compte que vous étiez des trous du cul, qu'on ne pouvait pas vous faire confiance.

Sa colère montait. Wuest lui rappela qu'elle pouvait partir quand elle voulait.

— Je sais aussi que je ne suis pas coupable ; je n'ai aucune raison de me lever pour partir tant que vous ne devenez pas agressifs – mais ça va venir, ça ne va pas tarder. Vous n'en êtes plus qu'à un cheveu.

Ils étaient redevenus des flics. Comment avait-elle pu l'oublier ?

— Vous avez quelque chose à ajouter ? demanda Wuest.

— Vous êtes vraiment cons. Je vous ai dit tout ce que je pouvais !

Mais elle leur avait menti, lui firent-ils remarquer. Elle avait dissimulé le fait que le tireur la connaissait.

— Vous nous avez dit tout ce que vous pouviez il y a un mois et demi, deux mois, lança Wuest. Et maintenant vous nous dites autre chose. Comment savoir ce que vous nous direz la semaine prochaine ?

— Je vais vous dire un truc, les gars. Je vous propose un marché... OK ? La prochaine fois que je me souviendrai de quelque chose, vous pourrez aller vous faire foutre. Vous n'avez qu'à le trouver tout seuls, ce type. Parce que moi, je sais que ce n'est pas moi. Vous pouvez courir après vos petits indices pendant vingt mille ans si c'est le temps qu'il vous faut. Vous n'appréciez pas mon aide ? Allez vous faire foutre !

Ils lui montrèrent la porte. Elle secoua la tête.

— C'est trop marrant !

Mais elle ne s'amusait pas. Quelque part en route, Diane avait perdu le contrôle de la situation, elle avait perdu le fil. Les deux jeunes inspecteurs étaient devenus méchants. Elle n'entendait pas partir avant d'avoir gagné la partie.

Doug Welch était le pire, la blessant de ses questions. Il avait été poli, respectueux ; il s'était mordu la langue pendant deux longs mois. À présent, il se permettait de laisser percer son hostilité. Il lui jeta qu'elle n'avait pas eu le cran de se suicider.

— Pas le cran ? Si j'avais eu le cran de tirer sur la chair de ma chair, pourquoi n'aurais-je pas eu le cran d'en finir et de ne plus avoir à me souvenir de rien ?

— Diane est une femme importante. Diane est numéro un. Diane a toujours été numéro un, scanda Welch. Steve n'était pas un bon père, pas question qu'il ait les enfants !

— Très juste. Vous avez raison.

— Et vous êtes une mère très... très possessive.

— J'aime mes enfants, oui.

— Ça va même au-delà de l'amour...

— Ça va jusqu'à être prête à mourir pour eux, oui.

— Attendez une minute, intervint Wuest. Donneriez-vous votre vie pour vos enfants ?

— Oui.

— Pourtant vous êtes restée là, à les regarder se faire tirer dessus ? Et vous n'avez rien fait ?

— Je ne sais pas.

— Réfléchissez-y.

Diane était furieuse. Ils ne l'avaient jamais vue dans cet état. Se mettrait-elle suffisamment en colère pour arracher son masque de supériorité et de sarcasme ? Pour « se souvenir » de ce qui se trouvait dans le trou noir ?

— Vous êtes restée là à regarder vos enfants se faire exécuter, ma petite dame.

— Oui... je suis d'accord avec vous.

— Et ensuite, vous avez traîné pour laisser le temps à ce type de vous parler.

— Non.

— Si.

— Il n'a rien dit après, sauf : « Ne parlez pas. »

— Il y a eu une autre conversation. Vous ne vous en souvenez pas. C'est tout.

— C'est vrai.

— Ou vous ne voulez pas...

– C'est vrai. Avant les coups de feu, parce que, après, je me souviens de tout. Quelque chose a été dit avant.

– Quoi donc ?

– Je ne sais pas.

– Retour au trou noir.

– J'oubliais que je n'étais pas censée essayer avec vous, les gars. Vous êtes des trous du cul. Vous ne voulez pas vraiment connaître la vérité. Juste trouver un moyen de liquider ça...

– Nous voulons savoir la vérité...

– Non. Ce n'est pas vrai.

– Depuis le début, vous n'arrêtez pas de nous jeter des petits bouts par-ci, par-là...

– Je suis désolée si mon esprit... OK ! Je vais vous dire. Je vais passer un marché avec vous, les gars. Ah ! vous ne concluez pas de marchés, j'oubliais.

– Nous ne concluons pas de marchés, confirma Wuest.

– Alors, allez vous faire foutre. J'allais dire... donnez-moi deux semaines et je vous apporterai toute l'histoire sur un plateau. Mais je ne peux pas le garantir non plus, parce que je ne sais pas si je m'en souviendrai un jour.

– Vous pouvez partir. Vous pouvez quitter cette pièce quand vous voulez.

– Je ne vais pas tarder.

– Combien de mères, qui sont de bonnes mères aimantes – comme vous –, ne protégeraient pas leurs enfants au moment du danger ?

– Aucune idée.

– Une petite fille a été tuée et sa maman s'en sort avec un petit trou dans le bras. N'est-ce pas étrange ?

– Si.

– Maman ne s'est pas battue, maman n'a pas bougé. N'est-ce pas étrange ?

– Et ce type tire vachement bien, ajouta Wuest.

– Vous êtes une menace pour cet homme, poursuivit Welch. Il veut votre voiture. Les enfants n'étaient pas une menace, ils auraient fait de mauvais témoins. Mais vous, si. Pourquoi tire-t-il sur les enfants ? Et pourquoi vous laisse-t-il ensuite partir en voiture, Diane ?

– Bonne question. Je vous ai dit qu'il n'a pas insisté pour prendre la voiture, ajouta-t-elle précipitamment.

– Sur trois jeunes enfants... Il n'a pas *quoi* ? fit Welch

– Il n'a pas insisté pour prendre la voiture.

– C'est pourtant ce qu'il voulait, d'après vous.

– Hum... Vous avez raison. Je l'ai dit.

– C'est exact.

– Oh, merde ! soupira Diane soudain. J'ai mal au bras.

L'étau de resserrait, sa voix avait perdu de son assurance. Tout à coup, son bras la fit souffrir.

– Sacré bon tireur, ce type, reprit Welch d'une voix monotone. Il touche trois petits corps dans le noir, en pleine poitrine, et l'adulte – bien en vue à l'extérieur, qui se tient juste à côté de lui – il le touche au bras. Réfléchissez-y, Diane.

– Vous avez raison. Tout à fait raison. J'y ai pensé d'ailleurs...

– Vous avez une réponse ?

– Ouais. Mais je ne vous la dirai pas, les gars. Mon Dieu !

– Effrayant, n'est-ce pas ?

– Ouais !

– Vous venez de vous souvenir d'un fait nouveau ?

– Vous n'en saurez rien.

– Ça vous ferait du bien de parler.

– Peut-être.

– Vous nous faites marcher depuis le début, grogna Welch, décidé à ne pas la lâcher.

– Je suis curieux, fit Wuest. Cette incroyable pensée, ce souvenir me rend très curieux...

– Ce n'est pas vrai ! siffla-t-elle. Vous êtes un petit con de menteur, et si vous dites ça, vous êtes doublement menteur.

Diane bondit brusquement sur ses pieds, comme touchée par une révélation.

– Je viens juste de me souvenir...

– Mais je ne vous le dirai pas, les gars, la singea Wuest.

– Exactement. Je ne vous le... c'est...

– Cet homme tire sur trois petits corps dans une voiture... reprit sèchement Welch. En plein dans le mille... et la mère reçoit une balle dans le bras...

– La seule personne qui aurait pu lui ficher un coup sur la tête avec une pierre... ou n'importe quoi, poursuivit Wuest.

– La seule personne qui aurait pu tenter quelque chose pour empêcher les enfants de se faire tirer dessus... et qui reste là, à les regarder se faire exécuter l'un après l'autre, reprit Welch en écho.

— Très bien, fit Diane dans un souffle.

— Et qui se garde bien de raconter toute l'histoire aux flics parce qu'elle a peur du type qui l'a menacée, qui l'a appelée par son nom et qui a mentionné son tatouage. Allez, Diane. C'est un jeu, vous n'avez pas oublié ?

Welch crut qu'elle allait le gifler.

— Je sais. Je vais vous dire, les gars...

— On vous écoute.

— OK ! Puisque vous semblez penser que j'aurais dû amener ce type avec moi, je vais aller le chercher et je le ramènerai. Parce que je sais qui c'est !

— Vous savez qui c'est ?

— Oui. J'en suis absolument certaine !

— Vous le connaissez ? fit Welch sans cacher sa surprise. Vous connaissez son nom ?

— Oui. Oui, je connais son nom.

— C'est extrêmement important.

Diane s'était levée, prête à s'enfuir.

— Il m'a attrapé le bras, il a tiré dessus d'un coup sec et a tiré un coup de feu en disant : « Essaie de t'en sortir, maintenant, salope ! » Je m'en vais parce que je sais qui c'est. Salut !

Du bureau ils pouvaient la suivre du regard, tandis qu'elle courait dans le couloir, jusqu'à la porte d'entrée. La porte s'ouvrit, claqua. Elle était partie. La voix de Welch retentit après un long silence.

— Il est 17 h 46 et Diane vient de quitter le bureau. Fin de l'enregistrement.

Les deux policiers s'assirent dans le bureau de Doug Welch, plongé à présent dans la pénombre. Ils avaient tout sur cassette, mais ils n'étaient pas sûrs de ce qu'ils avaient. Ils avaient poussé Diane jusqu'à une sorte d'aveu, mais elle leur avait glissé entre les doigts.

La sonnerie du téléphone les fit sursauter.

C'était Diane.

Cette séance de harcèlement avait provoqué une brèche. Elle se souvenait de tout à présent, elle savait qui avait tiré.

— Vous êtes en train de nous dire que vous savez qui a tiré sur vos enfants, répéta Wuest pendant que Doug Welch manipulait fébrilement le magnétophone.

– J'en suis certaine. Je me souviens de toute cette putain de soirée.

Diane refusait de leur révéler qui était le tireur, mais elle leur assura qu'il était bien trop effrayé pour faire du mal à quiconque maintenant.

– Je ne joue plus à ce jeu-là. Je n'utilise pas vos règles. Je trouverai ce fils de pute moi-même !

– Vous avez autre chose à nous dire, Diane ?

– Ce que vient faire la voiture jaune dans tout ça. Combien de personnes étaient présentes. Ce qu'elles m'ont fait. Pourquoi il y a un trou dans le temps et pourquoi tout a pris si longtemps. Ce n'est pas parce que je vous dirai exactement ce qui s'est passé ce soir-là que vous pourrez prouver quoi que ce soit. C'est une bataille perdue d'avance. J'abandonne. Je laisse tomber. Si vous voulez me jeter en prison, allez-y ! Je... Steve gagne cette fois. Tout est fini. J'abandonne. Je ne vais plus me battre contre lui. Il a gagné. Au revoir.

Et elle raccrocha.

Kurt Wuest et Doug Welch se regardèrent, ébahis. Que diable se passait-il ? Diane avait encore modifié son histoire. Qu'avait-elle voulu dire par « J'abandonne » ?

Elle ne semblait pas avoir abandonné. Ils avaient l'impression au contraire qu'elle s'était retirée pour reprendre des forces.

Tôt le lendemain matin, Doug Welch et Kurt Wuest étaient dans le bureau de Fred Hugi. Ils mirent le magnétophone en marche et ils écoutèrent ensemble les longs enregistrements. Elle leur avait tout dit ; elle ne leur avait rien dit.

À présent, il ne leur restait plus de temps. Et le comté n'avait plus d'argent. Il n'y avait pas eu d'arrestation. Pour un observateur extérieur, l'enquête sur l'affaire Downs était terminée.

Mais elle n'était pas close. Elle était juste devenue souterraine. Si Fred Hugi l'avait pu, il aurait trouvé un moyen pour retourner en arrière et les sauver, tous. Bien sûr, il ne pouvait pas. Mais il était hors de question qu'il renonce à sa mission : traduire Diane devant la Cour. Sans enquêteur, il était ralenti mais pas arrêté.

Le procureur resta longtemps éveillé, écoutant les hiboux et les engoulevents dans la nuit d'été. Il repassa plusieurs projets dans sa tête, mais il s'inquiétait surtout pour la sécurité de

Christie et de Danny. D'une certaine manière, les choses étaient plus faciles lorsqu'il pouvait s'asseoir à l'entrée de la salle de réanimation pour les regarder dormir. À ses yeux, les enfants étaient plus vulnérables à présent, comme s'ils étaient de nouveau des proies.

27

En juillet 1983, j'ai changé le nom du bénéficiaire de mon assurance vie de cinquante mille dollars. La prime sera versée, que la mort soit naturelle, accidentelle ou par suicide... Je l'ai mise au bénéfice de mes enfants, plutôt qu'à celui de leur tuteur (l'État d'Oregon). J'ai également rédigé un testament. Je n'avais plus aucune raison d'être...

Diane DOWNS, lettre à l'auteur, 1984

Diane croyait avoir vaincu Doug Welch et Kurt Wuest ; c'était une victoire sans objet. Tandis que l'été 1983 tirait à sa fin, elle sombra dans la dépression. Elle n'avait pas récupéré ses enfants.

Elle avait fini par comprendre que Lew ne l'appelait que pour lui poser des questions pour les flics. Son avocat lui confirma ses doutes. Personne ne s'intéressait à elle. Elle pensa au suicide – de la même manière que lorsqu'elle s'était entaillé le poignet à l'âge de treize ans.

L'équipe d'inspecteurs du comté de Lane s'était littéralement dissoute. Les enquêteurs ne suivaient plus sa piste.

Fred Hugi ne se sentait guère mieux. Jim Jagger avait pu mettre la main sur toutes les informations dont disposait le ministère public. Hugi se demandait s'il devait foncer et plaider son affaire devant le tribunal pour enfants.

Le 3 août, Diane subit encore une opération chirurgicale pour extraire des éclats d'os restés dans son bras. C'était une opération bénigne mais elle craignait une perte de contrôle à cause de l'anesthésie générale et des analgésiques qu'on lui administrerait ensuite. Elle avait besoin de garder l'esprit vif. Une seconde audience concernant ses droits de visite à ses enfants se tint le

4 août. Elle ne s'y présenta pas ; elle ne pensait pas avoir la moindre chance d'obtenir satisfaction.

Elle ne se trompait pas. Le droit de visite lui fut de nouveau refusé. Le juge Gregory Foote expliqua qu'il demanderait un rapport psychologique sur Diane et sur Christie avant de considérer toute autre requête à ce propos. Mais il fit remarquer que si la police n'était pas en mesure de présenter des preuves solides contre Diane, il n'aurait d'autre choix que de lui rendre ses enfants.

L'assistante sociale Susan Staffel indiqua que ceux-ci semblaient moins effrayés depuis que leur mère était interdite de visite. Les médecins pensaient pouvoir libérer leurs souvenirs refoulés une fois qu'ils se sentiraient parfaitement en sécurité.

Le lendemain, Jim Jagger emmena Diane chez une psychologue.

Polly Jamison plut à Diane. Elle était nouvelle dans la profession, et Diane sentit qu'elle compatissait. Polly lui fit passer le même test que celui qu'elle avait subi quand elle postulait pour être mère porteuse, deux ans plus tôt. Les résultats indiquaient une personnalité antisociale. Diane expliqua que ses réponses auraient été différentes avant la fusillade et Polly Jamison, trouvant l'argument pertinent, lui fit recommencer le test. Cette fois, les réponses furent plus proches de la normale.

Le moral de Diane grimpa de quelques degrés lorsque, le 7 août, elle reçut une carte d'anniversaire de Christie. La carte représentait un bouquet de roses. Christie n'avait pas oublié ! Cela lui prouvait que sa fille l'aimait encore, quelles que soient les circonstances.

Christie avait longuement hésité. Evelyn Slaven l'avait aidée, dans sa douloureuse indécision, à choisir une carte. Christie, qui ne s'était pas départie de son rôle de petite mère, se sentait responsable de Diane et se demandait qui prenait soin d'elle, à présent qu'elle était seule. Elle semblait considérer sa mère comme une petite fille perdue et sans amis. Christie eut l'esprit plus tranquille après avoir envoyé la carte.

Steve Downs téléphona également à Diane. Ses sentiments d'amour-haine n'avaient apparemment pas changé, mais il lui souhaita un joyeux anniversaire.

Pas de carte ni d'appel – rien – de la part de Lew.

Le 13 août, Diane téléphona à son ancien amant. Elle était prête à l'affrontement.

– Avant toute chose, attaqua-t-elle, j'aimerais savoir si tu enregistres toujours nos conversations pour le shérif ?

– Et toi ? répliqua-t-il sans montrer de surprise.

– Réponds-moi.

– Hum.

– OK !

– Et toi, tu enregistres pour ton propre compte, dit-il calmement.

– Tu devrais savoir que je suis incapable d'une chose aussi horrible. Il faut avoir de sérieux problèmes pour tuer quelqu'un, et tuer ses propres enfants serait de la folie furieuse.

– C'est ce que je pense aussi, marmonna Lew.

Leurs voix dans les enregistrements (celle de Lew comme celle de Diane à présent) sont totalement dénuées d'émotion. Ils s'étaient peut-être aimés, mais c'était impossible à détecter. Diane paraît déprimée ; Lew est visiblement fatigué de ce jeu visant à lui faire avouer la vérité.

Accompagnée des avocats Jim Jagger et Lauren Holland, Diane prit l'avion pour Chandler la dernière semaine d'août 1983. Ils étaient à la recherche de témoins qui pourraient présenter d'elle une image sympathique. Cela servirait soit à une audience préliminaire, soit dans un procès pour meurtre. Personne ne pouvait être sûr de rien.

Lorsqu'il entendit parler de ce voyage, Hugi y décela une autre raison. Si Diane était encore en possession du Ruger, elle pourrait s'arranger pour l'enterrer quelque part en Arizona. Histoire d'appuyer son affirmation qui voulait que le meurtre ait été organisé dans cet État.

Après cinq mois passés en Oregon, la seconde visite de Diane à Chandler ne pouvait guère être qualifiée de triomphale. Lew lui adressa à peine la parole lorsqu'il la rencontra à la fin de sa tournée. Diane fut choquée de l'accueil froid qu'elle reçut de tout le monde. Ses anciens collègues ne donnèrent que des réponses très évasives aux questions de son avocat. Apparemment, elle n'avait plus d'amis à Chandler. Elle passa son temps à attendre, dans la chaleur étouffante de la voiture, que Jim Jagger et Laurie Holland passent en revue les personnes et les lieux de son passé. Ce n'était pas ainsi qu'elle avait imaginé son retour en Arizona. Elle n'était qu'à quelques kilomètres de Lew, mais il menait sa vie, sans faire aucun effort pour tenter de la revoir.

Christie entra au CE2 le 6 septembre 1983. Deux jours plus tard, elle connut une immense joie : son petit frère venait enfin la rejoindre chez les Slaven après presque quatre mois d'hospitalisation. Christie et Danny devaient être solidaires. Ils avaient la même mère et les mêmes souvenirs, les bons comme les mauvais.

Danny était dans un fauteuil roulant et, à moins d'une découverte médicale, il y resterait toute sa vie. Les pires prévisions des chirurgiens s'étaient réalisées ; il n'avait aucune sensation en dessous de la ceinture.

Les Slaven avaient eu pour Danny un véritable coup de foudre. Ils avaient passé des heures et des heures avec lui à l'hôpital. Diane avait dit vrai ; l'enfant était charmant et plaisait à tous. Mais les conséquences de la fusillade se manifestaient chez lui par des sautes d'humeur. Dès qu'il se fut adapté à son nouvel environnement, Danny entama lui aussi une thérapie avec Carl Peterson.

La fusillade ne faisait plus la une des journaux. À peine un article par mois, lorsque Diane se voyait refuser le droit de visite. La notoriété – comme la célébrité – est éphémère.

La vie de Diane était devenue aussi vaine que l'écume sur l'océan. Son équilibre affectif avait toujours été suspendu à l'homme qui était dans sa vie. Elle avait probablement détesté son père, puis Steve après leurs premières années de mariage, mais ils avaient fait partie intégrante de son existence. Elle haïssait encore les hommes, mais cette haine n'avait d'égal que le besoin dévorant qu'elle avait d'eux. À partir de sa première aventure extraconjugale, en passant par toutes les liaisons qu'elle avait accumulées, jusqu'à Lew, il y avait toujours eu quelqu'un à portée de sa main.

À présent, il, n'y avait plus personne.

Elle ne pouvait plus téléphoner à Lew. Cord Samuelson voulait bien l'écouter, encore qu'avec impatience, mais il ne voulait plus coucher avec elle. Kurt Wuest lui plaisait beaucoup – mais un flic qui s'évertuait à la faire tomber pour meurtre lui semblait un défi un peu trop irréaliste.

Elle avait beau répéter que c'étaient ses enfants qui lui avaient apporté stabilité et bonheur, la réalité montrait que Christie, Cheryl et Danny étaient entrés et sortis de la vie de Diane selon son humeur – parfois pour un câlin et pour des jeux, mais le plus souvent écartés, voire battus quand ils étaient dans ses jambes. Mais l'homme – quel qu'il soit – était toujours là.

Diane se sentait terriblement malheureuse à l'approche de l'automne 1983. Elle buvait beaucoup et, grâce à ses nombreuses conférences de presse, ne passait pas inaperçue dans les discothèques et les tavernes.

– Nous l'avons vue dans un bal, à l'*Embers*, se souvient une habitante de Springfield. Elle était seule et éméchée. Un homme est entré avec des amis, et on voyait qu'elle ne le connaissait pas. Elle est allée vers lui et s'est mise à lui parler, ensuite ils ont dansé et ont commencé à se peloter. Et puis elle est partie avec lui. Comme ça.

Les opinions des citoyens du comté de Lane sur Diane Downs étaient plus tranchées. Certains la considéraient comme une sainte persécutée ; d'autres la jugeaient bien plus durement. Personne ne restait indifférent.

– En septembre, je me suis mise à boire pour engourdir ce vide que je ressentais... j'ai arrêté, m'expliqua-t-elle. Mais je n'ai arrêté qu'après avoir trouvé une manière heureuse et saine de survivre à l'attente. Je ne pouvais pas supprimer le chagrin, mais je pouvais aimer et être aimée en attendant que Christie et Danny reviennent à la maison.

Le projet que Diane avait formé deviendrait évident – mais seulement quelques mois plus tard.

Diane cherchait quelqu'un – un homme auquel s'accrocher dans la tempête. Les types ramassés dans les discothèques ne durèrent qu'un temps. Elle finit par rentrer chez son père et dut affronter ses remontrances à cause de l'heure, ou parce qu'elle avait l'haleine chargée.

Elle n'avait pas parlé à Doug ou Kurt – ni à quiconque en relation avec l'affaire – depuis la fin du mois de juillet. Elle ne pouvait pas se battre contre des ombres. Elle ne pouvait pas supporter l'attente continuelle, les reports d'audience pour la garde des enfants, le vide qui s'insinuait lorsqu'elle était seule. Un soir, Diane se souvint brusquement d'un homme très bien qu'elle connaissait.

Diane n'était sortie qu'avec des hommes séduisants, mais celui-ci était de loin le plus beau. Plus beau que Lew, meilleure apparence, meilleure éducation. Il était parfait pour son projet. Avec son aide, pareille au phénix, Diane renaîtrait des cendres de sa vie gâchée.

Ils s'étaient rencontrés une première fois à la fin du mois de juillet, dans un parc qui se trouvait sur sa tournée postale à Cottage Grove. Il était enseignant et prenait sa pause-déjeuner ; elle était factrice mais avait toujours l'intention de devenir médecin – une fois qu'elle aurait retrouvé une vie de famille normale. La scène aurait été parfaite pour le premier chapitre d'un roman à l'eau de rose – une jolie femme blonde et bronzée, moulée dans un short, avec un bras dans le plâtre et des grands yeux vert-jaune rencontrant ceux du séduisant célibataire.

Il savait qui elle était ; il aurait fallu être en Sibérie ou complètement illettré pour l'ignorer. Il avait entendu les rumeurs qui couraient sur son compte, mais il n'arrivait pas à l'imaginer en meurtrière. Elle semblait si saine et si triste malgré ses efforts pour paraître gaie.

Grand, les yeux bleus, Matt Jensen portait la barbe et la moustache. Il était brun. C'était l'homme idéal selon les critères de Diane. Il devait être d'un an ou deux plus jeune qu'elle, mais sa barbe le vieillissait.

Jensen se souvient de la première fois où il entendit parler de l'affaire Downs.

– J'étais parti en vacances une semaine et je suis revenu chez moi le lundi suivant la fusillade. J'avais quitté une région très calme mais de nombreux événements avaient eu lieu ce week-end-là : le cambriolage d'une banque, la démission d'un chef de la police et la fusillade des Downs.

Plus tard, Matt parla avec Diane dans le parc.

– La plupart des gens avaient décidé qu'elle était coupable. Moi, non. Je n'arrivais pas à le croire – je refusais de penser qu'une femme avec qui j'étais en train de parler avait pu faire ça. Nous avons parlé d'enfants. J'ai un enfant d'un mariage précédent, dans la même tranche d'âge que les siens. Non, je ne pouvais pas croire qu'elle avait tiré.

Matt s'abstint de tout jugement. Le sort de Diane lui faisait mal au cœur ; il fut gentil avec elle. Ils bavardèrent une fois dans le parc, puis, deux semaines plus tard, ils se rencontrèrent au même endroit. Diane avait fait un rêve et avait besoin de lui en parler, lui dit-elle.

– Christie est venue vers moi, et lorsque je lui ai demandé

comment elle m'avait trouvée, elle m'a répondu : « C'est Cheryl qui m'a montré le chemin. » Ensuite, Cheryl est sortie de l'ombre, ses vêtements étaient tachés de sang. Elle avait deux petits trous dans la poitrine. « Cheryl, je croyais que tu étais morte ! » Elle a répondu : « Non, je faisais semblant. Je savais qu'ils allaient emmener Christie et qu'elle ne pourrait pas revenir vers toi toute seule. » Cheryl a donc ramené Christie et elle nous a montré comment faire sortir Danny du Sacré-Cœur. C'était merveilleux. Cheryl savait tout faire. Et nous étions à nouveau tous réunis.

Plus tard, Diane devait le raconter à Anne Bradley, reporter de KEZI. Dans les plus beaux rêves de Diane, Cheryl revenait toujours pour les sauver et, grâce à son intelligence, les sortir de terribles pièges.

Matt expliqua à Diane qu'il habitait une petite maison non loin du parc. Elle sourit et lui cita son adresse. Bien sûr qu'elle la connaissait, ne distribuait-elle pas son courrier ?

– Je ne tenais pas à m'engager, se souvient-il. Mais elle m'a donné son numéro de téléphone et je lui ai donné le mien.

Jensen, comme la plupart des hommes, trouvait Diane exceptionnelle sur le plan physique. Son histoire de manipulation par la police le fascina, mais ils n'avaient guère de centres d'intérêt en commun. Elle avait besoin d'une oreille complaisante et cela ne le gênait pas de lui prêter la sienne.

Il ne s'attendait pas à la revoir, mais un soir – un vendredi du mois d'août – Diane lui téléphona pour lui demander si elle pouvait passer, juste pour bavarder. Il accepta et fut quelque peu surpris de la voir arriver avec une bouteille de whisky : elle lui avait dit qu'elle ne buvait pas.

– Elle m'a raconté beaucoup de mensonges mais je ne l'ai compris que plus tard.

Ils burent quelques verres. Matt sourit en voyant comment Diane descendait le whisky, en pinçant le nez et en faisant la grimace.

Jensen ne pouvait pas savoir qu'il venait de décrocher le rôle principal dans un scénario bien rodé. Diane aurait pu jouer le sien les yeux fermés. Ils s'assirent sur le tapis du salon et bavardèrent, mais Matt émit une réserve :

– Je ne veux pas savoir ce qui s'est passé ce soir-là. Ça ne m'intéresse pas.

Diane apprécia ; elle avait assez parlé de « ce soir-là ». Elle parla de Lew ; il l'avait trahie mais elle en parlait toujours, même aux autres hommes.

– Je porte un souvenir de lui qui ne partira jamais, lui confia-t-elle.

– Que veux-tu dire ? demanda Matt.

– Je vais te le montrer, proposa-t-elle en souriant, les yeux mi-clos.

Elle se leva avec grâce et retira son chemisier, tournant le dos à Matt pour qu'il pût voir la rose rouge sur son épaule gauche. Elle ne portait pas de soutien-gorge et révéla ses seins nus. Elle ne prit pas la peine de remettre son chemisier et s'assit en tailleur, devant la cheminée.

Ils couchèrent ensemble cette nuit-là. Ce fut agréable pour lui mais Matt Jensen hésitait à revoir Diane ; Cottage Grove était une petite communauté et tout le monde la connaissait. Pour elle, les choses devaient aller au-delà d'une coucherie occasionnelle et d'une conversation à bâtons rompus. Pourtant, ils ne couchèrent plus ensemble de l'été. Matt n'avait jamais eu l'intention d'aller si loin, il avait été pris par surprise ; il fit attention à ne pas créer d'autres occasions. Il ne savait pas que lorsque Diane Downs voulait un homme, il était virtuellement impossible de lui échapper.

C'est en septembre qu'elle commença sérieusement à poursuivre Matt Jensen de ses assiduités. Ils ne sortirent ensemble que trois semaines, Diane organisant toutes leurs rencontres. Elle téléphonait pour l'inviter au cinéma ou bien apportait un dîner chinois dans sa petite maison où elle déballait les emballages en plastique d'un air cérémonieux. Un jour, ils prirent le petit déjeuner au restaurant que possédait le maire de Cottage Grove. Matt n'y tenait pas, mais il ne voulait pas la vexer.

Ils n'avaient pas grand-chose à se dire. Le sujet de la fusillade avait été écarté. Les intérêts de Diane ne coïncidaient guère avec ceux de Matt. Lorsqu'ils regardaient des films à la télé ou écoutaient de la musique, tout allait bien – mais c'était à peu près tout. Diane lisait peu. Il fut surpris de constater qu'elle ne débitait que des platitudes (« On peut mener un âne à l'abreuvoir, mais on ne peut pas le forcer à boire », « Tout finit par s'arranger », etc.). Au début, il croyait qu'elle plaisantait et riait de bon cœur. Mais elle était sérieuse. Diane semblait ne pas comprendre comment les êtres humains sont censés se comporter. Elle utilisait des citations usées jusqu'à la corde pour se guider dans la vie.

Elle confia à Matt qu'il était pour elle « une échappatoire à toute cette folie ». Elle s'accrocha à lui encore plus fort.

La première fois qu'ils firent l'amour, Diane se montra une partenaire passionnée, mais quelque chose retint Jensen de poursuivre la relation. Finalement, ils ne devaient coucher ensemble que trois fois.

Les idées de Diane sur la sexualité ressemblaient au reste de sa conversation : empruntées et un peu décalées. De l'eau de rose. « Pour moi, la sexualité est la manière la plus forte de montrer à quelqu'un qu'on l'aime, lui écrivit-elle une fois. J'ai essayé de perfectionner l'art de l'amour pour en tirer autant de plaisir que possible, et pour rendre mon partenaire aussi heureux que possible. Les animaux ont des rapports sexuels sans amour. J'ai le sentiment d'être au-dessus des animaux. J'ai un cœur et une âme. L'amour s'exprime à travers la confiance, les câlins, la connaissance des plats préférés de l'autre, et la patience. Mais l'amour physique est probablement la manière la plus agréable de dire : "Tu comptes pour moi." »

Diane avait appris depuis longtemps que le hommes détestaient se sentir pris au piège. Aussi insistait-elle sur le fait qu'elle ne demandait à Matt que son amitié. Elle lui écrivit une autre lettre transparente : « Une femme est comme un papillon délicat, posé sur la paume de ta main. Si tu essaies de refermer tes doigts sur lui en serrant trop fort pour qu'il ne puisse pas s'envoler – il sera écrasé et mourra. Je préfère penser au papillon non comme à une femme, mais comme à l'amour... L'amour ne peut être emprisonné ou étouffé. Il doit être libre. »

Matt Jensen commençait à se sentir comme un papillon emprisonné, malgré les platitudes que Diane lui débitait sur la liberté. Il avait des crampes d'estomac à la vue de la Jeep postale. Diane savait où il travaillait, où il garait sa voiture, elle connaissait le numéro de sa plaque d'immatriculation. Elle lui glissait même des petits mots sous ses essuie-glaces.

– Elle m'envahissait, se souvient-il amèrement. Elle savait à quelle heure je rentrais pour déjeuner – ou à la fin de la journée – et elle m'attendait devant chez moi. Elle passait même me voir là où j'enseignais.

Elle le considérait sans l'ombre d'un doute comme un candidat valable au poste d'amant à temps complet. Elle lui déclara qu'elle n'avait pas d'autre homme dans sa vie, mais elle dérapait parfois, et lui racontait ses virées dans les bars où des types la draguaient.

– Elle avait tant de facettes, même alors. Elle me manipulait. Elle joua les petites filles vulnérables, me raconta que la police l'avait maltraitée. J'étais désolé pour elle – au début.

Diane confia à Matt qu'il était la seule personne avec qui elle pouvait avoir une conversation intelligente, c'était très important pour elle. Mais les conversations finissaient toujours par des monologues.

Lorsque Jensen comprit qu'elle continuerait à lui rendre visite, il donna son préavis à son propriétaire et loua une maison près de la rivière, à une trentaine de kilomètres de là.

– Je ne lui ai pas donné l'adresse.

28

Christie faisait d'énormes progrès avec Carl Peterson. Il la trouva sur ses gardes et méfiante au début, mais peu à peu, elle se sentit assez en sécurité pour lui faire partager ses secrets. Encouragé par les progrès de la petite, Fred Hugi avait rempli une déclaration sous serment au tribunal pour enfants :

J'ai parlé avec le Dr Carl V. Peterson les mardi et mercredi 27 et 28 septembre 1983. Le Dr Peterson m'a informé qu'il pensait que Christie Downs avait vu la personne qui lui avait tiré dessus le 19 mai 1983, et qu'elle serait en mesure de décrire cette personne et les événements qui ont entouré la fusillade dans un futur proche, soit quatre ou six mois. Le Dr Peterson n'est pas à même de savoir si les souvenirs de Christie corroboreront ou infirmeront les souvenirs de Diane Downs concernant l'événement...

Hugi demanda un délai supplémentaire, vu l'extrême gravité et l'importance que pourrait revêtir ce témoignage pour toutes les parties, tant qu'il restait une probabilité que Christie Downs fût en mesure d'apporter un témoignage oculaire crucial quant à l'identité de son agresseur.

Le délai fut accordé.

Le Dr Peterson envoya une lettre à Susan Staffel à la fin du mois de septembre. Elle lui avait demandé d'évaluer les conséquences de visites éventuelles de Diane à Christie.

Comme vous le savez, j'ai vu Christie chaque semaine depuis le début de la thérapie, le 29 juin 83. Une lettre adressée à votre bureau le 14 septembre décrit les progrès obtenus jusqu'à cette date. J'ai vu Christie au cours de trois autres séances depuis... Je l'ai aidée à trouver l'accès à certaines sensations qu'elle associe à la mort de sa sœur. Tout au long de ce travail, je n'ai cessé d'être frappé par la force de la résistance de Christie ou du blocage l'empêchant d'avoir accès aux sentiments qu'elle associe indubitablement à l'auteur du crime. En partie à cause du blocage de ces sentiments, je suis d'avis qu'actuellement, Christie est incapable de se protéger de manière adéquate contre d'autres dommages affectifs éventuels. Comme si elle connaissait sa vulnérabilité émotionnelle, Christie ne montre pas le désir, quasi universel et typique après une séparation, de revoir sa mère...

Peterson ajouta que toute entrevue entre la mère et la fille devrait être étroitement supervisée. Il espérait pouvoir rencontrer Diane au préalable, pour protéger Christie.

Pour la première fois de leur vie, Christie et Danny vivaient dans une maison où tout tournait autour des enfants. Ray et Evelyn remarquèrent néanmoins que Christie avait encore tendance à se sentir personnellement responsable de tout ce qui allait de travers. Comme si, depuis le jour de sa naissance, on lui avait répété : « Tout est ta faute, Christie. »

Steve Downs fit le voyage jusqu'à Eugene fin septembre, pour voir ses enfants. Il invita Paul, le frère de Diane, à dîner avec eux un soir. Paul raconta à Diane que Christie allait bien et que Danny avait beaucoup ri.

Fred Hugi savait que Steve était en ville, mais il ne pouvait le suivre vingt-quatre heures sur vingt-quatre. Hugi ne savait pas que la Protection de l'enfance permettait au père d'emmener les enfants avec lui toute la journée, sans supervision. Il ne savait pas davantage que Steve voyait Paul Frederickson et d'autres membres de la famille de Diane.

Paul expliqua à Steve combien sa sœur se sentait seule sans ses enfants et quelle période difficile elle traversait. Le temps et la distance avaient adouci le cœur de Steve ; il avait pardonné à son ex-femme de l'avoir dénoncé à la police, et avait perdu ses craintes qu'elle ne fît du mal à ses enfants.

Steve téléphona à Diane le 1er octobre et lui demanda si elle voulait voir ses gosses – pas leur parler, mais juste jeter un coup d'œil sur eux pour s'assurer qu'ils allaient bien. *Bien sûr !* Steve dit à Diane de se trouver à un certain endroit du centre commercial, et il y passerait avec les enfants. Diane s'empressa d'accepter.

Steve la rappela le lendemain matin pour lui dire que le centre commercial était un endroit trop fréquenté. Il suggéra au lieu de cela d'amener les enfants à Island Park, sous le pont, à 10 heures du matin.

Diane arriva au parc en avance. Elle vit la voiture s'arrêter et Steve guider Christie jusqu'à un banc sur une petite colline. Il fit signe à Diane de s'approcher de la voiture où Danny se trouvait endormi sur le siège arrière. Elle regarda le superbe petit garçon aux cheveux blonds. Il ne lui sembla pas paralysé ; il pouvait se réveiller et aller courir dans le parc comme avant, crut-elle.

Diane n'avait pas vu Christie depuis près de trois mois. Mais elle avait berné les flics, le procureur, la Protection de l'enfance et même le thérapeute de Christie. Et Steve. Il ne lui fallut pas longtemps pour le convaincre que regarder les enfants ne lui suffisait pas. Elle voulait tenir sa fille dans ses bras.

Diane dira plus tard que Christie était ravie de la voir, que sa fille avait couru vers elle et l'avait couverte de baisers. Diane se souvient que même Steve pleura. Elle profita de sa réaction pour lui arracher le nom de son hôtel. Une rencontre dans le parc était insuffisante ; elle voulait passer plus de temps avec ses enfants – surtout avec Christie. Steve accepta qu'elle vienne dans sa chambre au Red Lion Inn à 16 heures.

Elle fut ponctuelle. Diane jeta un coup d'œil dans la voiture de Steve et aperçut le fauteuil roulant. Danny était donc encore paralysé. Elle le savait, c'était la faute de l'hôpital ; la seule chose dont Danny avait besoin, c'était d'amour.

Steve voulait que Diane signe des papiers lui accordant la garde des enfants. Il eut peut-être l'impression qu'il devait lui offrir quelque chose pour l'encourager et il la laissa emmener Christie – seule – pour une promenade.

Elles ne revinrent pas à l'heure convenue. Downs attendit, sur des charbons ardents, arpentant sa chambre d'hôtel. Il avait violé l'ordre de la Cour en laissant Diane voir les enfants. Et voilà qu'elle avait emmené Christie.

La nuit tombait et Diane n'était toujours pas revenue.

Steve était sur le point d'appeler le bureau du shérif – conscient qu'il serait probablement mis en état d'arrestation pour avoir permis à Diane d'emmener Christie – lorsqu'il aperçut une voiture qui s'engageait sur le parking de l'hôtel. Il retint son souffle. C'était la Ford Fiesta. Diane en sortit. Puis il vit Christie qui tenait son bras inerte de l'autre main. Sa fille était vivante ! Toutes les horribles choses qu'il avait imaginées s'évanouirent.

Diane rit en constatant à quel point Steve était fâché. Elle et Christie avaient passé un moment si agréable ensemble.

– Je suis allée avec Christie à Hendricks Park pendant une heure et demie. C'était si bon de se donner la main et de rire ensemble. Nous avons parlé du bon vieux temps et aussi de l'avenir. De Cheryl et des jambes de Danny. De l'école et de lecture.

Diane fit remarquer que c'était elle qui avait envoyé les vêtements, les chaussures et les bonbons à Christie. Elle prétendit que sa fille demandait à rentrer à la maison avec elle, ce soir-là.

Christie avait appris par Steve que le corps de Cheryl avait été incinéré et que les cendres se trouvaient en Arizona. C'était un peu difficile à comprendre ; elle déclara à Diane qu'elle voulait aller en Arizona parce que c'était là que se trouvait sa sœur. Diane affirma que Christie avait posé des questions sur la fusillade, mais insista sur le fait qu'elle lui avait expliqué qu'elles ne pouvaient pas en discuter car elle l'avait promis à la police.

– Nous avons parlé du passé, de Cheryl et du temps où tout allait bien. Elle n'était pas contente que je refuse de lui parler de l'affaire, alors je lui ai répondu : « Je te raconterai tout quand ce sera terminé – je tiens un journal. »

Christie posa des questions sur Lew et Diane répondit : « Il ne m'aime plus. » « Pourquoi ? » « Il croit tout ce que racontent les gens. »

Puis Diane eut une inspiration. Pourquoi ne pas emmener Christie rendre visite à grand-père et grand-mère Frederickson ?

– Nous sommes entrées dans la maison par le jardin. Même mon père a pleuré – alors qu'il interdit qu'on pleure chez lui. Il l'a installée devant l'ordinateur.

Christie ne pouvait se servir que d'une seule main. Son temps de réaction était bien plus lent et ses paroles parfois incompréhensibles, mais son esprit était toujours aussi vif.

Steve était si furieux lorsque Diane ramena enfin Christie qu'il refusa de lui laisser voir Danny. Elle n'eut pas l'occasion de vérifier si sa théorie était bonne, si elle pouvait faire marcher son fils.

Evelyn Slaven remarqua que quelque chose clochait lorsque Steve ramena les enfants, ce soir-là. Ils étaient si heureux et si détendus ces derniers temps, et voilà qu'ils ressemblaient à de petites souris grises et tristes.

– Ce n'était pas évident – mais ni Christie ni Danny n'ont dit au revoir à leur père. Ils sont rentrés dans la maison sans un mot. J'ai supposé qu'ils avaient peut-être passé une mauvaise journée. J'étais loin d'imaginer que Diane avait réaffirmé son emprise sur Christie. La petite n'en a pas dit un mot non plus.

Carl Peterson jugea que son pronostic de « quatre à six mois avant que Christie ne puisse témoigner » avait perdu toute validité. Depuis qu'elle avait vu son père, ils étaient mystérieusement revenus presque à leur point de départ. Lorsqu'il tenta de lui poser des questions, elle se détourna. Elle n'avait rien à dire.

Christie garda bien son secret. Personne ne sut qu'elle avait vu sa mère seule, sans préparation.

Le 7 octobre était le jour du neuvième anniversaire de Christie. Diane et Paul apportèrent pour elle un gâteau et des cadeaux qu'ils déposèrent aux bureaux de la Protection de l'enfance, suivis de reporters et de caméras.

Diane était superbe sur ces photos. Ses cheveux coupés de frais – courts comme ceux d'un garçon – lui faisaient un brillant casque blond. Elle portait un pull et un jean moulant qui dessinait sa silhouette parfaite tandis qu'elle souriait en regardant un gâteau décoré de l'inscription « Joyeux anniversaire, Christie : je t'aime, maman. » Le glaçage était blanc avec, bien sûr, des roses d'un rouge vif dans chaque coin. Derrière Diane, Paul apparaissait les bras encombrés de cadeaux aux emballages multicolores.

Il ne leur fut pas permis de voir Christie. Personne ne savait qu'il était déjà trop tard. Diane avait rendez-vous avec Carl Peterson le 28 septembre et le 14 octobre : elle n'était allée à aucun. Elle n'avait pas de raison de le voir. Elle et Christie se comprenaient.

Diane souriait encore aux caméras et aux appareils photo, mais rarement en privé. Même si elle avait remporté quelques victoires, ses échecs commençaient à lui peser. L'angoisse et la dépression s'emparèrent à nouveau d'elle.

Le 13 octobre, Diane écrivit dans son journal : « J'ai beaucoup bu ces derniers jours. Je voudrais être morte... Mais j'ai une idée géniale. Je te raconterai plus tard si ça marche ! Faut que j'y aille... »

Matt Jensen se souvient très bien de la nuit du 13 octobre. C'était un jeudi et il était sur le point d'aller se coucher lorsque le téléphone sonna, peu après 23 heures. C'était Diane Downs ; cela faisait longtemps qu'il n'avait pas eu de ses nouvelles. Il n'y avait d'ailleurs pas beaucoup pensé.

– Elle voulait venir me voir. Elle n'a pas arrêté de répéter qu'elle était seule et avait besoin de me parler. Ça ne m'intéressait pas. Je lui répondais : « Non. Non. » Je lui ai raccroché au nez. Mais elle a rappelé immédiatement. Finalement – je plaisantais – je lui ai proposé une solution impossible : elle n'avait qu'à apporter trente grammes de hasch et un pack de six bières ; c'était la seule condition. Il était tard et on était à Cottage Grove. Elle n'arriverait jamais à trouver ça.

« Elle a dit : "D'accord." Moi, je pensais qu'elle n'y arriverait pas mais elle est venue. Elle s'est amenée avec un pack de bières et la première chose qu'elle a dite, c'est : "Devine ? Je prends la pilule." "Je croyais que tu ne la prenais pas"', ai-je, répondu. "Je viens juste de commencer." Je lui ai demandé s'il ne fallait pas la prendre pendant un certain temps avant qu'elle ne soit efficace, et elle a répondu que non. Comme ça, de but en blanc, elle m'annonçait : "Y a aucun risque."

« J'ai été un bel imbécile, dit Jensen aujourd'hui. Avec le recul, je vois que je me suis fait piéger. Ce n'était pas de la séduction mais de la manipulation. Elle se servait de moi.

Deux jours plus tard, Jensen déménagea de nouveau. La visite nocturne de Diane était presque oubliée.

Dans son journal, Diane jubile, à la date du 14 octobre :

« Ça a marché ! Tu te souviens de ce type avec qui je suis sortie deux fois ? Eh bien, je lui ai téléphoné et j'ai fini par aller chez lui. Je l'ai convaincu de faire tu sais quoi, parce que je savais que c'était ma période d'ovulation. J'espère que ça a marché. Je ne peux pas vivre sans mes enfants. »

Que cela ait marché ou non, cela restait à voir. Diane essayait d'être enceinte depuis un an ; elle n'avait pas conçu lors de la

259

deuxième insémination, malgré le traitement au Clomid. Et à présent, elle subissait une tension considérable.

Elle continuait à boire plus que de raison, mais l'ivresse ne l'empêchait pas d'élaborer des intrigues compliquées. Elle ne voulait pas que Steve obtienne la garde de Christie et de Danny. Si la Protection de l'enfance apprenait que Steve lui avait permis de voir ses enfants, ils ne lui permettraient jamais de les garder. Diane voulait qu'ils sachent qu'elle avait vu Christie – mais de manière détournée.

Le 16 octobre, Diane écrivit à Lew qu'elle avait vu ses enfants, grâce à Steve. L'écriture trahit un état d'ivresse et la lettre est adressée simplement à « Lew, c/o Bureau de poste de Chandler, Chandler, AZ, 85224. »

Au cours des quelques jours qui suivirent, elle téléphona plusieurs fois à la poste et laissa des messages pour Lew : il ne devait pas ouvrir sa lettre. Il devait la renvoyer ! S'il l'ouvrait et révélait à quiconque ce qu'elle contenait, sa vie ne vaudrait pas un pet de lapin. De fait, Lew ouvrit la lettre et alla aussitôt la porter au shérif ; c'était ce que Diane désirait depuis le début.

Son subterfuge marcha. Lew fut effrayé au point de porter plainte contre elle.

Fred Hugi fut stupéfait lorsqu'il apprit que Christie était restée seule avec Diane. Tout s'expliquait. Pourquoi elle s'était renfermée avec Peterson. Pourquoi elle était à nouveau terrifiée.

– Je me suis senti totalement incompétent, se souvient-il. Je n'arrivais même pas à protéger une petite fille ! Je me demandais combien de fois Diane avait vu Christie. Diane s'organisait, elle devenait plus forte, comme elle l'avait dit...

Les rares enquêteurs qui étaient restés dans le service du procureur étaient tous occupés sur d'autres affaires. Les crimes avaient continué dans le comté de Lane au cours des six mois écoulés depuis la fusillade. Hugi avait une myriade d'affaires à traiter, et les autres aussi. Il n'avait pas abandonné le dossier Downs, mais il ne pouvait pas y consacrer tout son temps.

Diane s'était arrangée pour voir Christie et berner Steve. Elle avait séduit Matt Jensen. Elle gagnait de nouveau. Elle croisa les doigts tandis que la date de ses règles approchait. Il était important pour sa survie qu'elle soit enceinte.

Elle l'était. Sa sixième grossesse était amorcée.

Plus tard, lorsque son secret fut révélé, Diane expliqua à la télévision la signification symbolique de cette grossesse.

– J'ai voulu être enceinte parce que Christie me manquait, parce que Danny me manquait et parce que Cheryl me manquait. Je ne reverrai plus Cheryl sur cette terre. Je... On ne peut pas remplacer les enfants, mais on peut remplacer l'effet qu'ils ont sur vous. Et ils m'apportent l'amour, la satisfaction, la stabilité, une raison de vivre, une raison d'être heureuse, et cela, je ne l'ai plus. On me l'a pris.

Puis Diane sourit faiblement à la journaliste et ajouta :

– Les enfants sont si faciles à concevoir.

Matt Jensen, qui avait déjà commis une grave erreur, en commit une autre. Il téléphona à Diane. Un ami qui dînait chez lui avait dit qu'il aimerait rencontrer la tristement célèbre Diane Downs, laissant entendre qu'il ne croyait pas que Matt la connût suffisamment pour l'appeler. Quelques bières ayant émoussé sa prudence, Matt téléphona à Diane. Elle était ravie. Elle venait tout de suite.

Diane arriva vêtue d'un minishort et de cuissardes. L'ami de Jensen la jaugea. Elle était vraiment sensationnelle.

– Au cours de la soirée, se souvient Jensen, elle s'est soudain penchée vers moi et m'a murmuré à l'oreille : « Je suis enceinte. » J'ai reçu un véritable choc. Je ne savais pas quelles en seraient les répercussions. J'étais énervé, je lui ai dit qu'elle avait tout manigancé, qu'elle m'avait utilisé et que je ne voulais plus entendre parler d'elle.

Diane se montra surprise par sa nervosité.

– Ne t'inquiète pas. Je n'ai pas voulu me servir de toi.

– Je comprends ce que tu cherchais, rétorqua-t-il. Je constate ce que tu as fait et je ne veux plus te voir.

Diane n'avait pas encore vu de médecin lorsqu'elle avait annoncé la nouvelle à Matt. Elle n'en avait pas besoin, elle n'avait aucun doute. Elle se rendit tout de même à la consultation le 8 novembre, et annonça à son journal que la grande nouvelle était confirmée : « Je suis enceinte ! Youpiiii ! »

Elle avait réussi. Fini la déprime. « C'est la raison pour laquelle le 13 octobre 1983, m'écrira-t-elle, j'ai choisi d'être à nouveau enceinte... Pendant neuf mois j'ai eu de l'amour à nouveau. Il y avait un enfant en moi qui donnait des petits coups de pied et des petits coups de coude. Une personne que je pouvais aimer et qui était avec moi. Chaque jour, ce bébé me rappelait que nous avions un avenir. »

Diane écrivit de nombreuses lettres à Matt Jensen, le submergeant comme elle avait submergé tant d'hommes avant lui. Elle qui manifestait rarement de la culpabilité – sur quoi que ce fût – était passée maîtresse dans l'art d'en faire éprouver aux autres. À Matt : « Je t'écris cette lettre car je ne veux pas venir te voir à l'improviste et envahir ton territoire. Tu sembles aimer ton indépendance. Ce que je respecte, et j'espère que tu me respectes aussi suffisamment pour consacrer cinq minutes à la lecture de cette lettre... Merci. »

Matt voyait clairement que Diane ne comprenait que l'apparence, la façade ; elle ne comprenait pas que les actes doivent suivre les mots, sinon les mots n'ont pas de sens.

« Bref, poursuivait-elle, je ne suis pas si difficile à comprendre. Regarde-moi et écoute-moi bien. Je suis une romantique. J'aime le reflet de la lune sur le lac. J'aime me pelotonner devant la cheminée. Et je ferais n'importe quoi pour que l'être aimé soit heureux (à part le trottoir, le deal de drogue ou le meurtre).

« Je suis fidèle à une chimère. Je ne peux pas tricher dans une relation. Je croyais que tout le monde éprouvait la même chose que moi, mais je me suis trompée. Je t'aime, mais pas d'une manière possessive. Dans le respect.

« Je n'ai jamais pensé qu'un bébé pouvait être une obligation ou un problème. Les enfants sont beaux et pleins d'amour... Un enfant apporte plus d'amour et de bonheur que toute autre créature sur la terre... Je pensais que tu éprouvais la même chose et j'avais besoin de t'en parler. Ainsi c'est à toi de décider si tu tournes le dos à l'amour d'un enfant ou si tu le prends dans tes bras. Quoi que tu décides, tu as raison... Je n'avais pas le droit de ne pas te laisser choisir.

« Je ne suis pas une séductrice. Je n'ai jamais eu l'intention de te piéger, et pas davantage à présent. Ton amitié m'est précieuse... Et je suis toujours d'accord si toi, tu veux... Je n'ai jamais voulu te faire de mal... »

Elle signa d'un visage souriant, portant une auréole et ajouta en petits caractères : « P.S. : J'ai reçu des demandes en mariage de quatre hommes différents au cours des deux dernières années. Aucun d'eux n'était un partenaire sexuel. Il est donc évident que je ne cherche pas un mari. »

Il ne répondit pas. Il ne lui téléphona pas.

Matt Jensen prit soin d'éviter Diane malgré les messages sur son pare-brise. Il s'absorbait brusquement dans la contemplation d'une vitrine lorsque la Jeep postale était en vue. Il avait reçu une rude leçon sur la tentation de la chair.

Son futur enfant grandissait dans le ventre d'une femme qu'il soupçonnait de meurtre. Il se souvint de la jeune femme bronzée aux yeux clairs qui semblait si malheureuse dans le parc. Sa douloureuse expérience lui avait appris qu'elle prenait ce qu'elle voulait.

29

En dépit du rejet de Matt Jensen, Diane était plus calme lorsque octobre laissa la place à novembre. La vie nouvelle qui grandissait en elle donnait à nouveau un sens à ses journées. Elle retrouva Jim Jagger pour travailler à la défense d'un dossier qui était – comme l'enfant qu'elle portait – encore à l'état embryonnaire. Aucune mise en accusation, rien ne se passait – mais Diane avait souvent la sensation d'une présence invisible qui la suivait.

Doug Welch, qui avait rendossé l'uniforme, et Fred Hugi avaient adapté leur allure à ce long voyage. L'élucidation ne viendrait pas rapidement, mais elle viendrait. Welch s'occupait des devoirs qui lui incombaient. Hugi prit des vacances, partit à la pêche, fit quelques travaux sur sa propriété, et du footing jusqu'à ce que sa tension finisse par baisser.

Diane perdait patience ; elle voulait une solution rapide à l'enquête. La notoriété comptait beaucoup à ses yeux : le public ne devait pas oublier qui elle était et ce que les méchants policiers lui faisaient subir.

Les journalistes d'Eugene étaient du même acabit que Diane, brillants et animés de la fièvre des chasseurs de scoops, ce qui exige un rythme que seuls les jeunes peuvent soutenir. Ils commençaient leur carrière et Eugene était le coin rêvé pour leur baptême du feu.

Lars Larson, de la chaîne KVAL, apprit que Diane avait porté plainte contre la Protection de l'enfance, le bureau du procureur du comté de Lane et celui du shérif. Il voulait connaître toute l'histoire et Diane se fit un plaisir de la lui resservir. Fred Hugi soupçonna que la véritable raison pour laquelle Jim Jagger avait suivi sa cliente dans ces procédures était qu'il voulait forcer la main au ministère public, en montant l'opinion contre lui au point qu'il n'ait d'autre solution que le procès, et cela avant que Christie puisse trouver la force de témoigner.

Diane reprenait ses plaintes contre le bureau du shérif et Paula Krogdahl : « Paula Krogdahl empêcha Mme Downs d'avoir un contact physique avec sa fille, et cela sans raison ni justification légales. La même Paula Krogdahl fit sortir Christie Downs du bâtiment de l'hôpital en pleine nuit, alors qu'il faisait froid, ce qui pouvait nuire à la santé et au bien-être de l'enfant... » Paula avait conduit Christie en fauteuil roulant à l'extérieur du service de réanimation, par une chaude soirée de juin, pour lui montrer que le monde tel qu'elle l'avait connu existait toujours, que la réalité existait au-delà des draps blancs et de l'odeur de désinfectant de l'hôpital.

Les journalistes favoris de Diane valsaient. Si un reporter se montrait compatissant et admiratif, il était en tête de liste. Diane n'appréciait guère les questions brutales et l'inquisition. Maureen Shine avait une voix douce et calme, et semblait accommodante ; Diane crut qu'elle l'avait dans sa poche et que c'était elle qui menait les interviews à sa guise. Maureen Shine ne contredisait pas Diane Downs. Sûre d'elle, celle-ci était très facile à interviewer. Si Diane était une épine dans le pied des policiers, elle était un régal pour les reporters.

Larson commença à raconter son histoire sur KVAL le 17 novembre : « Une femme menace d'attaquer les responsables de l'enquête sur une fusillade à Eugene, Oregon. L'avocat d'Elizabeth Downs menace de porter plainte contre trois services du comté et réclame jusqu'à sept cent mille dollars de dommages et intérêts pour leur enquête sur la fusillade de mai, au cours de laquelle un des trois enfants a trouvé la mort. »

Diane invita Larson à prendre le petit déjeuner dans un restaurant. En chemin, elle passa au ralenti devant la maison des Slaven pour lui montrer qu'elle savait où vivaient ses enfants. Entre les toasts et les œufs brouillés, elle expliqua avec désinvolture qu'elle avait été mère porteuse. Larson se retint pour ne pas bondir de son siège et s'enfuir avec ce scoop. Il s'obligea à mastiquer lentement et attendit la suite.

Craignant d'avoir favorisé KVAL (CBS), Diane suggéra que Maureen Shine vienne la voir chez elle. Elle lui accorda une interview où elle parla beaucoup de Christie – insistant sur le fait que sa fille allait bien, et que même le bureau du procureur ne voyait rien à redire au fait qu'elle l'ait vue seule à seule. « Les gens pensent beaucoup à elle et à Danny. » Diane parlait à qui voulait l'entendre – à condition que ce fût un journaliste – de ses merveilleuses retrouvailles avec sa fille dans Hendricks Park, de la joie de Christie et de leur bonheur d'être ensemble.

C'était plus que Hugi n'en pouvait supporter.

– Elle était si gaie. Cela n'a fait que renforcer ma détermination. La question était : « Allait-elle ruiner notre dossier – et détruire Christie – plus vite que nous ne pourrions le mettre sur pied ? »

La visite de Diane avait ramené Christie plusieurs semaines – voire plusieurs mois – en arrière. Comment une petite fille de cet âge pouvait-elle faire coller ses souvenirs d'horreur, qui commençaient à peine à remonter à la surface, et le visage souriant de sa mère qui la serrait dans ses bras au parc et lui recommandait de ne pas raconter ses petits secrets ? Christie était déchirée par des émotions conflictuelles : la peur, le chagrin, l'amour, la nostalgie. Au moment où elle commençait à s'adapter à son nouvel environnement, ses cicatrices psychiques avaient été rouvertes.

– Nous allions au-devant d'un affrontement, se souvient Hugi. Le procès aurait lieu un jour ou l'autre. Il restait la possibilité bien mince de retrouver le Ruger. À moins que Diane n'avoue la vérité à quelqu'un, ou que sa fille ne soit en mesure de parler. Si nous n'utilisions pas Christie, cela laisserait l'avantage à la défense. Ils savaient que je m'étais engagé. À un moment ou à un autre, il faudrait que je me lance, avec ou sans elle.

Diane et Steve Downs furent tous deux accusés d'outrage à magistrat pour avoir outrepassé l'ordre du juge Foote interdisant à Diane de voir ses enfants.

Une audience était prévue pour le 9 décembre. Les Downs auraient à prouver – s'ils le pouvaient – qu'ils n'avaient pas violé l'ordonnance du juge Foote.

La menace d'une citation à comparaître ne sembla pas affecter Diane. Elle en révélait un peu plus à chaque interview. Sa vie était truffée de secrets, et elle les dévoilait à son rythme, les offrant aux médias comme autant de cadeaux.

Chaque fois que Fred Hugi allumait la télévision, il voyait Diane critiquer son enquête, entonnant son thème favori : « Si je suis coupable, pourquoi ne m'arrêtent-ils pas ? »

Hugi se sentait seul au monde, totalement isolé. Son dossier était bien maigre. Il passait ses soirées assis, sans personne à qui parler. Oh ! il aurait pu réveiller Joanne, et elle l'aurait écouté. Mais à quoi diable cela aurait-il servi ? Il pensait tout le temps à Diane, sur son territoire télévisé qu'elle aimait tant, riant et imaginant peut-être un moyen de reprendre Christie.

Hugi arriva dans son bureau après une nuit blanche, juste à temps pour décrocher le téléphone ; Jim Jagger avait une nouvelle à lui annoncer :

– Diane est enceinte.

Super ! Elle faisait un autre bébé pour se consoler. Sa première pensée fut : « Allons-nous devoir attendre neuf mois de plus pour le procès ? » L'opinion allait se déchaîner et détester Hugi pour harcèlement contre une jeune femme enceinte !

Quelqu'un s'intéressait-il encore à cette affaire ? Était-ce une folie que de refuser de lâcher prise ? Parfois il en arrivait à le penser.

Le public, toujours ambivalent au sujet de Diane Downs, commençait à croire que si cette femme était coupable de quelque chose, elle aurait tout de même dû être arrêtée depuis plusieurs mois. Des lettres de correspondants scandalisés par la manière dont elle était traitée arrivaient dans les rédactions et au bureau de Hugi.

Les propos du procureur Pat Horton furent cités : l'enquête sur l'affaire Downs était terminée, affirmait-il. Les rumeurs allaient bon train concernant Dave Burks. Une partie de la population du comté de Lane croyait encore qu'un homme armé était en liberté dans le pays. Tout le monde pensait avoir de bonnes raisons d'avoir peur. Le bureau du procureur et celui du shérif subirent des pressions : il fallait faire quelque chose.

Tandis que 1983 tirait à sa fin, il semblait peu probable que quelqu'un fût arrêté bientôt. Le public ne pouvait pas comprendre l'insoutenable situation de Hugi. Qu'il tente le coup et perde devant la Cour, et le tueur n'aurait qu'à s'en aller, libre comme l'air. Qu'il attende, et les bons citoyens mal informés hurleraient à l'injustice.

Hugi savait que le public s'impatientait, que certains membres de l'équipe du shérif étaient furieux. Il se souviendrait du mois de novembre comme du pire moment de l'enquête. Progrès : zéro !

9 décembre 1983

Diane se présenta à l'audience en chemisier rose, un gilet assorti jeté sur ses épaules. Les photos de profil prises ce jour-là la montrent sereine, pensive – un vrai sosie de lady Di. Elle se tenait différemment ; l'œil averti du cameraman de télévision força le trait et suggéra au public qu'il se pourrait qu'elle fût enceinte, alors qu'elle n'en était qu'au deuxième mois de sa grossesse.

Elle était fatiguée et pleura souvent pendant sa déposition, en particulier lorsque Fred Hugi lui demanda de lire à haute voix la lettre qu'elle avait envoyée à Lew alors qu'elle était ivre, mais délibérément – pour être sûre que les autorités sachent qu'elle avait vu Christie.

Diane affirma sous serment que Steve lui avait demandé de mentir à propos de cette visite ; elle était censée raconter que Steve avait amené les enfants au parc et que ceux-ci s'attendaient à y retrouver leur oncle Paul, mais qu'elle les avait surpris en se présentant à la place de son frère.

– Il m'a dit que j'avais intérêt à m'en tenir à sa version, sinon il me « sortirait », et si vous connaissiez Steve vous sauriez que cela signifie qu'il me tuerait. Il m'a dit très exactement : « Si la police ne te boucle pas, c'est moi qui te sortirai. »

Fred Hugi ne harcela pas Diane de questions. Elle considérait Doug Welch comme un ennemi mais n'avait pas perçu Hugi autrement que comme un homme grand et discret qui travaillait pour le procureur.

Il ne fit rien pour modifier cette impression.

Bill Furtick, l'avocat des enfants, mena ensuite le contre-interrogatoire de Diane. Il désirait savoir pourquoi elle n'avait pas prévenu la Protection de l'enfance qu'elle avait vu Christie.

– Permettez-moi de revenir un peu en arrière, répondit-elle. Steve m'avait dit que si je coopérais avec lui, je pourrais voir les enfants quand je voudrais. Steve devait avoir la garde des enfants... J'étais prête à l'accepter mais il ne le croyait pas. Il voulait la garde des enfants. Si vous connaissiez Steve comme moi, vous sauriez ce que ça veut dire : il pourrait utiliser les enfants pour monnayer mon affection, du temps avec moi. Steve est très possessif et c'était sa manière de m'avoir. S'il se fâchait contre moi... je n'aurais pas eu le droit de voir les enfants... J'ai parlé avec lui au téléphone vendredi. Il m'a dit : « Tout est arrangé. Signe les papiers pour les enfants et ça ira. » On aurait dit qu'il parlait de voitures d'occasion. Mais c'était de mes bébés qu'il parlait.

— Permettez-moi de vous interrompre, dit Furtick, incrédule. L'homme qui selon vous a menacé de vous tuer aurait tenté de monnayer votre affection, votre... amour ?

— Oui.

Diane déclara qu'elle avait demandé à sa fille de garder leur entrevue secrète uniquement pour ne pas blesser sa famille d'accueil.

Furtick amena Diane à reconnaître que Christie savait désormais que sa mère était suspecte.

— Si vous voulez savoir ce que j'ai dit à Christie... Elle m'a demandé : « Maman, pourquoi tu ne peux plus venir me voir ? » et je lui ai répondu : « Je croyais qu'ils t'avaient dit que j'étais suspecte. » « Et alors ? » a-t-elle ajouté. Je lui ai dit : « Ils croient que je suis la personne qui t'a fait du mal. » « C'est idiot. Comment peuvent-ils dire une chose pareille ? » a-t-elle répondu.

Ce que Christie avait dit ou non devait rester dans une zone d'ombre ; la fillette ne déposait pas à l'audience.

Susan Staffel expliqua à la Cour que Christie avait constamment besoin d'être rassurée sur le fait qu'il n'y avait aucun mal à révéler qu'elle avait vu sa mère. Elle avait finalement avoué : « Maman m'a dit de ne rien dire », à propos de leur entrevue.

Christie Downs n'était qu'un pion sur un échiquier. Elle ne pouvait rien comprendre. S'il avait existé un moyen d'accuser sa mère de meurtre sans la placer, elle, dans le box des témoins, Fred Hugi aurait sauté dessus. Mais sans l'arme du crime, il n'y avait pas d'autre solution. Et malgré sa rechute, elle n'avait pas renoncé à essayer de se souvenir. La petite fille faisait preuve d'un immense courage ; Hugi se demanda si lui-même aurait eu ce courage à neuf ans. À neuf ans ? Même à trente-neuf, aurait-il voulu se rappeler ce que Christie avait vu ? Jamais de la vie !

Il soutint, en conclusion, que Diane avait rendu visite à Christie dans l'unique but de se protéger contre la possibilité que la petite ait des souvenirs de la fusillade susceptibles de l'incriminer.

Diane risquait la prison pour avoir violé l'ordonnance qui l'empêchait de voir ses enfants. Le verdict était plus que probable, jusqu'à ce que Jim Jagger se lève pour communiquer une nouvelle information.

– Ma cliente est enceinte de deux mois, annonça-t-il.

Murmures dans la salle d'audience.

« Tout le monde a reçu un choc, confia Diane à son journal. J'ai rougi. »

Mais tout le monde ne fut pas choqué. Hugi et les enquêteurs étaient déjà au courant. Pour la presse, toutefois, ce fut une surprise. Lars Larson venait juste d'annoncer que Diane avait été mère porteuse. La déduction immédiate fut qu'elle portait un enfant pour un autre couple.

Non, répondit-elle en souriant et en secouant la tête devant cette suggestion, lorsqu'elle fut plus tard assaillie par les reporters. Mais oui, elle était bien enceinte et en était très heureuse. L'identité du père ne serait pas révélée au public. C'était « un homme très discret », dit-elle.

Plutôt qu'une peine de prison pour outrage à magistrats, le juge Foote condamna Diane à un an avec sursis.

Blond et musclé, un mètre quatre-vingt-treize, trente ans, bâti comme un athlète – qu'il est, du reste –, Gregory Foote a accédé au poste de juge à l'âge de vingt-neuf ans – un des plus jeunes juges de l'histoire de l'Oregon. Il se consacre avec passion aux droits des enfants, entraîne une équipe de football et passe d'innombrables heures à s'occuper d'adolescents perturbés. Si Diane était inculpée, ce serait son premier procès de meurtre.

Malgré tous les obstacles qui se dressaient sur sa route, Fred Hugi avait le sentiment qu'ils avançaient régulièrement vers une arrestation. Le timing et la mémoire de Christie étaient des facteurs de la plus grande importance.

Le Dr Peterson lui expliqua – à son grand soulagement et à sa vive surprise – qu'un effet de ricochet avait suivi la première réaction de Christie à la visite de sa mère. Pour chaque pas en arrière, la fillette faisait un bond en avant de deux ou trois pas. Ils travaillaient suivant une thérapie de jeu ; Peterson s'était procuré une copie de la cassette de Duran Duran – celle qui était dans l'autoradio de la Nissan, le soir de la fusillade – et la passait au cours de leurs séances. Les sons – comme les odeurs – peuvent souvent réveiller la mémoire.

Ils avaient atteint une nouvelle étape. Peterson donna des feuilles de papier à Christie et lui dit que si elle le voulait, elle pouvait écrire le nom de la personne qui avait tiré sur elle, sur Danny et sur Cheryl, mettre les feuilles dans une enveloppe et la cacheter. Si elle voulait que personne ne les lise, elle pouvait jeter les enveloppes dans la cheminée avant de quitter le bureau.

Avec beaucoup de gravité et d'attention, Christie inscrivit quelque chose sur les feuilles de papier et les plaça dans les enveloppes. Elle garda les enveloppes jusqu'à la fin de la séance. Et avant de quitter le bureau du Dr Peterson, elle les jeta dans les flammes et les regarda brûler jusqu'à ce qu'il ne reste qu'un petit tas de cendre indéchiffrable.

30

De tous les journalistes de télévision ayant couvert l'affaire Downs, seule Anne Bradley de la chaîne KEZI, filiale d'ABC, n'avait pas demandé d'interview à Diane.

Anne Bradley, impertinente, blonde et jolie, maîtrisait parfaitement son métier, bien qu'elle eût parfois du mal à dissimuler son intérêt pour les drames. C'était une figure importante dans le monde des médias. On la voyait souvent, et son absence lors de la comparution de Diane fut très remarquée. Elle était restée délibérément en retrait, supposant – avec raison – que Diane s'empresserait d'accepter ensuite une demande d'interview de sa part.

L'après-midi suivant l'audience lui parut être le moment opportun. Anne Bradley ne voulait pas d'un entretien prématuré. Diane n'avait été inculpée de rien, sinon d'outrage à magistrat. Mais l'atmosphère s'alourdissait, semblant annoncer un changement de situation imminent. La journaliste supposait que l'inculpation pour meurtre n'était qu'une question de temps. Une fois Diane inculpée, il serait impossible de l'interviewer.

Anne Bradley décida de ne pas parler à Diane au téléphone, cela risquait de diminuer l'impact de l'enregistrement en face à face. Elle demanda à son rédacteur en chef de l'appeler pour prendre rendez-vous : Diane se montra ravie. Le lendemain, un samedi, elle arriva dans les studios de KEZI, accompagnée non de son avocat mais de son frère Paul.

En trois heures d'enregistrement, Diane montra un des aspects les plus révélateurs de sa personnalité. La cassette contient d'étonnants passages. Pour Anne Bradley, ses propos dénotent un combat implacable entre conscience et ambition. Diane raconta pour la énième fois cette horrible soirée de mai.

– J'ai revécu cette soirée bien des fois ; et aussi avec ma psychologue. C'est très dur, j'ai beaucoup pleuré. Beaucoup de souvenirs sont... je ne sais pas. La plupart des gens font l'impasse, s'empressent d'oublier un événement traumatisant. Moi, j'ai gardé tous ces souvenirs, car je savais être la seule qui pourrait raconter ce qui s'était passé en arrivant à l'hôpital. La première chose que j'ai dite était : « Appelez un médecin ! » La deuxième était le groupe sanguin de mes enfants. La troisième : « Appelez la police ! » Donc il fallait que je me souvienne de tout ce que je pouvais. Quand cet homme a tiré sur ma fille, ma première réaction a été de me précipiter dans ma propre enfance, dans la souffrance que j'avais éprouvée à cette époque ; j'ai revu mon mariage et la manière dont la société m'avait piégée. L'homme était plus grand que moi, plus fort et plus puissant à cause de l'arme qu'il tenait. Il était le maître de la situation, pas moi. Et j'avais... je ne pouvais rien faire et je suis restée là, j'ai regardé Christie tendre les bras et le sang qui sortait de sa bouche, et... Qu'auriez-vous fait ? Vous restez là, paralysée et puis... et puis l'arme s'est mise à tirer, à tirer et ça avait l'air... c'était monotone...

« Je l'ai bousculé. J'ai couru. Et quand il s'est retourné, il visait... Quand il s'est retourné, l'arme a heurté le bout de mes doigts et ça m'a secouée. Je me suis dit : Attends une minute ! Je ne suis pas prisonnière de la société. Je me moque de savoir s'il est plus grand que moi. Si je reste plantée là et que je lui dis : "Hé ! prenez les clés ; je ne peux rien faire, vous avez gagné parce que vous avez une arme", mes enfants vont mourir. Je n'allais pas laisser mourir mes enfants. Alors... j'ai fait semblant de jeter les clés. Il n'a pas pris le temps de viser, c'est évident, sinon il m'aurait eue comme les enfants. Quand il s'est tourné dans la direction où j'avais fait mine de jeter les clés tout en tirant, il m'a touchée au bras. Tout le monde dit : "Vous avez eu une sacrée chance !" Eh bien ! ce n'est pas mon avis. Je n'ai pas pu lacer mes satanées chaussures pendant deux mois ! C'est très douloureux et ça me fait encore mal. J'ai une plaque d'acier dans le bras et je vais la garder pendant un an et demi. La cicatrice ne disparaîtra jamais. Je me souviendrai de cette soirée pendant le restant de mes jours. Je ne pense pas que j'aie eu beaucoup de chance. Mes enfants, eux, ont eu de la chance. Si j'avais reçu des coups de feu comme eux, nous serions tous morts – sauf peut-être Danny.

Diane parla librement de son passé, de son mariage, de son avortement et de sa quête d'un « bon spécimen » pour servir de père à Danny. Mais elle revenait invariablement à son vaillant combat pour sauver ses enfants.

Anne Bradley remarqua que Diane s'attardait de façon malsaine sur la sensation, la vue et l'odeur du sang. Elle décrivit à plusieurs reprises comment elle avait vu « le sang sortir de la bouche de Christie ». « En roulant vers l'hôpital, je sentais l'odeur du sang. »

– Le procureur est persuadé qu'une personne a reçu des coups de feu à l'extérieur de la voiture – du côté passager – et c'est pour ça que c'était si... Ça ne peut pas être vrai. Ils parlent d'éclaboussures de sang et quand ils disent « éclaboussures », je pense à quelque chose qui aurait jailli, comme les éclaboussures de sang dans la voiture ; il y en avait partout. Nous avons vu des photos de ces prétendues éclaboussures – ce sont des gouttes de sang. C'est quand ils ont pris les enfants pour les emmener dans la salle des urgences que le sang a goutté sur le côté conducteur de la voiture.

Anne Bradley se sentit soudain prise de vertige ; elle était noyée par le flot de paroles décrivant la souffrance des enfants, leur vie s'écoulant irrémédiablement tandis que la voiture de leur mère roulait vers l'hôpital. Elle toucha le bras de Diane.

– J'ai besoin d'une pause, murmura-t-elle. Je ne me sens pas bien...

Diane se tourna à demi vers la journaliste et la caméra surprit son expression. C'était un sourire, mais un sourire étrange, les yeux mi-clos et un pli narquois au coin des lèvres. Arrêt sur image.

Anne Bradley remarqua que lorsqu'elle lançait des questions inattendues, le langage corporel de Diane émettait des signaux subtils indiquant qu'elle était troublée, même si sa voix n'était pas altérée. Elle rougissait lorsqu'elle se faisait prendre par surprise.

Anne Bradley avait découvert des éléments sur l'affaire que Diane croyait connus uniquement de la police, de son avocat et d'elle-même. Le fait qu'elle eût dit à un moment donné que deux hommes l'avaient agressée et la découverte du sang de groupe O, celui de Cheryl, à l'extérieur de la voiture frappèrent Diane avec une force particulière.

– Lorsque je lui ai posé des questions là-dessus, se souvient Anne Bradley, elle a reçu un choc. Elle s'est empourprée et a rejeté la tête en arrière pour me regarder fixement. Elle s'est tout de suite ressaisie... J'ai senti qu'elle était effrayée, mais extérieurement, elle se contrôlait parfaitement.

« Lorsque je l'ai interrogée sur "les deux hommes", Diane a eu comme un hoquet, mais elle n'a jamais cillé. Si elle ne voulait pas me répondre, elle avait une quinte de toux, ou demandait un verre d'eau. Elle se donnait du temps pour formuler une réponse adéquate.

C'était une interview comme on n'en fait qu'une fois dans sa vie, et Anne Bradley avait vingt-cinq ans. Sa conscience lui interdisait de la diffuser immédiatement, sous peine de ne jamais réunir un jury impartial dans le comté de Lane. Les avocats de sa chaîne de télévision lui déconseillèrent de la montrer à la police.

La journaliste jugea plus équitable de ne montrer l'interview ni au public ni à la police, et perdit ainsi les bénéfices de son scoop. Elle rembobina la vidéocassette et la plaça tout en haut d'une étagère, la réservant pour « plus tard ».

Diane savait que la police avait lu attentivement le journal qu'elle avait demandé qu'on lui rapporte de son appartement, la nuit de la fusillade. Son second journal semblait plus encore que le premier destiné à être lu.

« Suis allée faire des achats de Noël ce soir. J'ai vu un petit garçon qui pleurait. Ses mains étaient rouges de froid, écrivit-elle en décembre, j'avais envie de lui tendre les bras et de mettre ses petites mains sous mon manteau, bien au chaud, mais je ne l'ai pas fait. Avant que tout cela n'arrive, je rassurais toujours les enfants dans les magasins. Pour empêcher que leurs parents énervés ne les frappent. Les gens disaient que j'avais un don avec les enfants. Maintenant, je n'essaie plus. J'ai peur qu'ils pensent que je vais faire quelque chose de mal... »

Diane accorda une autre interview à Anne Bradley. Cette fois, elle était assise à côté du sapin de Noël, chez ses parents. Elle avait mauvaise mine, des cernes soulignaient ses yeux et sa peau était livide et marbrée. L'absence d'enfants dans la pièce en disait long.

Diane parla de son désir de coopérer à l'enquête. Elle était prête à faire n'importe quoi pour que Christie retrouve la mémoire même si, personnellement, elle pensait que ce n'était pas une bonne chose que sa fille soit forcée à se souvenir.

31

La nouvelle année ne commença pas en janvier mais en décembre pour Fred Hugi. Le comté réussit à libérer des fonds pour l'affaire Downs – pas beaucoup, mais assez pour embaucher deux enquêteurs.

– Paul Alton et Doug Welch reprirent du service. Tout d'un coup, nous étions devenus plus forts... Et puis nous avions Pierce, et cela nous a beaucoup aidés.

Pierce.

Pierce Brooks, quarante ans de service dans la police. Sa vie ressemble à un roman. Enrôlé dans la police de Los Angeles en 1948, lorsqu'il avait une vingtaine d'années, il était dix ans plus tard un inspecteur de la Criminelle sur le point de devenir une légende.

Brooks s'occupa de l'enquête sur un homme de patrouille de Los Angeles qui avait été kidnappé et assassiné dans un champ d'oignons, au nord de Bakersfield. Dossier tragique, pour un policier, mais les leçons que Brooks en tira firent de lui un spécialiste des procès épineux.

Pierce Brooks resta pendant dix ans capitaine du département des homicides de la police de Los Angeles. Il fut le conseiller technique de Jack Webb pour *Dragnet*. Les murs de son bureau sont encore couverts de lettres de louanges, et une affiche de film montre un Brooks plus jeune, accompagné de Jane Russell, tandis qu'il pilote un dirigeable de reconnaissance au-dessus de la Californie.

Lorsqu'il prit sa retraite de la police de Los Angeles, en 1969, il ne renonça pas à son métier. Il devint tout d'abord chef de la police de Springfield, en Oregon, puis de celle de Lakewood, dans le Colorado. Il revint dans l'Oregon pour reprendre le poste de chef de la police d'Eugene.

Le comté de Lane est l'endroit où il préfère vivre – on ne saurait l'en blâmer – après tant d'années passées à observer les tendances meurtrières de ses compatriotes. Brooks a largement les moyens de prendre sa retraite, mais rester chez lui ne l'intéresse pas ; c'est contre sa vocation, contre sa passion. Il est aux États-Unis l'un des plus grands spécialistes des affaires criminelles, et plus particulièrement des meurtres en série.

En 1980, Pierce Brooks était si sollicité qu'il avait dû choisir entre son rôle de conseiller et celui de chef de la police d'Eugene. Il opta pour le premier et partit pour Atlanta travailler sur le meurtre d'un enfant, puis à Chicago pour assister les enquêteurs sur l'affaire des empoisonnements au Tylénol. En 1983, il avait presque atteint son but : établir un réseau informatique national pour coincer les meurtriers en série, mais il ne voyait que rarement les berges de la McKenzie et trop souvent l'intérieur des avions qui sillonnaient l'Amérique.

Brooks, muni d'un badge d'enquêteur spécial délivré par le shérif Burks, parlait avec Pat Horton par une froide journée d'hiver, lorsque le procureur mentionna l'affaire Downs. Brooks avait tant voyagé en 1983 qu'il ne l'avait pas suivie de près.

– J'ai entendu dire qu'elle n'était peut-être pas coupable après tout, dit Brooks.

– Qu'en pensez-vous ? répliqua Horton dont le visage ne trahissait pas la moindre expression.

– Faudrait en savoir davantage pour donner un avis.

– Ça vous dirait d'y jeter un coup d'œil ?

Brooks était ferré aussi solidement qu'une truite. Fred Hugi le conduisit sur les lieux, au bord de la Little Mohawk. Il faisait froid, les nuages bas estompaient le contour des montagnes. L'odeur du sang avait été chassée par le vent depuis bien longtemps.

Brooks se contenta d'écouter au cours des jours qui suivirent. Il parla avec Hugi, Jim Pex et Ed Wilson, le médecin légiste qui avait pratiqué l'autopsie de Cheryl. Il visionna une reconstitution de la fusillade et remarqua que Diane riait à gorge déployée tandis qu'elle expliquait à Dick Tracy et à Doug Welch comment elle avait échappé à son agresseur.

Pierce Brooks et Fred Hugi passèrent beaucoup de temps ensemble. Brooks sentit la détermination du substitut ; il devina sa conviction qu'un jour, d'une manière ou d'une autre, il arriverait à rassembler suffisamment d'éléments pour faire tomber Diane Downs pour le meurtre de sa fille et pour tentative de meurtre sur ses deux autres enfants.

Brooks se fit l'avocat du diable, lançant des « Et si ? » et des « Oui, mais » aux inspecteurs et à Fred Hugi.

Il écouta l'une des cassettes de Lew, qui contenait la dernière version de Diane sur les événements de mai. Son visage resta impassible tandis que les sanglots de la jeune mère remplissaient le bureau de Hugi.

– Seigneur ! Je n'arrive pas à le croire. C'est si moche. C'est... c'est aussi terrible que lorsque j'étais gosse. Vraiment affreux ! Et je ne peux pas le leur dire maintenant, ils ne me croiraient pas. Et ce n'est pas important de le leur prouver. Steve a gagné. C'est tout. J'abandonne... ils peuvent me jeter en prison, ça m'est égal. De toute manière, je ne peux pas prouver que Steve l'a fait... Oh ! soupira-t-elle, je t'ai promis que personne ne me toucherait tant qu'on ne serait pas à nouveau ensemble.

– Hmm.

– Mais on m'a touchée. J'ai été menacée.

– Es-tu en train de dire maintenant qu'on t'a violée et qu'ensuite il a tiré sur les enfants ?

– Non, pas lui, eux. Non, je n'ai pas été violée, non. C'est juste ce qu'ils ont dit et ce qu'ils ont fait. Un seul parlait. L'autre n'a jamais prononcé un mot. Il se contentait de me tenir. Il me bâillonnait de sa main... je lui ai donné des coups de pied. C'est pour ça qu'on m'a tiré dessus, d'ailleurs. Il m'a dit : « Vous avez des enfants dans la voiture ; vous ne voulez pas que je leur fasse de mal, n'est-ce pas ? » Alors tu te tiens tranquille. Tu obéis, tu ne discutes pas, tu ne dis rien à personne – parce que tout le monde te haïra et pensera que c'est de ta faute. La même merde que lorsque j'étais môme.

– Alors ils ont juste... et ils t'ont tenue ; ils t'ont parlé et ensuite ils ont tiré sur les enfants avant de partir ?

– Non. Ensuite, ils ont dit... Je ne me souviens pas de toute la conversation. Seigneur ! ça fait deux mois... Mais il y avait des trucs moches et ensuite ils ont parlé de Steve...

– Comment ça, des trucs moches ? Des trucs verbaux... ou bien tu parles de...

– Verbaux et émotionnels... et physiques. J'ai horreur qu'on me touche. Je ne supporte pas les types qui... Comme je te l'ai dit, tu es le seul que j'aie jamais respecté, et dont le contact ne me soit pas désagréable, et je ne dis pas ça pour te faire plaisir. Alors quand quelqu'un me force à accepter des trucs et s'en réjouit après, je déteste ça. C'est la chose la plus moche qui pouvait m'arriver, d'avoir à revivre ce que j'ai vécu quand j'avais douze ans... et je ne pouvais pas plus l'arrêter qu'à l'époque où j'étais gamine. C'était horrible et c'est un de ces trucs où... où on se déconnecte, pour partir ailleurs en imagination. Ce n'est pas la réalité. Ce n'est pas à moi que ça arrive. C'est quelqu'un d'autre, comme dans un film. Et tout d'un coup, tu comprends qu'ils ne sont pas là juste pour te faire ça. C'est un jeu pour eux, parce qu'ils savent qui tu es. Ils utilisent ton nom, ils utilisent celui de Steve et parlent de cueillir ta rose, et de l'emmener avec eux, et la seule rose que je connaisse, c'est celle qui est sur mon dos. Ensuite, ils m'ont révélé qu'ils faisaient ça pour quelqu'un qui ne voulait plus m'avoir sur le dos, ni dans sa vie. C'est pour ça, j'ai raconté aux flics que c'était Steve, mais je ne sais pas si c'est lui. Stan faisait des trucs dingues...

Mais elle s'était débattue, raconta-t-elle à Lew entre deux sanglots.

— Il fallait qu'on sorte de la vie de Steve. Il n'aurait plus à s'occuper des enfants, ni à s'inquiéter de qui s'en chargerait, et ce n'est pas Lew qui élèverait ses enfants, et tout ça... C'est ce qu'ils ont dit. Ensuite, ils ont tiré sur les enfants et j'ai regardé... Ouais ! J'ai regardé. C'est vrai, j'ai regardé parce que ce fils de pute m'a tiré dessus et que je ne pouvais rien faire. Je déteste... Après, ils se sont retournés, il a pointé son arme sur ma tête, et je lui ai donné un coup de pied dans les valseuses et il a crié : « Oh ! tu te crois maligne, hein, salope ? » Et il m'a attrapé le bras et a tiré, je me suis dégagée d'un coup sec et il m'a ratée... alors il a tiré encore. Ensuite, ils m'ont dit : « Maintenant on va bien voir si tu t'en sors. » Et ils sont partis.

— Alors tu as vu à quoi ils ressemblaient ?

— Seulement un.

— Tu le connais ou tu le connais pas ?

— Non. Je ne le connais pas. Ils portaient des cagoules. Je l'ai vu uniquement parce que au moment où je lui donné le coup de pied et le coup sur son arme, j'ai arraché sa cagoule. Celui qui était derrière moi n'a rien dit. Je ne sais pas à quoi il ressemble.

Je peux te dire que... il était assez grand pour me souffler son haleine dans le cou.

Pierce Brooks pensait que c'était tordu. Les versions étaient trop nombreuses. Il secoua la tête ; la théorie des deux hommes ne lui disait rien qui vaille.

Après avoir réécouté la cassette, Pierce Brooks se rangea entièrement à l'opinion de Fred Hugi et des hommes du shérif ; Diane Downs savait des choses qu'elle ne disait pas concernant la fusillade. Il reconnut également que l'attente interminable avant l'arrestation était inévitable. Hugi fut soulagé d'avoir l'approbation d'un pro.

Convaincre un ancien de la Criminelle et convaincre un jury, c'étaient deux choses bien différentes. Pendant la préparation du procès du « champ d'oignons », Brooks avait dû montrer aux jurés l'itinéraire précis de l'enlèvement du policier, leur montrer à quoi ressemblait exactement ce champ en pleine nuit, reconstituer le crime pour eux. Il avait utilisé des cartes, des photos aériennes et des mannequins pour représenter les personnes. La scène du crime s'était véritablement déroulée en pleine salle d'audience, de manière visuelle et palpable.

Et ça avait marché. Le jury avait compris l'affaire aussi clairement que les policiers qui avaient travaillé sur le terrain.

— Votre affaire est très complexe, dit Brooks à Hugi. Vous avez des douilles trouvées sur une route de campagne. Vous avez des rainures sur ces douilles qui, pour l'homme de la rue, sont très ordinaires. Vous avez des angles de tir et des éclaboussures de sang. Il va vous falloir montrer graphiquement ce qui s'est passé. Écoutez, si moi je suis obligé de faire des dessins pour comprendre, après quarante ans d'expérience, ne vous étonnez pas de devoir faire une véritable représentation devant un jury qui n'y connaît rien.

Hugi approuva. La voiture pouvait être reconstituée en polystyrène expansé ou en contre-plaqué, et installée dans la salle d'audience ; les enfants aussi pourraient être représentés par des mannequins grandeur nature.

Pierce Brooks précisa qu'il restait dans le coin quelque temps. Lorsqu'on en serait à l'arrestation, il leur ferait profiter de son expérience.

Noël 1983 approchait. L'année précédente, c'est Steve qui avait eu les enfants, mais Diane leur avait apporté des tonnes de cadeaux. L'année précédente, il y avait Lew. Mais Lew était parti pour de bon et Diane n'avait aucun de ses enfants avec elle – à part le fœtus qui grossissait dans son ventre. Cela la réconforta un peu d'écouter le petit cœur battre à travers le stéthoscope du médecin. Elle espérait que d'ici janvier, les enfants reviendraient vivre avec elle, si elle arrivait à activer un peu Jim Jagger.

Diane ne savait pas que Doug Welch avait réintégré le groupe d'inspecteurs travaillant sur l'enquête. Et elle n'avait jamais entendu parler de Pierce Brooks.

Il neigea cinq jours avant Noël. Diane aperçut Matt Jensen dans la rue ; elle avait attendu en pleine tempête de neige, surveillant sa voiture ; elle avait besoin de lui parler. Jensen la vit et fit demi-tour. Elle ne comprit pas.

Tout allait de mal en pis.

Diane distribuait le courrier, traînant les pieds dans la neige pour apporter des paquets à leurs destinataires ; la fatigue pesait plus lourd sur ses épaules que son sac de courrier.

Le jour de Noël, Willadene fit de son mieux pour que ce soit la fête. Ce fut une mascarade. De ses cinq enfants, seuls Diane et ses deux frères, Paul et James, étaient à la maison. Willadene n'avait plus que trois petits-enfants, et aucun d'eux ne jouait sous l'arbre de Noël. Elle prépara un repas gargantuesque, mais cela ne suffit pas à dissiper la tension. Même Willadene était déprimée ; elle qui s'arrangeait toujours pour rester souriante. Cette année-là, ce fut au-dessus de ses forces. Israel était dans l'Oklahoma, Christie et Danny dans un foyer d'adoption, les cendres de Cheryl en Arizona.

Diane distribua les cadeaux et, plus tard, quelqu'un suggéra de jouer aux dominos et aux cartes. Wes perdit, ce qui le rendit furieux.

« Je croyais que ce serait différent lorsqu'on serait adultes, confia Diane à son journal. Mais non. Il est toujours aussi mauvais perdant, et cela m'affecte toujours autant. »

Wes, Willadene, Paul et James partirent le lendemain pour la Californie. Restée seule, Diane avait trop de temps pour réfléchir, et cela lui usait les nerfs. Elle noircit des pages entières de son journal. Elle se rappelait Lew avec tant de force que c'était comme s'il était là, présent. C'était étrange ! L'univers de Lew n'était que désert et chaleur, et la neige s'accumulait devant le ranch de Wes et de Willadene en Oregon. Diane avait du mal à accepter que son ancien amant se laisse manipuler par la police et se retourne contre elle.

Dans son isolement, Diane tomba malade. Elle avait mal au bras et à la tête, la fièvre brouillait sa vision. Ses nausées n'arrangeaient rien. Elle n'avait que son journal pour se plaindre.

Le 29 décembre 1983, Danny fêtait son quatrième anniversaire. Diane lui apporta un gâteau en forme de schtroumpf et une voiture de course téléguidée qu'il pourrait manipuler de son fauteuil roulant. Elle s'arrangea pour que la chaîne KMTR soit présente lorsqu'elle alla chercher le gâteau, et entraîna avec elle les reporters de KVAL dans les bureaux de la Protection de l'enfance.

Le 30 décembre, Diane était encore malade mais alla tout de même travailler. Le médecin lui avait expliqué que la douleur dans son bras provenait peut-être d'une fêlure, mais qu'il ne servirait à rien de la réopérer. La douleur lui était insupportable.

Le 31 décembre, elle écrivit :

« C'est le dernier jour de l'année. La belle affaire ! Je ne suis pas pour les effusions de nouvel an. Espérons que 1984 sera meilleur. Je veux que mes enfants rentrent à la maison et que nous recommencions une nouvelle vie. »

Diane démarra la nouvelle année en retournant à l'église. Le révérend Craig Brooks l'accepta aimablement dans son église baptiste de Bethany, il refusait de la juger.

Elle se sentait timide à présent ; les gens semblaient la reconnaître partout où elle allait et cela avait cessé de lui faire plaisir. Elle ne se sentait bien qu'à l'église et s'y rendait souvent, pas uniquement le dimanche matin. Elle s'associa à plusieurs groupes de paroissiennes.

Diane dit qu'il lui importait peu à présent de savoir qui était le tueur ; elle voulait juste vivre normalement ; 1983 avait été « catastrophique » pour elle, mais elle était prête à repartir de zéro.

Christie faisait de tels progrès depuis sa rechute que le Dr Peterson pensait que quelques semaines suffiraient pour qu'elle soit en état de témoigner devant le Grand Jury.

Cheryl aurait eu huit ans le 10 janvier 1984. Doug Welch

feuilletait les petites annonces du *Springfield News* lorsqu'il remarqua un avis dans la colonne « messages personnels » qui lui hérissa le poil. La première et unique fois qu'il avait vu Cheryl Downs lui revint en mémoire comme un flash ; il était instantanément retourné à la salle des soins d'urgence, auprès de la petite fille morte dans son short vert.

JOYEUX ANNIVERSAIRE
CHERYL LYNN DOWNS
10 janvier 1976-19 mai 1983
Nous t'aimions beaucoup
Jésus t'aimait aussi
Il t'a emmenée au ciel
Tu n'avais que sept ans
Tu nous manques. Maman
Grand-mère et Grand-père

Welch reconnut Diane à travers ces lignes. Des vœux d'anniversaire pour sa fille morte ! c'était bien le genre de geste symbolique qu'elle affectionnait. Des noms gravés sur une licorne. Des noms imprimés sur du papier journal. Joyeux anniversaire, Cheryl ! Tu parles !

Comme si elle se mesurait à toute une armée et non à une jeune femme isolée, l'équipe de la partie civile renforçait tranquillement ses troupes. Alton et Welch étaient de retour depuis un mois. Le bureau du procureur du comté de Lane avait raclé ses fonds de tiroir pour réembaucher Ray Broderick, un ancien qui serait d'une grande aide dans l'affaire. Celle-ci semblait finalement devoir aboutir à un procès.

Broderick, autrefois flic, puis détective privé à Chicago, est un Irlandais grand et maigre aux cheveux bruns. Marié jeune, père de quatre enfants, il a suivi les cours du soir à l'université Loyola et, à force de travail et de persévérance, a réussi des études supérieures après être devenu flic. Tandis qu'il travaillait dans les quartiers mal famés de Chicago, une mémorable fusillade particulièrement sanglante lui fit tourner ses regards vers l'Oregon, un meilleur endroit pour élever ses enfants. Rapidement engagé par la police d'Eugene, il n'y resta que deux ans. Broderick est un enquêteur dans l'âme et il lui aurait fallu trop de temps pour monter dans la hiérarchie d'Eugene jusqu'au statut d'inspecteur. Il en parla avec Pierce Brooks, qui le comprit. Les enquêteurs ne sont pas de la même race que les flics de la rue. Certains excellent dans un domaine, d'autres ailleurs. Brooks, qui était alors le supérieur de Broderick, accepta sa démission pour qu'il puisse trouver un endroit où il pourrait à nouveau être inspecteur.

Broderick avait été engagé comme enquêteur attaché au bureau du procureur. Sa spécialité, contrairement à Paul Alton, qui a un don pour identifier les armes à feu, consiste à comprendre les gens ; ce qu'ils disent, bien sûr, mais surtout la manière dont ils le disent. Les signaux émis par le corps. Les yeux se dérobant à droite ou à gauche, ou vers le haut, laissant apparaître le blanc. Il est fasciné par la complexité d'une banale conversation, par les arabesques qui peuvent se dessiner sous les mots. Cette perception innée lui permet de mettre au jour bien des choses à partir du dit et du non-dit – un long silence, une accélération ou une suspension de la respiration. Ray Broderick n'est pas le genre d'homme que des coupables choisiraient pour bavarder.

Sociable et avenant, c'est un homme plein d'esprit capable des pires calembours. Et pourtant, il écoute et évalue toujours son interlocuteur à de multiples niveaux.

Broderick écouta les interminables cassettes de Diane Downs et visionna ses innombrables apparitions télévisées. Il la trouva spécialiste de la repartie, avec les mêmes mots et exactement la même intonation dans toutes ses interviews. Cette habitude de répéter « trait pour trait » les réponses était, il le savait, un schéma typiquement défensif de la part de la jeune femme.

Broderick expliqua que lorsque des gens capables de ressentir des émotions perdent un être cher, ils baissent la tête et les yeux, parlent à voix basse. L'individu qui ne ressent rien se démasque par une attitude empruntée et monotone, dans une tentative pour simuler le chagrin.

– Je suis toujours surpris, dit Broderick, par le nombre de gens qui croient quelque chose uniquement parce que cela a été prononcé à voix haute. Ce peut être un mensonge flagrant, mais il a été énoncé, donc il doit correspondre à la vérité.

Broderick peut repérer un mensonge mais il sait aussi reconnaître l'accent de la vérité – et c'est ce qu'il entendit, cet après-midi du 9 janvier 1984.

Pour aider Christie et Danny à retrouver la mémoire (et éventuellement les faire témoigner au procès), Fred Hugi avait rendu visite à une petite entreprise qui fabriquait des poupées très ressemblantes, utilisées dans tous les États-Unis pour la thérapie des enfants victimes de mauvais traitements. Ginger Friedeman, Marcia Morgan et Mike Whitney confectionnèrent trois poupées à l'effigie de Christie, Cheryl et Danny Downs. Le Dr Peterson avait suggéré d'apporter les poupées chez les Slaven pour qu'ils puissent s'y habituer. Ray voulait rencontrer les enfants ; les poupées lui servirent de prétexte.

Brenda Slaven et Danny Downs accueillirent chaleureusement Broderick au premier regard.

– Mais Christie resta à l'écart. Je la sentais qui m'observait, qui me jaugeait.

Broderick est un dessinateur de talent et il exécuta plusieurs dessins pour les trois enfants. Ils furent ravis et il sentit que Christie se rapprochait.

Elle resta sur ses gardes, prête à fuir à tout instant pendant la demi-heure où Broderick dessina des personnages amusants qui faisaient éclater de rire Brenda et Danny.

Ray rappela aux enfants qu'il était venu voir les poupées, et les trois petits coururent les chercher, jouant avec elles en les rapportant. Les poupées étaient habillées avec de vieux vêtements des enfants Downs. Il fut évident pour Broderick que la poupée « Cheryl » était, pour Christie, un substitut de sa petite sœur morte.

Au fil de la conversation, il voulut savoir où les poupées auraient été assises si elles avaient été dans la voiture rouge. Christie leva les yeux vers lui et il comprit qu'elle désirait ardemment participer à ce nouveau jeu.

Il n'y avait qu'un seul canapé dans le salon, et Christie fit remarquer qu'il en fallait deux, car la voiture avait deux banquettes. Les Slaven proposèrent à tout le monde de descendre au rez-de-chaussée, où il y avait deux canapés.

« Mets les poupées là où elles devraient être », suggéra Ray à Christie lorsqu'ils furent dans la salle de jeux.

– J'ai été stupéfait. Elle a aussitôt placé les poupées exactement là où nous avions tous conclu que les enfants devaient se trouver, cette nuit-là.

La tension était palpable mais Broderick garda son calme. Christie avait très envie de lui dire quelque chose. « Tu as envie de m'expliquer ce qui s'est passé ? » demanda-t-il d'une voix douce.

Christie entreprit de lui expliquer quelque chose, mais il n'arrivait pas à comprendre ce qu'elle disait.

« Je ne saisis pas ce que tu essaies de me dire, ma chérie. Tu vas faire ta maman. Tu vas jouer son rôle. » Christie hésita un instant puis se dirigea vers la voiture reconstituée avec les deux canapés. Personne dans la pièce ne soufflait mot.

– Les mouvements étaient parfaitement restitués, se souvient Broderick. Christie est partie de l'arrière de la voiture et s'est avancée vers la portière avant. Elle s'est penchée en avant et a pointé son doigt sur Cheryl, sur elle-même et sur Danny. Bien sûr, il n'y avait pas de toit sur la voiture-canapé, mais Christie s'est courbée comme s'il y en avait un.

Pan ! Pan ! Pan !

Christie pointa son doigt sur les poupées à tour de rôle.

L'affect prit le relais. Elle éclata en sanglots, bafouilla qu'elle ne pouvait en dire davantage. Je l'ai rassurée. Il n'était pas nécessaire qu'elle continue.

32

La liste des personnes à qui Christie accordait sa confiance s'allongeait. Elle s'était confiée à Carl Peterson et se sentait en sécurité avec les Slaven, avec Danny, avec Paula Krogdahl, et à présent avec Ray Broderick.

Elle avait besoin d'avoir confiance en Fred Hugi, peut-être plus qu'en tout autre.

– Nous arrivions au bout, se souvient Hugi. Quelque chose devait se passer. Nous n'avions plus de délai avec le tribunal pour enfants. Nous devions y aller, en étant certains que Diane ne récupérerait pas ses petits. Nous espérions toujours retrouver l'arme du crime et qu'ensuite, Christie se souviendrait.

Pas d'arme. Mais Christie se souvenait. Elle pouvait néanmoins flancher à tout moment.

Il était essentiel que Christie et Fred Hugi deviennent amis. Broderick ne doutait pas que le procureur aimait déjà Christie, quoique d'une manière protectrice et distante. Il était présent à l'hôpital lorsque Christie était dans un état critique, mais ils n'avaient pas parlé ensemble depuis longtemps. Hugi l'avait regardée en silence. Il n'était pas à l'aise avec les enfants, il ne parlait guère avec les adultes non plus.

La vérité était que Fred Hugi était terrifié à l'idée de se retrouver face à Christie. Il ne voulait lui faire aucun mal, pourtant, il avait certaines questions à lui poser. Il fallait qu'il lui devienne aussi familier qu'une vieille pantoufle. Il persuada Ray Broderick d'assister aux premières rencontres – pour le bien de la fillette, et pour le sien.

Après plusieurs visites de Christie accompagnée de Susan Staffel – avec Broderick en tampon – au bureau de Fred Hugi, la petite fille et le substitut du procureur commencèrent à se sentir assez à l'aise pour bavarder prudemment. Christie venait deux fois par semaine et Hugi sentait qu'elle n'avait pas envie de ces rencontres. Elles commençaient généralement à 15 h 30 et se terminaient à 16 h 15 – mais ces quarante-cinq minutes semblaient une éternité tandis que Christie restait assise face à son bureau et qu'il cherchait les mots justes. Hugi n'arrivait pas à aborder le sujet, à parler de ce qui risquait de rendre la petite malheureuse. Après chaque rencontre ratée, il explosait devant Broderick : « Je n'ai pas avancé d'un pouce, bon sang ! »

Or ils avançaient. Christie percevait d'instinct, comme tous les enfants, les gens qui l'aimaient vraiment, et elle avait senti que Hugi était de ceux-là. Même les jours où ils parlaient de chats ou de pêche, ou se contentaient de sortir avec Susan pour acheter un cornet de glace, ils progressaient. Il ne fallait pas brusquer les choses.

Christie savait que Hugi était dans le camp des gentils ; elle ignorait à quel point sa douleur à elle le faisait souffrir, lui.

Ils n'étaient ni l'un ni l'autre expansifs. Des embrassades auraient peut-être pu les aider. En tout cas, Christie comprit que cet homme la protégerait si elle devait un jour témoigner devant la cour.

Si le procès avait lieu, Hugi serait obligé de poser à Christie des questions très perturbantes devant le jury, et il n'aimait pas y penser. Mais il devait la préparer. Il lui expliqua tout le déroulement du procès, pour qu'elle ne soit pas étonnée, pour que rien ne la prenne par surprise. Il la laissa jouer le rôle du témoin et celui du juge. Elle s'assit, minuscule sur la chaise du magistrat, et baissa les yeux sur les bancs vides de tout public. Chaque fois, Hugi lui promit qu'il serait là pour elle.

Christie pourrait-elle pointer un doigt accusateur sur sa mère et croiser ses étranges yeux jaune-vert sans faiblir ?

Diane ne parlait presque plus de l'affaire dans son journal. Elle se battait pour ses droits maternels. Elle voulait assister à des conférences entre parents et enseignants, elle voulait que les enfants soient retirés au Dr Peterson et confiés à un autre psychologue. Elle était toujours convaincue, écrivait-elle, que Danny remarcherait si seulement il bénéficiait de la rééducation appropriée. Elle voulait qu'il soit envoyé à l'institut de recherche sur la moelle épinière de Philadelphie.

Wes Frederickson ne l'aidait plus dans ses démarches. Bien

qu'elle vécût et mangeât avec ses parents, Diane dut contracter un emprunt pour couvrir ses dépenses personnelles.

Une audience visant à vérifier si ses enfants pourraient retourner avec leur mère fut reportée à soixante jours. Soixante jours ! C'était une éternité pour Diane. Jim Jagger l'avertit qu'au début, elle n'aurait probablement qu'un droit de visite, puis des visites de deux jours et qu'ensuite, peut-être, les enfants seraient autorisés à vivre avec elle.

Elle faisait des cauchemars. Elle rêvait que ses enfants étaient à la maison mais que Danny ne la reconnaissait pas et refusait de l'embrasser.

Elle se sentit de plus en plus malade et commença à vomir du sang. Le médecin diagnostiqua un ulcère et lui conseilla de ne pas s'inquiéter autant.

Ses souvenirs, confiés à son journal, de l'époque où les enfants vivaient avec elle étaient idylliques avec le recul. Cela avait été le paradis. Rien ne venait entacher sa vie alors, sauf la présence de Steve Downs.

« J'avais atteint mon but. Nous étions une famille heureuse. Christie et Cher étaient inséparables et ne se disputaient jamais. Ensemble, elles s'occupaient de Danny, sans penser à elles d'abord. Et lorsqu'une des filles se faisait mal, Danny allait leur faire des câlins. Il y avait de l'amour. Beaucoup d'amour ! Nous étions capables de communiquer. S'ils pensaient que j'avais tort, ils le disaient sans crainte d'être punis. Et si je pensais qu'ils avaient fait une bêtise, je pouvais le leur dire sans qu'ils soient terrorisés. Nous étions heureux. Nous étions une famille ! »

La mémoire de Diane était éminemment sélective ; elle avait laissé tous les éléments négatifs sombrer dans l'oubli, comme s'ils n'avaient jamais existé.

Wes jouait au chat et à la souris avec elle. Il déclara qu'il n'avait aucun secret pour Willadene et Diane fut tentée de lui lancer certaines accusations à la figure, pour lui rappeler l'angoisse torturante et le dégoût dont elle avait souffert quinze ans plus tôt. Elle n'en fit rien. Elle arrivait encore à se maîtriser.

Huit mois. Cela faisait huit mois qu'elle était revenue chez ses parents. Elle voulait partir, mais commençait à craindre qu'ils ne préparent quelque chose, là-bas, au palais de justice.

Tout était trop tranquille.

Elle alla à l'église et se sentit mieux. Elle ne savait pas que sa piété toute nouvelle était observée – tout comme le reste de ses activités – par Doug Welch.

Un petit émetteur radio était fixé sous la carrosserie de la Ford Fiesta blanche de Diane. Il pouvait le contrôler de sa propre voiture. Welch avait collé le mouchard le 23 janvier ; il y resta pendant dix jours.

Au début, Fred Hugi avait demandé à Welch de vérifier l'emploi du temps et les mouvements de Diane le matin de bonne heure. Welch garait sa voiture au coin de la rue des Frederickson, attendant dans le froid de 5 heures à 7 h 30, moment où Diane partait en voiture.

Hugi craignait que Diane n'apprît qu'ils étaient sur le point de l'arrêter.

Elle pourrait paniquer et faire une bêtise. Tenter d'enlever Christie et s'enfuir au Mexique ; même si elle échouait, elle n'avait plus rien à perdre. Au point où en étaient les choses, elle avait avantage à ce que sa fille disparaisse. Il fallait impérativement qu'elle ignore que Christie était en mesure de raconter ce qui s'était passé.

Welch s'assurait que Diane ne roulait pas en direction de la maison Slaven pour intercepter Christie et Danny sur le chemin de l'école.

La possibilité qu'elle déplace le pistolet – si elle l'avait encore – ou qu'elle s'en serve à nouveau n'était pas exclue. Diane avait l'habitude naguère de passer par la maison d'un amant en allant au travail. Si le père du futur enfant qu'elle portait faisait partie du complot de meurtre et si Diane était aussi nerveuse qu'elle le prétendaiti, elle pouvait aller chercher du réconfort auprès de lui. Welch passa des heures à la suivre, à écouter le fameux bip-bip du mouchard. La surveillance était mortellement ennuyeuse.

Sa famille ne le voyait plus. Un jour, Tamara Welch prépara un panier de pique-nique, prit ses deux jeunes fils par la main et annonça qu'ils feraient une « surveillance en famille » pendant le week-end.

– Lorsque les gosses et leur mère comprirent qu'on ne s'amusait pas du tout à tourner en rond sans but à longueur de journée, à attendre derrière les buissons, ils comprirent du même coup que je ne les abandonnais pas pour aller jouer les James Bond. Ils décidèrent qu'ils préféraient rester à la maison que de me suivre, explique Welch en riant.

Les rumeurs allaient bon train, à présent que l'arrestation était imminente, mais les médias ne purent trouver aucune source pour les confirmer. Diane téléphonait souvent à Jim Jagger pour savoir s'il avait des nouvelles, et il arrivait généralement à la calmer en lui expliquant qu'un reporter était à l'origine des rumeurs qui couraient.

Son monde déjà rétréci commençait à s'effriter quand Diane se sentit momentanément victorieuse ; elle avait eu l'autorisation de parler à l'institutrice de Danny et l'appréciation de celle-ci était bonne. Elle retrouvait le Danny qu'elle connaissait, intelligent et espiègle – même s'il ne pouvait plus marcher. Au cours d'un de leurs nombreux coups de téléphone, Diane avait dit à Lew : « Danny est paralysé, bien sûr, mais ça ne le gêne pas du tout. »

La gaieté de Diane était pure bravade. Elle était de plus en plus inquiète. Elle sentait quelque chose derrière elle, et jetait souvent un coup d'œil par-dessus son épaule.

Le Grand Jury, après neuf mois de réunions à huis clos, continuait à évaluer les témoignages pour déterminer si Elizabeth Downs devait être accusée de meurtre et d'un certain nombre d'autres délits moins graves.

Lew et Nora prirent l'avion pour Eugene le 26 janvier. Lew témoigna le 27 et ils repartirent pour l'Arizona tôt le lendemain matin. Diane ne sut même pas qu'il était en ville. Lorsqu'elle le découvrit le 9 février, elle en fut choquée.

– Je ne sais pas ce qui s'est passé. Mais ça ne m'étonne pas. On ne me dit rien, à moi.

Tout le monde parlait d'elle dans son dos. Jusqu'à ses parents qui avaient des conversations secrètes. Elle les vit discuter très longuement, assis dans leur voiture.

C'était toute l'histoire de sa vie. Que faire avec Diane ? L'envoyer ici ? L'envoyer là ? La mettre dans un bus et lui dire au revoir ? S'en débarrasser ? La harceler ? L'ignorer ?

Cela lui usait les nerfs. « Je suis si fatiguée de me battre. C'est drôle comme on peut perdre l'estime de soi, confia-t-elle à son journal. Le procureur, le shérif et la Protection de l'enfance parlent et agissent comme si j'étais coupable. Tout reflète leur conviction... Je sais que je suis innocente. »

À présent, après avoir prononcé assez de mots pour couvrir la distance entre Eugene et Chandler – aller-retour –, Diane commençait à se demander si ce ne serait pas une bonne idée de se modérer. Elle n'était pas certaine que cela pût l'aider, mais : « Une chose est sûre, ça ne peut pas me faire de mal de fermer ma gueule. »

Cela ne pouvait pas lui faire de mal. Mais c'était trop tard.

Peut-être parla-t-elle moins pendant un moment. Son journal en revanche s'allongea. Quelque part au fond d'elle-même, Diane savait ce qui l'attendait.

« Seigneur ! J'ai la chair de poule lorsque j'entends ces mots : *procès pour meurtre.* Il y a tant de violence et de laideur attachées à ces trois mots. Ils me semblent si étrangers, et pourtant, à cause du procureur, ils font partie de ma vie. Tous mes anciens amis et les médias attendent ce procès. C'est affreux. »

Le 17 février, Diane assista à un séminaire à Portland, avec un groupe de son église. Trois cents femmes étaient présentes et Diane fut amusée de découvrir que l'ordre du jour était : Comment être une femme soumise ? Elle aurait pu donner des leçons, là-dessus – mais elle fut étonnée lorsqu'une femme se leva et affirma qu'on pouvait être chrétienne sans pour autant se mettre à plat ventre devant son mari. L'Église baptiste faisait des progrès.

Le voyage à Portland l'aida à surmonter la tension pendant quelques jours. L'atmosphère dans la maison de son père était oppressante. Un à un, tous les membres de sa famille furent appelés à témoigner devant le Grand Jury, et les soupçons sur qui avait dit quoi se déchaînèrent. Willadene était persuadée que Diane cachait quelque chose ; Wes voulait savoir ce que sa fille allait dire. Les parents en arrivaient même à s'accrocher, situation impensable !

Une tornade était passée sur leur foyer, dévoilant des coins d'ombre. Quinze ans depuis que le policier d'Arizona avait arrêté son père dans le désert. Diane n'avait pas oublié et savait qu'il en était de même pour lui. Ils s'observaient comme des tigres sur leurs gardes, pour savoir qui frapperait le premier.

Mais la maison était celle de Wes Frederickson. Diane n'y était que tolérée. Et de moins en moins.

Le 24 février, Ray Broderick rencontra Diane pour la première fois lorsqu'il lui présenta son assignation à comparaître. Elle et Paul devaient se présenter à l'audience du Grand Jury. Diane en tant que suspecte, Paul au titre de membre de la famille et confident. Broderick avait délibérément attendu de pouvoir rencontrer

Diane chez ses parents – seule. Il avait remarqué que la jeune femme organisait minutieusement ses rencontres avec les autorités ; cette fois, et peut-être cette fois seulement, elle fut prise au dépourvu. Ils parlèrent pendant quatre ou cinq heures. « Personne, ne m'écoute jamais ; ils me parlent mais ils ne m'écoutent pas », expliqua Diane à Ray.

Broderick, spécialement entraîné à écouter, formula ses commentaires avec beaucoup de précaution. Diane parla de la soirée de la fusillade, de l'« étranger » qui leur avait tiré dessus. « Nous avons tous un étranger, en nous-mêmes – un étranger qui peut accomplir des choses que nous ne ferions pas d'ordinaire », suggéra Broderick.

Diane ne protesta pas.

– Elle ne m'en a pas voulu d'avoir suggéré qu'elle avait pu tirer sur ses enfants – la réaction d'une femme innocente se serait certainement traduite par de l'hostilité et des protestations véhémentes.

C'était un subtil dosage d'esprit et de volonté. Diane broda ce qu'elle voulut à partir de sa conversation avec Ray Broderick. En partant, il l'avait regardée droit dans les yeux en disant : « Je pense que nous savons tous les deux qui a fait le coup. »

– Ce n'est pas que Diane ignore la vérité, qu'elle l'enfouisse dans un coin reculé de son esprit, dit pensivement Broderick. Je crois plutôt qu'elle choisit ce dont elle a envie de parler... délibérément. C'est de cela qu'elle tire sa force, d'accentuer et de mettre en valeur les éléments qui la servent.

Pour Broderick, ce fut un intéressant exercice de communication humaine, entre dit et non-dit.

– C'est une femme terriblement rusée, qui nous tendait pratiquement la main, tout en disant par en dessous : « Prouvez-le ! » La chasse était ouverte, mais aussi solide que semblât notre dossier, il pouvait s'effondrer à tout moment. Nous avions plus de deux cents pièces à conviction pour nous aider, mais les preuves n'en étaient pas moins très légères. Les probabilités que tout aille de travers étaient innombrables.

Le dimanche 26 février, Diane eut une terrible dispute avec son père. « Juste au moment où je pensais que la situation ne pouvait pas être pire, d'une certaine manière, elle a encore empiré », confia-t-elle à son journal.

Elle était sur le point d'aller à l'église mais la dispute lui gâcha tout. Elle conduisit en « parlant à Dieu », puis s'acheta un nouvel ensemble pour l'audience devant le Grand Jury. Ensuite, elle alla voir un film comique, car elle avait besoin de se dérider. Mais le conflit reprit au cours du dîner – une dispute dont l'intensité augmenta jusqu'à ce qu'ils se retrouvent tous deux en train de hurler. Wes finit par dire à Diane de quitter sa maison car il ne supportait plus de vivre avec la colère et la haine qu'elle dirigeait contre lui.

Au plus fort de la bataille, Diane se tourna vers Willadene et lança des accusations contre Wes. Elle finit par dire à sa mère que son père avait abusé d'elle. Willadene secoua la tête, incrédule. Elle refusait d'admettre une chose pareille. Diane avait tout imaginé.

Ce fut probablement la pire scène dans la maison des Frederickson. Si elle devait passer en jugement, Diane avait décidé d'utiliser les événements de son enfance – elle trouverait les registres médicaux ou ceux de la police pour le prouver – si cela s'avérait nécessaire. S'il fallait choisir entre lui et elle, elle n'épargnerait pas son père. Elle était prête à dire au monde entier qu'il l'avait violée lorsqu'elle était trop jeune et trop effrayée pour se défendre ou en parler à quiconque.

Willadene se contenta de fermer son esprit aux accusations portées par Diane. Elle était mariée avec Wes depuis près de trente ans. Elle avait perdu une petite-fille, sa fille risquait d'être arrêtée pour meurtre et, à présent, elle était censée avaler que son mari avait abusé de leur fille ! Ça ne pouvait pas être vrai.

Le 27 février, toute la famille alla témoigner devant le Grand Jury. Ce qui fut dit resta sous scellés, mais des sous-entendus et des impressions filtrèrent tout de même. Wes fut, paraît-il, choqué lorsqu'on lui demanda, sans autre précision, si Diane, avait été victime d'abus sexuels, même s'il ne fut pas mis en cause personnellement. Ce soir-là, il ordonna à sa fille de quitter la maison.

– Je n'avais aucun endroit où aller. J'avais dépensé tout ce que j'avais pour payer mes requêtes. Je rassemblai tout de même mes affaires, espérant pouvoir me faire héberger par quelqu'un, quelque part.

Elle n'avait personne. Pas d'amis. Sa mère vint lui parler pendant qu'elle repassait une robe, et elles s'arrangèrent. Willadene préparerait le dîner plus tôt pour que Diane ne croise pas son père, et lorsque Wes rentra à la maison, Diane prit la porte.

Elle alla voir Matt Jensen ; après tout, c'était le père du bébé qu'elle portait. Elle pensa qu'il la laisserait peut-être passer la nuit avec lui.

Il était absent.

Il ne restait personne. Diane roula jusque chez Foo, un bar pour célibataires sur Centennial Boulevard, près du stade de l'université d'Oregon. Hommes et femmes rôdaient, à la recherche de l'amour vite fait. Elle s'assit à une table dans un coin et écrivit dans son journal tout en sirotant un verre de bourbon allongé d'eau.

Au cours de sa dernière entrevue avec les inspecteurs, Diane avait demandé à Kurt Wuest et à Doug Welch s'ils auraient préféré connaître la date de la fin du monde. Ils avaient répondu par l'affirmative, contrairement à elle. Assise parmi les danseurs, chez Foo, Diane vivait ses dernières vingt-quatre heures dans le monde tel qu'elle l'avait connu. Son univers était sur le point de s'effondrer.

Son vœu était exaucé ; elle ne savait pas que c'était la fin.

Une à une, les personnes ayant un rapport avec la fusillade des Downs avaient été appelées dans les salles secrètes du Grand Jury – certaines étaient venues de loin, d'autres habitaient la région d'Eugène. Toutes avaient raconté leur histoire, et c'était terminé.

Un acte d'accusation secret, enregistré sous le numéro 10-84-01377 avait été déposé. L'État d'Oregon contre Elizabeth Diane Downs.

Les cinq chefs d'accusation étaient : MEURTRE, TENTATIVE DE MEURTRE, TENTATIVE DE MEURTRE, COUPS ET BLESSURES, COUPS ET BLESSURES.

Ils furent inscrits séparément, formulés dans l'étrange langage archaïque de la loi : « L'inculpée, le dix-neuvième jour du mois de mai 1983, dans le comté mentionné ci-dessus, a causé intentionnellement et contre la loi la mort de Cheryl Lynn Downs, un être humain, en l'abattant, avec une arme à feu, contrairement à la législation et contre la paix et la dignité de l'État de l'Oregon. »

Le meurtre est un délit pur et simple en Oregon, il n'y a pas de degrés dans le meurtre pour cet État, et la peine de mort n'était pas appliquée le 19 mai 1983 (elle serait rétablie moins d'un an plus tard).

L'acte d'accusation secret fut signé par Frederick A. Hugi et Claudia M. Langan, présidente du Grand Jury.

Fred Hugi et Pierce Brooks avaient discuté de la meilleure manière de procéder à l'arrestation de Diane Downs.

– Nous avons passé en revue toutes les méthodes d'arrestation, se souvient Brooks. Son pistolet était-il encore caché quelque part, dans sa chambre, chez ses parents, ou encore dans un casier à la poste ? Il me semblait essentiel que lors de son arrestation, au moins un des inspecteurs qu'elle connaissait soit présent, ainsi qu'une femme de la police – et qu'on s'abstienne d'utiliser les menottes.

Le moment était venu.

Après le témoignage de Christie devant le Grand Jury, le procureur Pat Horton s'était tourné vers Fred Hugi et lui avait demandé s'il existait « d'autres raisons pour ne pas arrêter Diane tout de suite ».

Hugi avait secoué la tête. Il n'y avait pas d'autres raisons. La décision de procéder à l'arrestation lui incombait. Il avait attendu longtemps. Maintenant, il était prêt.

Ray Broderick prépara les déclarations pour obtenir les mandats de perquisition de la maison et du garage des Frederickson, de la Ford Fiesta de Diane Downs, de son casier à la poste et du garde-meuble sur Franklin Boulevard où étaient entreposés la plupart de ses biens.

Diane ignorait tout de la mise en accusation et des mandats de perquisition. Elle était à la rue. Sans argent ni toit. Il lui restait sa voiture et son journal – deux cahiers bleus à spirale qui portaient la mention « Souvenirs » sur leur couverture, et qui ne la quittaient jamais.

La soirée se terminait, chez Foo. On était encore le 27 février – le jour le plus long de sa vie. Elle devait se trouver sur son lieu de travail à 7 heures le lendemain matin, mais elle n'avait nulle part où dormir. Assise dans un coin, elle continua à écrire. Une jolie blonde dont la poitrine voluptueuse était alourdie par la grossesse. Elle en était au cinquième mois, mais cela ne se voyait pas lorsqu'elle était assise, et les hommes l'abordaient pour l'inviter à danser. Elle secouait la tête en souriant, inscrivant chaque invitation dans son journal.

« Si un beau mec m'adresse la parole, je me sens toute petite à l'intérieur. J'ai peur qu'ils devinent qui je suis et que ça les fasse fuir. Je sais que cela semble idiot, mais le procureur m'a enlevé mes meilleurs amis et leur a endurci le cœur contre moi. Mes amants et mes amis sont à présent des ennemis. Si j'ai de nouveaux amis, on continuera à les séparer de moi. C'est pour cela que je reste loin du "papa". Je ne lui ai jamais dit que je l'aimais car j'ai peur qu'on ne le découvre et qu'on essaie de l'éloigner de moi lui aussi. Quelle ironie ! Je nie être attachée à lui et cela aussi l'a éloigné. Peut-être que lorsque cette épreuve sera terminée, que mes enfants seront rentrés à la maison et que notre nouveau bébé sera né, alors les choses rentreront dans l'ordre. Peut-être qu'alors je serai capable d'être affectueuse à nouveau. Je trouverai peut-être même le courage de dire au papa que je l'aime. Et si ce n'est pas trop tard, il pourra partager son enfant avec moi. L'avenir le dira. »

Diane écrivit dix-sept pages en trois heures ce soir-là. Pur délire. « Papa » – Matt Jensen – décampait à sa vue.

La musique couvrait le bruit des conversations – Michael Jackson : *Beat It* et *Billie Jean*, une chanson triste pour Diane, car elle raconte l'histoire d'un homme qui refuse la paternité : *The child is not my son...*

L'atmosphère du club était bleue de fumée et la musique se fit plus forte. Les basses vibraient en rythme avec les spots de couleur qui clignotaient ; l'enfant dans son ventre donnait des petits coups de pied, comme pour lui signifier qu'elle n'était pas seule.

Diane écrivait toujours, noircissant page après page.

« Je crois que beaucoup de choses sont arrivées dans ma vie qui ne sont pas ordinaires. Mais j'accepte tout ce qui vient. »

Foo fermerait ses portes à 2 heures du matin. Dehors, la pluie tombait, monotone.

« Je veux enseigner tant de choses à mes enfants, écrivit-elle. Je leur ai déjà appris beaucoup, mais il reste tant encore. Ils savent comment aimer maintenant, et comment avoir confiance. Mais ils doivent apprendre à quel point une vie sans amour peut être morne. Je dois les emmener voir des enfants qui ne bénéficient pas de l'amour qu'ils ont, eux. Peut-être que s'ils ignorent la souffrance que peut causer le manque d'amour, ils le prendront comme une évidence et n'aimeront pas leurs enfants à leur tour. Non. Cela n'arrivera jamais. Si l'on aime quelqu'un assez longtemps et assez fort, il ne peut s'empêcher d'aimer en retour. »

Autre délire.

« Je regardais les couples danser. Je me suis souvent demandé pourquoi les gens se trémoussent ainsi... Je me souviens lorsque je dansais avec Lew. Je dansais pour lui. J'utilisais la séduction et l'érotisme. J'aimais provoquer un sourire, un haussement de sourcils...

C'est le troisième type qui m'invite à danser, de toute évidence, écrire ne marche pas. Je crois que je vais essayer de me faufiler chez mes parents pour dormir quelques heures... Ce sera mieux que rien.

Je ne peux pas rester debout aussi tard tous les soirs. Je ne tiendrai pas le coup. »

Ainsi se termine le deuxième journal. Diane ignorait qu'elle venait d'en écrire la dernière ligne.

Elle était épuisée. Elle se glissa dans la maison et personne ne tenta de l'en expulser. Willadene l'entendit mais elle n'aurait jamais jeté sa fille dehors. Diane dormit jusqu'au moment de se lever, à 5 h 30, pour aller au travail.

33

28 février 1984

Ils se réunirent dans le bureau du procureur Horton à 5 h 30 – bien avant que le palais de justice n'ouvre officiellement ses portes. Presque tous ceux qui avaient participé à l'enquête sur l'affaire Downs pendant neuf mois étaient présents : Paul Alton et Ray Broderick, Doug Welch, Pat Horton, Fred Hugi et Chris Rosage, une femme policier.

Il fallut – ironie du sort – neuf mois et une semaine pour que l'enquête aboutisse à l'arrestation. Une sorte de gestation. Le « bébé » de l'État était encore à naître. Il pouvait s'avérer un monstre incontrôlable.

Les mandats de perquisition devaient être délivrés simultanément ; l'arrestation se déroulerait selon un timing très précis. Pour avoir une chance de retrouver le pistolet, l'effet de surprise était essentiel. Ils savaient que Diane devenait nerveuse, mais ils étaient presque sûrs qu'elle ignorait le moment exact où l'arrestation tomberait.

Ils travailleraient en équipe ; Louis Hince et Paul Alton chez les Frederickson à Springfield, tandis que Welch, Broderick et Chris Rosage seraient au bureau de poste de Cottage Grove, Bill Kennedy et Carl Lindquist étant chargés de fouiller la voiture de Diane, juste après l'arrestation.

Elle devait arriver sur son lieu de travail à 7 heures et, par le passé, elle avait toujours été ponctuelle. Aucun membre de l'équipe d'arrestation ne savait que Diane avait été chassée de chez ses parents la veille. Ray Broderick regrette qu'ils ne l'aient pas su, et se demande si Diane se serait découverte davantage si elle était restée seule et sans toit quelques jours de plus.

L'équipe de Cottage Grove gara ses véhicules à côté du bureau de poste. Ils scrutèrent l'aube grise pour guetter l'apparition de la Ford de Diane.

Des phares perçaient la pénombre de temps à autre, certains continuant leur chemin, d'autres véhicules tournant pour venir se garer, tandis que des facteurs arrivaient à pied.

Ils attendirent.

À 6 h 58 exactement, une voiture blanche vint se ranger sur le parking des employés, sur l'arrière du bâtiment. C'était une Ford Fiesta immatriculée DQX 055.

Les véhicules de police contournèrent l'immeuble et vinrent se placer nez à nez avec la voiture de Diane. Tout le monde sortit de voiture et pendant une seconde, Ray Broderick, Doug Welch, Chris Rosage et la femme blême et enceinte en uniforme postal se jaugèrent en silence.

Diane leur souriait, feignant de son mieux la nonchalance, mais la frayeur se reflétait dans ses yeux, et son sourire était forcé. Son cou s'empourpra.

Doug Welch prit la parole :

– Le jour est arrivé, Diane.

– OK... OK ! dit-elle d'une voix de petite fille vulnérable.

Chris Rosage s'avança vers elle. Les deux femmes furent présentées l'une à l'autre. Elles étaient à peu près de la même taille, mais Chris avait quelques années de plus. Son abondante chevelure noire était roulée en chignon, et ses yeux assombris par des cils noirs très fournis. Son uniforme masculin ne cachait pas qu'elle était bien faite. Que cela lui plaise ou non, Chris Rosage allait devenir une célébrité, photographiée et filmée des milliers de fois par les médias en compagnie de Diane.

– Diane, dit Chris Rosage en palpant le corps de la jeune femme pour vérifier qu'elle ne portait pas d'arme, à partir de maintenant, nous allons passer beaucoup de temps ensemble.

Diane ébaucha un faible sourire tandis qu'on lui lisait ses droits, ainsi que les cinq chefs d'accusation retenus par le Grand Jury. Tout en avançant vers la voiture du shérif, Broderick lui demanda si elle avait laissé quelque chose d'important dans la sienne.

Oui ! Son journal !

– Elle mentionna les deux volumes de son journal trois ou quatre fois. Elle voulait être certaine que nous n'oublierions pas son existence, se souvient-il. Je lui ai assuré que nous en prendrions soin.

Diane s'assit à l'arrière de la voiture avec Ray Broderick ; elle ne portait pas de menottes. Chris conduisait et Doug Welch était assis à ses côtés. Ils empruntèrent l'ancienne autoroute 99, traversèrent Creswell, puis Eugene, sous une pluie morne. Autrefois – cela semblait si loin – Diane avait décrit la beauté naturelle de cette même route à Lew dans son premier journal, tandis qu'elle le suppliait de venir la rejoindre en Oregon. Seuls les sapins étaient encore verts, mais leur couleur paraissait terne dans la grisaille.

Diane bavarda pendant le trajet qui devait la conduire en prison – pas de l'affaire, mais de ses problèmes familiaux. Elle leur confia que son père l'avait chassée car il craignait qu'elle ne raconte comment il avait abusé d'elle lorsqu'elle n'avait que douze ans. Elle ajouta qu'elle avait fini par l'avouer à sa mère, mais que celle-ci ne l'avait pas crue.

– C'est étrange, se souvient Broderick. Je crois qu'elle était soulagée lorsque nous l'avons arrêtée. Elle savait que c'était inévitable et n'avait nulle part où aller.

Derrière eux, Bill Kennedy et Carl Lindquist fouillaient la voiture de Diane sur le parking du bureau de poste de Cottage Grove. Il n'y avait pas grand-chose à glaner dans la Ford. En tout cas pas d'arme, ni en évidence ni dissimulée.

Les deux cahiers étiquetés « Souvenirs » deviendraient la pièce à conviction numéro 81. Comme elle l'avait prévu, son journal était dans les mains de la police. Ses attaques virulentes contre les flics, la douleur due à l'absence de ses enfants, ses souvenirs de mère de famille parfaite, son sentiment de perte, ses protestations d'innocence – tout était maintenant consigné dans le dossier.

Ce qui devait devenir la pièce à conviction numéro 82 est décrit ainsi : « Deux sacs en papier kraft l'un dans l'autre, contenant une bouteille de Jim Beam Kentucky Straight Bourbon Whiskey de soixante-quinze centilitres. La bouteille est à moitié pleine d'un liquide ambré. L'odeur est celle d'une boisson alcoolisée. L'analyse du goulot révèle une matière semi-solide contenant des cellutes épithéliales. »

Des cellules et des substances muqueuses provenant du vagin

d'une femme collées au goulot d'une bouteille de bourbon... la boisson préférée de Lew.

Louis Hince et Paul Alton délivrèrent le mandat de perquisition de la résidence des Frederickson à 7 h 15.

Willadene était seule lorsqu'elle leur ouvrit la porte ; Paul dormait encore et son mari était parti au travail. Elle était très ennuyée. C'était Wes Frederickson qui seul parlait au nom de la famille et prenait les décisions. Elle regarda les mandats et les déclarations qui y étaient agrafées et demanda la permission de prévenir son mari. Alton accepta sans difficulté.

Elle tendit le combiné à Alton qui ne fut pas surpris d'entendre le receveur des postes de Springfield exaspéré à l'idée que la police était en train de fouiller sa maison. Frederickson comprenait toutefois le pouvoir d'un mandat de perquisition et annonça qu'il arrivait immédiatement.

Wes avait payé le loyer du garde-meuble de Gleenwood. Il donna l'autorisation de fouiller les affaires de sa fille.

Les policiers passèrent au crible le garde-meuble, la chambre de Diane chez ses parents et sa voiture. Les Frederickson coopérèrent en leur permettant de regarder partout où ils le désiraient dans la maison..

Ils ne trouvèrent pas le Ruger calibre 22, pas plus que l'étui ou les cartouches.

Pour la première fois, Diane passa par le bureau des admissions de la prison du comté de Lane. Elle reçut deux pyjamas verts de taille unique, on lui prit ses empreintes digitales ; elle apparaît sur les photos avec une pancarte autour du cou portant l'inscription :

PRISON DU COMTÉ DE LANE
EUGENE, OREGON
609569
28 02 84

Diane fut placée seule dans une cellule. La caution fut fixée à quinze mille dollars pour chaque chef d'accusation. Pour qu'elle soit mise en liberté sous contrôle judiciaire en attendant le procès, quelqu'un devrait verser soixante-quinze mille dollars.

Personne ne s'y aventurerait.

Diane dormit-elle dans sa cellule ? Elle seule le sait. Elle était fatiguée, et sur la pente descendante depuis si longtemps.

Comme elle le disait : « Juste au moment où je pensais que la situation ne pouvait pas être pire, elle a encore empiré. »

Les gros titres des 28 et 29 février 1984 étaient imprimés sur six colonnes, et suffisamment aguicheurs pour inciter les fanatiques de mélos télévisés à zapper sur la vie réelle. Les agences de presse reçurent un câble URGENT expédié par Lars Larson annonçant que l'arrestation avait eu lieu à 6 h 55 le 28 février 1984. Il ne s'était trompé que de huit minutes.

D'APRÈS LA POLICE, DIANE DOWNS A TIRÉ SUR SES ENFANTS À CAUSE DE SON AMANT.

Lorsque le procureur Pat Horton et le shérif Dave Burks tinrent leur conférence de presse, ce matin-là, ils insistèrent sur la difficulté des services de police à attendre si longtemps pour agir. « La patience a été l'aspect le plus important de cette enquête, fit remarquer Pat Horton. La véritable bataille aura lieu au tribunal. »

Patience était un euphémisme. La bagarre était dans l'air depuis longtemps et le sang-froid des enquêteurs avait été mis à rude épreuve. Les frictions s'étaient estompées lorsque les hommes du shérif avaient compris qu'une arrestation allait effectivement avoir lieu. Ray Broderick avait servi de tampon. Avec l'accord de Fred Hugi, Ray avait souvent approuvé ses collègues flics : « D'accord, Hugi est un connard, mais préparons correctement ce procès. »

Le substitut du procureur ne se sentit pas particulièrement fier lorsqu'il apprit que l'arrestation de Diane avait eu lieu.

– Cela voulait simplement dire que je ne pouvais plus reculer. Nous ne contrôlons plus rien dès lors qu'une arrestation est effectuée. La Cour décide du lieu et du moment. Une mise en accusation ne signifie rien. Ce qui compte, c'est la condamnation.

Tout dépendait de Christie, d'une petite fille terrifiée âgée de neuf ans.

Une photo de Diane accompagnée de Chris Rosage passant la porte de la prison fit la une de presque tous les journaux du Nord-Ouest. Diane avait les menottes aux poignets, ses bras entouraient son ventre déjà bien proéminent. Exactement le genre de photo que craignait Pierce Brooks : la future maman enchaînée. La martyre. Les partisans de Diane – et ils étaient nombreux – furent horrifiés.

Le lendemain, elle plaida non coupable pour tous les chefs d'accusation devant le juge d'instruction.

La date du procès fut fixée au 8 mai ; Diane s'attendait à être libre avant trois mois, bien avant la date prévue pour la naissance de son bébé, le 7 juillet. Elle ne prévoyait pas d'accoucher en prison, mais au cas où ce serait inévitable, personne ne lui prendrait son bébé. Elle était certaine que ce serait une fille ; elle l'appellerait Charity Lynn. Diane ne s'inquiétait pas, elle était sûre que le procès serait équitable, aussi bien dans le comté de Lane qu'ailleurs, dit-elle à Larson.

Presque immédiatement, l'affaire Downs refit surface à la une des journaux nationaux. Elizabeth Beaumiller prendrait l'avion pour assister au procès – au moins en partie – et le couvrirait pour le *Washington Post*. Le *Seattle Times* consacra deux pages pleines à Diane Downs. Wes Frederickson annonça que Melvin Belli, un célèbre avocat de San Francisco, avait accepté de défendre Diane.

Belli, soixante-seize ans, bon pied, bon œil, n'avait rien perdu de son brio. Il avait défendu Jack Ruby après que celui-ci eut abattu Lee Harvey Oswald. Il avait également offert ses services gracieusement à Sirhan Sirhan après la mort de Robert Kennedy.

La combinaison Belli-Downs était ce qu'un reporter pouvait rêver de mieux. Feu d'artifice garanti. Les avocats travaillant sur l'affaire étaient loin de montrer le même enthousiasme. Jim Jagger avait représenté Diane pendant des mois, souvent même sans être payé. Il avait fait tout le travail, pourquoi devrait-il passer la main à une célébrité au moment crucial ?

Fred Hugi ne se réjouissait guère à l'idée d'affronter Belli dans le prétoire. Il détestait les effets de manches et les bouffonneries de clown. Christie ne serait pas sacrifiée aux gros titres.

Le 22 mars, Diane signa une déclaration demandant la suppression des pièces à conviction saisies dans sa maison et dans sa voiture la nuit du 19 mai 1983. Étant « bouleversée » et « désorientée » à l'hôpital McKenzie-Willamette, elle n'avait pas compris les formulaires qu'elle avait signés et qui autorisaient les perquisitions. Sa requête fut refusée.

Le 7 avril, Melvin Belli fit savoir qu'il travaillerait personnellement sur le dossier. Wes Frederickson aurait à liquider quelques propriétés mises de côté pour sa retraite afin de payer les honoraires du ténor.

Jim Jagger désirait ardemment participer au procès. Il y a une certaine douceur, une certaine vulnérabilité chez une femme qui porte un enfant. Comment un jury pourrait-il envoyer sa cliente enceinte en prison ? La date du 8 mai ne convenait pas à Melvin Belli qui devait partir à Rome pour le congrès annuel de la Société Belli, un groupe international qu'il avait fondé pour que trois cents avocats puissent se rencontrer annuellement. Immédiatement après ce que la presse avait baptisé « la semaine internationale de Belli », l'avocat de San Francisco avait un autre engagement dans un autre procès. Il ne pourrait venir à Eugene avant le 4 où le 5 juin – un mois avant la naissance prévue du bébé de Diane.

Le procès Downs devait durer – pensait-on – deux mois. Tant de publicité l'avait précédé qu'il faudrait bien deux ou trois semaines ne serait-ce que pour former le jury. Et la liste des témoins potentiels mesurait un kilomètre de long. Sauf si Diane pouvait miraculeusement rester enceinte pendant plus de dix mois, une interruption en milieu de procès serait nécessaire pour qu'elle accouche et récupère avant de revenir au tribunal.

Un procès bien organisé prend de la vitesse à mesure qu'il progresse, une longue interruption aurait pour effet de diluer les arguments de l'accusation comme ceux de la défense.

Fred Hugi demanda à ce que le procès ne soit pas retardé par le calendrier professionnel de Belli. Combien de temps après la naissance Diane serait-elle capable de reparaître devant la cour ? Jim Jagger fit remarquer que, dans le passé, sa cliente était retournée travailler dès le lendemain de son accouchement.

Foote prit rapidement une décision. Le procès ne serait pas reporté.

Belli fut consterné. Il y alla de son ironie vis-à-vis du jeune juge qui allait conduire son premier procès pour meurtre.

– Je tenais beaucoup à représenter cette jeune femme. Elle a de gros problèmes et a besoin d'aide. Mais le juge a refusé d'attendre... En cinquante ans de pratique, c'est la première fois que je vois un juge agir ainsi dans une affaire de cette importance... C'est scandaleux. Dieu merci ! il n'exerce pas à San Francisco.

Foote n'en fut guère affecté. Il fit remarquer que Belli n'aurait jamais dû accepter de se charger du dossier en sachant qu'il avait des obligations ailleurs. Il était important pour Christie et pour Danny que l'affaire trouvât rapidement une issue.

Belli s'envola pour Rome et Jim Jagger continua à préparer la défense de Diane.

Fred Hugi disposait de vingt-quatre volumes de preuves, déclarations, filatures, transcriptions d'enregistrements, une montagne de possibilités à trier, élaguer, mettre en forme et modeler pour son dossier. Il travaillait de dix-huit à vingt heures par jour, comme le reste de son équipe.

Ray Broderick donna un « cours de témoignage ». Les policiers ne virent pas cela d'un très bon œil – après tout, ils témoignaient depuis de nombreuses années sans le moindre problème. La plupart y assistèrent néanmoins. Hugi expliqua à Broderick quelles parties de l'affaire exactement il prévoyait de couvrir, avec chaque témoin. Ray tenait tour à tour le rôle de Hugi ou de Jagger dans un scénario truffé des pires éventualités. Broderick travailla particulièrement dur avec le personnel de la salle des urgences de l'hôpital. Ils avaient l'habitude du secret professionnel et il ne leur était pas facile de parler de ce qui s'était passé. Shelby Day et Judy Patterson avaient la bouche sèche rien que d'y penser.

Tout était prévu et orchestré d'avance.

Comme l'avait fortement suggéré Pierce Brooks, l'État recréerait la scène. Une reproduction de la Nissan rouge de Diane avait été fabriquée en deux jours par Ben Bartlett, un ébéniste d'Eugène. Construite à l'échelle en polystyrène expansé renforcé de contreplaqué.

Les poupées représentant Christie, Cheryl et Danny étaient prêtes. Des photos aériennes avaient été prises en séquence pour que le jury soit en mesure de voir l'itinéraire que Diane disait avoir emprunté entre le lieu de la fusillade et l'hôpital McKenzie-Willamette. Et des agrandissements géants des douilles furent tirés.

Ils n'avaient pas retrouvé le pistolet, et n'avaient toujours pas découvert la signification des marques de sang sur la serviette de plage.

Jusqu'au procès, Paul Alton joua avec cette serviette, la pliant, la repliant et... il finit par trouver.

L'équipe de l'accusation était euphorique, mais ils gardèrent leur découverte pour eux. L'heure viendrait.

Jim Jagger avait lui aussi des problèmes dans la préparation du procès. Diane ne comprenait pas que le visage qu'elle présentait au monde ne convenait pas. Elle souriait lorsqu'elle aurait dû avoir l'air triste. Elle riait lorsqu'il aurait été plus approprié de sangloter. Et elle affichait souvent une certaine expression – son air impérieux – comme si elle était vraiment lady Di, et le reste du monde la populace.

Lorsque Jim Jagger demanda à Diane si elle pensait pouvoir modifier un peu ses expressions pour le jury qui l'attendait, elle le regarda sans comprendre. Elle n'avait pas la moindre idée de ce qu'il voulait dire.

34

Je vis seule dans une pièce fermée à clé. J'ai le droit de sortir deux heures par jour, pendant lesquelles je prends une douche, passe des coups de téléphone, lis les journaux et regarde la télévision. J'ai également le droit de sortir pour voir les personnes qui viennent me rendre visite... Mon pasteur vient me voir une fois par semaine, et mon avocat quand c'est nécessaire. Je reçois un peu de courrier et réponds toujours...

Diane DOWNS, lettre à Matt Jensen, avril 1984

Paul, le frère de Diane, ne manqua jamais une visite. Elle téléphonait tous les deux jours à ses parents. Aucun ami ne vint la voir, contrairement aux reporters qui cherchaient toujours à entrer en contact avec elle. Ses collègues de Cottage Grove l'avaient laissée tomber.

La correspondance de Diane lui était plus importante que jamais. Même en prison et enceinte de six mois, elle avait besoin d'une relation avec un homme. Elle en trouva un – par l'intermédiaire du courrier – ou plutôt, c'est lui qui la trouva. Randall Brent Woodfield, trente-quatre ans, était le séduisant rejeton d'une famille respectable de la côte de l'Oregon. Un champion sportif, ancien président des Christian Athletes de l'université de Portland... et déclaré coupable de voyeurisme, d'outrages à la pudeur, de viols et d'assassinats de femmes. Les exploits de Randy Woodfield le long de l'autoroute entre Seattle et la Californie du Nord lui avaient valu la notoriété et le surnom de « I-5 Killer ».

Ses condamnations pour le viol et l'assassinat d'une jeune fille de dix-neuf ans de Salem, pour la tentative de meurtre et le viol de sa meilleure amie (qui avait survécu à trois balles dans le crâne) et – lors de procès ultérieurs – pour les agressions sexuelles de femmes âgées de huit à quarante ans, l'avaient envoyé au pénitencier fédéral de l'Oregon à perpétuité – plus cent cinquante ans.

Randy Woodfield écrivit à Diane sous le pseudonyme de « Squirrely ». Il devint rapidement le « cher ami » de Diane, alors qu'elle n'avait pas la moindre idée de son identité. Elle savait seulement qu'il écrivait de prison. Woodfield avait vu Diane dans les journaux et à la télévision. Il confiait à sa « Blondie » la manière dont sa grossesse l'excitait. Comme il avait également été arrêté dans le comté de Lane trois ans plus tôt, il avait l'impression que cela créait un lien entre eux.

Diane trouvait les lettres de Squirrely pleines de charme, encourageantes, stimulantes. S'ils commençaient sur le ton de deux-potes-dans-la-même-galère, ils ne tardèrent pas à s'échauffer. Squirrely ne rechignait pas à décrire ses attributs physiques, en particulier les dimensions colossales de son pénis en érection. Diane recevait en prison ces lettres d'un étranger. Et elle répondait dans la même veine.

Woodfield était enthousiaste : « Je parie que notre gosse serait un bébé superbe ! »

Ils étaient tous deux dotés d'une beauté physique exceptionnelle, tous deux forts et athlétiques. Diane Downs et Randy Woodfield représentaient les deux faces d'une même médaille : Narcissa côté pile, Narcissus côté face. Elle était blonde, il était brun. Deux soleils noirs sur la même orbite. Chacun ayant le sentiment que le monde était injuste, que le destin, la chance et le karma leur avaient fait faux bond. Ils n'existaient tous deux que pour le plaisir des sens, l'excitation et les vilains jeux contre l'ordre public, et tout cela naturellement sous le feu des médias.

Squirrely écrivit souvent à Diane pendant qu'elle attendait de passer en jugement. Ses lettres ressemblaient aux rédactions que les étudiants envoient à *Penthouse*. Ils échangèrent leurs photos. Il demanda poliment s'il pouvait se masturber sur la sienne, mais promit de la recouvrir de plastique au préalable. Lorsque Diane lui écrivait, cllc glissait toujours des tracts religieux dans l'cnvc-loppe, et parfois des photos de ses enfants.

Les censeurs de la prison du comté de Lane reconnurent la photo de Randy. Diane ne fut pas troublée d'apprendre que c'était un homme condamné pour des viols et des meurtres. Il lui semblait sympathique et très beau, avec sa barbe noire. Leurs échanges épistolaires devinrent de plus en plus érotiques et intimes. Cela l'aidait à supporter la monotonie.

Le soleil lui manquait. Son teint était livide sous les éclairages de la prison. Sa cellule avait l'odeur de toutes les prisons : un mélange de sciure, de désinfectant, de tabac, de transpiration, d'ennui et de larmes.

Le trajet jusqu'au palais de justice ne lui laisserait guère le loisir d'apprécier l'air frais ou les bonnes odeurs. De toute manière, il pleuvrait sûrement.

Elle était impatiente de passer en jugement. Impatiente d'en finir. Ensuite, elle se moquait bien de ne jamais revoir l'Oregon.

35

Pour accueillir la foule nombreuse, le procès a été déplacé de la salle d'audience 8 à la salle 3 – la plus spacieuse du palais de justice. Elle est pourtant loin de pouvoir contenir tous ceux qui désirent y entrer.

La salle 3 a des murs de brique jaune, pas de fenêtre mais un éclairage encastré derrière les panneaux du plafond. Le juge Gregory Foote, austère dans sa robe noire, est assis entre le drapeau américain sur sa droite, et celui de l'Oregon sur sa gauche. Kay Cates et Sharon Roe, les deux greffières, sont devant lui.

Nous, membres de la presse, sommes presque aussi impatients que le public. On nous a assuré que nous aurions des places assises si nous pouvions tous tenir sur la première rangée de bancs. Au fil des jours, le premier rang étant de plus en plus peuplé, nous avons dû apprendre à nous placer en tenant compte du fait que nous étions droitiers ou gauchers pour faciliter les prises de notes et les croquis.

Les caméras et appareils photo sont interdits dans le prétoire. Plusieurs dessinateurs griffonnent furieusement pour saisir un visage, une humeur, une expression de douleur ou de fureur, avant que le témoin ne disparaisse.

Ray Broderick occupe la place au bout du deuxième rang à gauche dans la salle. L'ouverture de sa « pièce » est sur le point de commencer.

C'est un procès « jeune ». Le juge a trente-six ans, le procureur trente-neuf, l'avocat de la défense trente-huit et l'inculpée vingt-huit. La presse, pour la plupart, est dans la même tranche d'âge.

La moyenne d'âge du jury est plus élevée.

Des voix de femmes – sans visages – murmurent dans le dos de la presse.

– C'est mon tour d'aller chercher les enfants à l'école aujourd'hui, ça m'embête mais il faut que je parte.

– J'ai l'intention de venir tous les jeudis, chuchote une autre voix. C'est mon jour de congé et je me fais plaisir. D'habitude, je vais au bowling...

– Je suis à fond pour elle, commente une voix plus grave, rendue rauque par le whisky et les cigarettes. La Protection de l'enfance a pris ma fille. Ils m'ont jamais dit qu'elle n'allait pas à l'école. Ils sont juste là pour briser les familles respectables.

– Vous croyez qu'elle est coupable ? murmure une voix.

– Elle couchait avec n'importe qui. Qu'en pensez-vous ?

– Ça ne veut pas dire qu'elle a tué sa gamine.

Le public retint son souffle comme un seul homme au moment où Diane fait son entrée, accompagnée de Chris Rosage. Chris porte son uniforme de policier ; Diane a choisi une robe de maternité bleue avec un petit col blanc. Sa grossesse est très avancée mais elle se déplace avec grâce.

Diane est étonnamment petite, ossature fine et peau translucide. Rien d'une tueuse. Un léger sourire aux lèvres, elle s'avance en inclinant brièvement la tête vers le public qui l'attend.

Elle a demandé de quoi éclaircir ses cheveux et du maquillage, mais les prisonnières n'ont pas le droit de se teindre les cheveux, ni d'utiliser des fers à friser ou des ciseaux. Devant ce refus, elle a choisi de s'abstenir de tout artifice. Une mèche lui retombe souvent sur les yeux, elle la repousse d'un coup de tête dans un geste qui deviendra familier.

La grossesse de Diane n'est qu'un des nombreux paramètres que l'accusation doit prendre en considération. Le procureur a finalement décidé de ne pas en tenir compte. Son état n'a rien à voir avec le procès, ni avec les événements du 19 mai 1983. Mais qu'en pensera le jury ? Il est difficile de ne pas voir son ventre proéminent.

Hugi a présenté une requête avant le procès pour limiter les références de la défense aux personnes ayant vu quelqu'un ressemblant à « l'étranger aux cheveux longs ». Qu'il y ait eu ou non, dans la région du crime, un homme ressemblant aux diverses descriptions données par Diane, semblait d'un intérêt secondaire pour l'affaire.

– Bien sûr, plusieurs personnes ont aperçu des individus correspondant plus ou moins au signalement, reconnaît placidement Hugi. Nous avons reçu des appels en provenance de tous les États-Unis, du Canada, et même de la côte Est. Des personnes ont vu partout des individus ressemblant au portrait-robot.

Mais leurs témoignages sont-ils pertinents pour le dossier ? L'État détient-il des informations qu'il aurait dissimulées à la défense ? Les pistes possibles ont été suivies et n'ont mené à rien, les plus ridicules ont été écartées. Foote finit par décider que la défense ne pourra présenter que deux témoignages concernant « l'étranger aux cheveux longs ».

Le jeudi 10 mai, le jury est composé de Daniel Brendt, président, un homme jeune, grand et barbu, électricien de son état, et de neuf femmes, quelques-unes jeunes, mais la plupart d'âge mûr ; deux autres hommes ont la cinquantaine, un conducteur de camion et un installateur de canalisations.

Trois jurés suppléants sont prévus. La loi de l'Oregon en prévoit un ou deux, mais un des jurés souffre déjà de migraine. La plupart des membres du jury sont mariés et ont des enfants. Plusieurs vivent à la campagne, et au moins huit d'entre eux possèdent des armes à feu pour assurer leur propre protection.

Ils ne seront pas séquestrés. Le comté de Lane n'a pas les moyens d'installer le jury dans un hôtel et de le nourrir pendant deux mois. Ils ont pour instruction d'éviter les journaux, la télévision et la radio.

Ça commence – la cérémonie des témoignages et du jugement.

Fred Hugi et Jim Jagger sont aussi différents que deux êtres humains peuvent l'être. Hugi ne sourit pas et paraît tendu. Il semble ne pas s'apercevoir de la présence du public. Il évolue dans le prétoire comme un joueur de football cherchant des repères pour un tir parfait ; il donne l'impression que rien ne lui échappera.

Jim Jagger a l'air détendu. Ses cheveux sont en bataille, comme toujours, et son costume tombe mal, manches trop courtes sur les manchettes de la chemise, pantalons découvrant les chaussettes et chaussures non cirées. Ses vêtements envoient un message au jury : « Hé ! les gars, je suis comme vous. On est ensemble contre les riches. » Image « populo ».

Le jury est populo en effet. Les femmes portent des ensembles en polyester ou des robes d'été en coton, les hommes des chemises à carreaux à boutons de nacre. Jim Jagger n'essaie pas de convaincre un jury new-yorkais que sa cliente est victime d'une terrible erreur ; il parle à des épouses, à des mères, à des grand-mères, dont la plupart seraient plus à l'aise dans leur cuisine, en train de préparer des conserves ou le repas du dimanche, à des hommes qui conduisent des camions ou construisent des maisons.

L'État a commencé. Fred Hugi a passé plus de temps à informer la partie civile qu'à toute autre chose. Il veut exposer l'affaire complète et la mettre en perspective pour que le jury sache exactement à quoi s'en tenir ; si les preuves corroborent son exposition des faits, les jurés n'auront pas d'autre option que de rendre un verdict de culpabilité.

Hugi est un modèle d'organisation, un professeur exposant patiemment un programme très compliqué. Ses phrases ne restent pas en suspens. Chaque point est exposé clairement et s'enchaîne avec le précédent, selon une logique bien établie. Il commence par le crime lui-même et explique au jury ce qui s'est passé ensuite. Il cite les remarques de Diane à la police, au personnel médical. Il souligne les incongruités au fur et à mesure qu'elle a modifié ses souvenirs. Il précise que la jeune mère a tout d'abord agi comme une victime désireuse de coopérer et qu'ensuite elle a cessé.

En une heure, il doit cerner son passé hors du commun et expliquer pourquoi et comment elle a commis les crimes dont elle est accusée.

Le motif : une liaison avec un homme marié qui ne voulait pas d'enfants. L'arme : le Ruger calibre 22 que la meurtrière a rapporté d'Arizona. L'occasion : facile – les enfants se sentent en sécurité et somnolent dans la voiture de leur mère, croyant qu'ils rentrent à la maison pour aller se coucher.

Diane Downs, explique Fred Hugi, voulait épouser Lew Lewiston et le seul obstacle pour qu'il demande le divorce, d'après elle, était ses enfants.

Le plan qui se dessinait semblait raisonnable à ce moment-là. Une force extérieure ferait disparaître les enfants.

De sa voix claire et sans emphase, Hugi lit les lettres que Diane a écrites à Lew. Ce sont des chefs-d'œuvre de manipulation. Elles montrent également la ruse de la femme qui les a rédigées. Et son obsession dévorante.

Il lit des extraits du premier journal que Diane a écrit dans l'Oregon, composé principalement de lettres à Lew, des lettres qui maudissent son épouse, des lettres qui le supplient de la rejoindre. Des lettres jamais envoyées.

Il n'a sélectionné que quelques extraits, mais déjà la salle d'audience est saturée de mots.

Succinctement et sans passion, Hugi explique au jury ce qu'il va prouver au cours des semaines à venir. Ce qu'il a à dire, transcrit, tient en quatre-vingts pages. Il a cinquante témoins à sa disposition pour l'appuyer.

Jim Jagger se lève à 13 h 57, calme et souriant. Il explique qu'il n'y a que trois points clés dans cette affaire : Christie Downs ; les analyses balistiques et médicales ; et Diane Downs.

Oui, oui et oui, admet Jagger. Bien sûr, ils ont été amants. Personne ne songe à le nier ; les noms seront cités.

Les femmes, dans le public, montrent leur surprise en secouant la tête et en se cachant les yeux. Elles se délectent de l'horreur qu'elles éprouvent ; ça valait le coup de faire la queue si longtemps pour entrer.

Oui, reconnaît Jagger, il y a eu obsession – mais jamais au détriment des enfants de Diane, ni de sa carrière. Jim Jagger admet que sa cliente vivait une passion dévorante. Il n'a pas d'autre choix – tout comme il doit expliquer le visage qu'elle présente au monde. Il ne peut changer le masque souriant qu'elle affiche. Pas plus qu'il ne peut l'empêcher de paraître dans le box des témoins. Jagger explique au jury que Diane a appris à dissimuler ses véritables émotions car son père a abusé d'elle. Ils ne doivent pas la juger d'après ses réactions devant la Cour.

– Elle ne peut réagir à la douleur en pleurant. Elle rit, elle plaisante. Tout va s'arranger pour elle, voilà sa réaction habituelle.

Viendront les enregistrements.

– Lorsque nous écouterons les cassettes, vous constaterez qu'elle parle sans réfléchir.

Les deux parties ont leurs raisons pour révéler le plus grand nombre de facettes de la personnalité de Diane. Jagger veut

316

pousser à la compassion pour une femme dont la vie a été si dure que ses bizarreries sont non seulement compréhensibles, mais pardonnables.

– De mon côté, se souvient Hugi, je la voyais comme un cas typique d'enfant maltraitée qui reproduit les mauvais traitements sur ses propres enfants.

Chaque partie avait le sentiment que plus le jury en saurait sur Diane, meilleur serait son dossier – c'est la raison pour laquelle il y eut si peu d'objections au cours du procès.

Tandis que Jagger se battait pour la sauver, Diane penchait la tête sur son bloc de papier. Elle dessinait. Quoi ? Un visage désespéré, marqué d'ombres et cerné de lignes épaisses.

Il y a bien eu un homme – un étranger – assure Jagger au jury. On ne sait pas qui il est, ni pourquoi il a tiré sur les enfants de Diane.

– Qu'il ait été fou, drogué ou détraqué, il a tiré. Christie Downs a... elle a identifié le coupable du mieux qu'elle a pu.

Diane confirme d'un hochement de la tête, sans lever les yeux de son dessin.

Jagger parle des problèmes de Diane, de ses cauchemars après sa course désespérée vers l'hôpital pour sauver ses enfants – une mère désemparée, seule, tentant de sauver les êtres qu'elle aime le plus au monde, bouleversée plus tard par ses propres cauchemars.

Diane réclame un mouchoir ; pourtant ses yeux sont secs.

– Christie a identifié l'agresseur de manière particulière. Nous y reviendrons au cours du procès.

Les deux parties sont d'accord. Tout repose sur les frêles épaules de Christie Ann Downs.

Le lundi matin 14 mai, le juge Foote, le jury et Diane montent à bord d'un bus de ramassage scolaire jaune qui les emmène sur Old Mohawk Road. Les jurés descendent du car, regardent la rivière et la route étroite bordée d'arbres qui paraissent à présent si normales. C'est précisément la semaine au cours de laquelle cela s'est passé – mais un an plus tard.

Diane reste dans le bus, avec sur son visage un masque impénétrable, tandis qu'elle regarde par la fenêtre.

Les membres du jury examinent ensuite la Nissan Pulsar rouge, garée dans les entrepôts de la Criminelle depuis un an.

La voiture a été lavée depuis, et le panneau extérieur, sous la portière côté passager, détaché pour que Jim Pex puisse analyser les éclaboussures de sang.

De retour dans la salle d'audience, Heather Plourd est le premier témoin.

– La nuit était presque tombée et j'ai vu une voiture s'engager dans l'allée... Diane a dit qu'elle se baladait.

Le lendemain matin, lorsque Heather avait rendu visite à son amie à l'hôpital, celle-ci avait exprimé sa peur.

– Elle m'a dit : « J'ai peur que Christie ne me tienne pour responsable de ce qui est arrivé... Lorsque Christie s'est redressée, je suis la première personne qu'elle a vue. »

Dolores Holland, la voisine de Heather Plourd, se souvient très bien d'avoir entendu claquer une portière et le bruit des pneus d'une voiture qui quittait l'allée des Plourd.

– À 21 h 50.

Ce témoignage est important pour établir la chronologie des faits, mais pas essentiel. Les jurés 6 et 12 prennent des notes, les dix autres paires d'yeux vont de Jim Jagger au témoin.

C'est ensuite au tour de Joseph Inman. C'est un bon témoin. Il décrit la manière dont il est arrivé derrière la voiture rouge immatriculée en Arizona, qui se traînait sur Old Mohawk Road. Inman identifie formellement la voiture des Downs sur les photos.

Les policiers produisent une grande carte de un mètre sur deux mètres cinquante, représentant une vue aérienne des zones intéressant l'affaire : la maison de Diane sur Q Street, le bungalow de Heather Plourd sur Sunderman Road, l'endroit où les douilles de 22 ont été retrouvées sur Old Mohawk Road, la portion de route où Joe Inman a vu la voiture de Diane rouler au ralenti, l'hôpital.

L'heure à laquelle les victimes se trouvaient à chaque endroit de la carte est également notée, pour que les jurés puissent l'avoir présente à l'esprit.

La fusillade a dû avoir lieu à 21 h 55. Il est 22 h 15 lorsque Joe Inman aperçoit la voiture de Diane ; il la suit sur un kilomètre pendant deux minutes, à une vitesse de dix kilomètres-heure. À 22 h 17, il atteint la ligne droite qui lui permet de la doubler.

Diane ne se trouve qu'à sept kilomètres de l'hôpital à ce

moment-là, et pourtant, il lui faudra vingt-deux minutes pour atteindre l'entrée du service des urgences.

Jagger tente d'influencer Joe Inman à propos de ses souvenirs de l'heure et de la vitesse à laquelle il roulait. En vain. Inman est formel.

Judy Patterson est la première parmi les témoins de la salle des urgences de l'hôpital McKenzie-Willamette. Elle est nerveuse mais se souvient de tout.

— Elle m'a dit que les enfants bavardaient et riaient. Ils riaient parce que Danny avait dit quelque chose de drôle à Christie. Que c'était horrible d'être en train de rire et l'instant suivant... Diane a levé les yeux vers moi, cette première nuit, et m'a demandé d'un ton neutre : « Ils sont pas encore morts ? » Aucune émotion. Juste : « Ils sont pas encore morts ? »

Shelby Day est la suivante. Elle appréhendait de témoigner mais elle se débrouille bien. Elle se souvient que Cheryl était morte à l'arrivée ; du sang coagulé qui obstruait sa gorge ; de la ligne plate de l'électrocardiogramme.

Rosie Martin raconte au jury la première fois qu'elle a vu Diane, debout près de sa voiture, côté conducteur.

— Je lui ai demandé ce qui se passait et elle a répondu : « On vient de tirer sur moi et mes enfants. »

Hugi lui demanda si elle se souvenait de la blessure de Diane Downs.

— Je me souviens d'une plaie d'entrée et d'une plaie de sortie sur l'avant-bras... Elle a demandé comment allaient les enfants et je lui ai répondu que les médecins s'en occupaient. Et ensuite elle... la mère... a ri et a dit : « Rien que le meilleur pour mes enfants ! » Elle a ri de nouveau avant d'ajouter : « Enfin, j'ai une bonne assurance. » J'ai trouvé cela étrange mais je pensais aux enfants.

Tandis que le personnel de l'hôpital défile pour témoigner – particulièrement de l'attitude de l'inculpée –, les jurés semblent plus graves.

Lors de la suspension d'audience de l'après-midi, personne, dans le public, ne quitte la salle.

Diane n'est pas menottée mais un léger bruit de chaînes précède son retour après la pause. Chaque fois, elle entre en souriant.

Le Dr John Mackey est le prochain à témoigner. Mais son

bipeur retentit et il se précipite vers une porte de sortie. L'audience est suspendue de bonne heure. Le public se disperse à regret.

Mardi 15 mai

Les files d'attente sont plus longues aujourd'hui. En ce sixième jour de procès, la foule se presse contre les barrières une heure avant l'ouverture des portes.

Le Dr John Mackey s'exprime avec aisance. Il s'adresse au jury :

– J'ai trouvé un jeune garçon qui avait du mal à respirer et qui pleurait faiblement... ensuite j'ai vu ce que j'ai pensé être un enfant, recroquevillé sur le sol. Je me suis dit : « Ô mon Dieu, il y en a un troisième ! Qu'allons-nous faire ? »

– Et qu'avez-vous fait ? demande doucement Hugi.

– Puis-je utiliser les prénoms des enfants, ce me sera plus facile ?

– Bien sûr.

– Cheryl semblait être morte.

Diane est immobile, sa main droite, pâle, aux ongles longs, pend avec langueur le long de l'accoudoir.

– Cheryl avait les pupilles dilatées et ne respirait pas. Nous l'avons branchée sur un moniteur cardiaque.

La voix de Mackey est rendue rauque par l'émotion. Pendant douze minutes, il décrit ses tentatives.

– Je savais que Danny avait été touché à la poitrine, que Christie avait été touchée à la poitrine et que Cheryl avait également été touchée à la poitrine. Christie agonisait... le taux d'oxygène dans son sang était trop faible... Les blessures par balle dans la poitrine sont parmi les plus graves... Nous faisions tout ce que nous pouvions pour ramener ces enfants à la vie.

Sa rencontre avec Diane Downs le laisse abasourdi. Il lui annonce que deux de ses enfants se trouvent dans un état critique et que le troisième est mort, une des deux petites filles. Il commence à décrire la petite morte mais s'arrête, s'avisant soudain de l'incroyable ressemblance entre les deux sœurs.

– Elle a dit : « Oh ! elle qui devait être mon athlète... » Elle était extrêmement calme. Incroyablement calme. Pas de larmes, pas d'incrédulité : « Pourquoi ça m'arrive à moi ? » Rien.

Le Dr Mackey se tourne lentement sur son siège pour regarder Diane.

– Je l'ai prévenue qu'il lui faudrait rester à l'hôpital et elle m'a demandé : « Mais je pourrai aller travailler demain ? Il faut que j'y aille au moins après-demain. » J'ai trouvé que c'était une réponse totalement ahurissante.

– Objection, Votre Honneur, lance Jagger.

– Objection accordée.

– J'ai senti...

– Objection !

– Accordée.

Hugi reformule la question pour permettre au Dr Mackey de poursuivre.

– Objection.

– Rejetée.

Mackey explique qu'il a observé un total manque d'intérêt de la part de la mère vis-à-vis des enfants.

– J'ai senti que quelque chose clochait à ce moment-là.

– Objection !

Après une bataille sur des points de la législation, John Mackey peut, sans être interrompu, prononcer une ou deux phrases sur la femme qu'il a vue au soir du 19 mai 1983.

– Une femme très calme, très sûre d'elle, excitée – sans la moindre larme – mais en colère. Parfois souriante, parfois poussant de petits rires. J'ai vu une femme qui se maîtrisait totalement. C'était surprenant.

Fred Rugi demande si la police a exercé une pression quelconque sur Diane.

– Non. J'ai eu l'impression qu'ils agissaient de manière très professionnelle... Ils ont été très prudents.

Questionné sur les réactions normales à la douleur et au chagrin – et il en avait vu beaucoup –, Mackey répond que la plupart des gens réagissent de manière identique, c'est-à-dire par les larmes et l'incrédulité, les hommes pleurant toutefois moins ouvertement que les femmes.

Lors du contre-interrogatoire, Jim Jagger tente de modifier l'image que Mackey a donnée de Diane.

– Ce que vous dites, c'est que pendant les cinq minutes qu'elle a passées avec vous, elle n'a pas eu de réaction ? C'est bien ça ?

– Oui.

– Serait-il juste d'affirmer que c'est une des situations les plus graves et les plus tragiques qu'il vous ait été donné de rencontrer depuis que vous travaillez aux urgences ?

– Oui.

Mackey ajoute qu'il a noué des liens affectifs avec les enfants Downs, quand ils étaient aux urgences.

– Je suis comme ça... Nous étions très fiers d'avoir réussi à sauver deux enfants.

Jagger est prudent ; Mackey s'est visiblement acquis le jury. Une attaque directe serait désastreuse.

Lorsqu'il reprend le témoin, Fred Hugi demande au Dr Mackey s'il a été surpris d'apprendre que Diane poursuivait l'hôpital en justice.

– Oui. Nous avions sauvé deux enfants... j'avais l'impression que nous avions même fait preuve d'un certain héroïsme.

Après le témoignage du Dr Miller, assistant du Dr Mackey, Wilhite, le chirurgien qui a opéré Christie Downs, prend place dans le box. C'est un homme qui a de la prestance. Après s'être précipité à l'hôpital, il a trouvé Christie sans tension artérielle, sans pouls, les pupilles dilatées et la peau marbrée.

– A priori, elle avait l'air d'être morte, annonce-t-il calmement.

Il décrit ensuite l'opération du thorax qu'il a pratiquée pour stopper l'hémorragie de Christie. Au fur et à mesure qu'il parle, il s'enflamme ; il décrit ce qui est – pour lui – la réaction typique et normale d'une mère qui apprend que son enfant est mort.

– C'est comme si leur âme leur était arrachée. La réaction de Diane Downs a été, comment dirais-je, bizarre.

Sa voix descend dans les graves tandis que les émotions resurgissent. Il donne trois exemples qui lui ont donné matière à réflexion, pendant qu'il était confronté à Diane.

– Tout d'abord, elle s'est inquiétée pour sa voiture, puis pour la validité de son vaccin antitétanique.

Mais l'incident qui a le plus troublé le médecin s'est produit lorsque Diane est entrée dans la pièce où il soignait Christie. Elle s'est tournée vers lui et a dit : « Je sais que Christie a subi un traumatisme cérébral et je ne veux pas que vous la mainteniez en vie. »

– C'était pour le moins inhabituel ! Et sans rapport avec la réalité. Les examens n'avaient pas encore montré qu'il y avait traumatisme cérébral.

— N'est-il pas possible qu'elle ait dit : « Si elle a subi un traumatisme cérébral, est-il réaliste de prolonger sa vie ? »

— Non.

— Mais n'est-il pas possible...

— Non. Je vous répète ce qu'elle a dit, un point c'est tout, tonne Wilhite.

— Pas d'autres questions.

Carleen Elbridge, la technicienne de radiographie, se souvient d'avoir rencontré l'accusée ce soir-là. Diane Downs s'était inquiétée qu'on prenne une photo d'elle alors qu'elle n'était pas maquillée tandis qu'on passait son bras aux rayons X. Oui. Alors même que ses enfants étaient mourants.

Le Dr Bruce Becker prend place dans le box. Becker s'est occupé à la fois de Christie et de Danny. Il explique la signification de la blessure de Danny. Il n'y a plus de fonction motrice, ni de sensation dans les jambes du garçonnet. Il a perdu les fonctions organiques de ses membres inférieurs ; il ne peut plus contrôler ses intestins ni sa vessie. Les chances qu'il puisse jamais recouvrer l'usage de ses jambes sont très minces.

Christie a survécu à deux blessures dans la poitrine, une balle à travers la main et une crise d'apoplexie qui a affecté l'hémisphère cérébral gauche – une artère cérébrale moyenne obstruée l'a rendue aphasique. Sa main et son bras droits sont encore partiellement paralysés.

Becker explique de quelle manière se manifestent les difficultés d'élocution de Christie. Il utilise un angiogramme (de l'air et de la teinture injectés dans le cerveau permettent de montrer les zones endommagées) et un schéma de l'hémisphère gauche, pour donner au jury un cours accéléré sur la pathologie du langage après une crise d'apoplexie.

Fred Hugi pose une question capitale :

— Avez-vous une preuve qu'elle ait eu une perte de mémoire ?

— À notre connaissance, sa mémoire n'a pas été endommagée.

Le Dr Becker explique le fonctionnement de la mémoire, insistant sur le fait que c'est un sujet difficile à maîtriser. Les patients ayant subi un accident cérébral – et des dommages dans les centres du langage – ne sont pas toujours capables de dire

323

ce dont ils se souviennent, mais cela ne signifie en aucun cas qu'ils ne se souviennent pas.

Les difficultés d'élocution de Christie Downs sont accentuées par le stress, explique Becker. Elle peut faire des erreurs, mais elle s'en rend compte immédiatement.

Sur les bancs de la défense, Diane écarte une mèche de son front d'un mouvement de tête, tout en jouant avec un crayon. Elle est sereine, à moins qu'elle ne possède une capacité presque surhumaine de simulation. Elle est très jolie, vêtue d'un chemisier de taffetas bleu ciel à manches longues.

Elle a entendu des témoignages médicaux tout au long de la matinée – des témoignages qui décrivaient de poignants détails concernant la souffrance de ses enfants et la mort de l'un d'entre eux. Les infirmières et les médecins ont affirmé qu'elle ne semblait guère avoir montré de chagrin.

Maintenant, elle sait sûrement ce qui va arriver.

Christie.

Christie Ann Downs – le bébé qui fut la première créature au monde à l'aimer réellement – son enfant préféré... Christie va parler dans cette salle d'audience, monter dans le box des témoins et... que dira-t-elle ?

Diane n'a pas vu sa fille depuis sept mois – deux semaines avant de concevoir Charity Lynn, qui à présent lui donne des petits coups de pied.

Après la pause-déjeuner, une licorne trône sur la table du greffier. Peu de personnes dans la salle en comprennent la signification, et l'objet ne manque pas d'éveiller la curiosité.

Diane, bien sûr, sait ce qu'il symbolise pour elle. Cette licorne étincelante, c'est Cheryl. Son sens caché est que Cheryl ne mourra jamais.

Depuis le début, Diane a parlé aux journaux et aux télévisions de l'amour qui existe entre elle et Christie, de l'extraordinaire intelligence de sa fille. « C'est peut-être la seule personne qui puisse me sortir de là... »

36

Tout est organisé avec beaucoup de soin. Christie est placée entre deux médecins – le Dr Becker d'abord, Carl Peterson ensuite, chacun expliquant pourquoi elle s'exprime avec difficulté. Fred Hugi n'annonce pas au jury ce que révélera ou non Christie. Il ne sait pas ce qu'elle sera capable de dire dans l'environnement effrayant de la salle de tribunal.

– Si jamais Christie devait mentir, c'était à ce moment-là, se souvient Hugi. Elle pouvait prétendre qu'elle ne se souvenait de rien et se retirer de l'affaire – qui aurait pu l'en blâmer ? Elle pouvait se dire : « Ma maman est la plus forte – elle m'a déjà reprise une fois, il vaut mieux que je me range de son côté. Maman m'a tiré dessus – mais je l'ai mérité. » Il y avait tant de raisons pour que Christie efface ses souvenirs ou dise un mensonge.

Tout avait été fait pour lui faciliter les choses.

– Nous ne pouvions pas poser trop de questions, mais nous avions établi que si elle ne répondait pas, cela ne signifiait pas qu'elle avait oublié... Nous savions qu'elle n'avait pas oublié mais nous ne pouvions être sûrs qu'elle serait capable de trouver les mots pour le dire, explique Broderick.

Ils ignorent si la fillette y arrivera – sous le regard de sa mère. La famille adoptive de Christie est venue au grand complet pour la soutenir.

Hugi soupçonne Jim Jagger de prolonger délibérément l'interrogatoire de Becker pour que le témoignage de Christie soit réparti sur deux jours. Contrairement à ses habitudes, il marmonne un nom d'oiseau destiné à Jagger.

Exactement trois cent soixante et un jours après avoir été

déclarée cliniquement morte, Christie va monter à la barre des témoins. Il faudra à cette petite fille le plus vaillant des courages pour accomplir cette tâche. Pour se lever devant le juge, les quinze jurés et quatre-vingts spectateurs.

Et surtout devant sa mère.

Toute la matinée, une place est restée ostensiblement vide au deuxième rang à gauche. Juste après le déjeuner, Ray Broderick y conduit une enfant – une très jolie petite fille aux cheveux châtain clair. Elle semble avoir dans les neuf ans et porte une robe bleu marine avec de la dentelle blanche aux poignets et au col. La fillette s'assoit à côté d'un adolescent, nouveau venu dans le public, qui lui tient gentiment la main.

Les bruits s'apaisent et sont remplacés par un murmure curieux. Est-ce là l'enfant qui dira ce qui s'est réellement passé ce soir-là ?

Étrange. Diane jette à peine un coup d'œil à la fillette. Son visage est inexpressif cet après-midi, et elle se couvre les joues de ses mains – il est impossible de deviner ses sentiments. Mais Diane ne pleure pas.

Elle sait que ce n'est pas Christie.

C'est Brenda – la sœur adoptive et la meilleure amie de Christie.

Soudain une porte s'ouvre à côté du banc du juge Foote. Et une autre enfant entre dans la pièce. Sa robe et ses cheveux sont semblables à ceux de Brenda. Christie fixe d'abord le sol puis, très lentement, relève la tête. Son regard croise celui de Diane. Mère et fille se dévisagent un instant et se mettent toutes deux à pleurer.

Diane détourne le regard la première et Christie se tamponne les yeux à l'aide d'un grand mouchoir de dentelle rose.

C'est le moment le plus difficile du procès pour Fred Hugi.

Christie monte dans le box des témoins, prend son bras paralysé dans sa main et le pose sur ses genoux. Sur son visage se lisent la peur, la douleur et le désespoir. L'attaque cérébrale a laissé une légère paralysie faciale ; un coin de sa bouche est tombant, rendant l'articulation des mots difficile. Elle peut dire « ouais » plus facilement que « oui ». Hugi lui a affirmé que ce n'était pas un problème.

Christie jette de temps à autre un coup d'œil vers le bureau de la défense où sa mère est assise.

La longue préparation au procès, les séances avec le

Dr Peterson, la présence de ses amis dans le public – et le sourire fixe de Diane, à six mètres d'elle – n'enlèvent rien au fait que Christie Downs est toute seule. Elle ne peut cesser de pleurer, mais elle ne s'enfuit pas.

Diane se penche en avant sur la table de la défense et son sourire s'élargit.

Fred Hugi s'approche de la fillette. Elle le connaît, c'est son ami. L'ami qu'elle est allée voir pendant des semaines et qui l'a aidée à se préparer pour aujourd'hui. Elle plonge ses yeux dans les siens et prend une grande inspiration.

Il ne sait pas si elle va y arriver. Il ne veut pas encore la qualifier comme témoin ; il doit d'abord s'assurer qu'elle peut parler devant la cour. Bientôt, il lui faudra démontrer qu'elle est compétente mais, avant tout, il doit s'isoler avec elle du reste de la salle, effacer le public pour qu'elle puisse dire ce qu'elle a à dire.

La voix de Hugi est très douce lorsqu'il commence.

– Christie, tu te sens bien ?

Le témoin hoche la tête.

– Tu vas devoir parler à tous ces gens qui sont ici. Peux-tu me dire ton nom ?

– Christie Ann Downs.

– Quel âge as-tu ?

– Neuf ans.

– Dans quelle classe es-tu ?

– En huitième.

– Connais-tu le nom de ton institutrice ?

– Ouais.

– Peux-tu nous dire son nom ?

– Mlle Bottoroff.

– Es-tu allée à l'école aujourd'hui ?

– Non, répond Christie d'une voix tremblante.

– Tu devais venir au tribunal ?

– Ouais, dit-elle en rougissant.

– Nous avons parlé de ce jour tous les deux, tu te souviens ? Nous savions qu'il arriverait ? En avons-nous parlé ?

– Ouais.

Hugi retient son souffle. Il doit mettre Christie à l'aise. Devant le Grand Jury, la petite avait éclaté en sanglots à la simple demande de son nom.

– OK ! Christie. Te souviens-tu du jour où on t'a tiré dessus ? Tu peux t'en souvenir ?

– Ouais.

– Tu es allée à l'école ce jour-là ?

– Ouais, je suis allée à l'école.

– Te souviens-tu où tu es allée quand tu es rentrée de l'école ?

– Ouais.

Le juge Foote interrompt les questions du procureur pour lui rappeler qu'il doit la qualifier comme témoin.

– Oui, répond Hugi, je n'ai pas oublié.

– Très bien.

– Le juge désire que je te pose des questions pour savoir si tu comprends la différence entre la vérité et le mensonge. Comprends-tu cette différence ?

– Ouais.

– Si je dis que ce bout de papier est noir, c'est la vérité ou un mensonge ?

– Un mensonge.

– Et tu sais que lorsque tu viens dans un tribunal, comme ici, tu dois dire la vérité. Tu le comprends bien ?

– Ouais.

– Et tu promets de dire la vérité ?

– Mmmm.

Diane n'a pas changé d'expression. Elle repousse plusieurs fois une mèche de cheveux qui lui tombe dans les yeux et regarde intensément Christie.

– Tu promets de dire la vérité ?

– Ouais.

– Donc tout ce que nous allons dire ici doit être la vérité, du mieux que tu te souviennes. Tu comprends ?

– Ouais.

La salle est silencieuse. Tout à coup, la porte du couloir s'ouvre en grinçant et une jeune femme entre sur la pointe des pieds, cherchant une place.

– J'ai perdu mon sang-froid, se souvient Ray Broderick. C'était une journaliste d'un petit canard. Je lui ai dit de se trouver une place ou de sortir et elle m'a répondu : « Mais je suis de la presse. » Elle est restée plantée là, dans la travée. Elle risquait de fausser le témoignage de Christie, de bousiller tout notre travail, tout ce que nous avions fait, juste pour bénéficier des meilleures conditions au premier rang. Je n'arrive pas à croire que j'aie pu lui sortir une chose pareille, mais je me suis tourné vers elle et j'ai chuchoté : « Foutez le camp d'ici, bordel ! Immédiatement ! » et elle est sortie.

— Le jour où cela s'est passé, tu es allée à l'école et tu es rentrée ensuite à la maison. Tu t'en souviens ? demande Hugi sans jamais quitter Christie des yeux.
— Ouais.
— Dans quelle maison es-tu allée ?
— Chez mes grands-parents.
— Tu as mangé chez eux ?
— Ouais.
— Et après manger, où es-tu allée ?
— Chez ma maman.
— Tu es retournée dans l'appartement où tu habitais ?
Le témoin hoche la tête.
— Es-tu sortie ce soir-là ?
— Ouais.
— As-tu fait une promenade en voiture ?
— Ouais.
— Qui était avec toi ?
— Ma maman, Cheryl et Danny.
— Et tu te souviens de la voiture ?
— Ouais.
— De quelle couleur était-elle ?
— Noir et rouge.
— Peux-tu nous dire où vous êtes allés ? T'en souviens-tu ?
— Ouais.
— Où ?
— Chez une amie de maman.
— C'était en ville ou à la campagne ? Y avait-il des grands immeubles ou bien y avait-il beaucoup d'herbe ?
— Beaucoup d'herbe.
— Te souviens-tu de ce que tu as fait là-bas ?
— Ouais.
— Qu'as-tu fait ?
— On est sortis caresser le cheval.
— As-tu donné à manger au cheval ?
— Ouais.
— Que faisait ta maman pendant que tu caressais le cheval et que tu lui donnais à manger ?

– Elle parlait avec son amie.

– Te souviens-tu du nom de son amie ?

– Ouais. Heather.

– Lorsque vous êtes partis de chez Heather, il faisait jour ou bien nuit ?

– Il faisait nuit.

– Qui était dans la voiture lorsque vous êtes partis de chez Heather ?

– Ma maman, Cheryl et Danny et moi.

– Te souviens-tu s'il y avait de la musique dans la voiture ?

– Ouais.

– C'était la musique de la radio ou bien d'une cassette ?

– Une cassette.

– Te souviens-tu si à un moment la voiture s'est arrêtée ?

– ... Ouais.

Christie se remet à pleurer. Hugi s'interrompt et la fillette prend une profonde inspiration.

– Lorsque la voiture s'est arrêtée, as-tu vu d'autres personnes près de la voiture ?

– Non.

– As-tu vu quelqu'un debout sur la route ?

– Non.

– Lorsque la voiture s'est arrêtée, qu'a fait ta maman ?

Pas un son dans la salle pleine à craquer, rien que la voix douce de Hugi qui pose ses questions, et les réponses entrecoupées de sanglots du témoin.

– Elle est sortie et a ouvert le coffre.

– Je vais te montrer une photo. Elle s'appelle pièce à conviction numéro 335. Est-ce bien le coffre dont tu parles ?

– Oui.

– Quand ta maman a refermé le coffre, as-tu pu voir ce qu'elle faisait après ?

– Je n'ai pas regardé à l'arrière.

– Bon. L'as-tu vue revenir dans la voiture ?

– Ouais.

La question suivante, Hugi ne la lui avait posée que deux fois auparavant.

– Cela allait l'effrayer à nouveau. J'étais en train de la passer à la moulinette une fois de plus – tout en sachant ce qu'elle traversait. Son courage était surprenant. À présent, elle allait venger la mort de Cheryl et mettre l'assassin sous les verrous. La tension était plus que je n'en pouvais supporter.

Mais il posa la question pour la troisième, et espérait-il – la dernière fois.

— Qu'as-tu vu ensuite ?

— Elle s'est mise à genoux et...

Christie se met à sangloter, enfouissant son visage dans ses mains. Ses sanglots trouvent un écho dans la salle quand des gens dans le public se mettent eux aussi à pleurer. Diane détourne la tête.

— Veux-tu que l'on s'arrête un moment ?

Pas de réponse.

— Qu'as-tu vu ? Tu nous as dit qu'elle s'est penchée sur la banquette, c'est ça ?

— Ouais.

— Que s'est-il passé ensuite ?

Diane pleure. Christie porte la main à son visage, comme pour arrêter le souvenir.

— Elle a tiré sur Cheryl.

— Et tu as vu cela ?

— Ouais.

— Y avait-il toujours de la musique dans la voiture ?

— Ouais.

— Peux-tu nous dire ce que c'était comme musique ?

Pas de réponse.

Le visage de Christie est rouge à cause de l'effort qu'elle fait pour ne pas pleurer, pour continuer. Mais elle ne peut pas dire le titre de la chanson qui passait sur l'autoradio.

— J'y reviendrai plus tard. Te souviens-tu de ce qui s'est passé après que tu as vu Cheryl recevoir un coup de feu ?

— Ouais.

— Que s'est-il passé ensuite ?

— Elle s'est penchée par-dessus la banquette et a tiré sur Danny.

— Que s'est-il passé ensuite ? Que s'est-il passé après qu'elle a tiré sur Danny ?

— Elle s'est redressée et est allée vers la banquette arrière sur le...

Christie ne peut retenir davantage ses larmes. Dans les bancs

331

du public, Brenda laisse échapper un cri d'angoisse et Evelyn Slaven la serre dans ses bras pour la réconforter.

Christie n'est pas seule. Elle a Hugi. Et Hugi essaie de l'aider à aller jusqu'au bout de son témoignage.

— Te souviens-tu quand tu as reçu des coups de feu ?

— Ouais.

Sa voix est entrecoupée de sanglots et elle tient son mouchoir près de son visage.

— Qui a tiré sur toi ?

— Ma maman.

— Te souviens-tu de la musique qu'il y avait ?

Pas de réponse.

— Est-ce que ça ne te vient pas à l'esprit pour l'instant ?

— Ça ne me vient pas à l'esprit.

— Te souviens-tu de ce qui s'est passé après que tu as reçu les coups de feu ?

— Non.

— Je vais mettre devant toi la pièce à conviction n° 334. L'as-tu déjà vue auparavant ?

Hugi prend la statuette dorée sur la table du greffier et la montre à Christie.

— Ouais.

— Qu'est-ce que c'est ?

— C'est une licorne.

— D'où vient-elle ?

— Ma maman l'a achetée pour nous.

— C'était avant les coups de feu ?

— Ouais.

— Si je te dis le titre de la chanson qui passait dans la voiture, tu crois que tu t'en souviendrais ?

— Ouais.

— C'est *Hungry Like the Wolf* ?

— Ouais.

— Tu en es sûre ?

— Ouais.

— Christie, est-ce que quelqu'un t'a demandé de mentir là-dessus ?

— Non.

— Ce que tu viens de dire est la vérité ?

— Ouais.

— Christie, est-ce que tu aimes toujours ta maman ?

– Ouais.

Presque toutes les personnes, dans la salle du tribunal ont les larmes aux yeux, du policier costaud assis à côté de Chris Rosage jusqu'aux journalistes du premier rang, en passant par les jurés.

Jim Jagger n'a pas émis d'objection au sujet de la licorne et de la photo du coffre de la voiture de Diane. Il doit maintenant procéder au contre-interrogatoire d'une petite fille dont le visage est ravagé de larmes.

– Sais-tu qui je suis ?

– Non.

– Me reconnais-tu ?

– Non.

– Je suis avocat, tout comme M. Hugi et je vais te poser quelques questions pour aider ta maman, d'accord ?

– D'accord.

– Tu connais M. Hugi, n'est-ce pas ?

– Ouais.

– Et tu le trouves gentil ?

– Ouais.

– Sais-tu quand tu as parlé avec lui pour la dernière fois ?

– Aujourd'hui.

– À propos de ton témoignage ?

– Ouais.

– Tu crois que ce que tu as dit aujourd'hui est la vérité, n'est-ce pas ?

– Ouais.

– Et ça te fait souffrir et tu ne te sens pas très bien, n'est-ce pas ?

– Ouais.

– Sais-tu à partir de quand tu as commencé à penser que c'était bien ce qui s'était passé ce soir-là ? T'en souviens-tu ?

– Ouais.

– Quand était-ce ?

– À l'hôpital, je m'en suis souvenue.

– Te souviens-tu d'en avoir parlé à quelqu'un ?

– Ouais.

– À qui en as-tu parlé ?

– À mon assistante sociale.

– Et tu te rappelais à ce moment-là qui avait tiré sur toi et sur Danny et Cheryl ?

– Ouais.

– Te souviens-tu de son nom ?

– Ouais.

– Comment s'appelait-elle ?

Pas de réponse.

– Est-ce que se serait Paula ou Susan ?

– Ouais. Je l'ai dit à Paula et à Susan d'abord.

– Et tu te souviens de leur avoir dit, à toutes les deux, qui avait tiré sur toi et sur ton frère et ta sœur ?

Le témoin hoche la tête.

– Lorsque la voiture s'est arrêtée, te souviens-tu si tu étais... te souviens-tu si tu étais allongée, debout, ou assise ?

– J'étais assise.

– Et que faisait Danny ?

– Il dormait et sa tête était sur le...

– Était-il sur la... étais-tu sur la banquette avant ou la banquette arrière ?

– J'étais sur la banquette arrière.

– Et Danny, était-il sur la banquette avant ou la banquette arrière ?

– À l'arrière.

– Sa tête était-elle loin de toi ou près de toi ?

– Loin de moi.

– Sur la banquette arrière, il y a un dossier ?

– Ouais.

– Est-ce que son dos... est-ce que le dos de Danny était appuyé au dossier ou bien était-il tourné vers l'avant de la voiture ? Danny était-il allongé sur le dos ou sur le ventre ?

Le juge Foote se penche vers Christie, comme pour la protéger. Le public s'impatiente à cause de Jagger qui essaie de troubler l'enfant avec ses questions.

– Il était allongé sur le côté.

– Te souviens-tu où se trouvait Cheryl ?

– Ouais.

– Où était-elle ?

– Elle était assise.

– Elle était assise ?

– Mmmm.

– Et où était-elle assise ?

– À l'avant.

– Elle ne dormait pas ?

– Non.

– Te souviens-tu des vêtements qu'elle portait ?

– Non.

– Et tu te souviens que... Te souviens-tu si Cheryl était endormie ou éveillée ?

– Elle était éveillée.

– Peux-tu me dire de quel côté elle était tournée, vers l'avant ou vers l'arrière ?

– Vers l'avant.

Jim Jagger s'entretient avec sa cliente et tous deux hochent la tête. Il revient vers Christie. Il est évident que Diane a suggéré que Christie confondait la soirée fatale avec une autre promenade en voiture – lorsqu'ils étaient allés au bord de la mer, la semaine précédente.

– Te souviens-tu d'être allée à la plage avec ta mère, Danny et Cheryl ?

– Ouais.

– Te souviens-tu si le trajet pour aller au bord de la mer était long ou pas ?

– C'était long.

– Te souviens-tu si Danny dormait... Bon... oublie cette question. Je te demande à nouveau : te souviens-tu où était assise Cheryl pendant le trajet pour aller à la plage ?

Pas de réponse.

– Te souviens-tu si elle était assise à l'avant ou à l'arrière ?

– Elle était à l'arrière.

– Te souviens-tu si, pendant le retour à la maison, Danny était à l'arrière ?

Pas de réponse.

– Nous y reviendrons dans une minute. Te souviens-tu si Danny dormait pendant le trajet pour aller à la plage et pendant celui de retour ?

Pas de réponse.

Les questions de Jagger fusent et rebondissent. Il en commence une, l'abandonne à mi-chemin et demande autre chose. Christie s'abstient simplement de répondre.

– Nous pourrons y revenir. Préfères-tu y réfléchir encore un peu ou veux-tu que je te pose une autre question ?

– D'accord.

– Pardon ?

– D'accord. Vous pouvez me poser une autre question.

– Te souviens-tu d'avoir aidé ta mère à sortir des choses du coffre ou à mettre des choses dans le coffre ?

– Non... seulement nos vêtements.

Jim Jagger montre des photos à Christie – les portraits-robots de l'homme aux cheveux longs. Elle ne l'a jamais vu.

– As-tu parlé avec M. Hugi à propos de ton témoignage ici ? Peux-tu me dire combien de fois tu as parlé avec M. Hugi de ce que tu raconterais devant la Cour ou de ton témoignage ?

Pas de réponse.

– Lui as-tu parlé toutes les semaines ? T'en souviens-tu ?

Pas de réponse.

– Veux-tu que je te pose une autre question ?

– D'accord, répond Christie à Jim Jagger. Si vous voulez.

Diane ébauche un sourire.

– T'es-tu déjà entraînée à témoigner devant la Cour ?

– Ouais.

– T'es-tu entraînée à jouer le rôle du juge ? T'en souviens-tu ? L'as-tu fait ou non ?

Christie hoche la tête. Elle se met à rire doucement, baisse timidement les yeux, puis les relève vers le juge Foote. Il lui sourit. Le public commence à s'énerver. Une femme au second rang murmure :

– Allez. Ça suffit !

– OK ! T'es-tu entraînée à jouer le rôle de l'avocat ?

– Non.

– As-tu des... Lorsque vous rouliez pour aller chez l'amie de ta maman, est-ce que toi, Danny et Cheryl... Que faisiez-vous pendant le trajet ?

– On écoutait la musique.

– C'était quelle musique ?

– La cassette de Duran Duran.

Diane regarde Christie avec intensité. Son visage se crispe, comme si elle essayait de communiquer quelque chose à sa fille.

– Vous parliez ou vous riiez ?

– On parlait pas et on riait pas.

– Vous écoutiez juste la musique ?

– Peut-être qu'on a parlé un peu.

– Te souviens-tu si, pendant le trajet, vous vous êtes perdus ?

– Non.

– Te souviens-tu d'avoir vu à l'hôpital des émissions à la télévision sur ta maman, toi, Danny et Cheryl ?

– Ouais.

– De quoi te souviens-tu ?

Pas de réponse.

– Te souviens-tu d'avoir vu une émission de télé à ce sujet ?

Pas de réponse.

– As-tu l'impression que tu connais la réponse à ma question mais que tu ne peux pas la dire ? Ou peut-être que tu ne sais pas si tu as vu une émission de télé ou non ?

Pas de réponse.

– Te sens-tu fatiguée ?

– Non.

– Cela ne me gênerait pas si nous faisions une pause maintenant. J'ai encore une série de questions à lui poser, et cela prendra du temps, dit-il en s'adressant au juge Foote... C'est peut-être le bon moment pour une interruption. Demain matin, cela ira peut-être mieux.

C'était ce que Hugi craignait. Christie avait appréhendé le box des témoins. Il ne voulait pas qu'elle subisse une autre nuit d'anxiété. Foote est d'accord. Il ordonne une suspension de dix minutes seulement.

Jim Jagger est trop long avec la petite fille. Il pose les mêmes questions plusieurs fois – essayant de toute évidence de démontrer qu'elle a confondu la promenade au bord de la mer avec la visite chez Heather Plourd. Il laisse entendre que Christie a été manipulée jusqu'au lavage de cerveau par Susan Staffel, Paula Krogdahl et Fred Hugi. Mais cela ne marche pas.

Christie sait ce qu'elle sait.

Il est 17 h 15. Jagger reprend son contre-interrogatoire.

– Te souviens-tu si, entre le moment où tu es sortie de l'hôpital et maintenant, te souviens-tu si tu t'es demandé parfois si c'était ta maman qui avait tiré sur vous ? T'es-tu posé la question : « Peut-être elle l'a fait, peut-être pas ? »

– Ouais.

– T'es-tu demandé cela parce que tu avais entendu que des gens pensaient qu'elle l'avait fait ?

– Je n'ai rien entendu.

– Je n'ai pas entendu ce que tu disais.

– Je n'ai rien entendu.

– D'accord. Tu ne te souviens pas d'avoir pensé quelque

chose comme... ma maman doit l'avoir fait à cause de ce que disent les gens ? Te souviens-tu d'avoir dit ça ?

– Non.

– Te souviens-tu lorsque Paula Krogdahl venait te parler ? Est-ce qu'elle t'apportait de jolis cadeaux ou des jouets ?

– Non.

– Quel est ton nom à l'école ?

– Christie Ann Slaven.

– Et pas Downs ?

– Non.

– Depuis combien de temps est-ce ainsi ?

Pas de réponse.

– Est-ce depuis que tu vas à l'école ? Effacez cela. Est-ce que cela dure depuis que tu habites chez les Slaven ?

– Ouais.

– Les Slaven ont une jolie maison ?

– Ouais.

– Ils ont une télévision ?

– Ouais.

– Et des jouets ?

– Ouais.

– Il y a des enfants de ton âge ?

– Ouais.

– Tu as parlé aux enfants de ce qui s'était passé quand on t'a tiré dessus ?

– Ouais.

– Et ils... Tes amis en ont eux aussi parlé avec toi ?

– Ouais.

– Danny en a parlé aussi, n'est-ce pas ?

– Ouais.

– Danny a dit que c'était sa mère qui l'avait fait, n'est-ce pas ?

– Ouais.

– Mais tu sais que ce n'est pas vrai parce que Danny dormait, c'est ça ?

– Ouais.

– En fait, c'est toi qui lui as dit ça, n'est-ce pas ? Lorsqu'il en a parlé ?

– Chaque fois, il... Quand j'en parlais à d'autres gens, il écoutait aussi.

– En as-tu parlé à beaucoup de gens ?

– Non.

– Te souviens-tu d'avoir entendu Danny dire que c'était un monstre avec des longues oreilles qui avait fait ça ?

– Non.

– Te souviens-tu d'avoir entendu Danny dire que quelqu'un d'autre avait tiré ?

– Non.

– Te souviens-tu que ta maman – quelques jours avant les coups de feu – cherchait une maison plus grande pour habiter avec vous ?

– Ouais, mais pas quelques jours...

– Te souviens-tu si Cheryl – lorsque les coups de feu ont commencé – est sortie de la voiture ?

– Non.

– Te souviens-tu si la personne qui a tiré sur Cheryl, sur Danny et sur toi, si cette personne est entrée du côté conducteur – le côté où il y a le volant – ou bien de l'autre côté ?

– Du côté conducteur.

– Et de quel côté étais-tu assise ? Derrière le siège du conducteur ou à côté ?

– Derrière l'autre siège.

– Tu te souviens d'avoir vu ta maman par la vitre arrière de la voiture, n'est-ce pas ?

– Je n'ai pas regardé par la vitre arrière.

– Te souviens-tu d'avoir vu... tu comprends ce que je veux dire par « la vitre arrière » ?

– Ouais.

– Il y a le pare-brise qu'on regarde quand on conduit droit devant soi et l'autre, c'est la vitre arrière. Te souviens-tu, avant les coups de feu, d'avoir vu ta maman par la vitre arrière ?

– Non.

– N'est-ce pas parce que tu étais couchée ?

– Non.

– Étais-tu assise ou debout ?

– J'étais assise, mais je n'ai pas regardé par la vitre arrière.

Jim Jagger demande à l'huissier de montrer à Christie les photos des armes – photos qu'elle a déjà vues dans le bureau du Dr Peterson.

– Est-ce que tu as déjà vu ta maman avec ces deux armes ?
Le témoin hoche la tête.

– Tu vois, il y en a une longue et une courte, d'accord ?

– Ouais.

– Te souviens-tu d'avoir vu la plus courte dans le coffre de votre voiture lorsque vous êtes allés à la plage ou lorsque vous êtes revenus de la plage ?

Pas de réponse.

– Nous allons poser deux questions. D'accord ? La première est celle-ci : te souviens-tu d'avoir vu ce genre d'arme dans le coffre de la voiture avant d'aller à la plage ?

– Ouais.

– Était-ce pendant que tu mettais des vêtements et des choses dans le coffre de la voiture ?

Pas de réponse.

– C'est difficile de se souvenir aussi loin ?

– Elle était dans le coffre de la voiture.

– Te souviens-tu de l'y avoir vue lorsque vous êtes revenus de la plage ?

– Ouais.

– Il y avait juste une arme de cette taille dans le coffre de la voiture ? La plus petite, n'est-ce pas ?

– Ouais.

– Te souviens-tu d'avoir parlé avec le Dr Peterson pour savoir si tu étais ou non en sécurité avec ta maman ?

Pas de réponse.

– Tu ne te souviens pas d'avoir parlé de ça avec le Dr Peterson ?

– Avec ma maman ? Si j'étais en sécurité avec ma maman ?

– Oui.

Pas de réponse.

– J'y reviendrai plus tard, ou bien allais-tu...

Le témoin secoue la tête. Les questions de Jim Jagger sont impossibles à suivre et Christie est fatiguée.

– As-tu dessiné là personne qui a tiré sur Danny, sur Cheryl et sur toi ?

– J'ai essayé de la dessiner.

– Et te souviens-tu si tu l'as vraiment dessinée ou pas ?

– Je l'ai pas terminée.

L'huissier tend la pièce G – le dessin inachevé du « tueur » – à Christie.

– Je te demanderai... avant que tu ne le fasses... Quand je... quand on t'aura montré le dessin, je te demanderai si c'est celui que tu as fait de la personne qui t'a blessée, d'accord ?

Le témoin hoche la tête.

— C'est le dessin que tu as fait de la personne qui t'a blessée, n'est-ce pas ?

— Ouais.

— Et c'était le... Même s'il n'a pas été terminé, tu as fait de ton mieux en dessinant cela, n'est-ce pas ?

— Mmmm.

— ... As-tu des souvenirs du trajet vers l'hôpital ?

— Non.

— Tout s'est passé très vite, n'est-ce pas ?

— Ouais.

— Est-ce qu'on t'a dit que ta maman avait vu une personne, là-bas, qui avait tiré sur Danny, sur Cheryl et sur toi ?

— Non.

— Est-ce qu'il t'arrive encore de te demander si c'est ta maman qui a tiré ou non ?

— Non.

— Y as-tu tellement réfléchi que maintenant tu crois que c'est elle qui a tiré ?

— Ouais.

— Ce serait bien de savoir... ce serait bien de savoir que ce n'est pas elle, n'est-ce pas ? Tu te sentirais mieux si ce n'était pas elle qui l'avait fait, hein ?

Le témoin hoche la tête.

— Sais-tu pourquoi, avant, tu te posais la question, et maintenant tu penses que c'est elle ? Le sais-tu vraiment ?

Pas de réponse.

— Est-ce que de parler au Dr Peterson t'a aidée ?

Pas de réponse.

— Est-ce que tu as fait des rêves à ce sujet ?

— Non.

— Tu ne t'en souviens plus ? Effacez cela. Je n'ai pas d'autres questions.

Christie est exténuée.

Fred Hugi s'approche d'elle. Il voudrait pouvoir la laisser partir sans autres questions. Mais il ne le peut pas. Elle est depuis si longtemps à la barre des témoins... Il est presque 18 heures.

— Sais-tu qui a tiré sur Cheryl ? demande-t-il d'une voix douce.

— Ouais.

— Qui était-ce ?

341

– Ma maman.

– Comment le sais-tu ?

– J'ai regardé.

– Y avait-il un ou des étrangers présents, quelqu'un que tu ne connaissais pas ?

– Non.

– Et à propos de Danny, est-ce qu'un étranger était présent lorsqu'on a tiré sur Danny ?

– Non.

– Qui a tiré sur lui ?

– Ma maman.

– Et pour toi, lorsqu'on t'a tiré dessus, est-ce qu'un étranger était présent ?

– Non.

– Qui a tiré sur toi ?

– Ma maman.

– Est-ce que tu le sais parce que tu l'as vue le faire ?

– Ouais.

– Était-elle près de toi lorsque c'est arrivé ?

– Pas près.

– Dans la même voiture... Était-elle dans la voiture ou bien debout à l'extérieur ?

Pas de réponse.

– Te souviens-tu des coups de feu, te souviens-tu quand Cheryl a reçu des coups de feu ?

– Ouais.

– Ta maman était-elle à l'intérieur de la voiture à ce moment-là ?

Pas de réponse.

– Est-ce qu'une partie d'elle était à l'extérieur et une partie à l'intérieur de la voiture ?

Pas de réponse.

– Es-tu très fatiguée ?

Pas de réponse.

– Je n'ai plus de questions.

Jim Jagger n'en a plus non plus. Le juge Foote se penche en avant :

– Merci, Christie, tu peux t'en aller maintenant.

Hugi regarde la fillette qui descend du box des témoins.

Elle avait réussi. Bon sang ! Elle avait réussi.

37

Après le témoignage de Christie, la foule a encore grossi. L'accusation a fait un grand bond en avant et les rangs s'éclaircissent parmi les supporters de Diane. L'huissier ouvre les portes à 10 heures, le 16 mai, et une centaine de personnes s'engouffrent et se serrent sur quatre-vingts places.

Le Dr Peterson est le premier témoin de la journée.

– Je n'ai jamais douté qu'elle avait toute sa mémoire.

Il explique que lorsque Christie a entendu la cassette *Hungry Like the Wolf*, les souvenirs ont afflué. Mais elle avait peur de lui en parler.

– J'ai dit à Christie que c'était normal d'éprouver du bonheur, de la tristesse, de la colère et de la peur. Elle avait réalisé plusieurs dessins – de Cheryl et Danny, de leur voiture, du pistolet et du fusil. Elle avait reproduit le bungalow des Plourd. Et la personne qui avait tiré sur eux.

Dessiné le 4 mars 1984, ce n'est pas le portrait d'un homme. C'est une femme avec des cheveux courts et une frange, dont les iris sont cernés de blanc, dont les coins de la bouche sont tournés vers le bas en signe de colère. Le Ruger 22 est reconnaissable. Le personnage tient le pistolet dans la main gauche et non dans la droite comme l'aurait fait Diane, mais Christie, elle, est gauchère. Ce n'est pas une incohérence. Le dessin est incomplet et ne montre que la partie supérieure du corps, la partie qu'aurait vue Christie de sa position sur le siège arrière.

Peterson rappelle certaines remarques de sa patiente : « Si ma maman a tiré sur moi, sur Cheryl et sur Danny, je voudrais retourner avec elle, parce qu'elle était probablement très en colère, mais ça ne se reproduira pas. »

Jim Jagger accuse Peterson d'avoir soufflé une réponse à Christie pour impliquer Diane.

Non. Christie était en train de le tester lui, explique Peterson. Elle voulait être sûre qu'elle ne risquait rien à se rappeler.

– Elle a dit : « Maintenant maman ne peut plus être avec son petit ami parce qu'il croit qu'elle est coupable. »

Le Dr Peterson n'avait ajouté aucun commentaire. Mais le 19 décembre, il lui avait redemandé si elle voulait inscrire sur des feuilles de papier le nom de la personne qui avait tiré et les mettre dans des enveloppes.

Oui.

Et cette fois, elle n'avait pas brûlé les enveloppes ; elle lui avait dit qu'il pouvait les garder – s'il promettait de ne pas les ouvrir avant qu'elle ne le lui dise.

Après la séance du 16 janvier, Carl Peterson avait demandé à Christie si elle avait peur qu'on lui tire à nouveau dessus. Elle avait longuement réfléchi avant de répondre : « Peut-être – si je retournais vivre avec elle –, mais peut-être qu'elle ne le ferait pas. »

Christie avait fini par avouer qu'elle ne voulait plus vivre avec sa mère. « Peut-être qu'elle n'aimait pas vraiment ses enfants. Elle aimait seulement Lew. »

Christie dressa deux listes des personnes qui faisaient partie de sa vie. Celles avec qui elle se sentait en sécurité et celles avec qui elle ne se sentait pas en sécurité.

EN SÉCURITÉ	PAS EN SÉCURITÉ
Moi (Christie)	Maman
Daniel	Peut-être mon papa
Cheryl	
Dr Peterson	
Evelyn et Ray Slaven	
Susan Staffel	
Ray Broderick	
Fred Hugi	

Les personnes avec qui elle se sentait en sécurité étaient toutes nouvelles dans sa vie, à part son frère et sa sœur : Christie Downs ne s'était jamais sentie en sécurité au cours des huit premières années de sa vie.

Hugi tend les enveloppes toujours cachetées à Peterson. Christie a donné la permission de les ouvrir.

– Ouvrez, je vous prie, l'enveloppe datée du 2 janvier et lisez ce qui est inscrit sur la feuille.

La voix de Peterson se brise tandis qu'il lit la question

– « Qui a tiré sur Cheryl ? » La réponse est « Maman ».

– Ouvrez, je vous prie, l'enveloppe datée du 19 décembre.

– « Qui a tiré sur Christie ? » Même réponse : « Maman.

– Au cours de votre thérapie avec Christie, lui est-il arrivé de mentionner qu'une autre personne que sa mère avait tiré sur elle ?

– Non.

– Lui est-il arrivé de donner une autre version des faits ?

– Non.

– À votre connaissance, Christie a-t-elle subi l'influence d'une personne qui l'empêchait de vous parler ?

– Oui.

– Qui ?

– Mme Downs.

– Christie a-t-elle exprimé de l'appréhension et de la peur envers sa mère, ainsi que de l'amour pour elle ?

– Oui.

– Vous a-t-elle indiqué dans quel ordre les enfants ont reçu les coups de feu dans la voiture ?

Peterson hoche la tête. Cheryl était la première, Danny le deuxième et Christie pensait qu'on lui avait probablement tiré deux fois dessus.

Carl Peterson témoigne que Christie a déclaré aimer vivre avec les Slaven parce qu'« ils ne crient pas et ne frappent pas ».

Il a entendu Danny dire à Christie : « On pourrait nous tirer dessus à nouveau. »

– Elle a répondu que ça ne risquait pas d'arriver. Je lui ai demandé comment elle pouvait en être sûre et elle a dit : « Parce qu'*elle* ne connaît pas l'adresse des Slaven. »

Le Dr Edward Wilson, qui a pratiqué l'autopsie de Cheryl, prend place dans le box. Tandis qu'il parle, les jurés pâlissent. Diane est absolument immobile, les mains calmement posées sur les accoudoirs.

Les photographies de Wilson sont acceptées comme pièces à conviction.

– La mort a été provoquée par deux balles dans la partie supérieure du corps, qui ont traversé l'aorte. L'enfant s'est vidée de son sang.

Le juré numéro 12 se sent mal tandis que Wilson poursuit sa description des derniers instants de Cheryl Downs.

Aucun des jurés, à part le huitième, ne regarde l'inculpée.

La parade des policiers commence. Ils ne donnent aucune information de leur propre initiative et se contentent de répondre strictement aux questions.

Un par un, ils parlent de leurs contacts avec Diane Downs et de leurs souvenirs de la nuit du 19 mai 1983. La plupart se réfèrent à leurs notes, à part quand il est question de la femme assise devant eux. Là, ils se souviennent de tout. Parfaitement.

Rob Rutherford lit ses notes. Juste avant de quitter l'hôpital avec Diane, le 19 mai, pour retourner sur Old Mohawk Road, elle avait plaisanté : « J'espère que vous avez une bonne assurance. Si je meurs là-bas, je vous poursuivrai en justice ! Et je reviendrai vous hanter. »

Rob Rutherford est encore dans le box des témoins le lendemain matin. Jim Jagger conclut qu'il n'a pas suffisamment cherché le tireur et la voiture jaune, la nuit de la fusillade. Rutherford ne se laisse pas ébranler. Aucune trace n'indiquait qu'un véhicule s'était récemment garé le long de la route ; le sergent venait d'effectuer un stage sur les différents types de traces.

Tracy vient ensuite prendre place dans le box. Le public glousse sottement en entendant son nom, « Dick Tracy ».

Il confirme l'attitude incongrue de l'inculpée, se souvient de son bavardage incessant sur son petit ami resté en Arizona. Elle ne semble pas s'inquiéter de ses enfants. Elle leur indique où se trouve le fusil, lit le formulaire autorisant la perquisition et le signe.

La meilleure preuve matérielle à la disposition de l'État est la similitude microscopique entre les marques de l'extracteur sur les douilles de la fusillade et celles que comportent les deux balles du fusil qui était dans le placard de la chambre de Diane.

Jim Jagger suggère aux jurés que la chaîne de preuves a été interrompue, les balles mélangées. Il demande un compte rendu détaillé de la journée de Tracy. Il cherche une faille. La plupart des avocats de la défense n'ont pas la témérité de pinailler, en général ; les flics jouent franc jeu.

Diane semble lasse. La fatigue ou l'ennui.

— Vous n'avez pris aucune note sur l'ordre dans lequel les balles sont sorties du fusil, n'est-ce pas ? demande Jagger.

— Non, répond Tracy.

— Inspecteur Tracy, il vous est arrivé d'enquêter sur des homicides dont vous connaissiez l'auteur mais que vous ne pouviez pas prouver, n'est-ce pas ?

— Oui...

— N'est-il pas vrai que vous avez obtenu une balle par un autre policier et que vous l'avez mise dans le fusil ?

Le visage de Tracy prend une teinte plus accentuée. On ne pose pas une telle question à un honnête policier.

— C'est faux, dit-il d'une voix calme. Ce n'est pas vrai.

— Niez-vous que vous auriez pu placer deux balles dans le fusil ? Auriez-vous pu placer deux balles dans une enveloppe, des balles qui ne venaient pas de l'arme ? Vous le niez ?

— Bien sûr que je le nie ! répond Tracy qui refrène avec difficulté son envie de sauter à la gorge de Jagger.

Dick Tracy avait élucidé toutes les affaires de meurtre sur lesquelles il avait enquêté au cours de sa carrière. Il n'allait pas commencer à truquer les preuves un an avant sa retraite.

Le juge Foote abat son maillet pour une suspension d'audience qui tombe à pic.

Roy Pond ouvre lentement les sacs de papier kraft contenant les petits vêtements. Un relent, réel ou imaginaire, semble s'élever des habits tachés de sang depuis longtemps séché. Pond extrait une chemise verte à col jaune au centre de laquelle s'étale une grande tache rouge sombre. Il identifie le jean de Danny, le pantalon marron de Christie.

Diane détourne la tête et regarde ses mains, puis recommence à griffonner sur le bloc, devant elle.

Des larmes coulent sur les joues de Pond tandis qu'il tend le T-shirt ensanglanté, à rayures violettes et blanches, de Cheryl. Un membre du personnel des urgences l'a découpé en suivant les coutures, un an plus tôt. Vient ensuite le pull-over de la poste – celui de Diane – qui était jeté sur Cheryl lorsque Shelby Day l'a transportée dans la salle des urgences.

— Et voici le short du petit Danny Downs, conclut Pond d'une voix brisée par l'émotion.

Diane n'a pas relevé la tête depuis que Pond a commencé.

L'ex-mari de Diane monte dans le box des témoins. Steve Downs est un homme encore séduisant, assez trapu. Il porte un pantalon gris et un blazer bleu marine. D'une voix calme, il relate l'histoire des douze années qu'il a passées avec Diane. L'expression de celle-ci indique que son témoignage est une farce.

De emps à autre, Steve Downs plaisante et le juge Foote doit rappeler à l'ordre les rangs du fond qui émettent des glousse-ments.

Le mariage a d'abord été réussi, puis problématique, puis sup-portable, et enfin désastreux. Steve savait que sa femme avait des amants. Il la trouvait un peu folle, parfois suicidaire ; elle avait essayé deux fois de lui tirer dessus en l'espace de trois mois, en 1982.

— L'avez-vous battue ? lui demande Hugi. Si oui, racontez au jury dans quelles circonstances.

— La première fois, dit Downs après avoir hoché la tête, c'était quand je l'ai trouvée au lit avec Russ Phillips.

Diane baisse les yeux.

— Une autre fois, c'est quand elle est venue chercher les filles qui vivaient alors avec moi et m'a laissé un mot : « Tu es un père nul. » J'étais sorti, les gosses étaient chez la voisine. Je suis allé chez elle, dans son bungalow. Cheryl et Christie jouaient dehors. Ça m'a rendu furieux... Elle téléphonait et faisait sem-blant de ne pas me voir. Je lui ai arraché le téléphone des mains et l'ai prise à la gorge. Nous nous sommes battus. Je l'ai frappée, je l'ai frappée fort. Elle saignait. Christie m'a vu frapper sa mère.

Hugi demande à Steve s'il a déjà fait l'objet de condamna-tions.

Il compte prendre Jim Jagger de vitesse.

— Oui. Pour vol. J'ai déclaré le vol de ma voiture à l'assu-rance. Elle n'avait pas été volée. J'ai été jugé l'été dernier, en juillet, après la fusillade qui a eu lieu ici. Diane a vu que je ne la soutenais pas. Elle m'a dénoncé à la police de Chandler. Je le méritais.

— L'incendie du bungalow, commence Hugi. Parlez-nous de cet incendie.

– Diane et moi l'avons organisé ensemble. Elle voulait l'arroser d'essence. Je lui ai conseillé plus de discrétion. C'est moi qui ai mis le feu dans la chambre... L'assurance a payé.

Diane secoue la tête d'un air dégoûté.

– Avez-vous montré à Diane comment se servir du Ruger 22 ?

– Oui. Je le lui ai donnée quand elle habitait seule dans le bungalow... Je l'ai repris ensuite... Je croyais qu'il était resté sur l'étagère où je l'avais laissé. Elle voulait des armes. Je ne voyais pas pourquoi.

Au cours du contre-interrogatoire, Jagger lui demande de parler de ses relations sexuelles avec Diane après leur divorce.

– C'est arrivé une fois... c'était froid et insensible. Je n'avais pas une seule chance en face de Lew.

Pour une fois, Diane est d'accord avec Steve et hoche vigoureusement la tête. Avec un sourire, elle passe un mot à son avocat.

– N'est-il pas vrai que vous aviez vous-même des liaisons extraconjugales ?

– Non. Diane a dit ça pour justifier ses propres frasques.

– Vous aussi vous éprouvez de la rancœur, n'est-ce pas ?

– Oui. Les flics m'ont montré ce qu'ils avaient et ça m'a suffi !

– Avez-vous cherché ce pistolet ?

– Après la fusillade, oui, je l'ai cherché.

– Lors d'une conversation téléphonique, la semaine suivante, elle vous a parlé du véhicule dans lequel il avait été placé ?

– Ouais. C'était son idée, une drôle d'idée à mon avis. Cette arme n'était pas chez moi, ni ailleurs... Je ne l'ai jamais cherchée avant que les enfants se fassent tirer dessus, et quand je l'ai cherchée, elle n'était plus là.

– Vous n'auriez pas eu l'intention de la donner à la police au cas où...

– Si. Je l'aurais immédiatement donnée à la police, parce qu'ils auraient pu la comparer avec les balles... Je savais qu'à ce moment-là, elle se moquait complètement des gosses.

Le week-end arrive et avec lui le printemps, chaud et ensoleillé, plein de promesses : nous sommes le 19 mai à nouveau.

38

L'accouchement de Diane est prévu pour juillet, mais les rumeurs parlent de juin. Les femmes du public la regardent d'un œil expert pour voir si l'enfant est « descendu ». La tension émotionnelle suffirait à provoquer un accouchement avant terme chez une femme ordinaire. Mais Diane n'est pas une femme ordinaire.

Elle fait une entrée théâtrale le lundi matin, 21 mai, vêtue d'une ample robe bleue. Elle sourit au soupir de soulagement du public. Elle se porte à merveille.

C'est le substitut du procureur qui, de jour en jour, dépérit. Il mange à peine et ne dort plus. Chaque nuit, il se réveille ponctuellement à 3 heures avec une douleur lancinante dans la mâchoire. Il est allé voir son dentiste le 18 mai, mais les radios n'ont rien révélé. Diagnostic : « C'est dans la tête. »

Dans la journée, Hugi est si absorbé par le procès qu'il en oublie sa douleur. Mais elle revient chaque nuit. Il sait que la tension peut provoquer des douleurs psychosomatiques, mais cela va bien au-delà de ce qu'il aurait pu imaginer. Après le procès, la douleur persistant, il insistera pour que l'on fasse d'autres radios. Hugi avait tant serré les mâchoires qu'il s'était brisé une dent verticalement. La fissure était si fine qu'elle était passée inaperçue à la première radio. Un stomatologue devait tenter de la combler, mais la dent s'effrita. Lorsqu'elle fut extraite, la douleur « dans la tête » d'Hugi disparut.

Le 21 mai, la salle d'audience présente un autre aspect. La maquette de la voiture de Diane est en place, emplissant presque tout l'espace entre le juge et les tables de la défense et de l'accusation. Le toit est enlevé et posé de côté. Cette voiture n'est pas rouge mais bleu ciel pour que les traces de sang soient visibles.

Elle a, tout comme la Nissan Pulsar, des sièges baquets avec des appuis-tête à l'avant, et une banquette à l'arrière.

Les mannequins ne sont pas aussi réalistes que la voiture. Ce sont juste de grandes poupées de chiffon aux mesures des enfants Downs le 19 mai. Elles peuvent se plier dans différentes positions Les yeux sont de feutrine noire, la bouche rose vif. La poupée Christie a des cheveux de laine d'un brun roux, celle à l'effigie de Cheryl, d'un brun plus clair et la poupée Danny d'un jaune vif.

« Cheryl » et « Christie » portent un jean, et « Danny » un petit short et des tennis. Quelques brins de laine retombent sur les yeux de « Cheryl ». Machinalement, Fred Hugi se penche et écarte la mèche de devant les yeux. Il tient délicatement les « enfants » dans ses bras lorsqu'il parle d'eux. Jim Jagger, au contraire, a tendance à les jeter par terre lorsqu'il en a fini avec eux – comme pour souligner que ce ne sont que des poupées de chiffon.

C'est une erreur. Le public a le cœur serré chaque fois qu'une poupée rebondit sur le sol.

Jim Pex tente ensuite de donner au jury un cours intensif et rapide sur l'expertise médico-légale. Pex et Chuck Vaughn ont inséré un goujon de bois dans la maquette d'un pistolet semi-automatique calibre 22, et ont ensuite approché l'arme des « blessures » des poupées pour déterminer l'angle de tir. Une sonde rigide part du canon du pistolet et traverse les « blessures », indiquant la trajectoire de la balle.

Procédure courante utilisée pour aider les médecins légistes à déterminer la taille du tireur, sa position et celle de la victime, c'est une expérience horrible pour le profane. Ce matin, les jurés et le public peuvent voir les enfants tels qu'ils étaient lorsqu'on leur a tiré dessus.

Jim Pex utilise un projecteur pour démontrer que le tireur était tout près de ses victimes. Avec un calibre 22, la distance maximale sur laquelle se projettent les particules de poudre est de moins d'un mètre. Les trois enfants présentaient d'abondantes traces de poudre autour de leurs blessures.

Pex place les poupées dans la voiture. Danny est allongé sur le ventre, à gauche sur la banquette arrière.

– Il a été paralysé immédiatement après avoir été touché.

Avec le pistolet, Pex joue le rôle du meurtrier. Il montre

comment « il » a dû se pencher dans la voiture pour tirer sur Danny.

Sur l'invitation du juge Foote, les jurés se lèvent pour mieux suivre la démonstration.

Diane regarde ailleurs.

Pex explique ensuite ce que veulent dire les rainures identiques sur les douilles. Sa tâche est facilitée du fait que certains membres du jury possèdent des armes.

Plusieurs témoins affirment que Diane est la dernière personne à avoir eu en sa possession le semi-automatique Ruger 22 que Steve Downs a volé à Billy Proctor. Les douilles trouvées sur la route correspondent à cette arme.

Pex s'avance vers le panneau où sont fixés des agrandissements des différentes parties d'un pistolet.

– Neuf cartouches ont été trouvées au 1352 Q Street, dans le fusil Glenfield, explique Pex. Deux d'entre elles ont été mécaniquement manipulées dans l'arme qui a été utilisée pour tirer sur les enfants.

Pex reconnaît que la balle que Paul Alton et Doug Welch ont trouvée sous le bungalow de Diane, à Chandler, était trop endommagée pour affirmer que ses caractéristiques étaient identiques à celles des balles tirées le soir du 19 mai. En balistique, même une très forte probabilité a une valeur nulle.

Pex s'était procuré un étui doublé de polystyrène expansé avec une fermeture Éclair pour un Ruger, y avait placé une arme similaire à celle du meurtre et l'avait mise à l'eau pour voir si elle flottait.

Elle flottait – la fermeture Éclair n'était même pas mouillée.

Si le tireur avait jeté l'arme – avec son étui – dans la Little Mohawk, elle avait pu flotter jusqu'à la McKenzie ou la Willamette, dérivant vers le nord, dans les courants qui relient les rivières aux barrages, dans une chaîne infinie jusqu'à Columbia. Perdue à jamais.

Diane soutient souvent son ventre à deux mains, comme s'il était très lourd. Elle est venue s'asseoir sur la chaise de Jim Jagger pour assister à la démonstration de Jim Pex sur les rainures laissées sur les douilles et les cartouches. L'explication détruit des lambeaux importants de son propre scénario sur ce qui s'est passé ce soir-là.

Debout, Jim Jagger examine la maquette, les photos, et prend des notes.

Pex explique qu'il a vaporisé du Luminol dans la Nissan et sur la route, révélant du sang dans la voiture et sur le panneau, sous la portière, mais, étrangement, aucune trace de sang sur la chaussée. Pex en déduit qu'aussitôt après que Cheryl eut reçu le second coup de feu et se fut trouvée sur la route, le tireur la repoussa dans la voiture – avant que le sang ne coule de la blessure. Les premiers saignements ont été internes ; la mare de sang sur le plancher avant s'était échappée de la bouche de Cheryl.

Le contre-interrogatoire de Jim Pex ne manque pas de sel. Jagger veut démolir la théorie selon laquelle Cheryl a reçu une balle à l'extérieur de la voiture. Il demande si l'angle de la portière n'aurait pas pu être différent des suppositions du légiste, si certaines éclaboussures de sang n'auraient pas pu provenir d'une autre source, à un autre moment.

– Possible, répond calmement Pex, si vous avez une autre solution.

L'avocat attaque Pex. Jagger, le maître des questions contournées, est a son avantage dans ce type de débat. Éclaboussures de sang, particules de poudre, rainures d'éjecteur, rainures d'extracteur – tout cela est confus pour quiconque n'est pas familier de la balistique et des analyses médico-légales. Il tente de brouiller le problème en posant la même question de plusieurs manières, de sorte que les jurés perdent patience et intérêt.

Irrité, Pex répond à une très longue question de Jagger :

– Écoutez, nous ne parlons pas d'un ballon de basket, mais d'un liquide.

– Bien. Bien. Reconnaissez que d'autres experts ne seraient pas de votre avis sur ce point, rétorque Jagger.

– Non. Je ne le reconnais pas, répond Pex, dont le ton est monté d'un cran.

Fred Hugi n'a pas d'objection. Le légiste est de taille à se défendre tout seul.

Ce lundi ensoleillé semble ne jamais devoir finir. Diane est sombre et déprimée. Elle s'est appliquée à ne pas regarder les maquettes dans la salle : les poupées avec des sondes en travers du corps, la voiture ressemblant à la sienne, et les terribles photos sur papier brillant de Cheryl – morte.

Diane porte chaque jour une tenue différente. Ce mardi, son ensemble est à rayures grises et rouges. Elle a toujours au poignet le bracelet rouge d'identification des prisonniers dangereux, mais s'arrange pour qu'il soit dissimulé par sa tenue.

On en est encore à la question du sang. Qui aurait cru que le sang pouvait être vu de tant de manières ? Pour garder un peu de sérénité, il est important d'en oublier la provenance et de se concentrer sur l'aspect scientifique du contre-interrogatoire prolongé du médecin légiste.

Oui, il y avait des éclaboussures de sang à l'extérieur de la voiture. Oui, Pex croyait que le jet, qui paraissait sorti d'une bombe aérosol sur le panneau au-dessous de la portière, provenait de la blessure de Cheryl. Les balles, à grande vitesse, plus de huit mètres par seconde, provoquent un brusque épanchement de sang.

Laconiquement, Pex explique que même si la victime est presque morte, son sang jaillit tout de même violemment si on lui tire dessus.

Jim Jagger suggère que le sang sur le panneau extérieur ne provient pas d'un coup de feu reçu par Cheryl hors de la voiture, et que le panneau a été taché lorsque Shelby Day a sorti la petite de la voiture. La manche du pull-over de la poste a dû tremper dans la mare de sang, sur le plancher avant, et éclabousser le panneau sous la portière.

Non. Les marques laissées par une manche qui goutte ou une main qui saigne ne ressemblent pas à ces éclaboussures. Pex est formel.

Le pull-over de la poste dont le poignet gauche est ensanglanté est enregistré comme pièce à conviction numéro 53.

Jim Jagger prend la poupée « Cheryl » à l'avant de la voiture, l'enveloppe du pull-over et montre comment la manche a traîné dans le sang, puis goutté sur le panneau, sous la portière. Il doit exécuter une série complexe de gestes et de tourbillons pour faire admettre son point de vue. Pex secoue légèrement la tête.

Quand il en a terminé avec la poupée, Jagger la jette en position assise à l'arrière de la voiture en contre-plaqué. Les mèches de laine retombent sur les yeux de feutrine qui regardent droit dans la direction de Diane.

La prévenue caresse de ses longs ongles pointus son ventre proéminent à plusieurs reprises, comme pour rassurer Charity Lynn. C'est un geste qu'elle fait de plus en plus souvent

– caresser son ventre, puis le gratter de ses ongles. C'est embarrassant de la regarder.

Du sang appartenant à Danny a été identifié sur le siège arrière, mais assez peu.

– La balle a obstrué son poumon, mais il a dû perdre du sang par le nez ou par la bouche.

Minute ! Si Diane avait tiré, pourquoi n'y avait-il pas davantage de sang sur la manche de sa chemise à carreaux ? Cette question intriguait Jagger.

– J'ai confectionné un tablier de papier, explique Pex, j'ai tenu l'arme à cinquante-cinq centimètres du tablier, et il y a eu des éclaboussures en retour. Je tenais l'arme dans ma main droite et, en me rapprochant, il n'y a eu que quelques gouttes sur ma manche, le sang est parti à la verticale.

Bien sûr, Pex ne tirait pas sur un corps humain, mais sur une éponge imbibée de sang et enveloppée de plastique pour simuler la peau. Plus affirmatifs – et moins sensibles –, criminologues et pathologistes ont confirmé l'expérience avec des cadavres et des animaux, pratique qui rebute instantanément un jury.

Pour réfuter la théorie selon laquelle la présence de sang sous la portière était due au transport, par une infirmière, du corps de Cheryl, Pex avait tenté une autre expérience.

– Je suis allé à l'hôpital McKenzie-Willamette et j'ai versé un verre de sang sur le goudron. Nous l'avons piétiné et avons obtenu quelques éclaboussures sur un sac en papier. Les éclaboussures ne sont montées qu'à six centimètres. Nous n'avons pu provoquer aucune éclaboussure à plus de six centimètres au-dessus du niveau du sol. Celles de la portière sont à vingt-huit centimètres.

Quel qu'ait été le tireur, Pex est convaincu qu'il ou elle a tiré à partir du côté du conducteur, visant en contournant le siège ou entre les sièges baquets.

John E. Murdock, directeur du laboratoire médico-légal de Martinez, en Californie, l'un des plus grands spécialistes du pays en armes à feu, confirme les dires de Jim Pex : les marques laissées sur les douilles et les balles sont aussi précises que des empreintes digitales.

– Les marques de l'extracteur présentaient des similitudes suffisantes pour que je puisse en conclure qu'elles avaient toutes été tirées par la même arme. Là-dessus, tous les experts que j'ai consultés conviennent qu'il s'agit là d'un cas classique.

Diane est assise, placide, les mains jointes sur son ventre pendant le témoignage du criminologue californien. Elle ne semble pas avoir conscience du panneau, derrière elle, sur lequel s'étale un agrandissement du Ruger semi-automatique, juste au-dessus de sa tête.

Elle est impatiente de passer dans le box des témoins. Elle pourra tout expliquer. Elle ne doute pas que le jury la croira.

39

Dick Tracy témoigne à nouveau, sur la manière dont il a aidé Diane à composer le portrait-robot du suspect le 20 mai.

– Nous avons commencé par les cheveux et elle a choisi des cheveux longs et mal peignés, ensuite, elle a voulu qu'on rajoute des cheveux ; elle voulait « des yeux plus méchants »...

Ils avaient travaillé longtemps sur la première esquisse et finalement, après avoir modifié le menton à plusieurs reprises, Diane avait dit : « Ça lui ressemble assez... »

Tracy était présent lors de la fouille, qui dura toute la journée, dans la maison de Diane. Tous les menus détails de sa vie, les objets au fond des tiroirs sont devenus pièces à conviction numéros 220 à 233 : lettres, cartes romantiques, poèmes écrits pour Lew, textes, calendriers, formulaires à moitié remplis, photos. Tracy en énumère la liste d'une voix monotone.

Un poste de télévision et un magnétoscope sont apportés dans le prétoire. Diane rejoue la scène du crime devant le caméscope de Jon Peckels, quatre jours après qu'il a eu lieu. Dick Tracy joue le rôle du suspect. Diane le sien. C'est une étrange cassette vidéo. La jeune femme blonde et mince sur l'écran a le bras gauche dans le plâtre, en écharpe. Elle rit tout en expliquant à Tracy comment il doit s'approcher d'elle, change d'avis et le fait déplacer.

« Je jette les clés, d'accord », dit-elle en riant encore.

Ensuite Diane saute au volant en poussant de petits cris entre-coupés de gloussements. « C'est pire que... »

Sa phrase reste inachevée. Elle a heurté de son bras le montant de la portière dans sa « fuite » ; on a l'impression qu'elle était sur le point de dire : « C'est pire que la réalité. »

« Cheryl Lynn était sur le plancher à l'avant... recouverte d'un pull-over. Elle dormait. Danny dormait à l'arrière. »

Diane rit de nouveau devant la caméra. Rire nerveux ?

L'écran s'éteint. Diane affiche un petit sourire – ici, maintenant. Elle laisse glisser ses ongles longs sur son ventre, de bas en haut et de haut en bas.

On apporte ensuite un magnétophone.

Hungry like the Wolf retentit dans la salle du tribunal. Les premiers sons de la cassette sont sinistres, inquiétants, le trille d'une femme, un rire insouciant : « Je pars en chasse... je te poursuis... je suis affamé comme un loup... »

Le meurtre est quelque part dans cette musique, agressant l'oreille.

Des regards à la dérobée sont lancés vers la table de la défense. Diane affiche un sourire épanoui. De quoi vous donner la chair de poule. Elle chuchote à l'oreille de Jim Jagger, en gloussant. Pourquoi cette chanson n'a-t-elle pas fait pleurer Diane ? Pourquoi ne l'a-t-elle pas fait vomir ?

Elle balance son pied en rythme sur la musique, en claquant des doigts. Lorsque la phrase du titre revient dans la chanson, elle mime les paroles *Hungry Like the Wolf* en même temps que la cassette.

La chanson s'éternise, ricochant sur les murs et le plafond de la petite salle. Par-dessus les arrangements, certains bruits incongrus, comme des détonations. Un tambour, peut-être. Et des hurlements. Dans le clip qui passe sur MTV, les cris perçants sont ceux d'une femme-tigresse en plein orgasme. Dans la salle d'audience d'Eugene, pour tous ceux qui ne connaissent pas la vidéo, ce sont des coups de feu et des enfants qui hurlent de terreur et d'agonie.

Fred Hugi, qui a à peine regardé Diane au cours des premières semaines du procès, déplace sa chaise et plante ses yeux sur elle, sans ciller. Elle ne le regarde pas.

Les bruits que l'on pourrait prendre pour des détonations reviennent, puis les paroles haletées et les hurlements stridents. La chanson se termine enfin. Diane, toujours souriante, bat la mesure. La salle est aussi silencieuse que si elle était vide. Le visage des jurés est gris.

Diane a très mauvaise mine le lendemain matin. Elle est si pâle qu'elle semble verte.

Les policiers continuent de défiler dans le box des témoins. Puis vient le tour de Paul Frederickson.

Diane s'est beaucoup confiée à son frère. Elle lui a dit qu'elle allait changer sa version de l'homme aux cheveux longs contre une version avec deux hommes en cagoule. Frederickson affirme sous serment lui avoir conseillé : « Si ce n'est pas vrai, ne le fais pas, mais si c'est vrai, vas-y. »

Et Diane lui a assuré : « C'est vrai. »

Diane avait des « rêves matinaux », explique Paul au jury.

— Les gosses étaient tous vivants, Danny marchait. Cheryl avait du sang sur sa chemise, mais elle allait bien. Ils couraient ensemble pour échapper à quelqu'un, et c'était toujours Cheryl qui savait où aller pour éviter le danger.

D'après Paul Frederickson, les rêves ont disparu dès que Diane a commencé sa thérapie avec Polly Jamison.

— A-t-elle montré de l'émotion lorsqu'elle était dans sa chambre ? lui demande Jagger lors du contre-interrogatoire.

— Oui. Elle pleurait mais c'était étouffé. Pour elle, ça a toujours été quelque chose de très personnel.

— Étouffé, reprend Jagger. Comment cela ?

— Étouffé avec un coussin, je pense.

— Ah ! Bien !

Jagger veut montrer que sa cliente est capable de verser des larmes.

— Lorsque nous n'étions que tous les deux, elle montrait ses émotions, mais pas avec mes parents... Dans notre famille, mon père est plutôt sévère... très autoritaire. Il considère que l'on doit dissimuler ses émotions. La tristesse et ce genre de sentiments doivent rester privés.

Sa brève liaison avec Diane est revenue hanter Cord Samuelson. Il est atrocement embarrassé de monter dans le box des témoins. Heureusement, Samuelson a déjà avoué son infidélité à son épouse.

— C'était le jour précédant l'audience devant le Grand Jury, se souvient Samuelson. Diane est venue sur ma tournée et m'a demandé : « Tu veux savoir ce qui s'est réellement passé ? » Je lui ai répondu que je pensais le savoir. Je lui ai conseillé de raconter la vérité à la police et elle m'a répondu que son avocat lui avait expliqué que ça ne faisait pas bon effet de changer de version au beau milieu d'une enquête judiciaire. Elle m'a demandé de ne répéter à personne ce qu'elle venait de me dire. Elle était convaincue que les policiers n'avaient pas trouvé l'arme du crime. Elle m'a demandé : « Comment peuvent-ils prouver quoi que ce soit sans l'arme du crime ? »

– Vous connaissiez bien Diane Downs avant la fusillade ? demande Fred Hugi.

– Oui.

Avec tact, le substitut du procureur en reste là.

– Faites entrer Lewis Lewiston.

Le public retient on souffle. Non. C'est plutôt une vague de soupirs. Il est venu.

Avec la même curiosité éhontée, tout le banc de la presse se retourne pour guetter son entrée par la double porte au fond de la salle. Le juge Foote abat son maillet pour rétablir l'ordre. Diane n'a pas bougé, n'a pas tourné la tête.

Lew entre d'un pas assuré et, malgré les avertissements du juge, les murmures augmentent crescendo. Il a la tête de l'emploi, héros de western jusqu'au bout des bottes, grand, bronzé, la barbe et la moustache soigneusement taillées. S'il est nerveux, il ne le laisse pas voir en s'avançant pour prêter serment.

Hugi entre sans ménagement dans la vie intime de Lew. Elles doivent frapper, ces questions sur la liaison qui a commencé lorsqu'il s'est cassé le coude, en 1982.

Lew parle d'une voix chaude à l'accent traînant.

– Ma femme s'en est rendu compte le jour de mon anniversaire, le 12 septembre. J'ai dû lui avouer que j'avais une liaison car Diane m'avait accusé de lui avoir passé une maladie. Je lui ai dit que non... mais je devais en parler à ma femme qui l'avait probablement attrapée aussi. Le 13 septembre, j'ai essayé de rompre. Un coup de feu a été tiré dans le bungalow de Diane ce jour-là.

Lew n'a pas à s'étendre sur les détails concernant ce coup de feu – Steve a déjà témoigné du désespoir hystérique de Diane lorsque son amant l'a quittée la première fois.

Mais la liaison s'était poursuivie, amplifiée même, d'après Lewiston. Diane le poussait à quitter sa femme et à demander le divorce. Il disait parfois qu'il le ferait mais il changea d'avis en fin de compte. Il hésita longtemps ; Diane ne le lâchait pas.

Les enfants ?

– Je ne les ai pas vus souvent.

– À partir de Noël, demande Hugi, comment étaient les.... deux relations ?

– Le pire, c'était avec ma femme, parce que je continuais à lui mentir. Diane voulait que je divorce pour vivre avec elle et ses trois enfants. Je lui ai dit que je ne voulais pas être père de famille. Je n'ai jamais voulu avoir d'enfants – ni être père.

Le cou de Diane s'empourpre soudain, c'est sa seule réaction.

À y regarder de plus près, chaque muscle est tendu comme une corde. Elle se penche souvent vers Jagger pour chuchoter à son oreille tout en gloussant. Elle doit agir comme si le témoignage de Lew n'avait aucune importance à ses yeux. Qui pourrait croire qu'elle tenait assez à cet homme pour tirer sur ses enfants ? Mais, tout en s'efforçant d'afficher indifférence et mépris, les yeux de Diane se posent sur l'alliance qui brille au doigt de Lew.

Elle ne l'a pas vu depuis huit mois – Lew, son homme en or, son amant sans lequel elle ne pouvait passer une seule nuit. Lorsqu'il quitte la barre des témoins, il est peu probable qu'elle le revoie jamais.

En répondant aux questions de Fred Hugi, Lew raconte les dix-sept mois de sa liaison avec Diane, avant qu'elle ne parte pour l'Oregon. À la fin, elle le harcelait.

– ... Une pression quotidienne pour que je divorce, vende ma maison et la suive en Oregon. Elle voulait que je me dépêche pour que nous partions ensemble. Je lui ai dit : « Si ça doit se faire, ça se fera. » En fait, je n'avais pas pris de décision.

Et l'arme ? Le Ruger calibre 22 ?

– Quelques jours avant son départ – quatre ou cinq jours avant –, elle m'a proposé de me le prêter. Son ex-mari, Steve, n'était pas à proprement parler mon meilleur ami... il avait menacé de me casser la figure.

Lew affirme qu'il a refusé l'offre du Ruger après l'avoir considérée un moment.

– Je l'ai vu dans le coffre de sa Nissan la veille de son départ, le Ruger 22.

– Quel jour est-elle partie ?

– Le 2 avril 1983.

Tandis qu'il explique que le départ de sa maîtresse a été « un soulagement », la carapace de Diane craque visiblement, pour la première fois depuis le début du témoignage de Lew. Elle le regarde avec une expression d'ineffable tristesse.

Diane était revenue une fois, poursuit Lew, pour lui rendre sa chaîne en or.

– Lorsqu'elle est repartie, le 28 avril, j'ai cru que c'était terminé. Elle m'avait rendu ma chaîne ; je ne voulais pas venir en Oregon et je vivais à nouveau avec ma femme.

Lew se souvient du matin où il a appris la nouvelle de la fusillade.

– Diane avait la même voix que d'habitude. Elle m'a demandé : « Comment tu vas ? » et a ajouté : « Tu vois, je t'ai laissé tranquille. Pas de lettres. Pas de coups de fil. » J'ai répondu : « Pourquoi tu appelles ? » Alors elle m'a parlé de la fusillade.

– Semblait-elle perturbée ? demande Hugi.

– Pas le moins du monde.

Un sifflement parcourt la salle. Ce n'est pas un soupir mais une sorte de souffle.

Hugi questionne le témoin sur le tatouage en forme de rose qu'il a sur l'épaule. Lew hoche la tête. Diane s'est fait tatouer la première, avec son prénom à lui sous la rose. Pendant des mois, elle l'a supplié d'en faire autant. Un soir, après plusieurs verres, il a fini par accepter. Mais il a refusé que son prénom à elle soit ajouté sous le dessin, comme elle le voulait.

– Y a-t-il un prénom sous votre tatouage à présent ?

– Oui.

Diane se fige, l'oreille tendue.

– Quel est-il ?

Lew se tourne ostensiblement vers son ex-amante et la regarde droit dans les yeux.

– Adorable Nora, annonce-t-il.

La mâchoire de Diane se referme d'un coup sec, elle encaisse le coup. Elle se ressaisit immédiatement et secoue tristement la tête, comme pour dire : « Je le savais depuis le début, je savais qu'il l'avait dans la peau. »

Lew soulève le couvercle d'une boîte de roses desséchées et hoche la tête. C'est la boîte que Diane lui a montrée lorsqu'elle est revenue lui rapporter sa chaîne. Il reconnaît le demi-dollar en argent de 1949 trouvé dans la boîte à gants de la Nissan.

— C'est moi qui le lui ai donné, c'est mon année de naissance.

Puis un flot de lettres de Diane adressées à Lew. Certaines expédiées, certaines qu'elle lui a données directement. La plupart ont été écrites avant son départ, elle les cachait dans ses tiroirs, dans la salle de bains, partout dans son appartement – pour qu'il les lise après son départ.

Lew parlera pendant des heures dans le box des témoins. Avec la tension et la fatigue, il reprend l'accent traînant du Texas.

Jim Jagger suggère à Lew que Diane n'était pas aussi obsédée par lui que l'accusation voudrait bien le faire croire au jury. Sa cliente murmure des suggestions tout au long de ce contre-interrogatoire.

— Vous ne passiez qu'une heure ou deux avec elle ? demande Jagger en évoquant leurs rencontres quotidiennes.

— Non, monsieur.

— Combien de temps ?

— Elle restait toute la nuit chez moi.

— Lorsque vous viviez avec votre femme, à quelle heure rentriez-vous à la maison ?

— À cette époque, on se retrouvait après le travail. Nous étions ensemble huit heures par jour à la poste, et ensuite on se retrouvait pendant deux heures – en moyenne.

Jim Jagger souligne que cet homme marié a menti à sa fidèle épouse pendant toute la période où il a séduit sa vulnérable cliente.

L'avocat de la défense obtient des réponses qui montrent qu'en fait Lew aime bien les enfants. Des réponses laissant entendre que le motif allégué par l'accusation – selon lequel Diane aurait tiré sur ses enfants pour ravoir Lew – est ridicule. Lew rétorque qu'il n'a jamais voulu d'enfants à lui. Diane a toujours prétendu qu'elle n'avait pas besoin de lui pour servir de père aux siens. Oui, une fois il a dit : « Je pourrais peut-être essayer... »

— Vous la considériez comme une femme passionnément amoureuse de vous ? demande Jagger, sarcastique.

— Oui, monsieur.

– Elle vous répétait qu'elle vous aimait au moins vingt fois par jour, c'est ça ?

– Oui, monsieur.

Juste avant que Diane ne parte pour l'Oregon, Lew lui avait révélé que Nora refusait de lui accorder le divorce, pas avant qu'elle ne soit « prête ».

– Pour quelle raison Diane a-elle déménagé ?

– Pour que je me décide à quitter ma femme et à la suivre.

Jim Jagger s'acharne sur Lew. Diane n'était-elle pas partie sans faire d'histoires ? N'est-ce pas le summum du fair-play ? Étrange comportement pour une femme qui répétait à son amant vingt fois par jour qu'elle l'aimait...

– Avez-vous eu connaissance d'autres liaisons que Diane aurait eues pendant qu'elle était avec vous ?

– Non, monsieur.

Lew n'était pas au courant des liaisons ultérieures de Diane. Il ignorait qu'elle avait sauté dans le lit de Cord Samuelson sitôt arrivée dans l'Oregon.

Lew Lewiston passe presque toute la journée de mercredi dans le box des témoins. Les lambeaux de leur liaison, du mariage de Lew, de la vie menée par les enfants de Diane, sont exposés devant le jury – et devant le public – en autant de détails précis et douloureux.

Il reconnaît avoir craint, après la fusillade, que Diane ou la police ne le dénonce comme suspect. Il ajoute que, plus tard, sa plus grande peur a été que Diane revienne pour lui tirer dessus ou, pire, sur Nora.

– Si Diane était capable de tirer sur ses propres enfants, j'avais peur que le dernier obstacle pour elle soit ma femme. C'est pour ça que j'ai enregistré nos conversations.

Assis dans son costume bleu-gris, sa chemise bleu clair, sa cravate bleu marine et ses bottes en cuir naturel, ce témoin barbu ressemble davantage à un fermier prospère qu'à un facteur, ex-amant d'une femme inculpée de meurtre. Lewiston ne fait aucun effort pour se montrer plus brillant qu'il n'est. Il n'invoque pas d'excuse. Il se considère comme responsable de ce qui est arrivé. Peut-être est-ce sa façon de faire pénitence : il s'expose dans la salle du tribunal.

C'est terminé. Enfin. Et Lewiston quitte avec gratitude la barre des témoins. Lorsqu'il se dirige vers la porte, il est – le temps d'une seconde – à moins d'un mètre de Diane.

Elle va sûrement se retourner pour le regarder partir.

Elle ne se retourne pas. Pourtant, lorsque les portes se referment sur Lew, elle tressaille imperceptiblement. Tant et tant de fois Diane a craint que Lew ne la quitte. Cette fois, il est parti.

Pour de bon.

40

L'audition des cassettes commence le jeudi matin. Vingt-cinq bandes au total, dont certaines durent plus de deux heures. L'abondance des enregistrements est proportionnelle à la loquacité de l'accusée. On se croirait dans une farce sinistre. Les inspecteurs ont enregistré leurs entrevues avec Diane. Elle les a enregistrées de son côté. Lew a enregistré ses appels téléphoniques pour la police. Diane a enregistré Lew car elle ne lui faisait pas confiance. Et pendant tout ce temps, elle tenait son journal audio.

Chacun des membres du jury reçoit un énorme classeur contenant les transcriptions des enregistrements pour pouvoir suivre tout en écoutant les voix. On a l'impression que le procès durera tout l'été.

Les reporters sortent des blocs neufs et griffonnent frénétiquement, le public s'installe confortablement pour écouter.

Diane a entendu toutes les cassettes, comme l'y autorisent les droits de la défense. Tout de même ! Quelle humiliation d'écouter sa propre voix, tour à tour manipulatrice, enjôleuse, sanglotante, coléreuse, rauque d'une passion inassouvie, dans la salle du tribunal, à plein volume.

Diane n'aime pas sa voix. C'est une belle voix féminine, mais parfois son débit est si rapide qu'on dirait un disque trente-trois tours passé en accéléré. Il est difficile de l'imaginer en jeune femme timide, ce qu'elle prétend être.

Lew ne répond pas à ses appels incessants, à ses déclarations d'amour haletantes. Comment peut-elle s'aveugler à ce point ? Pourquoi s'est-elle acharnée sur cet homme qui la repoussait ? Se peut-il qu'elle n'ait pas entendu le refus glacé dans sa voix ?

Quelques jours plus tard, nous en avons presque terminé, il ne reste que la dernière entrevue avec les détectives, des heures d'écoute. Personne ne bouge, personne ne tousse.

— Vous connaissez cette personne ? demande finalement la voix de Welch.

— Oui, je la connais... Je pars parce que je sais qui l'a fait. Au revoir !

Le jury est perplexe. Pourquoi Diane aurait-elle gardé une telle information pour elle-même ?

L'accusation a appelé trente-trois témoins dans le box ; quatre cent vingt-huit pièces à conviction ont été enregistrées. Le dernier jour du mois de mai 1984, Fred Hugi se met à l'écart. L'accusation en a fini.

— Diane Downs !

Son avocat va la laisser témoigner. Au moment où elle monte dans le box des témoins, la porte est ouverte aux questions de Fred Hugi. Diane s'en moque. Elle va s'expliquer. Elle le doit.

Diane marche plus lourdement que le premier jour du procès, ses chevilles semblent trop fines pour supporter son énorme ventre.

Elle paraît son âge, vingt-huit ans, née le 7 août 1955.

— Comment vous sentez-vous ? commence Jim Jagger.

— Effrayée... répond-elle d'une petite voix haut perchée.

— C'est tout ?

— Contente d'être finalement ici — l'attente a été longue. Effrayée et impatiente de dire ce qui s'est réellement passé. J'attendais cette occasion.

— Que signifie le mot « contrôle » pour vous ? demande Jim Jagger à brûle-pourpoint.

— Le contrôle, c'est ne montrer aucune émotion. Ne pas montrer qu'on a mal, sinon les gens vous blessent encore plus.

— C'est vraiment ce que vous croyez ?

— Oui.

— Êtes-vous confiante de nature ?

— Non... Cela dépend vis-à-vis de qui.

Jim Jagger va tenter à présent de faire apparaître la petite fille effrayée qui se cache derrière le masque d'insolence.

Est-elle consciente, demande-t-il, que, même alors qu'il lui pose la question, elle est en train de sourire ?

— Non.

Diane rit ouvertement.

Pourquoi ? demande Jagger. Pourquoi rit-elle ?

C'est la faute de son père :

– Il fallait rester assis ou debout, à l'écouter. Pas le droit de sourire. Pas le droit de pleurer. On finit par reproduire ce qui est sur son visage à lui. On apprend à ne plus avoir de visage du tout.

– Vous comprenez que c'est très sérieux, lui rappelle Jagger.

– Oui, oui, s'impatiente-t-elle.

– Mais vous avez dit cela en riant.

– Il existe deux émotions très liées. Je n'ai jamais eu le droit de pleurer, alors je ris. Je sais que c'est sérieux, ici.

Et de nouveau, elle rit.

Peut-être ne peut-elle s'en empêcher. Peut-être ne sait-elle pas quel visage elle montre au monde, réellement.

Diane raconte au jury ses jeunes années. Non, elle ne s'est jamais confiée à sa mère à propos de l'inceste, des caresses et des attouchements nocturnes que lui a fait subir son père lorsqu'elle avait douze ans.

– Je n'en ai jamais parlé à personne avant d'avoir atteint l'âge de seize ans.

Son hostilité à l'égard de Wes Frederickson est dans chacun de ses mots.

– À cause de mon père, je ne peux pas supporter d'être touchée par des hommes dominateurs.

Jim Jagger lui demande de s'expliquer.

– Je n'aimais pas ça. J'ai toujours été contrôlée par quelqu'un jusqu'à mon divorce. J'ai juré de ne plus jamais être contrôlée, par quiconque !

– Aimez-vous contrôler les autres ?

– Non. C'est impossible. Ou j'en ferais des objets. Arriver à maintenir le contrôle sur soi-même est suffisant. Les gens disent que j'aime contrôler et manipuler les autres, mais c'est faux... Je croyais que mon père était une terreur, mais c'était le Père Noël à côté de Steve.

– À l'époque des incidents incestueux, comment arriviez-vous à les supporter ?

– Je les supprimais de ma mémoire. Cela n'existe pas. Je n'existais pas. C'était comme un cauchemar. Irréel.

Elle explique qu'elle n'a jamais pleuré, ne s'est jamais

défendue ou débattue. Son père était une figure d'autorité. Elle ne pouvait pas lui résister. Et elle ne pouvait le dire à personne.

– Steve vous a donc dominée plus tard. N'avez-vous pas protesté ?

– Si. On se battait. On se faisait encore plus mal. Je me battais presque jusqu'à ce qu'il m'étrangle, et si je me sentais mal et que je restais allongée sans bouger, il disait que j'étais folle.

– Par rapport à votre père, avez-vous eu le sentiment que vous deviez vous enfuir ?

– Oui et non. J'ai fait mes bagages cinq fois...

– Vous n'avez jamais frappé votre père ?

Diane semble ahurie par la question.

– Votre père vous a-t-il témoigné de la douceur, de la tendresse ?

– Non.

– Votre mère ?

– Quand j'étais petite.

– Steve ?

– Quand nous sortions ensemble au début. Cela a mystérieusement cessé le jour de notre mariage.

– Vos enfants ?

– Les enfants sont différents, répond Diane avec un visage rayonnant. Du jour où ils naissent, ils vous appellent en pleurant, ils ont besoin de vous. Ils ne demandent rien en retour.

– Quel genre de mère étiez-vous ?

– La première année, j'apprenais... les quelques années suivantes, je n'ai pas été une bonne mère. On se battait, Steve et moi, et il nous abandonnait. Ensuite Christie venait s'asseoir près de moi et je m'emportais contre elle. Cheryl faisait plein de bêtises, et j'étais tout le temps en train de crier après elle.

– Pensez-vous que ce que vous ont fait Steve et votre père a pu vous affecter ?

– Oui.

Ils parlent du texte de Diane sur les enfants maltraités. Elle l'a écrit en juillet 1982.

– C'est important. Les gens n'ont pas le droit de faire du mal aux autres – surtout aux enfants.

Elle s'était sentie mieux après avoir écrit ce texte. Cela l'avait aidée.

– Même si je n'étais pas le genre de mère qui bat ses enfants, je voulais l'écrire.

Jim Jagger a bien joué en montrant une femme issue d'un foyer sans amour où le père avait abusé d'elle, une épouse terrorisée par son mari, ballottée et trompée au point qu'elle s'était mise à frapper ses enfants, une mère désespérée qui s'était reprise à temps, qui avait même essayé, en écrivant ce texte, d'empêcher d'autres parents de maltraiter leurs enfants. Une telle femme était digne de louanges mais ses émotions étaient restées trop longtemps gelées à l'intérieur – quelque part derrière son sourire narquois si irritant.

Et maintenant, après tout ce que Diane a déjà enduré, l'État lui a enlevé ses enfants survivants et essaie de l'envoyer, elle, en prison, pour ce qu'un cinglé leur a fait à tous les quatre.

Diane reconnaît qu'elle ne se souvient pas de tous les détails de cette fameuse soirée, du trajet jusqu'à l'hôpital, mais elle se rappelle qu'il n'y avait personne pour l'aider. Son souvenir du 19 mai est partagé entre certains détails très nets et d'autres obscurs.

– Une infirmière s'est accroupie devant moi, a posé une main sur mon genou et m'a dit : « Un des enfants ne s'en sortira peut-être pas », alors j'ai pensé que je ferais aussi bien d'y aller... tout le monde me disait d'y aller... j'ai laissé tomber les formulaires d'assurance.

– N'était-ce pas stupide de dire une chose pareille ?

– Je dis beaucoup d'idioties. Je suis douée pour ça.

Bien sûr, elle avait pleuré à l'hôpital. Elle s'était mise à pleurer lorsque sa mère l'avait rejointe, dans la petite salle d'attente. Elle se souvient d'être retournée à l'hôpital pour faire soigner son bras. Dick Tracy et Doug Welch étaient présents. On lui avait dit qu'une de ses filles était au bloc opératoire, mais que Danny s'en sortirait.

– Ils n'ont pas parlé de l'autre petite fille. « Vous a-t-on dit que Christie était morte ? » m'a demandé Doug. Je me suis mise en colère contre lui, j'ai crié. C'était affreux parce que Christie n'était pas la plus mal en point... J'avais peur, car si Cheryl était morte, Christie allait mourir aussi et je les aurais perdues toutes les deux.

Jim Jagger ne s'attarde pas sur les détails. Dès que Diane commence à sourire, il enchaîne sur son enfance ou introduit des photos de ses enfants. Jagger utilise des signaux pavloviens. Il est obligé de rappeler constamment à sa cliente qu'il n'y a pas de quoi rire. Il ne peut tout de même pas lui attacher une corde à la cheville et tirer dessus chaque fois qu'elle s'oublie ! Il utilise donc les photos et les questions pour la ramener au sérieux de la situation. Elle a pris des dizaines de photos de ses enfants. Christie à huit mois avec le chat ; Christie à trois mois en train de rire. Fred Hugi comprend aussitôt la signification des clichés. Un voile de tristesse s'abat instantanément sur le visage de Diane dès que Jagger lui demande d'identifier une nouvelle photo. C'est comme s'il tournait un commutateur.

Jim Jagger enfonce une porte ouverte.

— Avez-vous développé un amour profond pour ces enfants ?

— Oui.

— Avez-vous développé un amour pour un homme – comme Lew – qui pourrait passer au-dessus de l'amour pour vos enfants ?

— C'est ridicule.

— Vos enfants vous manquent-ils ?

— Oui... Beaucoup.

Diane donne le détail des torts que sa famille a subis.

Elle explique qu'elle s'est emportée contre les policiers dans la salle des urgences, car elle s'inquiétait pour le coude de Christie. Christie avait deux balles dans la poitrine et un trou fait par une balle qui avait traversé sa main ; une attaque avait paralysé la moitié gauche de son cerveau, mais sa mère s'inquiétait pour son coude.

— Son coude droit lui faisait très mal. Il n'était même pas prévu qu'elle suive une rééducation. Lorsqu'elle a reçu le premier coup de feu, elle s'est redressée. Au deuxième, elle est tombée. J'avais peur qu'elle ne se soit claqué un tendon.

Diane revient au moment où, à l'hôpital, elle reçut la pire de toutes les nouvelles. Mais en une heure de témoignage, son histoire avait changé. Elle ne reprochait plus à Doug Welch de lui avoir annoncé la nouvelle.

— Ils m'ont dit que Christie était morte. Je suis restée abasourdie, pleurant Christie et Cheryl. Puis ils ont dit que Cheryl était morte. J'ai demandé : « Les deux ? » Et ils ont répondu : « Non, Christie est vivante. » J'ai eu l'impression d'avoir trahi Cheryl parce que j'avais pleuré Christie qui n'était pas morte. Lorsqu'ils m'ont dit que c'était Cheryl qui était morte, j'ai eu l'impression qu'elle se tenait dans la pièce et me demandait : « Tu ne m'aimais pas, maman ? »

Diane éclate soudain en sanglots. Pour la première fois depuis le début de ce long procès, elle semble réellement souffrir. Elle s'excuse et se ressaisit presque aussitôt en souriant.

D'autres photos des enfants lui sont présentées : les deux petites filles ensemble, Christie avec les cheveux dans les yeux, Cheryl souriant à l'objectif.

Diane affiche un sourire heureux en regardant les clichés.

– Vous souriez, lui rappelle Jagger.

– Ça me fait du bien de les regarder. C'étaient des jours heureux.

– Vos enfants sont-ils handicapés ? demande Jagger, plus tard dans la journée.

– Oui, mais je veux qu'ils reviennent vivre avec moi. Ça ne change pas leur cœur. Ça ne change pas leur esprit.

Jim Jagger se jette sur la théorie du motif de l'accusation. A-t-elle aimé Lew au point de....

– Oui. J'ai aimé Lew, même après la fusillade, répond-elle en interrompant l'avocat au milieu de sa phrase.

– Supposons que vous ayez cru que les enfants étaient un obstacle entre vous et M. Lewiston...

Diane secoue vigoureusement la tête. Lew n'aimait pas les problèmes, c'est tout.

Elle avait quitté l'Arizona et était venue dans l'Oregon uniquement pour échapper à son ancienne vie. Pas pour forcer Lew à prendre une décision, uniquement pour tout recommencer de zéro. Pourquoi dit-elle cela ?

Diane passera quatre jours et demi – durée sans précédent – dans le box des témoins. Elle fait défiler sa vie entière. Elle corrige, modifie, rectifie, adoucit les actes accomplis (ou non) pour le jury.

Diane dit tout.

Encouragée par Jagger, elle se souvient de leur merveilleuse balade au bord de la mer, une semaine avant la mort de Cheryl. Elle explique que c'est la raison pour laquelle Christie s'est trompée sur le moment où elle a entendu *Hungry Like the Wolf.*

– Il n'y avait que neuf mille cinq cents kilomètres au compteur de la voiture avant le meurtre. Nous avions quatre cassettes : The Beat, Saga, Men at Work et Duran Duran. Les cassettes passaient tout le temps. On a dû passer Duran Duran pendant au moins quatre mille kilomètres.

– Aviez-vous des armes à feu...

– J'ai ramené deux armes dans l'Oregon, le fusil de calibre 22 et le revolver de calibre 38. Le 38 avait une crosse de couleur crème avec des gravures marron... Nous avons pris le cerf-volant de Danny quand nous sommes allés au bord de la mer... Le 38 était dans le coffre, bien visible. Les enfants n'ont pas cessé d'aller chercher ou déposer des choses dans le coffre de la voiture, toute la journée. Le fusil était dans le placard de ma chambre. Il n'y avait probablement pas de balles dedans.

Diane confirma que l'autoradio ne marchait que lorsque le contact était mis. Christie avait simplement dû croire qu'elle avait entendu *Hungry Like the Wolf* pendant la fusillade.

– C'est impossible, quand les clés ne sont pas sur le contact, l'appareil s'arrête automatiquement.

Jim Jagger demande à Diane si elle est consciente qu'elle a quelque peu déconcerté le public par sa réaction lorsqu'elle écoutait la chanson.

Elle sourit.

– Cette cassette n'a rien de négatif pour moi. C'était la préférée de Cheryl. Elle ne peut pas me rendre triste, je suis désolée.

Bien sûr, elle se rend compte qu'elle a souri, battu la mesure avec son pied et chanté en même temps que la cassette.

– J'étais juste moi-même.

Lorsqu'elle explique comment elle a annoncé à Christie que Cheryl était morte, elle éclate à nouveau en sanglots, rougit. Elle n'est pas le moins du monde troublée lorsqu'elle parle de sexe, mais lorsqu'elle parle de douleur, si. Elle se hâte de poursuivre son récit.

– C'est à ce moment-là que nous avons décidé que la licorne était Cheryl. Les licornes sont des animaux magiques. Elles ne meurent jamais... La licorne dit : « Christie, Cheryl, Danny, je vous aime, Maman... » C'était pour les enfants. Ils commençaient une nouvelle vie en Oregon. C'était un nouveau départ.

Pourquoi, la nuit du 19 mai, devant le policier Rutherford, avait-elle exprimé son regret d'avoir acheté la licorne ?

– J'ai dit : « Je n'aurais pas dû acheter la licorne, peut-être que rien de tout ça ne serait arrivé. » Je voulais dire que toute cette liberté, ces liens entre nous... Peut-être que je devenais trop arrogante et que Dieu m'a punie. Les prénoms gravés pour l'éternité... c'était trop orgueilleux. Pour les baptistes, Dieu vient en premier. Moi, j'ai mis mes enfants en premier.

On approchait de la vérité dans ce procès sans fin : soit Diane mettait réellement ses enfants au-dessus de tout, et elle n'avait aucune raison de leur tirer dessus, soit, comme le suggéraient ses lettres et ses cassettes, elle était obsédée par Lew et l'accusation aurait la part belle.

Quelle Médée des temps modernes – excuse monstrueuse pour une mère – aurait tiré sur ses trois enfants, chair de sa chair, et continué à jouer les martyres, victime pitoyable plutôt que meurtrière ?

À moins qu'elle n'ait appris à effacer tout bonnement les moments particulièrement laids de son passé au point de croire qu'ils n'avaient jamais existé.

41

Un autre week-end interrompt le cours du procès. Diane reviendra-t-elle, ou son accouchement est-il imminent ?

Elle ne se présente pas. L'huissier a l'air solennel. La tension de son témoignage aura provoqué un accouchement prématuré. Le public est déçu et s'agite.

Soudain, Diane apparaît, se frottant les poignets comme si les menottes avaient été trop serrées. Elle est livide. Très fatiguée. Très triste. Jusque-là, elle est toujours entrée dans le prétoire d'un pas assuré. Aujourd'hui, elle se contente de hausser les épaules tandis que l'huissier lui demande d'aller se placer directement dans le box des témoins.

Le rouge cerise de sa robe accentue sa pâleur. Diane a appris que l'enfant qu'elle porte n'est pas le sien mais celui de l'État.

– La cour des mineurs du comté de Lane a ordonné qu'on me prenne mon bébé – celui qui n'est pas encore né. Je ne pourrai même pas le voir. Je suis furieuse mais je compte me battre.

À partir de maintenant, Diane entourera plus souvent son ventre de ses bras. Ils ne peuvent pas le lui arracher. C'est comme si elle avait fait le vœu de rester enceinte. Si elle ne donne pas naissance à son enfant, ils ne pourront pas le lui prendre.

Jim Jagger s'avance avec ses questions. Diane soupire et reprend son récit. Elle a vingt-deux ans ; elle avorte d'un enfant de Steve ; celui-ci subit une vasectomie ; elle prend conscience de son geste au stand de Laissez-les-vivre ; elle est violée par son patron ; elle séduit le père de Danny ; elle mène à terme sa grossesse triomphante et accouche de Danny, puis il y a sa grossesse de mère porteuse...

Jagger revient aux conséquences de la fusillade. Oui, Diane a pu demander si elle pouvait retourner travailler le lendemain de la fusillade. Pourquoi pas ? Elle n'était jamais absente.

— Je ne sais pas... c'était une nuit de folie.

— L'expression est légère, lui signale Jim Jagger. Certaines personnes pourraient mal l'interpréter...

— Bon... reprend-elle rapidement. C'était un cauchemar dont je ne pouvais pas me réveiller.

Diane accuse l'hôpital d'avoir rendu Danny infirme. Une infirmière l'aurait délibérément déplacé, provoquant la paralysie.

— J'espère qu'elle brûlera en enfer. Je crois en Dieu, explique sombrement Diane. Danny marchera. Je le sais.

Les souvenirs de Diane dans la salle des urgences ne concordent pas avec ceux du personnel médical.

— Ils ne me racontaient que des mensonges. Six fois de suite, ils m'ont fait sortir de la salle. Je me suis redressée sur la table et ils m'ont obligée à me rallonger. Je n'ai revu Cheryl que dans son cercueil. Je ne l'ai toujours pas accepté – pas plus que le placement des deux autres dans un foyer d'accueil.

Elle n'avait pas le pistolet de calibre 22. Elle l'avait rendu à Steve. Elle n'était même pas sûre de savoir le charger et le décharger.

— J'aimerais ne plus entendre parler d'une arme de calibre 22 pendant le restant de mes jours ; je serais au paradis !

— Que ressentez-vous aujourd'hui en parlant de l'attaque ?

— De la tristesse surtout. Mais j'ai raconté cette histoire tant de fois que la douleur s'est diluée.

Diane parle – beaucoup – et identifie d'autres photos de ses enfants.

Les femmes sont nombreuses dans le public et composent également la majorité du jury. Diane raconte sa vie à d'autres femmes qui ont donné le jour à des enfants, qui ont connu des fins de mois difficiles, qui se sont débattues au milieu des couches et des biberons, des coliques et des rougeoles. La plupart ont des maris qui sont loin d'être parfaits. La plupart ont été déçues par l'amour et par la vie. Cela se lit sur leurs visages, un jugement silencieux. Si ç'avait été moi... Les femmes du jury quittent rarement Diane des yeux.

La prévenue et son avocat ont fini par arriver à l'été 1982. Diane parle de Lew et ses confidences sont si intimes qu'on pourrait croire qu'elle les raconte à sa meilleure amie.

Blesser ses enfants pour l'amour de Lew ? Il y a de quoi rire, dit-elle.

— Ce sont deux choses qui n'ont rien à voir.

Le moment est venu d'aborder la soirée du 19 mai en détail. Diane récite son histoire d'une voix lasse. La balade chez Heather, entre les arbres noirs, jusqu'au bungalow.

— J'ai l'impression de répéter toujours la même chose... Les enfants étaient dans la voiture. Ils ont caressé le cheval et nous avons parlé à Heather, par la fenêtre. Elle m'a demandé si Lew allait venir et je lui ai dit que non.

Ils étaient partis de chez Heather à 21 h 50.

Elle a ajouté dix minutes à l'estimation de son amie. Qu'avait-elle fait durant les vingt-cinq minutes entre le moment où elle était partie de chez Heather et le moment où elle était arrivée à l'hôpital McKenzie-Willamette ?

Elle avait repris la route par laquelle elle était venue, Sunderman Road, au sud. Puis elle s'était éloignée de la ville au croisement avec Marcola Road, pensant trouver un moyen de rejoindre la chute d'eau par Deerhorn Road. Bien que Cheryl fût encore en train de babiller, Diane s'était alors aperçue que Christie et Danny s'étaient endormis.

— Je me suis arrêtée pour réfléchir.

Diane se souvient d'avoir parlé à Cheryl.

— Nous avons discuté de l'école, de son nez qui saignait. Je lui ai dit que nous irions voir un ORL. Elle voulait qu'on continue à se promener mais elle n'a pas fait d'histoires. Elle apporterait la licorne à l'école le lendemain. Nous sommes restés garés un moment le long de la route, puis Cheryl s'est pelotonnée sur le plancher, devant le siège avant. J'ai reculé le siège pour qu'elle ait plus de place et elle s'est couverte avec mon pull-over de la poste. Elle était couchée sur le côté gauche, en position fœtale. J'ai vérifié que j'avais mon chéquier car je devais acheter des tickets de cantine la semaine suivante.

Diane a presque réussi à justifier les vingt-cinq minutes. Mais son histoire est-elle crédible ? Pourquoi s'arrêter le long d'une route déserte – en pleine nuit, après 10 heures du soir – pour vérifier si elle a son chéquier alors qu'elle n'est qu'à vingt minutes de chez elle ? C'est la première fois qu'elle mentionne le chéquier.

Jim Jagger lui demande à quel moment ce détail lui est revenu.

– Je m'en suis toujours souvenue – mais les inspecteurs ne m'ont pas posé de questions là-dessus.

Après avoir rangé son chéquier, elle a redémarré vers Marcola, en direction de Springfield. Elle a tourné dans Old Mohawk Road, il y avait une maison sur la droite.

– J'ai vu un homme, au milieu de la route, me faisant signe d'arrêter de la main gauche... J'ai stoppé tout de suite. Les enfants ne se sont pas réveillés. J'ai regardé ce qui se passait. J'ai pris les clés, une précaution normale.

– Que ressentez-vous en évoquant ces faits aujourd'hui ?

– Je suis émue – mais pas autant. J'ai peur. C'était une nuit horrible – une nuit de folie. Je ne me souviens pas de tous les détails.

Jim Jagger interrompt sa cliente lorsqu'elle devient agressive ; il l'aide à s'expliquer sur ses sentiments et ses souvenirs ; il lui permet de laisser la logique expliquer certaines réactions en cette « nuit de folie ».

– J'ai arrêté la voiture. J'ai regardé pour voir si les enfants dormaient ou pas. J'ai ouvert ma portière et je suis descendue. Il se tenait près de la portière. Il a dit qu'il voulait ma voiture. J'ai dit : « Ça va pas, non ? »

– Ne brodez pas, Diane, lui conseille Jim Jagger.

– Il m'a repoussée – d'un mètre environ. Je ne suis pas tombée. J'ai dû me rattraper à la voiture. Il s'est avancé. J'ai regardé la vitre et Christie a reçu un coup de feu. C'était presque simultané.

– Vous ne pleurez pas, suggère doucement Jagger.

– Non.

– Pourquoi ?

– Je ne peux rien y changer maintenant.

L'avocat de Diane achève son interrogatoire.

– Vous n'avez pas tiré sur vos enfants ni aidé quiconque à tirer sur vos enfants, n'est-ce pas ?

– Non.

Fred Hugi se lève lentement et s'avance vers Diane. Un an et douze jours se sont écoulés, depuis leur brève rencontre dans un couloir menant à la salle de réanimation de l'hôpital

McKenzie-Willamette, depuis l'instant où elle lui a assuré qu'elle était la plus forte

Contre-interrogatoire.

Hugi est prêt. Il a pensé à cette confrontation mille fois – la nuit, pendant qu'il conduisait, pendant ses pauses-déjeuner, assis, seul, dans le petit parc en face du palais de justice, sirotant un milk-shake. L'adrénaline aiguise ses sens et efface la douleur de sa dent. Diane est assise dans le box des témoins. Et c'est son tour.

Il ne s'attend à aucune révélation majeure.

– Nous savions que Diane n'avouerait pas à la barre. Le but du contre-interrogatoire était de permettre au jury de l'observer sous tension. Il s'agissait de mettre en évidence ses raisonnements tortueux, ses contradictions, l'improbabilité de son histoire... De mettre en évidence sa personnalité psychopathique.

Hugi aura besoin de toute sa patience. Il risque de heurter le jury à tout moment. C'est ce qui est arrivé à Jim Jagger lorsqu'il a poussé trop loin le contre-interrogatoire de Christie. La fillette était handicapée par son âge et sa difficulté à s'exprimer, mais Diane est enceinte. Elle a l'air fragile et n'a plus rien de la jeune femme bronzée et pleine d'entrain qu'elle était un an plus tôt. Seuls ses yeux n'ont pas changé.

Fred Hugi n'a que quelques pas à franchir.

Il s'est juré de demeurer courtois et raisonnable. Il ne réagira pas avec agressivité, à moins que Diane ne le provoque ouvertement. Ses objectifs sont modestes. Il ne veut que dévoiler ce qui se cache derrière la façade de l'accusée ; il est prêt à se satisfaire de quelques petites victoires et à ne pas se laisser emporter.

Diane l'attend à la barre, presque au terme de sa grossesse, des cernes mauves sous ses grands yeux. Il est évident qu'elle ne le tient pas en grande estime.

Tandis qu'il lui pose des questions, le substitut du procureur lance parfois un coup d'œil au public, mais ses yeux ne s'arrêtent sur personne en particulier. Toute son énergie est concentrée sur Diane. Il respecte l'esprit derrière le masque. Il ne la sous-estime en aucune manière.

Fred Hugi commence, lui aussi, par l'enfance de Diane. La mosaïque est sur le point d'être réorganisée, une fois de plus, sous un éclairage différent. Il lui parle d'une voix douce, comme si elle était une enfant, d'une voix pleine de gentillesse et d'attention.

Et pourtant Jim Jagger fait objection ; il désire que Hugi soit assis pendant qu'il interroge Diane. Heureusement, Foote rejette l'objection : Hugi est toujours resté debout pour interroger les témoins.

— Revenons à votre enfance. Était-elle heureuse ? Était-elle triste ?

— Triste... et solitaire.

— Pourquoi cela ?

— Parce que mon père était très strict – intimidant – et que ma mère restait toujours dans l'ombre.

— Avez-vous essayé de réagir ?

— Non.

— Avez-vous cherché à lui plaire ?

— Bien sûr.

— De quelle manière ?

— J'étais obéissante.

— Vous étiez bonne élève ?

— J'avais de bonnes notes... Je détestais les sermons de mon père.

— Vous étiez frustrée à la maison ?

— Oui.

— En colère ?

— Non.

Voilà. Elle l'a arrêté. Elle sourit. Elle n'était pas en colère, et il ne le lui ferait pas dire.

Sans se troubler, Hugi lui demande des précisions sur l'épisode incestueux avec son père.

— Des mots, des attouchements, l'ordre de n'en parler à personne... d'être à sa disposition, à la maison, dans différentes pièces. Les autres dormaient. Ma mère travaillait. Dans la voiture... des caresses, sur ma poitrine – je n'avais pas encore de seins à l'époque –, sur d'autres parties de mon corps où les petites filles ne sont pas censées être touchées. J'ai tout effacé de ma mémoire...

Sa vie est si triste, ses problèmes d'enfant si bouleversants – et la voix de Hugi si douce – qu'on en oublie qu'il est l'avocat de l'accusation, et non celui de la défense.

Pourtant, si l'on écoute attentivement, certaines attitudes, certains mots sont arrachés à l'inculpée. Diane s'est sentie piégée, déprimée, suicidaire, isolée, rejetée au cours de son enfance. Hugi montre au jury une femme qui a passé sa vie à emmagasiner de la haine au point d'avoir un jour une raison de tuer.

Diane est loin d'être attardée mais elle est aveugle. Elle ne voit pas où le procureur la conduit.

Sa vie de femme mariée a été un enfer d'après elle.

— Je ne pouvais pas y arriver toute seule. Et je voulais des enfants. J'avais le choix entre rester avec mes parents et me déchirer le visage ou partir avec « Steve le Démon ».

Il y avait eu beaucoup d'hommes dans sa vie. Elle ne montre aucune réticence à parler de ses anciens amants. Après son divorce d'avec Steve, elle a travaillé à la poste de Chandler et a rencontré Mack Richmond.

— Vous avez flirté avec lui ?

— Je flirtais avec tout le monde.

— Vous mettiez-vous en colère ?

— Souvent !

— À quel sujet ?

— Je ne supportais pas la manière dont Mack et sa femme traitaient leurs enfants.

Diane lève la tête. Elle sent que le vent a tourné. Hugi n'est pas aussi inoffensif qu'elle le croyait. Mais elle se détend à nouveau. Elle le trouve hostile mais maladroit. Il ne comprend pas ce qu'elle veut dire. Diane prend un air condescendant. S'il veut qu'elle parle de ses amants, cela ne lui pose aucun problème. Elle a des opinions bien arrêtées sur le sexe, sur le seuil entre le flirt, l'amitié et le sexe. Elle les a tous « aimés » pourtant.

Pour résumer, elle propose de dresser la liste de ses amants, des circonstances de leurs rencontres, des détails de leurs liaisons. La presse attend, le crayon en l'air.

Hugi n'y tient pas.

Diane réussit tout de même à glisser presque tous les noms dans le flot de son témoignage. La presse prend des notes ; la liste s'allonge.

Jim Jagger est serein à la table de la défense. Il ne peut pas empêcher sa cliente de parler ; pas la peine de faire objection. Diane se nuit à elle-même, comme Hugi l'avait espéré. Il a ouvert les vannes. Il n'a qu'à la laisser parler. Jim Jagger aura une autre chance. Peut-être pourra-t-il réparer les dégâts.

Mercredi matin. La chaleur augmente. Un vrai jour de printemps. Diane porte sa robe bleu roi imprimée de mouettes en plein vol. C'est sa plus jolie robe de grossesse et elle a dû coûter cher. Elle est obligée de porter plusieurs fois les mêmes tenues ; le procès dure longtemps.

Diane a eu toute la nuit pour ressasser les réponses qu'elle a données à Fred Hugi au contre-interrogatoire. Jim Jagger lui a fait remarquer que Hugi la laissait parler exprès. Aujourd'hui, elle est une adversaire plus avertie. Elle lance un regard circonspect à l'avocat qui s'avance vers le box des témoins.

Hugi ne commence pas avec la nuit de la fusillade, mais remonte à l'incident qui a eu lieu dans le désert d'Arizona – comme si, après une interruption de lecture, il lui fallait relire quelques pages pour retrouver le fil de l'histoire. Les jurés en ont tant entendu au cours des derniers jours que ce petit retour en arrière ne leur fait pas de mal.

Diane raconte sa terreur pendant cette virée en voiture avec son père. Ce fut la dernière fois que Wes la toucha. Elle se souvient d'avoir hurlé : « Tu vas me tuer ! »

Diane explique à Fred Hugi que même lorsqu'elle est « folle », elle reste « rationnelle », et qu'elle fait mine d'être rationnelle pour paraître plus forte.

– Où est alors la vérité ? demande Hugi.

– Bon, d'accord...

– Étiez-vous en colère contre votre mère ?

– Non.

– ... parce qu'elle ne vous protégeait pas ?

– Pas vraiment. Elle était aussi piégée que moi. Elle ne m'aurait pas crue. Je n'étais qu'une gamine, et mon père un adulte.

– À votre avis, il faut croire les adultes plutôt que les enfants ?

– Pas nécessairement.

Bon sang ! Il l'a retournée à nouveau.

Hugi tient à la main le texte de Diane sur les enfants maltraités. Lorsqu'il commence à la questionner à ce sujet, elle propose de le lire à haute voix. Elle en est très fière, totalement inconsciente du tort que cela peut lui causer ici. Hugi lui tend le texte.

Elle lit bien. D'une voix ferme, elle avertit les parents et les grands-parents que s'ils maltraitent leurs enfants sans défense, le cercle vicieux sera sans fin, blessant les enfants des générations à venir.

Diane termine sa lecture dans une salle silencieuse.

– « Souvenez-vous du cercle, de génération en génération. »

Elle se tourne vers Hugi. Le génie daignant engager la conversation avec l'abruti.

– Vous avez compris, monsieur Hugi ? Si vous pouvez arrêter le cercle vicieux... Moi, je l'ai arrêté.

– Est-ce en éliminant une génération entière que vous arrêtez les mauvais traitements ?

– Non, monsieur Hugi... Je n'ai jamais abusé sexuellement de mes enfants. Si vous arrêtez le cercle vicieux, vous arrêtez les abus, rétorque-t-elle sèchement. Vous m'énervez, monsieur Hugi ! Vous n'écoutez pas. Vous n'écoutez pas...

Au contraire, il écoute avec une extrême attention. Chaque mot, chaque inflexion. Il se soucie peu de l'agacement de Diane.

Diane a également écrit des textes sur la drogue, l'alcool, le tabac.

– J'avais l'impression que j'avais de la chance – que c'était bien de ne pas avoir d'amis, de mauvaises habitudes.

Elle a déjà oublié qu'elle devait se méfier du substitut. Elle parle presque aussi librement avec Fred Hugi qu'avec Jim Jagger. Parfois, lorsqu'elle le réprimande, c'est comme s'ils étaient seuls dans la salle.

Grave erreur.

Hugi l'interroge sur ses problèmes sexuels avec son mari. Était-ce également la faute de son père ?

– Non. Parce que tout allait bien avant le mariage. Plus tard, Steve rentrait à 3 heures du matin, après avoir passé la soirée avec des amis, et s'attendait à me trouver complaisante.

Elle n'admettra pas que Lew Lewiston lui manquait désespérément.

– Il m'a demandé de lui écrire tous les jours. Je l'attendais. J'ai fait en sorte qu'il se sente aimé, en confiance. Il n'a jamais été le seul homme dans ma vie. Je m'étais engagée avec Lew jusqu'à un certain point, mais il n'était pas toute ma vie. Je suis même sortie avec des gens dont vous ne connaissez pas l'existence...

Où veut-elle en venir ? Elle a ses raisons pour vouloir faire croire que Lew n'a aucune importance. Mais pourquoi tient-elle tellement à se présenter comme une traînée, assoiffée de sexe – avec des amants dont elle n'a pas encore parlé ? Hier encore, elle se prétendait trop timide pour avouer au jury les turpitudes auxquelles son mari l'avait contrainte sexuellement, alors qu'elle était ivre morte ou droguée.

Est-ce encore une question de « puissance » ? Est-ce parce que Steve l'a forcée alors que le sexe pour elle n'est envisageable que lorsque c'est elle qui choisit ? Ou bien essaie-t-elle simplement de se convaincre – en même temps que ceux qui l'écoutent – qu'elle n'est plus le vilain petit canard, qu'elle est assez belle pour que les hommes la désirent ?

Fred Hugi l'interroge sur son journal. Pourquoi a-t-elle écrit toutes ces lettres enfiévrées sans les envoyer ?

– Si je gardais ces lettres d'amour immortel, je pourrais les montrer à Lew lorsqu'il viendrait. Je savais qu'il viendrait un jour. Je lui aurais montré les lettres.

– C'étaient donc des mensonges ?

Les questions de Hugi sont brèves. Des directs rapides, efficaces.

– Disons des non-vérités. « Mensonge » est un mot très fort, comme « haine », dans le cas où on n'aime pas beaucoup quelqu'un. En fait, je l'aime. J'ai un peu dramatisé la vérité, c'est tout.

– Vous aviez déjà fait cela auparavant, enchaîne rapidement Hugi. On ne vous a jamais dit que vous aviez une personnalité histrionique ?

– Quoi ?

Il la tient. Elle ne connaît pas le sens de ce mot.

– Vous n'avez jamais eu les résultats de vos tests psychologiques ?

– Je n'ai jamais entendu ce mot-là.

Diane s'empresse de revenir à son journal.

– Si je l'avais aimé autant que je le disais dans ces lettres, ne les aurais-je pas envoyées ?

– Vous les avez envoyées et elles ont été refusées. Vous avez dépensé deux cents dollars pour une journée en Arizona afin de voir Lew...

– Pour lui rendre sa chaîne... Pour voir Lew... Pour voir Jack.

– Elle rappelle à Hugi que – contrairement à Lew – Jack Lenta l'a serrée dans ses bras et embrassée. Elle ne pouvait pas téléphoner à Lew car il était sur la liste rouge. Elle ne pouvait pas téléphoner à Jack ce soir-là car il était marié – elle avait donc téléphoné à Steve. Elle avait acheté une bouteille de Jim

Beam en venant de l'aéroport. La mémoire lui est revenue : elle se souvient d'un rapport sexuel dans le salon de Steve – elle gémissait et appelait Lew. Ses gémissements avaient réveillé le colocataire de Steve.

– Était-ce un viol ?

– On peut-appeler ça comme ça.

– Vous n'avez pas porté plainte ?

– Ah ! j'aurais dû souvent le faire, avec Steve... soupire-t-elle, devant la logique de son questionneur. Monsieur Hugi, vous pouvez croire ce que vous voulez. Je sais ce qui s'est passé cette nuit-là. Et Steve le sait aussi.

À chaque question, le ton de Diane devient plus sarcastique. Fred Hugi est encore un de ces hommes qui essaient d'exercer leur pouvoir sur elle. Le battre sur son propre terrain est devenu plus important pour Diane que de convaincre le jury.

Elle ne pense plus au jury.

Diane est grossière, insolente. L'opinion de Lew sur les enfants n'était pas le seul problème entre eux. Jusqu'à présent, elle ne s'était pas donné la peine de mentionner les autres excuses que Lew invoquait pour ne pas la rejoindre. Elle les énumère en les comptant sur ses doigts :

– La scoliose de Nora... L'argent des parents de Nora... La culpabilité de la quitter après quatre ans de vie commune. Monsieur Hugi, *tous* mes amants sont mariés. Et vous prétendez que je n'étais pas à l'aise avec un homme qui aimait une autre femme ?

Les journalistes jettent un coup d'œil en direction des femmes du jury – toutes sont mariées.

Diane s'ennuie tandis que Hugi donne lecture des résultats des évaluations psychiatriques effectuées dans le Kentucky. Psychopathie, anxiété, dépression, précisent les rapports. Elle les écarte d'un geste.

– Ces tests ont été réalisés en 1981. C'était la faute de Steve... J'ai réglé mes problèmes. J'ai divorcé et j'ai porté un bébé pour un couple.

La chaleur de la pièce est étouffante. Le banc de la presse forme un bloc compact. Des mains sans corps se débattent pour prendre des notes à cent à l'heure. Les journalistes n'ont jamais entendu une inculpée se dévoiler ainsi dans le box des témoins.

Le combat se poursuit, un dialogue entre rhéteurs, l'un bien entraîné, l'autre fonctionnant à l'instinct.

Fred Hugi suggère à Diane qu'elle a dû se sentir désespérée lorsqu'elle s'est retrouvée en Oregon sans Lew. Piégée à nouveau.

– Les circonstances ne peuvent pas vous piéger, ce sont les gens qui vous piègent.

Hugi la mitraille de questions sur la nuit du 19 mai.

– Vous êtes allée voir Heather. Pourquoi ?

– Pour lui apporter la coupure de journal sur les chevaux.

– Faisait-il nuit ?

– Non, monsieur Hugi. Il faisait jour.

– Vous n'auriez pas pu lui téléphoner pour lui parler des chevaux ?

– Elle n'avait pas le téléphone.

– Donc vous repartez, et il fait nuit ?

– Oui.

– Par où ?

– La Deerhorn Road...

Elle parle avec Cheryl. Elle s'arrête pour vérifier si elle a son chéquier.

– Vous aviez décidé...

– Je n'avais pas décidé. Je l'ai fait, c'est tout.

– Vous vous êtes arrêtée combien de temps ?

– Comment le saurais-je ?

– Est-ce un rêve ou est-ce arrivé réellement ?

Hugi peut être sarcastique quand il veut.

– C'est arrivé réellement.

– Combien de temps ? Une demi-heure ?

– Non !

– Une minute ?

– Plus d'une minute.

Elle revient sur sa conversation avec Cheryl, tandis qu'elle était garée le long de Marcola Road et qu'elle cherchait son chéquier. Elles ont également parlé du nouveau chaton de Cheryl.

– Bon ! Vous ne vous promenez plus lorsque vous redémarrez. Vous rentrez ?

– Oui.

– Il y avait de la musique dans la voiture ?

– Probablement. Je la mets toujours.

— Comment vous sentiez-vous ?

— Bien.

— Pas déprimée ?

— Pourquoi aurais-je été déprimée ?

— Vous avez décidé de tourner dans Old Mohawk Road, une route isolée...

— La route ne m'a pas semblé isolée.

— Vous avez vu un homme sur la route ?

— Oui.

— Vous aviez vos trois enfants avec vous, il faisait nuit et vos phares étaient allumés ; pourtant vous avez décidé de vous arrêter. Pourquoi ?

Diane secoue la tête avec lassitude et lève les yeux au plafond. C'est ridicule. Patiemment, elle lui redonne son explication. Si quelqu'un était blessé, il ne fallait pas le bouger. Elle ne pouvait donc pas se contenter de baisser sa vitre. Elle avait pris les clés de contact pour la sécurité des enfants. Que se serait-il passé si Cheryl avait grimpé sur le siège et enclenché une vitesse ?

Il demande plus de détails et elle soupire d'exaspération.

— Mais enfin, monsieur Hugi ! C'était il y a un an !

— Ce n'était pas un événement important dans votre vie ?

— Pas avant...

On reprend.

Pourquoi n'avait-elle pas repoussé l'homme ?

Parce qu'elle avait été prise au dépourvu.

— Je n'avais aucune raison de me méfier.

La description de la vie de Diane a été une longue saga de rejets et de trahisons, mais à présent elle affirme qu'elle n'a jamais eu de raisons de se méfier de quiconque.

Elle a vu Christie recevoir les coups de feu car le plafonnier était allumé. De quels détails se souvient-elle, même après une année entière ?

Elle a croisé son regard et vu les trous laissés par les balles...

— Vous avez claqué la portière sur lui ?

— Non, monsieur Hugi, je n'ai pas fait ça.

Les yeux jaunes de Diane s'enflamment. Elle est furieuse contre Fred Hugi. Comment ose-t-il insinuer qu'elle n'a pas réellement essayé de sauver ses enfants ? Il agit exactement comme Doug Welch et Kurt Wuest lors de leur entrevue, il y a bien longtemps. Sa haine est palpable.

– Continuez, siffle-t-elle. Posez-moi d'autres questions.

– Et ensuite, il...

– Il a redemandé la voiture.

– Une voiture avec trois enfants blessés à l'intérieur ? demande Hugi, sceptique.

– Qui peut comprendre ce que veut un fou ?

– Une personne...

– Un homme...

– Une personne...

– Un homme.

Redis-le encore une fois, Diane. L'étranger heurte la main de Diane de son arme ; elle fait dévier le pistolet. Il lui redemande la voiture et, de la main droite, elle fait semblant de lancer les clés par-dessus son épaule gauche. Il regarde dans cette direction. Elle le pousse, saute dans la voiture et démarre.

Elle se souvient que son bras a été touché par une balle lorsqu'il se tenait à environ un mètre, mais elle a réussi à tourner la clé de contact et à démarrer avant qu'il ne puisse l'atteindre.

– Vous ne l'avez jamais revu ?

– Non !

– Vous conduisiez vite ?

– Je ne sais pas, monsieur Hugi.

– Assez vite – comme vous l'avez affirmé – pour que la portière se referme en claquant ?

– Je crois...

Elle récite par cœur le trajet jusqu'à l'hôpital. Elle l'a répété tant de fois. La mère blessée sauvant ses enfants mourants.

– Au stop, j'ai vu la serviette autour de mon bras...

– Vous avez pris le temps de vous soigner, l'interrompt Hugi.

– J'ai *tout* fait pour ces gosses, pour essayer de les sauver ! Si je m'étais évanouie, ils n'avaient aucune chance de survivre.

Elle ne se souvient pas d'une voiture roulant derrière elle, ni d'avoir vu de la lumière dans les dizaines de maisons devant lesquelles elle est passée. Elle a juste aperçu une barrière blanche. Elle ne pensait qu'à une chose : arriver à l'hôpital.

Elle savait qu'elle avait eu des absences mais les policiers avaient insisté pour qu'elle leur raconte sa version.

– Je pense qu'ils ont été injustes. Ils refusaient d'accepter que je ne sache pas ce qui s'était passé.

Hugi lui rappelle qu'aucun membre du personnel de l'hôpital ne l'a vue verser une larme.

– C'est marrant, non ? Je n'ai vu les médecins que pendant dix minutes cette nuit-là, et les infirmières pendant quinze minutes. Je ne pense pas qu'ils aient pu voir grand-chose.

– Avez-vous le sentiment que l'hôpital est responsable de la mort de votre fille ?

– C'est là-bas que j'ai appris comment Cheryl était morte. Des caillots de sang obstruaient sa gorge. Lorsqu'ils les ont enlevés, tout le sang est remonté des poumons. Elle avait des blessures au cœur et à la rate. Il n'y avait pas de sang sur le tapis de sol de la voiture.

Diane est au bord des larmes, mais ce sont des larmes de rage et de frustration.

Après le déjeuner, la salle du tribunal est encore plus remplie que le matin. Diane reprend sa place à la barre des témoins ; ses yeux sans expression sont fixés sur Fred Hugi.

– Avez-vous déjà été blessée à la tête ? attaque-t-il.

Le Dr George Suckow, psychiatre de l'État, a besoin de cette information pour confirmer – ou écarter – l'hypothèse que Diane a souffert d'amnésie, de refoulement, de pertes ou de troubles de la mémoire.

– Oui. Lorsque Steve et moi étions mariés. Dans le salon... en 1975.

– Et la nuit du 19 mai ? demande Hugi.

– Non.

– Vous êtes-vous déjà réveillée dans un endroit différent sans savoir comment vous y étiez arrivée ?

– Non.

– Mais vous avez eu des problèmes de mémoire entre la fusillade et votre arrivée à l'hôpital ?

– Non.

– Des problèmes de mémoire à l'hôpital ?

– Oui.

– À quel moment cela s'est-il amélioré ?

– Le lendemain, à mon réveil, j'avais encore des trous de mémoire.

Non, elle ne se souvient pas d'avoir donné une description différente du suspect à Dick Tracy et à Rich Charboneau.

Hugi la mitraille de questions. Comment le tireur savait-il que les enfants étaient dans la voiture ? Marchait il dans la lumière des phares ? Pouvait-il la voir ?

— Je n'étais pas dans sa tête.

Elle ne se souvient pas de l'endroit où se tenait le tireur – à l'intérieur – à l'extérieur – le bras passé par la fenêtre...

— Monsieur Hugi, vos inspecteurs voulaient l'exacte vérité.

— On a fait pression sur vous ?

— Oui.

— Vous avez fait semblant de jeter les clés – et ensuite vous avez dit que vous aviez menti. Où est la vérité ?

— J'ai fait semblant...

— Pourquoi ?

— Les gens me faisaient des histoires. Steve et d'autres. Je doutais de moi, mais je n'ai jamais douté que je n'avais pas tiré sur mes enfants.

Elle a oublié les arbres, les lignes blanches et même la route. Mais elle pensait qu'elle allait vite. Oui, elle a dit aux inspecteurs qu'elle ne s'était jamais servie d'une arme à feu, qu'elle n'en avait jamais eu à elle, qu'elle n'en avait jamais « possédé ».

— Elles étaient à Steve.

— Jamais possédé ?

— Exact.

— *Jamais possédé ?*

Diane demande une pause. Pour elle, posséder signifie « être propriétaire de ». Elle ne veut pas parler du Ruger 22.

— C'était l'arme de Steve ; elle était chez moi.

— « Je ne sais pas qui a tiré sur mes enfants », avez-vous dit, insiste Hugi, « je n'en ai pas la moindre idée. »

— Exact.

— « Je ne sais pas », avez-vous dit.

— Exact.

— « Le suspect m'a tenu le bras et m'a traitée de salope » ?

— Exact.

— Vous avez dit que la voiture jaune avait un rapport avec la fusillade.

— Exact.

— Quel rapport ?

— Je ne sais pas... Tout le monde m'a dit que ça n'avait aucun sens, vos inspecteurs, Steve, Lew. Même mes rêves n'avaient aucun sens.

– Vos parents aussi vous ont dit ça ?

– Non, pas mes parents.

– Vous avez dit qu'« ils » vous avaient touchée et menacée de vous arracher votre tatouage ?

– Je l'ai dit.

– Pourquoi ?

– Je le croyais, jusqu'à ce qu'on m'aide à me souvenir.

– Quand avez-vous décidé de vous faire aider ?

– C'est mon avocat qui a pris cette décision parce que j'étais au bord du suicide. Vous avez entendu les cassettes, elles sont idiotes. Cette femme avait des problèmes... Pourquoi *vous* ne m'avez pas trouvé de l'aide ?

– Si vous aviez tué vos enfants, seriez-vous devenue folle ?

– Je ne l'aurais pas fait, monsieur Hugi.

– Vous aviez déjà menacé Steve ?

– Ça dépend de ce que vous entendez par là.

– Sa vie ?

– Non.

– Pointé une arme sur lui ?

– Non. Je dis des choses qui dépassent ma pensée, pour impressionner les gens. Ça ne veut rien dire. Si je fermais ma grande bouche, j'éviterais beaucoup de problèmes à beaucoup de gens, y compris à moi-même.

Hugi souligne que les tests effectués par Polly Jamison révèlent que Diane est une sociopathe avérée. La prévenue est perplexe. Elle ne comprend pas ce terme-là non plus.

– Vous avez dit à l'inspecteur Norenberg (graphologue) que le procès est une pièce de théâtre et que c'est le meilleur acteur qui gagne, lui rappelle Hugi. Pensiez-vous que j'allais vous interrompre et vous empêcher de vous expliquer ?

– Oui.

– Vous ai-je interrompue ?

– Non. Et je vous en sais gré. Merci.

– Le témoin est à vous, lance Fred Hugi en se tournant vers Jim Jagger.

– Lorsque vous avez dit que vous vous moquiez que l'on mette la main sur le coupable, commence Jim Jagger, que vous vouliez qu'on laisse tomber, j'ai téléphoné au bureau du shérif et je leur ai dit que je vous emmenais voir une psychologue.

Elle hoche la tête avec indulgence.

– Je ne dis jamais ce qu'il faut.

Jim Jagger ne l'avait-il pas toujours exhortée à être franche avec lui ? Qu'elle soit coupable ou innocente ? À parler librement ? Ne lui avait-il pas dit : « Faites ce qui vous semble juste. Nous nous en tiendrons à la vérité. Même si vous n'êtes pas logique, nous nous occuperons de cela plus tard ? »

Elle hoche la tête en souriant.

Jim Jagger a du mal à exposer une thèse cohérente des multiples versions que Diane a données de la fusillade. Il souligne l'éducation baptiste de sa cliente, l'histoire du Bon Samaritain. De par son éducation religieuse, elle n'avait d'autre choix que de s'arrêter pour aider un étranger en pleine nuit.

Jim Jagger tente d'effacer l'image de la femme légère qui préfère les hommes mariés. Il demande à Diane de parler de ses nombreuses amitiés avec des hommes, sans rapports physiques.

Il y a eu Scott, Ray, Rick, qui voulait adopter ses enfants, Tim qui jouait au ballon et aux jeux vidéo avec eux. Puis Lew était arrivé et avait eu « la priorité absolue ».

– Aviez-vous des priorités plus importantes que les hommes ?

– Mon entreprise, voler en avion, et mes enfants.

Fred Hugi fait objection à l'admission du deuxième journal de Diane, celui écrit après la fusillade.

– Le journal représente le monde de Diane Downs tel qu'elle aimerait qu'il soit.

Le juge Foote finit par soutenir l'objection de Hugi. Diane peut se référer à son journal pour se rafraîchir la mémoire pendant le procès, mais il ne sera pas enregistré comme preuve.

Fred Hugi a encore quelques questions.

Diane lui assure qu'elle n'a pas maltraité ses enfants pendant au moins deux ans. Pas depuis son divorce.

– Vos projets en Oregon incluaient-ils Lew ?

– Au début, non...

– Vous pensiez qu'il vous rejoindrait ici ?

– Oui.

Diane adresse des reproches à Hugi :

– Christie a eu beaucoup de problèmes ; on dirait que vous l'oubliez. Elle s'est mise à ressembler à Cheryl et ça m'a fait peur. Elle se réveillait en pleurant parce qu'elle avait mouillé ses draps alors que ça ne lui arrivait jamais avant.

— Vous ne vous souvenez pas non plus d'avoir saisi Christie à la gorge ? crache Hugi.

— Non ! jette Diane, tandis que son cou devient écarlate.

Hugi s'éloigne. Il en a terminé avec elle.

42

Le public attend la suite avec impatience. Mais Jim Jagger n'a rien à sortir de sa manche. Pas de témoin-surprise.

– Faites entrer Willadene Frederickson !

Willadene approche d'un pas hésitant pour prêter serment. Elle est très élégante dans son tailleur marine avec un foulard blanc et rouge.

Diane se retourne sur sa chaise et lui sourit – un petit sourire mélancolique. Elle ressemble à une petite fille dont la mère survient juste à temps pour la sauver.

Willadene rend son sourire à Diane tout en posant sa main sur la Bible. Elle explique ensuite à Jim Jagger que Diane est arrivée à Springfield le dimanche de Pâques 1983.

Elle avait vu un four à micro-ondes et une petite télévision dans le coffre de la Nissan de sa fille, ainsi que l'étui d'un fusil au fond du coffre et...

– ... un objet dans du tissu. Je l'ai déplacé et j'ai eu l'impression que c'était une arme à feu.

Willadene n'a vu qu'une partie du pistolet. Elle soupire tout en essayant de le dessiner au tableau noir.

– Je ne connais rien aux armes, mais j'ai vu un cylindre ; ce n'était pas plat.

Willadene réprime des pleurs tandis qu'elle raconte la nuit du 19 mai 1983. Elle décrit sa fille.

– Comme folle. Elle pleurait quand je suis arrivée. Ses yeux étaient rouges, son visage était rouge et des larmes coulaient sur ses joues.

Willadene sanglote au souvenir de sa petite-fille morte et s'efforce de se ressaisir.

Jim Jagger la questionne sur sa famille. Comment se comportaient-ils avec leurs enfants ?

— Qui faisait respecter les règles quand vous éleviez vos enfants ?

— Je dirais nous deux, mais le père est le chef de famille.

Qu'avaient-ils dit à leurs enfants concernant les larmes ?

— Nous leur avons appris à ne pas pleurnicher, à se contrôler, à ne pas se laisser aller.

— Votre mari pleure-t-il ?

— Non, mon mari ne pleure pas.

— Diane pleure-t-elle ?

— Elle essaie d'être aussi dure que son père...

Willadene pense que Diane a retenu ses larmes à l'hôpital, cette nuit-là, pour protéger ses parents.

— Quand avez-vous vu Christie pour la dernière fois ?

— Je n'ai pas revu Christie depuis octobre 1983.

L'interrogatoire est terminé. Willadene se redresse sur sa chaise et se prépare à affronter les questions du procureur.

Hugi n'est pas agressif ; le public éprouve de la compassion pour cette femme.

Willadene ne se rappelle pas exactement à quelle heure Diane leur a téléphoné de l'hôpital, peut-être 22 h 20 ou 22 h 25. Elle et Wes se sont habillés et sont arrivés à l'hôpital cinq minutes avant la police.

Oui, la serviette de plage autour du bras de Diane lui appartient. Non, sa fille n'a jamais été maltraitée lorsqu'elle était enfant.

Willadene explique à Hugi qu'elle a eu l'impression que le personnel de l'hôpital leur avait menti sur l'état des enfants.

— Étiez-vous une bonne mère ?

— Oui.

— Vous êtes-vous fermée par rapport à Diane – de manière a ce qu'elle ne puisse pas vous parler ?

La question de Hugi, qui est une citation du témoignage de Diane, prend Willadene par surprise. Elle lance un rapide coup d'œil étonné à l'avocat.

— Non.

— Souteniez-vous votre mari. ? Quoi qu'il arrive ?

— Quoi qu'il arrive ? répète-t-elle. Je soutenais mon mari la plupart du temps. On m'a appris que le mari est le chef de famille. Mais nous écoutions les deux côtés. Les parents et les enfants.

– Infligiez-vous des châtiments corporels ?

– Il arrivait à mon mari de donner des fessées. Mais jamais sans raison.

– Plus de questions.

C'est avec gratitude que Willadene sort du box des témoins. Logiquement, le témoin suivant devrait être Wes Frederickson.

Il n'a pas été appelé à témoigner. Au bureau de poste de Springfield, la fenêtre de son bureau qui donne sur le couloir – auparavant toujours ouverte – est fermée depuis le début de l'affaire.

La rumeur annonce que le Dr Polly Jamison, la thérapeute de Diane, sera le prochain et dernier témoin de la défense. Mais Polly Jamison ne témoigne pas.

Susan Staffel, l'assistante sociale de Christie, est la première à témoigner lors de la réfutation de l'État. Susan Staffel a pris la décision de mettre un terme aux visites que Diane rendait à ses enfants.

– Je n'ai rien personnellement contre Diane Downs. Ma seule préoccupation était – et est toujours – le bien-être des enfants.

Oui, Christie avait été amenée dans le bureau de Fred Hugi pour « s'entraîner » pour le procès.

– Il est très difficile de témoigner, surtout dans une affaire aussi complexe à traiter que celle-ci.

Hugi fait venir une dernière série de témoins pour confirmer qu'il n'y a eu aucun complot pour faire subir un lavage de cerveau à Christie ou à Danny : John Tracy, l'orthophoniste de Christie ; Dr David Miller, son pédiatre ; Kim Morrison, l'infirmière de nuit de Danny ; Evelyn Slaven, la mère d'accueil des enfants.

– Vous est-il arrivé de suggérer à Christie que sa mère avait tiré sur elle ?

– Jamais de la vie ! s'exclame Evelyn Slaven. Et lorsque Christie en a parlé à Brenda, ma fille ne l'a pas crue.

Evelyn, d'ordinaire si calme, a de bonnes raisons d'être en colère. Pendant des mois – à la demande du Dr Peterson –, elle s'est forcée à ne répondre que par « Oh ! » tandis que Christie commençait à retrouver ses souvenirs. Elle s'est obligée à rester neutre, même lorsqu'elle avait envie de dire à Christie qu'elle avait raison.

La semaine s'achève.

Si Diane accouchait pendant le week-end, l'élan du procès serait brisé. L'atmosphère est électrique, comme avant un orage.

Jack Hamann, reporter de KING TV, de Seattle, a réussi à obtenir une interview en prison vendredi soir. Diane annonce franchement à Hamann qu'il lui plaît – et lui avoue qu'elle s'est trompée dans l'évaluation du terme de sa grossesse. En fait, ça devrait avoir lieu dans vingt-quatre heures !

– Vous inquiétez-vous toujours du fait que l'État ne vous permette pas de garder votre bébé ?

– Ce n'est pas un problème, répond-elle en souriant. Je le reprendrai quand je serai acquittée.

Elle a l'intention d'empêcher les contractions de commencer. Elle semble très forte et sa voix est convaincante. Hamann la croit capable de tout.

– Avez-vous examiné les visages des jurés ? demande-t-il.

– Je n'aime pas les regarder.

– Pourquoi ?

– Ils ne m'intéressent pas.

– En avez-vous trouvé un qui vous semblait sympathique ?

– Non...

Fidèle à sa parole, Diane se présente au tribunal lundi matin, toujours enceinte, tandis que le Dr George Suckow, directeur de l'hôpital Marion-Polk-Linn, de l'État de l'Oregon, réfute la théorie du trouble de mémoire.

Pour Suckow, soit on dit la vérité, soit on affabule.

La parade des témoins est terminée.

C'est fini. Ne restent que les derniers plaidoyers.

Et le verdict.

Le procès a duré si longtemps qu'on croyait qu'il n'aboutirait jamais. Nous sommes le 11 juin. Nous avons passé six semaines ensemble dans la salle d'audience numéro 3.

À 11 h 25, Fred Hugi se lève pour prononcer son réquisitoire. Il a visiblement maigri. De dix kilos au moins. Mais il est très calme et sa voix est ferme tandis qu'il lit les accusations.

– L'auteur de ces crimes ne fait aucun doute... Il s'agit de Mme Downs...

Diane secoue la tête avec un petit sourire narquois.

– Cela aurait été pratique que ce fût un étranger aux cheveux longs, cela aurait été plus facile à vivre pour chacun d'entre nous ici...

Hugi rappelle les nombreux changements dans les versions de Diane, les preuves matérielles trouvées dans la voiture, l'appartement ; la proximité, les taches de sang, les comparaisons entre les cartouches, l'utilisation du Ruger 22.

Le motif est clair :

– Le stress, l'abandon de Lew, les problèmes d'argent, le poids du passé.

Diane est la seule suspecte à avoir un mobile, l'occasion et l'arme. Autant de choses négligées dans son témoignage.

– Elle a menti sur le fait qu'elle possédait le Ruger 22. Elle a reconnu qu'elle l'avait eu en sa possession. Lorsqu'elle a su que la police avait appris l'existence de cette arme, elle a dû expliquer qu'elle l'avait donnée à Steve en Arizona – de manière à pouvoir dire : « Le tireur me connaissait. »

La main de Diane ne portait pas de résidus de poudre. Jim Pex avait tiré sept fois avec un Ruger du même type ; il avait attendu une demi-heure avant de procéder aux analyses et les avait ensuite envoyées au laboratoire de Madford ; les résultats étaient « non concluants ».

– La poussière disparaît, surtout si on se lave les mains, suggère Hugi.

Lors de la reconstitution, Diane avait affirmé que le tireur était à l'extérieur de la voiture. Mais toutes les blessures avaient été faites par des balles tirées à bout portant. D'après elle, le tireur ne mesurait pas plus d'un mètre soixante-quinze.

– Il aurait fallu qu'il ait les bras sacrément longs ! lance Hugi.

Pour la première fois peut-être, depuis le début du procès, Diane a l'air très sérieux. Un par un, Fred Hugi démolit ses alibis, ses explications.

– Tracy aurait falsifié la preuve de la balle... Pourquoi aurait-il fait cela ? Il ne connaissait pas encore l'existence du Ruger. Il aurait pu prendre n'importe quelle autre balle... qui aurait pu être mauvaise.

Alors pourquoi ?

– Christie a raconté en détail ce qui a dû être pour elle un cauchemar. Un cauchemar comme aucun d'entre nous n'en a jamais vécu. Tout démontre qu'elle n'a pas inventé ce qu'elle a dit. Vous l'avez vue. Faites confiance à vos impressions. J'ai voulu que cette enfant paraisse à la barre des témoins pour qu'elle revive cette expérience... Qui pourrait programmer une enfant de neuf ans pour raconter des événements aussi atroces de cette manière, si ce n'était pas la vérité ?

Hugi rappelle aux jurés que Joe Inman a suivi la Nissan rouge après la fusillade.

— Il était sur les lieux où les douilles ont été trouvées une minute avant d'atteindre la voiture de Diane Downs, et il n'a vu ni étranger ni voiture jaune... La conduite de Diane Downs n'avait rien d'inhabituel, hormis qu'elle roulait très lentement.

La conductrice n'a pas demandé d'aide et a continué à rouler lentement jusqu'à ce qu'il la dépasse.

— Si les enfants avaient pu crier à ce moment-là : « Maman, tu m'as tiré dessus ! » ou « Pourquoi tu m'as tiré dessus ? », n'aurait-il pas mieux valu que M. Inman n'entende pas cela ? Peut-être s'est-elle arrêtée à ce moment-là...

La voix de Hugi devient cinglante tandis qu'il passe en revue la chronologie de la fusillade. Il a fallu à Diane dix-huit minutes pour parcourir mille trois cents mètres.

— Admettons qu'elle tire sur les enfants dans un coin désert, elle prend ensuite la direction de la ville et s'arrête le long d'une petite route isolée. Il lui reste deux choses à faire : se tirer une balle dans le bras pour paraître impliquée comme victime, et se débarrasser de l'arme... Elle tend le bras et flanche une première fois... elle n'aime pas se faire du mal, elle l'a dit, elle ne supporte pas la douleur... Elle tire une deuxième fois, et les douilles tombent sur la route...

Diane s'est garée là où la rivière est le plus proche de la route, l'endroit le plus propice pour jeter une arme. Elle enveloppe son bras dans la serviette de plage... Et si les enfants n'étaient pas morts ? Elle ne peut plus tirer. Elle n'a plus d'arme. Elle roule lentement... À un certain moment, elle accélère.

— Elle arrive à l'hôpital. Les enfants semblent morts... Son principal souci est de savoir laquelle de ses deux filles est décédée. Christie peut l'identifier. Cheryl non...

Hugi explique pourquoi une balade de vingt-cinq minutes est devenue un trajet de cinquante minutes.

— Elle doit repérer l'endroit, rassembler son courage, dire

aux enfants de dormir – et rouler en espérant qu'ils s'endormiront...

Il décrit la terrible scène des urgences et les remarques bizarrement joyeuses de l'inculpée ; il relit le témoignage de Christie.

– Le Dr Peterson a précisé que les souvenirs de Christie resurgissaient normalement. Il a remarqué à plusieurs reprises que la terreur se reflétait dans ses yeux tandis qu'elle racontait l'événement. Que ressentiriez-vous si vous étiez une petite fille de neuf ans et qu'un jour vous alliez vous promener avec votre mère, votre frère et votre sœur... Il fait nuit ; soudain, la voiture s'arrête et votre mère descend prendre une arme dans le coffre ; sous vos yeux, elle assassine votre sœur, tire sur votre frère, puis sur vous ! Essayez d'imaginer ce qu'a ressenti Christie. Elle était prisonnière dans cette voiture. Elle ne pouvait aller nulle part. Elle pouvait juste se redresser sur le siège – la première balle a traversé sa poitrine – et se protéger – la deuxième a traversé sa main avant de se loger au même endroit, dans sa poitrine.

La thérapie du Dr Peterson avait permis à la petite de laisser revenir ses souvenirs au grand jour et de parler. Mais Christie avait espéré davantage : « Je veux que maman dise la vérité, alors je n'aurais pas à me rappeler. »

Nous écoutons de nouveau le récit de la vie mouvementée de Diane, par la voix d'un homme qu'elle déteste. Le pathétique en prend un coup. Hugi a à l'esprit chaque facette du dossier, chaque séquence chronologique. Il ne montre pas d'émotion. Il est implacable.

Il rappelle au jury que Christie a dit au Dr Peterson que sa mère n'aimait pas sa famille ; elle n'aimait que Lew. Et après la fusillade, Christie avait avoué tristement : « Maman m'a même pas dit : "Je suis désolée." »

Il passa aussi rapidement que possible sur la liaison de Diane avec Lew, déjà ressassée vingt fois, et sur ses autres amants.

– L'imaginaire est présent dans de nombreux actes de sa vie : elle croit qu'elle va devenir médecin, qu'elle sera une riche femme d'affaires, une femme pilote, qu'elle aura une grande maison. En réalité, elle a échoué dans toutes ses tentatives. Elle a raté son mariage, raté ses relations avec les hommes. Elle n'a jamais rien achevé de ce qu'elle avait entrepris – papillonnant d'un échec à l'autre – et c'est ici que nous la retrouvons, en Oregon, sans perspectives. Elle ne peut pas retourner en Arizona.

Diane éclate soudain de rire. C'est vrai, elle rit lorsqu'elle encaisse un coup. Plus le coup est dur, plus son rire est joyeux.

Diane pivote sur sa chaise pour chuchoter quelques mots à Jim Jagger. Mais son avocat écoute Fred Hugi. Le véritable baromètre de ses sentiments, c'est la rougeur qui envahit son cou.

Hugi ne lui laisse aucun répit, aucun endroit où se cacher. Diane est épinglée sur sa chaise comme Christie l'a été sur le siège arrière de la voiture – tous ses échecs sont étalés en pleine lumière pour que la salle silencieuse puisse bien les voir.

– Ce qui est intéressant, c'est de lire son texte sur les enfants maltraités. Elle y décrit précisément la manière dont on se défoule sur ses enfants quand le stress est trop fort et qu'il n'y a personne vers qui se tourner. Si vous lisez bien ces lignes, vous verrez que c'est un appel au secours, une annonce des événements futurs de sa vie...

Le visage de Diane reflète un étonnement complet. Elle est stupéfaite que Hugi puisse établir un lien quelconque entre son texte et la fusillade. Il est évident qu'elle n'a jamais fait le parallèle.

Le procureur n'a pas élevé la voix jusqu'à présent. Ses exemples sont tous pris dans la vie de Diane. Elle a tant parlé, elle a accordé tant d'interviews qu'il regardait à la télévision, incapable de lui répondre... Les citations empruntées à Diane viennent facilement ; Hugi utilise ses mots à elle pour la briser :

– Lorsqu'elle se sent piégée, elle évacue son hostilité et sa colère en donnant des coups. C'est un comportement typique dans sa vie. Lisez ce texte sur les enfants maltraités et regardez son journal à la date du 16 mai 1983 : « Je me sens complètement piégée. Je t'aime. »

« ... Elle ne maîtrise pas ses impulsions. "C'est comme de conduire une voiture sans freins..." »

Tandis que Fred Hugi parle, Diane secoue la tête de plus en plus énergiquement. Elle est stupéfaite par ses conclusions.

Il est 16 h 14. Le réquisitoire de l'accusation est terminé.

Jim Jagger présente un sourire amical au jury le mardi matin à 10 h 37. Il annonce qu'il a jeté sa plaidoirie à la poubelle dans la nuit. Plus de chronologie. Il va se contenter d'exposer les problèmes particuliers.

Il demande qu'il n'y ait pas d'émotion, pas de spéculations, que les jurés se contentent d'écouter les « faits bruts ».

Sept points : Tracy et les balles ; les déclarations de Diane à l'hôpital ; ses déclarations en juin et en juillet ; Christie ; l'arme – en liaison avec Steve et Lew ; les preuves des éclaboussures de sang ; Joe Inman.

Peut-on réellement réduire ces sept points à des faits bruts et froids qui prouvent que Diane est une victime innocente et non pas une meurtrière ?

Fred Hugi est assis, très calme ; il attend.

– Il n'y a jamais eu – il n'y aura jamais – de trou temporel, lance Jim Jagger avec assurance. C'est une approche de marchand de tapis. Je vais parler de la personne qui est réellement responsable, en utilisant les preuves matérielles et les faits.

Jim Jagger mitraille. Il est partout à la fois. C'est – Hugi en a bien conscience – une technique de prétoire qui a fait ses preuves. Déstabiliser le jury avec un torrent de questions. L'étourdir. Hugi et Broderick sont persuadés qu'il suffit à Jagger de soulever vingt pour cent de doute pour ramener son dossier au niveau du leur.

Jim Jagger reconnaît que Diane a contribué à noircir le tableau de son passé. Elle a provoqué beaucoup d'antipathies...

L'intéressée hoche la tête en ricanant.

Il est impossible de trouver Jim Jagger antipathique. Il pardonne ses objections à Fred Hugi, reconnaît que lui-même parle trop vite, fait trop de gestes.

Jim Jagger tient le personnel de l'hôpital et la police pour responsables de la déclaration des hostilités cette nuit-là. Des hommes ont observé Diane et décidé de la manière dont « une femme devait réagir ». Ce conflit a coloré toute l'affaire. Tous les comportements de sa cliente peuvent être expliqués par son passé...

Sa réaction d'un bout à l'autre est de se soumettre... Steve Downs l'a violée. Il l'a violée de plus d'une manière. Diane ne peut s'empêcher de réagir comme un homme – un homme stéréotypé.

Jim Jagger annonce qu'il va soumettre une preuve matérielle capitale : la chemise bleue à carreaux de Diane.

– Le plafond de la voiture, à quatre-vingts centimètres au-dessus du siège, était couvert de sang...

Mais il n'y a que quelques gouttelettes sur la chemise de Diane.

Jim Jagger travaille vite, il parle de groupes sanguins, d'éclaboussures, de chocs en retour, de plaie d'entrée, de plaie de sortie, des positions dans la voiture, des petites irrégularités dans le témoignage. Tout en couvrant un champ très vaste, il s'arrête souvent pour rappeler aux jurés d'oublier leur « émotion ». Plus facile à dire qu'à faire.

Qu'avait dit Christie ? « C'est maman qui a tiré ? » Elle était simplement troublée.

Jim Jagger explique : stress, questions dirigées, suggestions, troubles de la mémoire.

– Les enfants sont influençables.

Jim Jagger dit « nous ». Le jury et lui ne font qu'un. « Nous sommes fatigués », affirme-t-il.

C'est vrai. Nous le sommes tous.

Diane a l'air absente, abattue. Pourquoi ? Son avocat est en train de se battre pour elle. Est-ce parce qu'elle est réduite au silence ? Jim Jagger parle ; elle n'a plus la parole. Elle caresse son ventre de la pointe de ses ongles.

Le dessin de Christie est faux, selon Jim Jagger – et il considère comme important le fait que le tireur tienne l'arme dans la main gauche. Le dessin ne montre pas de chemise à carreaux. Et Christie a dessiné un revolver, pas un pistolet automatique.

Jim Jagger accuse de nouveau Dick Tracy d'avoir falsifié les preuves, d'avoir déposé les balles aux bons endroits pour étayer le dossier.

– Un témoin qui ment sur un point de son témoignage peut mentir sur les autres...

Diane hoche la tête. Heureusement, Tracy n'est pas dans la salle. Il n'accepterait jamais cette accusation renouvelée.

Jim Jagger n'en finit pas de rappeler aux jurés qu'ils doivent parvenir à une certitude morale avant de condamner.

Pourquoi les autorités ont-elles attendu si longtemps avant de procéder à l'arrestation ?

– Parce que des doutes demeuraient.

Il lit les rapports médicaux. Tous. Nous serons encore là à Noël.

Mais il est bientôt 17 heures.

Jim Jagger peut expliquer le fameux « trou » temporel.

– Joe Inman est arrivé derrière la Nissan à mille trois cents mètres de la scène. Il l'a suivie pendant trois cents mètres. Il l'a vue sur une distance équivalente à deux pâtés de maisons en ville. Diane conduisait lentement. Elle a accompli trois actes : elle a essayé de faire rouler Christie sur la banquette ; elle a enveloppé son bras dans la serviette de plage ; et elle a ouvert la vitre.

La reconstruction de Jim Jagger semble logique. Diane s'est enfuie loin du tireur et a compris que ses enfants étaient vivants ! Elle a ralenti pour aider Christie. L'odeur, dans la petite voiture, était terrible et Diane devait faire entrer de l'air frais pour aider ses enfants. Peut-être a-t-elle attrapé la serviette à ce moment-là, pour en envelopper son bras.

L'avocat de la défense crie, frappe dans ses mains et virevolte devant les jurés. Pourquoi rouler lentement ? Pourquoi ne pas s'arrêter ? Mais ses enfants suffoquent !

– Elle ne pouvait supporter l'idée de s'arrêter, seule, dans le noir, avec ses enfants en train de mourir.

Pour Jim Jagger, Diane n'a même pas vu Joe Inman.

– Peu de temps après, elle roule vite – les enfants sont VIVANTS, ils manquent d'air ! Quel intérêt aurait-elle à se rendre à l'hôpital avec un enfant mort et deux autres encore vivants ? Pourquoi ne pas attendre qu'ils meurent si elle pensait pouvoir récupérer Lewiston à ce prix ?

C'est un point déterminant. Diane l'avait souvent répété au cours de ses premières conférences de presse. Si elle était coupable, pourquoi aurait-elle conduit les petites victimes à l'hôpital ? Et pourquoi ne tuer qu'un seul enfant ? Lew avait été très clair sur ce point, il ne voulait élever aucun enfant.

Jim Jagger réorganise l'emploi du temps. Il ajoute quelques minutes par-ci, par-là – jusqu'à réduire le trou temporel de vingt-cinq à moins de dix minutes.

Heather Plourd et sa voisine ont pu se tromper de quelques minutes sur l'heure de départ de Diane.

21 h 45 à 21 h 47 (deux minutes de plus).

21 h 47 à 21 h 55 pour atteindre le nord de Sunderman Road (une minute de plus).

21 h 55 à 22 h 01 : Diane gare la voiture et bavarde avec Cheryl. Elle vérifie si elle a son chéquier (cinq ou six minutes de plus).

Jim Jagger compte deux minutes pour la fusillade.

22 h 12 à 22 h 15 : Diane quitte les lieux de la fusillade et roule sur mille trois cents mètres avant d'être aperçue par Inman. Elle ralentit pour sauver ses enfants.

22 h 15 à 22 h 18 : elle s'occupe toujours de ses enfants et roule lentement.

22 h 19 à 22 h 29 : elle roule en direction de l'hôpital. Se gare. Personne ne remarque l'heure, tout le monde est bien trop occupé (une minute de moins).

Fred Hugi souffre et bout intérieurement. Engourdi, il se demande s'il est en train de perdre. Jim Jagger tire son énergie de son propre discours tandis qu'il caracole devant le jury. Les phrases clés surgissent.

Triomphant, Jim Jagger aborde la dernière ligne droite.

– Il n'y a plus de trou temporel. J'ai parlé de chaque témoignage et indiqué ce qui avait été oublié, les fausses hypothèses. Il n'y a eu aucun trou temporel. En fait, les événements s'emboîtent parfaitement.

Jim Jagger tente de démolir le motif invoqué par l'État : un amour-passion pour Lew.

– C'est bizarre. C'est ridicule. Diane n'est pas naïve... Pourquoi sacrifierait-elle ses enfants pour un homme parmi tant d'autres ?

Lew est devenu un « vaurien arrogant sur lequel on ne peut compter ». Une fois en Oregon, Diane n'a jamais envisagé d'épouser Lewiston, annonce Jim Jagger.

Il écarte Kurt Wuest et Doug Welch comme des hommes qui ont menti à sa cliente, qui l'ont poussée à bout et ont continué ensuite à la déstabiliser, au point de lui dire au beau milieu de son témoignage qu'elle ne pourrait pas garder l'enfant qu'elle portait.

Jim Jagger conclut :

– L'étranger n'a jamais été retrouvé... Et cette arme, quelles qu'en soient la marque ou l'année, a disparu avec lui. Qu'est-il arrivé à Diane Downs, cette femme qu'ils ont tourmentée depuis le début ? Ils lui ont pris son enfant. Je vais vous dire ce qui s'est passé.

Jim Jagger explique que, dès le 4 juin, Diane fait référence, dans son journal, à la réalité et à la non-réalité. Au début, elle ressent de la culpabilité, ensuite elle reçoit des appels téléphoniques d'autres parents terrorisés par la Protection de l'enfance.

Peur. Confusion. Panique. Visage égratigné. Solitude. Personne qui se batte à ses côtés. Dépression. Idées de suicide...

– La personne qui a tué Cheryl, qui a tiré sur Christie, sur Danny et sur Diane Downs était folle. Droguée, très probablement, parce que c'est un acte de dément... Tout le monde tourmente Diane qui en perd la tête. Vous avez entendu tous les faits. Des allégations ont été faites, juste dans l'espoir que vous les entendriez et que vous vous poseriez des questions qui entraîneraient le doute.

Jagger incite les jurés à se mettre à la place de Diane.

– Hésitez ; honnêtement, il y a de quoi. Vraiment... La seule décision à prendre est celle de savoir si oui ou non... Savoir s'il est prouvé ou non prouvé, au-delà d'un doute raisonnable... C'est une décision grave. Avec des conséquences graves. Des erreurs sont parfois commises...

« Au nom de ma cliente, je vous demande de la déclarer non coupable, sans vous baser sur l'émotion ou sur les sentiments.... Ce que je vous demande, c'est de vous remémorer les faits et d'y réfléchir. L'émotion peut être un facteur d'égarement.

Jim Jagger s'excuse pour les huit heures qu'a duré sa plaidoirie. Tapée plus tard par un greffier, elle représentera près de deux cents pages. Sur le papier, Jim Jagger parle pour ne rien dire, mais à l'entendre, son argumentation fonctionne.

Derrière le rang de la presse, un spectateur murmure :

– Alléluia, mon frère ! Viens te baigner dans le sang de l'agneau !

Jim Jagger n'a pas nommé le véritable meurtrier comme il l'avait promis. Les jurés l'ont-ils remarqué ?

Il est 15 h 20, mercredi 13 juin. Les jurés ont apporté leurs valises ce matin. Ils auront besoin d'un jour de plus.

Fred Hugi commence sa réfutation. C'est sa dernière chance de parler. Il est convaincu que Jagger a largement décroché ses vingt pour cent de doute. Ils ont peut-être tout perdu. Il doit renverser la situation. Et il prendra son temps.

Il fait remarquer qu'il ne s'agit pas d'un procès de divorce ; peu importe ce que l'ex-Mme Downs pense de M. Downs.

– C'est un procès capital qui concerne trois jeunes enfants. Deux sont encore parmi nous, tous deux handicapés à vie. Peut-être devrions-nous revenir à la réalité présente, et nous demander qui leur a fait cela ?

« Décider que l'inculpée n'est pas coupable signifie décider que Christie ne dit pas la vérité. Cela signifie négliger cette enfant, négliger les analyses balistiques, accepter de croire que l'inspecteur Tracy a falsifié des preuves ; que la police a comploté avec lui, que Lew a fait partie de la conspiration et parle d'une arme qu'il n'a jamais vue, que Steve Downs a lui aussi été dans la combine et qu'il cache une arme qu'il a récupérée. Cela signifie que... le personnel de l'hôpital a menti chaque fois qu'il y a eu contradiction avec la version donnée par Mme Downs, que Jim Pex ne connaît pas les armes à feu...

Les deux douzaines d'enregistrements ?

– Vous paraissent-ils ceux d'une femme nerveuse ? D'une femme sous pression ? Ce n'est pas mon avis...

Il est très long, ce raccommodage à petits points dans le tissu d'un dossier que Jim Jagger a déchiré. Hugi s'y applique. Il aurait pu le faire en dormant. Il sait où sont les endroits fragiles.

Il prend la serviette de plage orange et violet que Judy Patterson a enlevée du bras blessé de Diane.

Paul Alton a plié et déplié cette serviette mille fois pour essayer de faire coïncider les taches de sang, pour comprendre quelle face s'était trouvée contre la peau.

Alton a décrypté le code.

Sous les yeux des jurés, Hugi plie la serviette en deux, obtenant ainsi un carré plus petit. Il plie ensuite ce carré en deux en prenant les coins opposés pour former un triangle.

Les taches de sang coïncident. Il montre aux jurés que la tache la plus sombre est sur la première couche – qui était contre la peau du bras de Diane – et que sur chaque épaisseur suivante, la tache est plus petite. Le pourtour des taches coïncide.

– Comme c'est joliment plié, avec précision, pour envelopper le bras...

C'est pour cela que Diane n'a pas perdu de sang dans la voiture. N'est-il pas extraordinaire qu'elle ait saisi précipitamment la serviette pour entourer son bras et qu'elle se retrouve avec un pansement parfaitement triangulaire ?

Hugi suggère qu'elle a préparé la serviette-pansement à l'avance, qu'elle a posé son bras sur ses genoux, par-dessus la serviette, qu'elle s'est tiré une balle et qu'elle a ensuite enveloppé soigneusement son bras dans la serviette. À l'instant où ses enfants suffoquaient et manquaient d'air, elle s'occupait d'elle-même méticuleusement.

La serviette ensanglantée – le puzzle assemblé – est un coup visuel dévastateur pour la défense.

Fred Hugi a trouvé le mot qui décrit l'attitude de Diane Downs envers ses enfants : pour elle, ils sont fongibles.

D'après le dictionnaire, fongible se dit, en droit, des choses qui se consomment par l'usage et peuvent être remplacées par des choses analogues.

Hugi a trouvé ce mot atrocement adéquat. Un enfant avorté peut être remplacé par une nouvelle grossesse : Carrie par Danny, Cheryl par Charity Lynn. Tout comme une mère chatte ou une truie qui compte sa portée, avec pour seul souci de trouver toujours le même nombre de petits... Est-il possible que Diane puisse détruire et remplacer ses enfants à volonté, satisfaite que le nombre en reste le même ?

Le procureur en est convaincu.

Il la compare à un volcan, explosant sous la pression du stress.

La journée se termine sur d'autres paroles sanglantes. Et le jour suivant commence avec ces mêmes mots. Nous trempons dedans, nos esprits et nos âmes sont imbibés d'écarlate. Fred Hugi parle d'une voix égale, vide d'émotion, avec la ténacité d'un marathonien approchant du but.

Il explique au jury que la longue attente avant l'arrestation a servi à Christie. Il fallait lui laisser le temps de réapprendre à parler, de se sentir suffisamment en sécurité pour effeuiller les couches de sa mémoire.

Hugi réfute péremptoirement la version révisée par Jim Jagger de l'emploi du temps entre la fusillade et l'hôpital.

– Dans sa reconstitution, M. Jagger prend ses rêves pour la réalité. Elle n'est basée sur aucun fait. Ce n'est qu'une tentative de reconstruction des preuves sous une lumière favorable à sa cliente. Le problème, c'est qu'elle est impossible. Diane Downs a pris trop de temps pour faire ce trajet. Trop de temps pour tirer et pour attendre avant d'aller à l'hôpital. Mais elle a pu utiliser une partie de ce délai pour enterrer l'arme. Elle a pu également en profiter pour s'assurer qu'une fois arrivés à l'hôpital ses enfants ne seraient pas en état de dire : « Ma maman a tiré sur moi. » Elle a attendu le temps qu'il fallait pour qu'ils soient presque morts. Elle ne pouvait pas patienter une heure ou deux... elle ne pouvait pas les amener froids...

Fred Hugi dissèque Diane Downs. Est-ce bien sage ? Elle est assise devant lui. L'enfant qu'elle porte lui donne des coups de pied. Les femmes du jury ne vont-elles pas trouver qu'il va trop loin ? Qu'il s'acharne sur une pauvre femme enceinte ?

Se souviendront-elles que l'enfant à naître pourrait lui aussi être « fongible » ?

– Elle est très douée pour les aventures sans lendemain, n'impliquant aucun engagement de sa part. Elle n'éprouve pas de sentiments véritables. Elle parle de sa « profonde inquiétude », elle est très forte pour la « profonde inquiétude », pour l'amour profond, pour les sentiments profonds, pour les émotions profondes, mais elle est incapable de les montrer. C'est parce qu'ils n'existent pas... Il n'y a pas plus égoïste. Elle ne s'intéresse qu'à elle-même... Une si « bonne Samaritaine » ? C'est tout le contraire. Tout le contraire. Diane Downs d'abord.

« Lorsque vous écoutez les enregistrements de Mme Downs, vous remarquez qu'elle est aussi crédible devant la cour. Elle est capable de teinter ce qu'elle dit de sentiment, et c'est bien là son problème. On obtient le même résultat avec un menteur patenté. Vous l'avez vu ici même. Elle arrange tout à sa façon. Elle a une explication pour tout. Elle ne reconnaît jamais qu'elle a fait quelque chose de mal, même lorsqu'on le lui prouve par A + B. Elle ne sait que nier et dénier.

Il est 14 h 28 ce jeudi. La voix de Fred Hugi, restée neutre jusqu'alors, est pleine de rage. Le contraste est saisissant.

– Nous parlons ici d'une fillette qui est morte. Et pour quoi ? Pour la satisfaction des désirs pervers de Diane Downs. Danny ne remarchera jamais. Christie ne pourra plus jamais utiliser son bras et son esprit comme avant... Écoutez, madame Downs : pour une fois, vous ne vous en sortirez pas par des mensonges. Vous êtes une meurtrière, une meurtrière de sang-froid, vicieuse et cruelle !

Le silence règne dans la salle, tandis que Fred Hugi retourne s'asseoir.

Le juge Foote prévient les jurés. Ils ne doivent pas être de parti pris lorsqu'ils décideront si Elizabeth Diane Downs est coupable ou non coupable : de meurtre, d'une double tentative de meurtre et de deux agressions avec coups et blessures. Et ils devront décider au-delà d'un doute raisonnable – et être convaincus au-delà d'une certitude morale.

Diane est blême. Tandis que le juge Foote lit ses instructions, elle frotte et caresse son ventre de sa main gauche, comme si c'était un porte-bonheur. Diane – qui n'a cessé de sourire pendant six semaines et demie – ne sourit qu'une fois pendant les instructions du juge : quand il rappelle aux jurés qu'ils ne doivent pas introduire de cartouche dans le fusil lorsqu'ils l'examineront comme pièce à conviction.

43

« Je voulais comprendre comment une mère pouvait tuer son enfant... et je voulais la voir recevoir ce qu'elle méritait. »

« Je suis mère. Aucune mère ne serait vivante si quelqu'un s'en prenait à ses enfants. Elle mourrait en essayant de les sauver. Aucune mère ne s'arrêterait pour un étranger – ou, si elle le faisait, elle lui donnerait volontiers sa voiture si elle pouvait s'en sortir indemne avec ses enfants. »

« Elle est innocente. Ils vont la crucifier. »

Des membres du public attendant le verdict,
14 juin 1984

Il est 14 h 37. La salle du tribunal a été évacuée et fermée à clé. Mais la plupart des spectateurs ne se décident pas à quitter le bâtiment. Claudia Langan – qui a signé l'acte d'accusation en tant que présidente du Grand Jury – reste, ainsi qu'Evelyn Slaven et que tous les journalistes. Les lumières du corridor sont au minimum et laissent les longs bancs dans l'ombre.

Une quarantaine de femmes ont suivi le procès d'un bout à l'autre. Elles font la queue pour téléphoner chez elles et dire aux enfants de mettre un plateau-télé dans le micro-ondes, à leurs maris d'aller dîner au restaurant. Dans la lumière blafarde, elles tricotent, lisent le journal, certaines se sont assoupies sur les bancs.

Les membres de la presse se déplacent vers les doubles portes qui mènent à la terrasse du troisième étage. Le centre-ville d'Eugene s'étale en bas, encastré dans les collines. Les sons portent étrangement ; les sirènes et le claquement des drapeaux dans le vent prennent toute leur intensité, ici, sur le toit.

Les cameramen de télévision connaissent bien l'oasis de cette terrasse. Ils y ont installé leurs antennes depuis plusieurs jours. On dirait des moustiques géants, ou des armes mortelles pointées dans trois directions, en attendant que le verdict soit annoncé.

À l'intérieur, dans le corridor près des ascenseurs, une dizaine de caméras sont posées sur leur pied, dans l'espace légal qui leur est assigné par un adhésif argenté sur le sol.

L'après-midi s'écoule, le vent se lève. Le verdict n'est toujours pas annoncé à l'heure du dîner. Le soleil disparaît.

À 22 h 15, le jury se retire pour la nuit, et un groupe de journalistes déçus s'engouffre au Hilton.

Il y a cinq femmes enceintes dans la prison du comté de Lane. D'ordinaire, elles accouchent à l'hôpital du Sacré-Cœur. La rumeur prétend que Diane y accouchera aussi. Personne n'en est certain. Le capitaine Ben Sunderland en décidera. La publicité autour de cette affaire pourrait le contraindre à envoyer Diane Downs ailleurs.

Elle est seule. Elle ne peut écrire de lettres ni commencer un nouveau journal. On lui refuse tout crayon ou stylo depuis une semaine – depuis qu'elle a fait à Chris Rosage ce commentaire ambigu : « Peut-être que je ne l'aurai même pas, ce bébé... »

Sans doute le verdict tombera-t-il vendredi. Une demi-journée de délibérations, cela aurait paru précipité après un procès de six semaines et demie. Ils ont tant de preuves et de pièces à conviction à examiner.

Fred Hugi entre et sort précipitamment du bureau du procureur ; Jim Jagger, assis sur le muret de pierre, devant le palais de justice, tourne son visage vers le soleil. Il sourit et nous fait un signe de la main lorsque nous passons devant lui. Doug Welch fait les cent pas autour du tribunal. Il est nerveux. Ray Broderick est confiant.

Dix heures. Vingt heures.

Le verdict qui semblait imminent ne l'est plus. L'agitation règne parmi ceux qui attendent. L'ensemble de la presse est éteint. Quiconque a déjà suivi un procès sait que plus les jurés délibèrent longtemps, plus ils ont tendance à prononcer un acquittement.

À 22 h 40, les jurés font savoir qu'ils sont prêts à se retirer pour la nuit.

La presse a officieusement jugé Diane coupable depuis le jour où Christie a témoigné.

— Et si elle ne l'était pas ? demande une voix dans le salon sombre. Et si on voulait juste qu'elle soit coupable parce qu'elle a une mentalité pourrie ?

Cela fait l'effet d'une douche froide. Est-ce que les jurés ont des idées pareilles ?

Le palais de justice est fermé le samedi. La presse trouve un moyen d'entrer ; les spectateurs civils sont repoussés, déçus. Le troisième jour de délibération est torride.

Fred Hugi, chez lui, profite de la fraîcheur des arbres et de la brise qu'apporte la rivière McKenzie. Il jardine. Il n'a pas prévu de se rendre à Eugene. Après plus d'un an de tension, il se sent calme. La plaidoirie finale de Jim Jagger ne l'a énervé que temporairement. Il a le sentiment du devoir accompli.

— Quand tout fut terminé, j'ai regardé les jurés. À ce moment-là, à cause de mon argument final, ou probablement malgré lui, j'ai vu six ou sept jurés qui n'auraient pas voté non coupable même si on leur avait pointé une arme sur la tempe.

De retour à Eugene, les jurés n'ont pas posé une seule question au juge Foote. Ils peuvent acquitter Diane avec dix votes sur douze. Mais, pour la condamner, il leur faut l'unanimité. C'est peut-être l'unanimité des douze votes pour la condamnation qui les retient...

À 13 heures le samedi, une vague d'excitation est provoquée par un greffier dans le couloir. En fait, il apporte quatre énormes pizzas pour le déjeuner des jurés.

Ils sont au moins d'accord là-dessus.

Fred Hugi regarde un match de football à la télévision.

À 16 h 45, les jurés envoient un mot à l'extérieur. Mais ce n'est pas le verdict. Ils demandent au juge Foote la définition exacte du « doute raisonnable ».

Le troisième jour, les nouvelles télévisées de 17 heures annoncent sur les sept chaînes : « Le jury n'a toujours pas donné son verdict dans l'affaire Diane Downs... »

Pas de verdict. Pas de bébé. Ceux qui attendent sont pétrifiés dans l'immobilité du temps.

Minuit, samedi. Trente-six heures. Les jurés ne se sont pas retirés. Ils n'ont pas envoyé d'autre message. Fred Hugi a passé la soirée à regarder un autre match.

Les médias s'attendent à l'acquittement. Les titres sont prêts. « Pourquoi ? » Pourquoi le jury a-t-il cru Diane Downs et non pas Fred Hugi ? Dans combien de temps Diane reprendra-t-elle la garde de Danny et de Christie ? Avec le futur bébé, elle aura de nouveau trois enfants.

Et puis, à minuit vingt, les lumières s'allument soudain dans une des salles.

Le verdict.

Les principaux intéressés arrivent rapidement au palais de justice – Fred Hugi du bord de la rivière, Diane de sa prison. Impossible à deviner comment le public l'a su. Une centaine de personnes font la queue devant la salle du tribunal. Les cameramen sont prêts.

Diane, accompagnée de Chris Rosage, entre à pas glissants. Elle porte la robe bleue avec les mouettes. Elle est resplendissante. Bien coiffée, elle a été autorisée à se maquiller. À 1 heure du matin, après avoir attendu trois jours pleins, Diane marche la tête haute. Souriante. Chris Rosage et Jim Jagger passent rapidement devant les caméras.

Paula Krogdahl est venue – pour la première fois – et se tient près de Doug Welch.

Dans la salle, Diane garde le sourire, comme si elle savait qu'elle était sur le point d'être libérée. Jim Jagger semble nerveux, pour la première fois, il se tord les mains. Fred Hugi est calme comme on l'a rarement vu.

Trois policiers en uniforme et un en civil sont présents. Une manifestation, voire une émeute, est toujours possible.

Une porte grince sur ses gonds et tout le monde sursaute. Ce n'est que le juge Foote. Il avertit qu'aucune manifestation d'aucune sorte ne sera tolérée à l'annonce du verdict.

Diane se mord les lèvres. C'est un geste nouveau chez elle.

Le porte-parole du jury, Daniel Bendt, se lève pour annoncer qu'ils sont parvenus à un verdict.

Pendant un instant, personne ne respire.

Puis le juge Foote lit le verdict à haute voix :

COUPABLE DE TENTATIVE DE MEURTRE.
COUPABLE DE TENTATIVE DE MEURTRE.
COUPABLE DE COUPS ET BLESSURES VOLONTAIRES.
COUPABLE DE COUPS ET BLESSURES VOLONTAIRES.
COUPABLE DE MEURTRE.

Pendant une seconde, personne ne bouge. Puis un reporter – un jeune qui est là pour la première fois – se rue sur la porte. Il sera le premier à téléphoner, le premier à annoncer le scoop que les autres espéraient.

Diane est blanche comme un linge et, au bout d'un moment, elle se met à trembler. Mais elle ne craque pas. Pas en public.

Le charme est rompu. Les journalistes se bousculent vers les sous-sols que l'accusée doit traverser pour quitter le palais et regagner sa prison. Diane et Chris Rosage se précipitent pour échapper aux appareils photos et aux caméras. Trop tard.

Sandy Pole, un journaliste de Portland, surveille le moment où Diane passera dans les flashes des photographes.

– Elle s'est ressaisie et a réussi à ébaucher un sourire. Chris pleurait, mais Diane a réussi à garder le sourire.

– À quoi pensiez-vous quand vous avez entendu le verdict ? demande Jack Hamann.

– Je ne sais pas, répond Diane d'une voix neutre. À quoi je suis censée penser ?

– Le verdict a été une surprise pour vous ?

– Évidemment...

Diane sourit jusqu'à ce que la porte du fourgon se referme sur elle. Alors seulement, elle laisse couler ses larmes.

À 1 h 10, en pleine nuit, Jim Jagger répond aux questions des journalistes. Non, il n'a pas été surpris par le verdict. Il savait que les jurés avaient condamné Diane pour les quatre premières accusations, et cela assez tôt au cours des délibérations. Il savait qu'une seule personne avait longtemps réservé son vote pour la condamnation pour meurtre. Oui, il avait prévenu Diane que ça se présentait mal.

À l'étage, Gregory Foote a commandé du champagne et des fraises. Ce n'est pas la célébration d'une victoire, mais une façon de remercier son personnel pour son soutien et son dévouement au cours de ce long périple. Foote, sa secrétaire Marj McElhose, ses greffières Sharon Roe et Kay Cates et le fiancé de cette dernière se réunissent pour marquer la fin de quelque chose qui a consumé leur vie pendant une année entière.

Fred Hugi aurait dû en être mais il a déjà quitté le palais de justice. Il remarque Anne Bradley qui vient dans sa direction. Il l'apprécie, mais n'a aucun commentaire à faire pour la presse. Hugi s'enfonce dans la nuit pour rejoindre sa maison au bord de la rivière.

La lecture du verdict n'a été qu'une formalité pour lui. Jim Jagger lui avait téléphoné pour le féliciter sur les quatre premières accusations en ajoutant : « J'espère toujours qu'ils hésiteront à la condamner pour meurtre. »

Et il y a eu effectivement hésitation. Les rumeurs colporteraient plus tard qu'un juré d'abord puis un second avaient hésité. Personne ne saurait avec certitude qui. Les jurés garderaient la réponse pour eux. La question qui revenait sans cesse avant qu'ils n'atteignent l'unanimité était : « Si le dossier était si solide, pourquoi l'État a-t-il dû attendre que Christie retrouve la mémoire ? » Une des questions que le procureur pensait voir surgir.

Pourtant, Fred Hugi était resté confiant, persuadé que les jurés finiraient par être unanimes sur la condamnation pour meurtre.

Et il avait eu raison.

Hugi était fatigué, comme on l'est après avoir couru longtemps. La tension qui ne l'avait pas quitté pendant plus d'une année s'était évanouie. Il pesait quatre-vingts kilos au début du procès. Il n'en pesait plus que soixante-douze.

Le juge Foote et son équipe quittèrent le palais de justice pour aller souper en ville. La nouvelle du verdict avait été annoncée aux informations à 1 heure du matin. Les voitures klaxonnaient dans la rue, presque comme si c'était la fin d'une guerre. Quand Foote et son équipe entrèrent à l'Electric Station, les clients du restaurant se levèrent pour applaudir.

On était le 17 juin 1984, il était presque 2 heures du matin. Le ciel était clair, la lune pleine aux sept huitièmes.

C'était la fête des Pères.

44

Dix jours plus tard, le 27 juin, Doug Welch et Chris Rosage emmenèrent Diane à l'hôpital du Sacré-Cœur à Eugene. Le travail commença à 16 h 30 et tout au long de la soirée, les contractions s'accélérèrent. Chris resta avec elle, sinon Diane aurait été seule. Wes et Willadene n'étaient pas là, ni aucun autre membre de la famille.

Welch attendait dans le couloir. Il entendit Diane pousser quelques rares cris. Les femmes dans les autres salles de travail hurlaient et gémissaient ; certaines maudissaient leur mari. Pas Diane. Elle était stoïque dans sa douleur.

À la demande de Diane, Chris Rosage l'accompagna dans la salle d'accouchement. On était très loin de la joyeuse scène de la naissance de Jennifer à Louisville, deux ans plus tôt. Aucun parent reconnaissant n'était là pour pleurer avec elle.

Amy Elizabeth Downs naquit à 22 h 06. Elle pesait trois kilos sept cent cinquante et mesurait cinquante-quatre centimètres. Diane était revenue sur son choix de Charity Lynn après avoir entendu Hugi qualifier ses enfants de biens « fongibles ». Amy Elizabeth était un adorable bébé qui ressemblait à sa mère, tout comme Christie lui avait ressemblé à sa naissance. Elle avait les yeux en amande et de longs doigts fins.

Diane fut autorisée à la serrer longtemps dans ses bras. Elle permit même à Welch de la tenir un instant. L'expérience de la naissance avait atténué son animosité contre l'inspecteur. Ou plutôt Hugi s'était avéré un ennemi si féroce que Welch gagnait à la comparaison.

Quelques heures plus tard, Diane était de retour dans sa cellule, vidée de l'amour et du bébé qui l'avaient soutenue tout au long des pénibles mois du procès.

Au matin, elle écrivit à Matt Jensen. La lettre fut réexpédiée à plusieurs adresses avant de l'atteindre. Lorsqu'il la reçut, il avait déjà eu connaissance de la naissance du bébé par une coupure de presse qui lui avait été envoyée de l'Oregon. Diane rendait Jensen responsable de la perte de son bébé.

« Elle est parfaitement formée et en excellente santé. Je ne te dirai pas où elle se trouve parce que tu n'aurais pas l'autorisation de la voir. Je ne sais pas si les médias ont déjà eu connaissance de la nouvelle, mais je tenais à te l'annoncer moi-même. Ce que je désire réellement, c'est te faire partager ma perte et ma douleur. Peut-être cela t'est-il égal, mais c'est important pour moi. C'est une si belle petite fille. Elle va beaucoup me manquer. Te manquera-t-elle aussi ? »

Matt Jensen avait déjà signé un document où il renonçait à tout droit sur l'enfant. Il avait toutefois rechigné à être désigné comme le père biologique, car il ne pouvait en être totalement certain. Il demanda que la mention fût modifiée : « Je crois que je *pourrais* être le père biologique... », avant d'apposer sa signature.

Jensen savait qu'il avait été sélectionné uniquement dans le but d'une insémination. Il espérait que la petite fille irait bien, qu'elle serait heureuse et en bonne santé. Mais il ne se sentait nullement lié à elle.

Matt Jensen ne répondrait à aucune de ses lettres.

Il ne la connaissait plus.

Les jours de Diane étaient monotones tandis qu'elle attendait sa sentence. Sa cellule de deux mètres quatre-vingt-dix sur trois mètres qui se composait d'une couchette, d'une cuvette de W.-C. et d'un lavabo, était éclairée de jour par une étroite fenêtre haut placée. Le petit déjeuner était servi à 6 heures dans la prison du comté de Lane, et les lumières s'éteignaient à 23 h 30. Pas grand-chose à faire à part lire et écrire.

Deux mois après la naissance d'Amy Elizabeth – le 28 août –, Diane comparut à nouveau devant le juge Foote, cette fois pour entendre sa sentence.

Fred Hugi et Jim Jagger prirent la parole, ainsi que le Dr George Suckow qui détailla l'examen psychiatrique de Diane. Le témoignage du Dr Suckow était extrêmement important. Dans l'Oregon, le meurtre est puni de la condamnation à perpétuité, mais il n'existe pas de peine de sûreté, sauf si l'accusé est déclaré « criminel dangereux ».

D'après Suckow, les troubles de la personnalité de Diane Downs en faisaient une criminelle dangereuse. Son diagnostic révélait non pas un, mais trois troubles : narcissisme exacerbé, personnalité histrionique et sociopathie.

En dépit des kilomètres de bandes magnétiques et des centaines de pages de son journal, Diane Downs reste une énigme. Ses crimes sont incompréhensibles pour une personne qui agit selon sa conscience. Son comportement est scandaleux. Mais Diane Downs n'est pas folle, pas plus légalement que médicalement. Les psychiatres qui l'ont examinée avant qu'elle ne soit acceptée dans le programme des mères porteuses étaient parvenus aux mêmes conclusions. Elle n'a pas changé.

Et elle ne changera pas.

Narcisse n'aime que lui-même. L'histrionique est toujours « en scène ». Le sociopathe (inadapté social) n'a pour ainsi dire pas de conscience. Et les trois se complaisent dans les problèmes.

À un moment de son histoire, peut-être lorsque les autres l'ont déçue, lorsque son moi fragile a vacillé, Diane Downs s'est tournée vers elle-même. Elle a eu le sentiment que personne ne l'aimait et est tombée éperdument amoureuse de sa propre image : « Je croyais que j'étais la meilleure personne au monde. »

Le narcissique s'attend à des faveurs spéciales de la part des autres, sans pour autant songer à leur rendre la pareille. Diane s'est senti ce « droit » depuis l'enfance.

Lorsqu'elle ne pouvait manipuler les autres pour les amener à faire ce qu'elle voulait, elle réagissait par l'indignation et la fureur. Les enfants de quatre ans hurlent et trépignent pour avoir une glace ; les adultes apprennent qu'on ne peut pas toujours obtenir ce qu'on désire. Diane Downs a été incapable de l'apprendre.

Les relations interpersonnelles de Diane étaient les plus destructrices de toutes. Ce qu'elle voulait seul était important, ce que les autres voulaient ne comptait pas à ses yeux. Quels que pussent être les moyens qu'elle employait pour arriver à ses fins – le mensonge, la tricherie, les câlineries, la séduction, la manipulation... et même le meurtre –, ils étaient entièrement justifiés dans son esprit. Elle recherchait sans relâche quelqu'un qui prendrait soin d'elle, qui rendrait sa vie merveilleuse. Complètement irréaliste, sa démarche était immanquablement décevante, mais elle n'en changea jamais. Même avec Christie, Cheryl et Danny. Leur rôle à eux avait été de l'aimer totalement, de lui donner le sentiment qu'on avait besoin d'elle – mais ils devaient aussi rester à l'écart lorsqu'elle voulait être seule avec un homme.

Toute sa vie, Diane a été à la recherche de « l'amour pur », « l'amour de cœur ». Mais elle ne pouvait rien offrir en retour. La soif de Diane Downs d'un amour inconditionnel ressemble à un pichet truqué qui paraît toujours à moitié vide alors qu'on y verse en continu un flot de liquide.

Le terme « histrionique » dérive du mot latin *histrio* qui signifie « acteur ». Quiconque a vu Diane Downs dans le box des témoins, à la télévision ou en conférence de presse, approuvera ce diagnostic. Elle est sur scène partout où elle se trouve. Sa vie est une perpétuelle représentation. Elle n'hésite pas à s'entailler les poignets ou à tirer un coup de feu dans le plancher de sa salle de bains pour attirer l'attention.

Diane Downs est aussi une inadaptée sociale. Elle ne tient aucun compte des droits des autres. Esprit rusé sans conscience pour le guider, la personnalité du sociopathe a été comparée à un écran de télévision sans image, à un ordinateur, à un robot. Il « singe » les individus et ne renvoie que le minimum nécessaire pour recevoir une gratification.

Le sociopathe brise les cœurs, les esprits et les vies, c'est également un parent déplorable. Il n'a jamais été programmé pour prendre soin des autres.

Les enfants d'un sociopathe sont comme des chiots ou des chatons amenés a la maison sur un coup de tête ; superflus, remplaçables, biens « fongibles ».

« Mme Downs clame son innocence, a écrit le Dr Suckow après avoir examiné Diane. Elle ne montre aucun remords. Elle considère ses enfants comme des objets ou des biens meubles. Les sentiments qu'elle éprouve pour eux sont superficiels et n'existent que dans la mesure où ils font partie d'elle, de sa vie à elle. »

Des recherches récentes menées aux États-Unis montrent que trois pour cent des hommes sont considérés comme des inadaptés sociaux, contre un pour cent seulement des femmes. Il est intéressant de remarquer que les garçons montrent des signes de sociopathie dans la petite enfance alors que les filles n'en manifestent qu'après la puberté.

Ces études ont permis de dégager un schéma familial récurrent ; les sociopathes des deux sexes ont souvent un père souffrant des mêmes troubles de la personnalité.

Les trois troubles de la personnalité attribués à Diane sont corrélés à de fréquents accès de dépression. Ce qui n'est guère surprenant. Puisque le narcissique, l'histrionique et le sociopathe demandent tant des autres et donnent si peu, leurs relations ne sont pas viables.

Ils sont incapables d'aimer, ils ne comprennent pas l'amour – et pourtant, ils cherchent continuellement « l'Amour ».

Diane Downs est douée d'intelligence, mais un maillon manque dans son aptitude à raisonner. Elle va de A à C, mais il semble que B n'existe pas dans les circuits de son esprit. Elle ne comprend pas que tout le monde peut constater qu'elle dit une chose tout en faisant son contraire. Elle croit pouvoir faire ce qu'elle veut et qu'il lui suffit de « l'expliquer ».

Il est plus facile de classer Diane selon les catégories des troubles de la personnalité que de découvrir pourquoi elle est ainsi faite. Elle revendique les abus sexuels que lui a fait subir son père. Devant la cour, elle l'a accusé de l'avoir soumise pendant plus d'un an à des pratiques incestueuses. Lui-même n'a pas nié.

Il est impossible d'avoir une certitude, ni en ce qui la concerne, ni en ce qui le concerne. Diane a menti sur tant d'aspects de sa vie ! Parfois, pourtant, elle dit la vérité.

Diane se souvient d'abus émotionnels, de sermons interminables et de manque de soutien affectif. Elle s'est sentie prisonnière, dénigrée, insignifiante. Elle a appris à se cacher à l'intérieur d'elle-même, à s'enfermer, à se couper d'un monde séparé d'elle par un mur de néant. Ses cris étaient à l'intérieur.

Il est impossible de savoir si la psychopathie de Diane est innée ou résulte des abus sexuels. Des études ont montré que les enfants qui ont subi de tels abus apprennent à se dissocier pour ainsi dire de leur corps. Ils supportent les sévices en s'évadant ailleurs – en esprit. C'est pour eux la seule façon d'y échapper. Trahis par l'adulte dont le rôle aurait dû être de les protéger, ils apprennent à ne rien éprouver du tout.

Si on ne ressent rien, on ne peut pas ressentir la douleur. On ne peut rien éprouver non plus pour quiconque.

Lorsque l'enfant victime d'abus sexuels atteint la puberté et l'âge adulte, il n'hésite pas à utiliser son corps pour obtenir ce qu'il désire. La majorité des prostitués des deux sexes ont subi des sévices sexuels dans leur enfance. Ils ont appris depuis toujours à laisser les autres manipuler leur corps pendant qu'eux-mêmes étaient absents et sans émotions.

C'est une sorte de mort.

Diane Downs est sexuellement hyperactive. Elle a pu séduire des hommes pour des raisons qui n'avaient rien à voir avec le sexe. Elle a pu offrir son corps pour protéger son esprit.

Diane a-t-elle jamais ressenti de l'amour ou de la compassion ? Était-il possible que la petite fille née en août 1955 fût, comme le titre de ce best-seller sorti la même année, une « mauvaise graine » ?

Aussi loin que remonte sa mémoire, Diane a toujours été différente des autres et malheureuse... Elle est peut-être née insatiable.

Plus d'un psychiatre a affirmé platement : « Certains enfants sont simplement nés mauvais. Ils commencent leur vie en étant mauvais et ils le restent. »

Mauvais. L'adjectif préféré de Diane. Elle est intarissable sur le mal.

En fin de compte, ceux qui étudient les personnalités dites criminelles, les actes sordides des hommes et des femmes, admettent qu'ils ignorent beaucoup de choses. Les tueurs les plus improbables commettent aussi les crimes les plus odieux.

Si ce sont les mauvais traitements qui créent le monstre, faut-il reporter la faute sur le monstre ou sur l'auteur des mauvais traitements ? Ou sur les deux ? Bien qu'on ne puisse prendre le risque de laisser en liberté un monstre qui peut détruire d'autres vies, on peut peut-être tirer une leçon de son histoire.

La suggestion de Diane pour « stopper le cercle vicieux » était d'éliminer une génération entière. Comme l'a souligné Fred Hugi, elle y avait presque réussi...

Tentative de meurtre et coups et blessures volontaires entraînent une peine d'un maximum de vingt ans et d'un minimum de dix ans. Le statut de « criminel dangereux » exige une peine maximale de trente ans et une peine minimale de quinze ans.

Diane – svelte dans une robe d'été lavande avec boléro assorti – s'est levée pour parler au juge avant qu'il ne prononce la sentence. Sa voix tremblait, dramatique et entrecoupée de sanglots.

– Je voudrais dire que je me suis présentée devant cette cour pour y être jugée. J'ai été déclarée coupable... je suis une citoyenne qui subit la loi. Je ferai mon temps... à la place de cet homme. Mais je m'inquiète pour la communauté. Ils n'arrêteront pas. Les tueurs sont toujours en liberté... J'aime mes enfants. Christie est ma meilleure amie. Danny a demandé sa maman en pleurant quand il était à l'hôpital. J'ai porté une petite fille pendant neuf mois et je ne l'ai tenue dans mes bras que quelques heures. Et Cheryl est morte... Je ferai mon temps, mais ensuite je trouverai le tueur et je l'amènerai...

Foote la toise en silence. Puis il prononce la sentence. Il parle avec un venin surprenant dans la voix.

Il souligne que si Diane devait un jour gagner de l'argent en écrivant un livre sur son histoire, les gains serviraient à couvrir le coût de l'enquête et du procès.

– La mort d'un enfant est la plus douloureuse des tragédies. Lorsqu'elle survient intentionnellement par la main d'une mère, c'est tout simplement abject. Je ne compte pas m'excuser pour les moments où j'ai réagi avec émotion. La cour pleure la mort de Cheryl et éprouve du chagrin pour Christie et pour Danny, de la colère et de la frustration. Je n'ai pas à m'excuser pour cela. Peut-être est-ce ironique, puisque l'accusée est inaccessible à l'émotion.

Foote ajoute que c'est sa raison qui lui a soufflé que Diane considérait ses enfants comme de vulgaires objets dont elle se débarrassait comme de « bagages encombrants ».

Nanti de son pouvoir actuel, Foote prononce la sentence. Chaque mot frappe comme une gifle la femme qui se tient devant lui. Une femme qui a été si belle, qui a pu sembler si douce, si frêle, mais qu'il voit comme un monstre.

Pour prévenir l'éventuelle indulgence d'un comité d'application des peines oubliant l'énormité des crimes, Foote décrète que ces peines seront purgées consécutivement :

– Pour meurtre : perpétuité plus cinq ans minimum car elle a utilisé une arme à feu. Pour tentative de meurtre : trente ans, assortis d'une peine de sécurité de quinze ans. (Sans cumul des cinq ans pour usage d'arme à feu.) Pour coups et blessures volontaires : vingt ans, assortis d'une peine de sécurité de dix ans. (Sans cumul des cinq ans pour usage d'arme à feu.)

Gregory Foote vient de condamner Diane à perpétuité plus cinquante ans, avec une peine de sûreté de vingt-cinq. Il se penche vers elle.

– La cour espère que l'accusée ne sera plus jamais en liberté. J'ai fait le maximum en ce sens.

Diane pensait être envoyée à Salem, le centre pénitentiaire pour femmes de l'Oregon. Elle ne s'attendait pas à une peine aussi lourde.

Elle refuse d'y croire : elle trouvera un moyen de faire commuer sa peine.

Diane était impatiente de quitter la prison d'Eugene et de rentrer dans sa nouvelle vie, mais elle n'aimait pas l'idée d'arriver seule à la prison. Elle s'était liée d'amitié, au pénitencier du comté de Lane, avec une certaine Billie Jo. Elle avait prévu que Billie Jo l'accompagnerait à Salem.

Diane avait dressé pour Willadene une longue liste des choses qu'elle devait lui apporter : des vêtements, son maillot de bain, une raquette de tennis, ses cosmétiques et tout le « nécessaire indispensable pour la prison ».

Ses projets commencèrent à s'effriter lorsque, le 31 août, le mandat de dépôt de Billie Jo n'était toujours pas passé. Diane devait partir ce jour-là. Elle serait seule, avec Chris Rosage qui conduirait le fourgon, et Doug Welch.

Diane était livide. Dans une crise de rage, elle déchira une poignée de lettres qu'elle avait l'intention d'expédier. Lorsque Chris Rosage et Welch arrivèrent à la prison à 14 heures, le gardien les avertit :

– Méfiez-vous ! Diane est de mauvaise humeur aujourd'hui. Personne ne l'a jamais vue dans cet état.

Diane avait écrit à Randy Woodfield pour qu'il guette son arrivée à la prison. « Si tu vois quelqu'un qui rigole et se gondole, ce sera moi. » Il était peu probable que, de sa cellule,

Randy ait eu un moyen de voir l'allée qui mène au quartier des femmes, mais Diane s'était tout de même préparée avec soin.

Doug Welch resta bouche bée à sa vue. L'inculpée enceinte et la jeune femme mince qui avait écouté sa sentence trois jours plus tôt avaient subi encore une métamorphose. Cette femme très sexy était accoutrée comme pour arpenter le trottoir :

– Elle est arrivée en se pavanant et en roulant des hanches. Elle avançait à longues enjambées assurées. Elle était en colère et personne n'échappait à sa fureur.

Les cheveux de Diane étaient coupés très court sur les côtés, avec une mèche qui lui retombait sur le front, et la petite queue sur la nuque caractéristique des punks. Ses cheveux avaient repris leur teinte naturelle et il ne restait plus que de très rares mèches blondes.

Elle portait un jean très moulant rentré dans les bottes les plus bizarres que Welch eût jamais vues, en vernis noir avec des talons aiguilles de quinze centimètres de haut, montant au-dessus du genou et coupées en V à l'arrière, probablement pour permettre à la jambe de se plier, un chemisier court à petites manches d'une blancheur éclatante sur un soutien-gorge qui ne soutenait rien, ses seins ballottant à chacune de ses furieuses enjambées.

Oui, les prisonniers du pénitencier fédéral se souviendraient de l'arrivée de Diane Downs. Elle avait l'air méchant et terriblement sexy. Elle n'avait l'air ni d'une baptiste dévouée ni d'une mère affligée.

À 14 h 07, le trio monta dans le fourgon Ford. Diane fut placée dans le compartiment à l'arrière. Les chaînes entravaient ses mouvements. Sa rage s'apaisait. Elle s'assit calmement sur le banc qui longeait le flanc du fourgon et regarda par la vitre arrière, tandis qu'ils quittaient Eugene, traversaient Springfield et prenaient, au nord, la I-5.

Ce vendredi 31 août était un jour gris avec des rafales de pluie. Diane, qui adorait le soleil, ne vit que des nuages pendant l'heure de trajet qui la menait à la prison. C'était la première fois qu'elle passait si longtemps hors de sa cellule depuis six mois. Et probablement la dernière.

Welch lui jeta un coup d'œil et elle rencontra son regard. Elle se força à un sourire résigné.

– Tu as peur, Diane ?

– À ton avis ?

Lorsqu'il se retourna un moment après, elle avait réussi à s'allonger sur le dos, les jambes écartées. Elle le regarda droit dans les yeux et il s'avisa qu'elle essayait de le séduire. Pourquoi, grands dieux ? Parce qu'il était le dernier représentant du sexe opposé qu'elle verrait avant d'entrer en prison ?

Il reporta ses yeux sur la route.

Ils passèrent les portes de la prison à 14 h 59. Diane se redressa et regarda autour d'elle.

– Ça y est, Diane. On est arrivés, lança Welch. Voici ton nouveau chez-toi.

– Merci, répondit-elle avec un sourire sarcastique.

Le garde demanda des références.

– Nous sommes du comté de Lane. Nous amenons une détenue, répondit Chris Rosage.

Ils passèrent les grilles, puis traversèrent le quartier des hommes.

– Tu sais, t'es un type bien, Doug, lança soudain Diane.

– Comment peux-tu dire une chose pareille après m'avoir insulté pendant quinze mois ?

– Je n'arrive pas à croire qu'on puisse être aussi mauvais que tu l'as été. De quel signe es-tu ?

– Cancer. On n'est pas compatibles.

Les armes vérifiées, ils roulèrent au pas pour traverser le quartier des femmes situé à côté du pénitencier fédéral de l'Oregon. Ils empruntèrent l'allée étroite qui mène aux admissions. Welch suivait Diane et Chris. Il entendit une voix l'interpeller et quelqu'un frapper aux carreaux.

– C'est *ça*, Lizbeth Diane Downs ?

Il hocha la tête. Aux admissions, ils furent accueillis par deux femmes agréables qui enregistrèrent les biens de la nouvelle détenue et se mirent à remplir des formulaires.

Welch sentit les yeux de Diane posés sur lui. Il se retourna.

– Tu as perdu quelques cheveux dans la bataille, Doug. Ou peut-être que je t'avais jamais vraiment regardé.

– J'ai dû en perdre quelques-uns, en effet.

– Dis donc, faut pas avoir l'air si triste, Doug.

– Je ne suis pas triste, railla-t-il, conscient qu'elle voulait l'entraîner dans un de ses petits jeux. Je suis ravi – très content.

– Hum ! je sais.

On ôta les chaînes de Diane. Chris Rosage et Doug Welch partirent. Sur le seuil, l'inspecteur se retourna pour regarder Diane une dernière fois.

Elle était adossée au mur et fixait le sol. Son sourire avait disparu.

Les policiers repassèrent par l'allée qui menait aux grilles et la même femme frappa aux carreaux.

– Hé ! C'était vraiment Lizbeth Diane Downs ?

Welch hocha à nouveau la tête.

– J'vais la tabasser. Lui fout' mon pied au cul...

Derrière Chris Rosage et Doug Welch, la porte des admissions se referma en claquant. Diane était seule à présent avec les autres prisonnières. Pendant un moment, adossée au mur, elle avait repris son air de petite fille qui attend, au désespoir, près de la porte de la classe, que la récréation soit terminée.

ÉPILOGUE

Au printemps 1987, la Cour suprême et la cour d'appel de l'Oregon rejetèrent la demande de révision du procès de Diane Downs. Le 11 juillet 1987, par un samedi pluvieux, à 8 h 40, elle franchit la clôture extérieure de la prison. Les barbelés électrifiés et la sirène d'alarme ne constituèrent pas un obstacle pour elle. À trois cents kilomètres au nord de Salem, quelque vingt-cinq minutes plus tard, mon téléphone sonna. C'était Lars Larson.

– Ce n'est peut-être qu'une rumeur... Elle se serait évadée.

Impossible, me dis-je. C'est sans doute une mauvaise plaisanterie. Au bout de quelques instants, Lars me rappela pour me confirmer l'information. Diane était bel et bien en fuite. On ignorait où elle se dirigeait et si elle avait des complices.

Le scoop de Larson avait déjà atteint les salles de rédaction, et quiconque allumait son poste de radio ou de télévision savait désormais que la tueuse d'enfants était en cavale. Mais en ce samedi matin, peu de gens écoutaient les nouvelles.

Je contactai Anne Bradley Jaeger qui à son tour téléphona à Fred Hugi pour l'avertir. Depuis l'été 1986, le substitut du procureur et son épouse Joanne avaient recueilli Christie et Danny. De mon côté, au comble de l'inquiétude, je composai le numéro de Nora et Lew Lewiston. Si Diane n'avait pu se procurer leur adresse, elle savait que Lew travaillait encore au bureau de poste de Chandler.

La police fédérale lança un avis de recherche dans treize États. Il était 9 h 55. Dans moins de dix minutes, Diane pouvait fort bien surgir dans le jardin des Hugi.

Au cours de la journée, les enquêteurs apprirent qu'elle avait fait de l'auto-stop à Salem. L'hélicoptère de la police survola le secteur en quête d'une femme au bonnet gris. En vain. La nuit tomba.

Où irait-elle ?

Se cacher, c'était certain. Au bout d'un moment, j'en avais la conviction, elle chercherait à tomber enceinte. Et puis, elle s'emploierait à revoir Christie et Danny, ne serait-ce que pour se prouver qu'elle en était capable, au nez et à la barbe des policiers. Enfin, elle pourrait vouloir se venger, et il ne fallait pas négliger cet aspect des choses.

Depuis la sortie en librairie de *On a tué mes enfants*, Diane se répandait en injures contre moi, furieuse que j'aie pu souligner ses défauts, évoquer son enfance malheureuse, la dépeindre comme une mère indigne et conclure à sa culpabilité. Aussi les autorités de la prison me conseillèrent-elles de rester sur mes gardes. Sa haine à mon endroit était connue de tous. Non seulement elle était rusée, mais en outre elle était totalement imprévisible. La police de Seattle m'indiqua qu'elle faisait surveiller ma maison.

Deux inspecteurs consultèrent le registre des visites pour savoir qui Diane avait vu en prison quelque temps avant son évasion. Il s'agissait de membres de sa famille et de Richard Cone, son biographe – car elle avait un biographe officiel, avec qui elle rédigeait un ouvrage relatant sa version des faits, clamant son innocence et la culpabilité certaine d'un étranger aux cheveux longs. Cette entreprise littéraire avait provoqué l'effroi des législateurs de l'Oregon qui votèrent une motion visant à empêcher les criminels de tirer un profit quelconque du récit de leurs forfaits. Or Richard Cone avait depuis peu emménagé à Salem.

Les policiers furent plus intrigués lorsqu'ils découvrirent que cet homme habitait à cinq cents mètres de l'endroit où un témoin disait avoir aperçu Diane. Quand l'inspecteur Pecyna vérifia les cabines téléphoniques sur State Street, il en trouva une où manquaient des pages de l'annuaire, notamment le plan de la ville et une partie de la page trente-deux, où figuraient les coordonnées de Cone.

C'était peut-être une coïncidence. Pourtant...

Les inspecteurs Hart et Pecyna se précipitèrent chez Cone. Le journal gisait devant la porte de l'appartement, la boîte aux lettres était pleine. D'après les voisins, il était absent depuis plusieurs jours.

En fin de soirée, Cone appela Merle Hart. Non, il ne savait pas où se cachait Diane, mais il se disait disposé à collaborer avec les autorités. Le lendemain matin, il admit que, de fil en aiguille, lui et Diane étaient devenus amis. Au cours de l'été, elle lui avait confié ses projets d'évasion.

– Je lui ai dit de me contacter si elle s'échappait, pour que je puisse l'interviewer. Ensuite, l'ai-je averti, je la dénoncerais.

Elle aurait ajouté qu'elle irait à la poursuite de l'inconnu aux cheveux longs, et qu'elle essaierait de récupérer ses enfants.

Richard Cone expliqua qu'il se trouvait à Portland au moment de l'évasion, chez une amie. Il n'était rentré à Salem que vers 21 h 30 le samedi. La police n'eut aucun mal à avérer son alibi. Il n'avait pas aidé Diane à s'enfuir.

Alors qui ?

Les déclarations de prétendus témoins affluaient, tandis que des affiches « Wanted » surgissaient un peu partout dans les États de l'Oregon et de Washington.

Certains disaient l'avoir reconnue sur l'autoroute en la personne d'une autostoppeuse rousse et très visiblement enceinte. Le 14 juillet, une femme d'affaires affirma qu'une passante, dans les rues d'Albany, lui avait demandé des nouvelles de la « chasse à la femme ».

L'affaire fit longtemps la une des journaux. Au centre pénitentiaire de l'Oregon, la cellule de Diane fut fouillée à plusieurs reprises. Puis le 15 juillet, l'inspecteur Loren Glover regarda de plus près un bloc-note apparemment vierge. En l'inclinant vers la lumière, il remarqua des traces sur la première feuille. Il emballa précautionneusement la feuille de papier et l'expédia au service du FBI qui emploierait un procédé de détection électrostatique.

Le 20 juillet, l'agent fédéral Chuck Perotta téléphona au sergent Jim Reed de la police de l'Oregon : l'examen avait révélé deux lettres, PI ou PP, à l'intérieur d'un carré, ainsi qu'une adresse – 2262, State Street sud-est – et les mots : « Tu es ici. »

Reed ordonna la surveillance immédiate de ladite adresse. Il en identifia le propriétaire, un dénommé Robert Stephen, et obtint un mandat de perquisition.

Le 21 juillet, Merle Hart et Jim Reed, accompagnés de sept policiers, frappèrent à la porte du 2262, State Street. Robert Stephen leur permit d'entrer et insista sur le fait qu'il était seul.

– En êtes-vous sûr ? demanda Merle.

Jim Sinclair, un des locataires de Stephen, se tenait sur le palier, en haut de l'escalier, l'air visiblement nerveux. Reed et Hart avisèrent derrière lui une pièce fermée à clé qu'ils n'avaient pas encore fouillée.

– Il y a quelqu'un d'autre dans la maison ? demanda Hart.

– Oui, deux autres personnes, répliqua Sinclair après une hésitation.

– Y a-t-il une femme parmi eux ?

– Oui, murmura Sinclair, les épaules affaissées. Diane Downs.

Tout à coup, quelqu'un apparut dans l'encadrement de la porte. Un homme très grand, aux cheveux noirs et à la moustache fournie, qui s'avança les mains tendues devant lui pour montrer qu'il n'était pas armé. C'était Wayne Seifer, mari de la détenue Louise Seifer, que Diane avait connue en prison.

Merle Hart finit par convaincre Diane de se rendre. Elle sortit enfin de la chambre, les mains vides, vêtue d'un tee-shirt et d'un short qui appartenaient sans doute à un homme, le visage dépourvu de maquillage, les cheveux humides.

On l'autorisa à enfiler un jean et un chemisier rose avant de quitter l'immeuble. En montant dans le véhicule de police qui l'attendait dans la rue, elle sourit aux appareils photo. Une fois de plus, elle se trouvait au milieu d'une meute de flashes, de caméras et de journalistes.

Ses codétenues du pénitencier, qui pourtant ne l'aimaient guère, comptaient lui réserver un accueil triomphal et une salve d'applaudissements à son retour. La rumeur parvint aux oreilles du directeur qui consigna toutes les prisonnières dans leur cellule au moment où Diane fut réintégrée. On l'amena d'ailleurs immédiatement à la cellule d'isolement.

L'opinion publique apprit avec consternation que Diane Downs s'était terrée à moins d'un kilomètre de son centre de détention alors même que la battue s'étendait à toute la moitié ouest des États-Unis.

Accusés d'entrave à la justice, Wayne Seifer, Robert Stephen et Jim Sinclair passèrent une nuit en prison. Si les deux derniers avaient été séduits par la meurtrière, Wayne Seifer avoua sans ambages à la presse qu'il en était tombé amoureux, que les onze jours passés en sa compagnie avaient été idylliques. Ils avaient fait l'amour le soir de son arrivée. Pour lui, elle était la femme la plus honnête qu'il eût jamais rencontrée. Il alla même jusqu'à engager des détectives privés pour retrouver « le tueur ».

Louise Seifer avait été le dindon de la farce. Le reportage télévisé sur la liaison entre Diane et Wayne – et leurs prochaines fiançailles – fut la goutte d'eau qui fit déborder le vase : deux jours après l'arrestation de Diane, elle demanda à parler à l'inspecteur Terry Crawford. En échange de mille cinq cents dollars, elle avait dessiné le plan de la rue où vivait son mari, qui lui assurerait un abri après son évasion.

Une question demeurait : Diane était-elle enceinte ? L'autorité pénitentiaire se refusa à tout commentaire.

Non sans un certain culot, la prisonnière plaida non coupable d'évasion. Elle fut reconnue coupable et condamnée à cinq années supplémentaires de détention. Voilà qui avait le mérite de repousser ses chances de bénéficier d'une mise en liberté conditionnelle à 2014. Mais ce qui l'affligea davantage fut qu'elle n'était pas enceinte.

Au cours de l'automne, Diane perdit – temporairement – son biographe, inculpé de tentative de viol sur mineur. Elle fut transférée au centre pénitentiaire pour femmes de Clinton, dans le New Jersey, une prison de haute sécurité, au grand soulagement de Fred Hugi.

Amy Elizabeth a été adoptée.

Steve Downs vit toujours à Chandler. Il n'a pas revu ses enfants et ne leur écrit jamais.

La plupart des enquêteurs ayant travaillé sur l'affaire ont pris leur retraite.

Gregory Foote exerce toujours ses fonctions de juge.

Lew Lewiston distribue encore le courrier à Chandler. Il est heureux avec Nora. Il a cessé de boire et de fumer.

Christie Downs s'apprête à épouser un policier et son frère, bien que handicapé, travaille dans une grosse société d'informatique. Leurs parents adoptifs, Joanne et Fred Hugi, comme ils s'y étaient engagés, lui ont procuré une vie sereine et heureuse.

Impression réalisée sur CAMERON par

BRODARD & TAUPIN

GROUPE CPI

La Flèche

pour le compte des Éditions Michel Lafon
en mars 2003

Imprimé en France
Dépôt légal : mars 2003
N° d'impression : 17849
ISBN : 2-84098-896-8
LAF 222